혐오의 해부

THE ANATOMY OF DISGUST
by William Ian Miller

The Anatomy of Disgust

숙명여자대학교 인문학연구소
HK+사업단 학술연구총서 **03**

혐오의 해부

윌리엄 이언 밀러 William Ian Miller 지음

하홍규 옮김

한울
아카데미

일러두기

1. 옮긴이 주는 원서의 각주와 혼동되지 않도록 * 표시로 처리했다.

2. 원서의 자료가 국내에 번역되어 출간된 경우 본문주 또는 각주에서 [ ] 안에 번역서를 함께 밝혔다.

예: *The Expression of the Emotions in Man and Animals*, pp.256~257[『인간과 동물의 감정 표현』, 350~351쪽]

차 례

프롤로그

/

혐오는 작가들에게 예를 들어 섹스와 같이 밀접하게 관련된 주제들이 제기하지 않는 특별한 문제들을 제기한다. 사람들은 섹스를 기꺼이 진지하게 받아들이고자 한다. 심지어 그렇게 함으로써 흥분이 모호해질 때도 그렇다. 전통적으로 섹스와 섹슈얼리티에는 거의 신성한 진지함이 부여되어 왔다. 섹스는 때때로 사랑과 연결되기 때문이고, 섹슈얼리티는 인격과 정체성을 정의하는 데서 가정된 역할이 있기 때문이다. 그러나 혐오는 진지한 주제 그리고 허용할 수 있는 주제가 되기에는 여전히 정당화가 필요하다. 혐오는 우리가 섹스, 외양, 그리고 인간 존엄성 일반에 대해 유지하고자 하는 어떤 허세와 경건함을 약화시키는 경향이 있는 입에 담기도 민망한 것들에 대한 토론을 초래한다.

따라서 이 책에는 어떻게 지나치게 점잔빼는 것처럼 보이지 않으면서 품격을 유지할 수 있을까 하는, 내가 고심해 왔던 논조의 문제를 담고 있다. 지나치게 점잔빼는 것은 누구나 피하고자 하는 천박한 코미디를 내놓을 위험을 안고 있다. 하지만 일부 주제들, 곧 우리가 역겨운 것의 실체와 구조를 직시하고자 할 때 불가피한 주제들에 대해 언급하는 것만으로도 혐오 자체 또는 저속한 코미디를 유발한다. 알다시피 웃기는 것과 역겨운 것은 중요한 접점을 공유하고 있다. 나는 또한 지루해지거나 멍청해지지 않고, 내 생각에 지나치게 점잖빼는 측면에서 과오를 범하지 않고 품격을 지키려고 노력해 왔다.

비록 혐오의 본질과 혐오스러운 것들을 고려할 때 충격을 완전히 피할 수 없을지도 모른다는 것을 인정하지만, 나는 충격을 줄 의도는 없다. 지루함을 묘사하기 위해 지루할 필요도 없고, 혼란을 묘사하기 위해 혼란스러울 필요도 없지만, 이른바 모방적 형식의 오류는 혐오에 관한 한 완전히 잘못된 것은 아닐 수도 있다. 지루함과 혼란에 대한 묘사와 달리, 혐오스러운 것들에 대한 묘사는 작가의 의지와는 무관하게 작용하는 암시력(暗示力)을 가지고 있다. 그래서 비록 나는 여러분의 혐오를 유발하고 싶지는 않지만, 여러분이 때때로 혐오감을 느끼지 않을 것이라고 약속할 수는 없다. 결국 이 주제는 우리의 도덕적 감수성, 사랑, 정치, 그리고 우리의 자아감을 내포하는 진지한 주제이다.

혐오의 형태 가운데 많은 것에서, 혐오는 단순히 불쾌한 것이 아니다. 혐오스러운 것들의 내용은 복잡하고 때로는 역설적이다. 혐오스러운 것이 역겨움을 느끼게 할 뿐만 아니라 마음을 끌 수도 있다는 것은 흔한 일이다. 영화와 오락 산업이 그러하며, 혐오스러운 것의 매력에 의존하는 뉴스 보도도 여기에 포함될 수 있다. 혐오스러운 것은 섬뜩한 것과 선정적인 것에서 나타나는 뚜렷한 특징이며, 섹스, 폭력, 공포, 그리고 겸손과 예절 규범의 위반이 이러한 특징을 드러낸다. 혐오스러운 것이 불쾌감을 줄 때도, 우리의 관심을 끌지 않고서 불쾌감을 주는 일은 드물다. 혐오스러운 것은 우리에게 스스로 모습을 드러낸다. 우리는 우리를 역겹게 만드는 바로 그것들을 슬쩍 다시 보지 않기가 어렵다는 것을 알게 된다. 또는 우리의 눈이 우리 자신도 모르게 '아차 하고 다시 보게 된다(double-take)'는 것을 깨닫는다.

혐오스러운 것은 다른 모든 사람에게 아차 하고 다시 보게 만드는 동일한 이유로 나를 매료시킨다. 이 사실을 부인하는 것은 솔직하지 못한 일일 것이다. 하지만 나는 또한 이 기획에 대한 유익한 근거를 주장할 수 있다. 첫째, 나는 상당한 기간 동안 감정, 특히 도덕적·사회적 위계에서 우리의 순위를 매기는 감정들에 관심을 가져왔다. 나의 책『굴욕(Humiliation)』(1993)에서 나는 연관된 사회적·도덕적 배열 순서에서 낮은 지위에 재할당되는 것을 수용하거나 거부하는 사람의 유익한 점을 이해했다. 핵심 정념(passions)은 수치심, 당혹감, 굴욕감, 그리고 복수심이었다. 이 책은 그 반대쪽 면이다. 여기서 나는 다른 사람들을 더 낮은 지위에 속하는 것으로 확정하는, 그리하여 계급 제로섬 게임에서 자신을 반드시 더 높게 규정짓는 감정들, 주로 혐오를, 그러나 경멸도 살펴본다. 더 낮은 또는 더 낮아지는 우리의 경험을 구성하는 감정들, 곧 수치와 굴욕은 하찮고 실패하고 오염시키는 것들에 반응하는 경험인 정념들, 곧 혐오와 경멸과 함께 험한 질서(rough economy) 안에 존재한다.

이 책과『굴욕』둘 다 대부분의 사회적 행위를 자기 이익, 탐욕, 또는 권력 추구라는 심리학적으로 빈약한 개념으로 설명하려고 하는 지난 3세기 동안의 서구 사회사상의 일부 지배적인 흐름에 역행한다. 나 자신의 감성은 더 공격적이고 독단적인 정념들 대신 굴욕과 혐오 같은 방어적이고 반응적인 정념에 우선적 관심을 두면서, 더 불안에 찬 설명으로 나를 몰아간다. 그럼에도 불구하고, 이러한 낮은 정념들은 우리의 존엄성을 보존하는 데 도움을 주며, 실은 바로 그 존엄의 기회를 가능하게 한다. 이는 흔히 더 탐욕스럽고 순전히 자기중심적인 우리의 설계에 대해 큰 비용을 치름으로써 가능해진다.

둘째, 사랑은 혐오와 복잡하고도 어쩌면 필수적인 관계를 갖고 있다. (성적인 그리고 성과 무관한) 사랑은, 전부는 아니라 할지라도 일부 혐오 규칙들을 분명히 중요하게 중단하는 것을 수반하지 않는가? 혐오 규칙은 자아의 경계를 표시한다. 그 규칙들의 완화는 특권, 친밀, 의무, 그리고 돌봄을 나타낸다. 혐오는 또한 때때로 사랑의 한 측면인 성적인 것의 매력과 척력(斥力) 가운데 나타난다. 성적인 무대에서, 혐오와 사랑 간의 관계는 더 복잡하며, 금지규정의 위반에 따르는 쾌락에 우리를 연루시킨다. 그러나 혐오와 성적인 것 사이의 연관성은 덜 놀라운 일로 다가온다. 결국 그러한 연관성에 대한 지식은 금욕주의, 스토아학파, 기독교, 그리고 다른 반(反)성적인 담론의 전통들에서뿐만 아니라 많은 프로이트적인 기획에서도 핵심이다.

셋째, 도덕 철학자들의 격조 높은 담론을 제외하면, 도덕적 판단은 혐오의 관용구를 거의 필요로 하는 듯하다. **그것 때문에 역겨워**(That makes me sick). **정말 혐오스러운 행동이야!**(What revolting behavior!) **난 너만 보면 섬뜩해져**(You give me the creeps). 혐오가 분노의 용어를 이용할 수 있는 것보다 화와 분노가 훨씬 쉽게 혐오의 관용구를 이용할 수 있다는 것에 주목하라. 혐오는 왜 일상적인 도덕적 담론에서 어쩌면 죄책감이나 분노 같은 다른 도덕 감정들의 관용구보다 더 그렇게 두드러지게 나타나는가? 이것은 최근의 현상이 아니며, 영어에만 국한된 것도 아니다. 죄에 대한 전체 라틴어 기독교 담론은 죄와 지옥을 배설물의 악취와 역겨운 전망으로 개념화하는 것에 의존한다. 그리고 최근의 사회심리학적 연구는 각양각색의 문화에 걸쳐 도덕적 판단을 표현하는 데서 혐오가 수행하는 결정적인 역할을 밝혀왔다.

넷째, 『굴욕』에서처럼, 나는 이 책에서 19세기 동안 인간의 동기 부여에 대해 말하는 특정한 방법의 중요성이 상실된 것, 곧 도덕 철학, 문학, 역사학으로부터 전문화된 심리학 및 정신의학 분야가 단절된 것에 수반된 상실을 한탄한다. 심리학에서 전문지식은 공식적인 훈련을 받은 심리학자와 심리치료사들에 의해 주장되었고 그리고/또는 거의 독점적으로 그들에게만 허용되었다. 과학은 부인할 수 없는 이득을 가져다주었지만, 심리학적 (그리고 더 나아가 도덕적) 담론에서는 어느 정도까지 큰 대가를 치르게 했다. 우리에게 매우 귀중한 것이 소실되었다. 그리고 몽테뉴(Montaigne), 라 로슈푸코(La Rochefoucauld), 또는 제인 오스틴(Jane Austen)과 같은 이들의 전문화 이전의 스타일과 비교해 볼 때, 다양한 프로이트적인 관용구들에서 완성된 종종 눈부신 지적 역작들이 그 수많은 다양성을 그 저작들의 근원적인 오이디푸스적 거대 서사 위에 치장하는 것으로 축소함으로써 결국 끔찍하게 제한적인 것은 아니라고 우리는 자신 있게 말할 수 있는가? 우리는 우리 시대의 시인, 소설가, 그리고 도덕 철학자들은 그들이 만약 그 이전 시대에 살았다면 가질 수 있었던 심리학적 통찰력을 가지려면 훨씬 더 많은 것을 극복해야 하는 것이 아닌가 하고 생각한다.

따라서 이 책은 17세기 초에 로버트 버튼(Robert Burton)이 썼던 『멜랑콜리의 해부(The Anatomy of Melancholy)』의 전통에서 혐오에 대한 명상으로서 의도적으로 기획되었다. 나는 그 책을 심리학이 이상하게도 지금보다 덜 옹색했던 시대에 대한 존경의 표시로 이해한다. 그 시대에 심리학은 미덕과 악에 관한 것이었고, 한 사람이 자신과 조화를 이루는 만큼 타인과도 어떻게 조화를 이루는지에 대한 허구적이기도 하고 역사적이기도 한 서사들이었다. 심리학적인 것은 아직 도덕적인 것이나 사회적인 것과 결별하지 않았다. 따라서 그 책은 역사, 문학, 도덕 철학, 그리고 심리학에 기대고 있으며, 방법론적 헌신으로 보자면 방법론적으로 뒤범벅이다. 내 목표는 어빙 고프먼(Erving Goffman)의 작업과 가장 흔히 연관되는 종류의 사회적이고 미시정치적인 이론을 더 발전시키는 것이다. 감정 — 여기서는 혐오와 경멸 — 을 추가함으로써, 우리는 때때로 편집증적인 고프먼의 사회 행위자들이 사는 이상하게도 동기 부여되지 않은 세계를 풍요롭게 할 수 있다.

다섯째, 혐오가 문화에 어느 정도 저항할 수 있다고 주장하지만, 나는 해석적으로 풍부한 혐오스러운 것들의 세계를 상술한다. 여기서 우리는 감정들 가운데 가장 체화되고 본능적인 것들을 가지고 있으나, 심지어 그 세계가 신체와 신체의 구멍들과 배설물들의 안과 주위에서 움직이고 있을 때도, 의미의 세계는 정치적·사회적·도덕적 질서를 채색하고, 활력 넘치게 하고, 그리고 오염시키면서 폭발한다. 혐오는 그것의 모든 본능성으로 인해 우리의 더 적극적인 문화 창조의 정념들 가운데 하나로 판명된다. 그러나 이 저작은 분명 최근 유행하는 학문 장르 스타일과 같은 몸에 대한 책은 아니다. 경멸에 대한 논의에서 내가 언급하는 문신들을 제외하고는 아무것도 몸에 '새겨져' 있지 않다.

나는 또한 학문적 심리학이 의도적으로 취하는 비해석적 스타일의 한계에도 불구하고 심리학을 진지하게 받아들이는, 인문학에서는 상상할 수 없는 작업이라고 여겨져 왔던 것을 시작하고자 한다. 이 책은 학문 분야들을 넘나들 것이며 심지어 학계와 비학계를 구분하는 무시무시하게 두꺼운 벽에 어떤 작은 틈을 만들 것이다. 결국 이 해부학에는 '정상적인 사람들'뿐만 아니라 푸코주의자들도 참여시켜야 한다. 나는 푸코주의자들을 위해서는 혐오의 계보학과 놀라울 정도로 유사한 해부학을 제공한다. 나는 정상적인 사람들을 위해서는 물질이 중요하다는 믿음을 제공한다. 그리고 격론을 즐기는 어리석음은 우리로 하여금 우리의 일부 감정이 문화를 생성할 뿐만 아니라 문화에 의해 생성되기도 한다는 사실을 무시하게 만든다는 믿음을 제공한다. 말할 필요도 없이, 내가 여기서 시도하는 것만큼 광범위하게 포괄하는 데 따르는 위험 요소들이 존재하는데, 가장 중요한 것은 이 논의가 관여해야 하는 많은 분야에서 내가 공식적으로 훈련을 받지 않았다는 것이다. 나의 전문 분야는 문학적이고 역사적인 것에 치우쳐 있지만, 기이한 운명에 의해서 명예와 영웅적인 것에 대한 나의 이전 연구가 제기했던 질문들이 심리학자, 도덕 철학자, 그리고 정치·사회 이론가들이 이미 점령하고 있던 영역으로 나를 떠밀었다. 나는 그 분야들의 전문가들에게 관용을 요청해야 한다. 하지만 너무 많은 관용이 필요치는 않았으면 한다.

설명부에서 나, 너, (일반적인) 사람(one), 그녀, 그, 우리가 특권을 부여하기 위해 선택하는 대명사는 이제 정치적이고 도덕적인 함의로 가득 찬 문제이다. 누군가는 이 문제들이 사라지기를 바랄지도 모르지만, 가까운 미래에 그렇게 될 것 같지는 않다. 그래서 몇 가지 언급하는 것이 알맞겠다. 나의 설명 가운데 많은 부분에서 나는 내가 '초대자에 한한 우리(invitational we)'라고 부르고 싶어 하는 것을 채택한다. 그 '우리'는 특대(特大)의 내가 아니다. 그것은 개인적인 주장에 대한 책임을 회피하거나 내 개인적인 주장을 규범이라고 주장함으로써 거짓된 권위를 부여하려는 내가 아니다. '우리'는 시도된 동감과 상상력의 목소리요, 혐오와 경멸, 그리고 혐오스러운 것과 경멸받을 만한 것에 대한 우리의 넓은 이해를 형성하는 데 들어와 있었던 다양한 전통에 대한 다른 이들의 목소리이자 그리고 나의 관찰로부터 추론하는 중재적 입장의 목소리이다. 그

'우리'는 여러분에게 때로 지엽적인 헌신을 유보하도록 요청하며, 정확하게 여러분의 것과 내 것이 아닐지라도 내가 믿기로 적어도 이해할 수 있고 생각할 수 있고 인식할 수 있는 위치에 있는 것을 받아들인다.

혐오에 대해 글을 쓰는 데서 큰 문제 중 하나는 섹스(그리고 덜 빈번하게 섹슈얼리티)가 불가피하게 설명의 일부여야 한다는 것이다. 나는 수치심, 굴욕감, 그리고 당혹감 등 우리의 공적인 자아를 다스리는 감정들에 대해서는 상당히 자신이 있지만, 에로스와 성적 욕망은 나를 당황하게 한다. 게다가 섹슈얼리티 경험에서의 젠더 차이, 성향, 그리고 개인적 선호는 정치적으로 덜 과열된 영역들보다 공감적 상상을 하는 데 오히려 더 큰 장벽이 될 수 있다. 그렇게 받아들이는 것이 현재로서는 유행이겠지만, 그보다도 나는 심지어 여기서도 인정할 수 있는 공통 근거가 존재한다고 생각한다. 혐오와 경멸은 혐오스럽고 경멸스럽다고 간주되는 낮은 등급의 사물, 사람, 그리고 행위에 동기를 부여하고 이것들을 지속시킨다. 그래서 이러한 감정들은 칭송되기보다는 비난받는다. 이 감정들이 받는 바로 그 비난이 흔히 도덕 목록에서 작동하는 혐오에 의해 동기부여됨에도 그러하다. 경멸과 혐오는 완벽하지는 않지만 좋은 사회 질서를 유지하는 데 필수적인 역할을 한다.

마지막 선제공격을 하자면, 혐오와 섹스를 연결 짓는 것은 기독교 세계가 지닌 도덕 담론의 핵심적인 특징이었다. 이 담론의 반(反)섹슈얼리티는 음울하고 사악한 여성 혐오(misogyny)에 의해 영향 받았으며, 여성 혐오는 이어서 보다 일반화된 인간 혐오(misanthropy)에 의해 추동되었다. 나는 여성 혐오로부터는 거리를 두고 싶지만, 인간 혐오로부터 거리를 두는 것이 가능할지는 잘 모르겠다. 혐오와 인간 혐오는 거의 불가피한 연관성을 가지고 있는 듯하며, 나는 그 연관성을 확인하는 증언을 하는 당당하면서도 절박했던 조나단 스위프트를 소환한다. 인간은 혐오를 경험하는 유일한 종(種)이고, 우리는 자신의 종을 증오할 수 있는 유일한 종인 듯하다. 우리는 또한 순수함과 완벽함을 열망하도록 만들어진 듯하다. 그리고 이러한 열망의 작지 않은 부분을 부추기는 것은 우리가 함께 있는 것들에 대한 또는 우리가 빠져들게 될 것 같은 것들에 대한 혐오이다. 앞으로 보게 되겠지만, 궁극적으로 모든 혐오의 기초는 **우리**이다. 곧, 우리는 살아가고 죽으며, 그 과정은 우리 자신을 의심하게 하고 우리 이웃을 두려워하게 하는 물질과 냄새를 내뿜는 지저분한 것이다.

갚아야 할 감사의 빚이 있다. 아내 캐시 쾰러(Kathy Koehler)는 나에게 가장 혹독한 비평가였고, 내가 나의 이전의 연구 세계로, 즉 폭력에도 불구하고 모든 것이 더 품위 있었고 내가 관심을 가지는 것이 덜 당혹스러웠던, 아이슬란드 영웅 전설, 즉 사가(Saga)의 명예와 피와 복수의 세계로 되돌아가기를 아주 분명하게 원했다. 그 무엇보다도 그녀는 나에게 똑바로 이해할 수 있게 명확하게 설명하라고 다그친다. 한 살부터 아홉 살까지 네 명의 아이는 꽤 오랫동안 자신들이 알게 될 것보다 이 책에 더 많이 기여했다. 열성적인 프로이트주의자이자 현역 정신분석가인 매제 에릭 누에첼(Eric Nuetzel)은 심층 심리학의 환원주의에 대한 나의 전반적인 의심과 적대감이 더 나은 판단을 흐리게 할 조짐을 보였을 때, 여러 실수에서 나를 구해주었다. 리즈 앤더슨(Liz Anderson), 노라 바틀릿(Nora Bartlett), 롭 바틀릿(Rob Bartlett), 캐럴 클로버(Carol Clover), 로라 크롤리(Laura Croley), 하이디 펠드먼(Heidi Feldman), 릭 힐스(Rick Hills), 그릿 캐미어(Grit Kamir), 릭 필데스(Rick Pildes), 로버트 솔로몬(Robert Solomon), 수전 토머스(Susan Thomas), 스티븐 화이트(Stephen D. White), 그리고 라라 주커트(Lara Zuckert)는 참고문헌상에서나 문체상에서나 실질적으로나 유용한 제안을 해주었다. 나의 동료 피비 엘스워스(Phoebe Ellsworth)는 실험 심리학의 세계로 나를 안내하는 데서 특별한 도움을 주었고, 그녀의 날카로운 지적 능력은 오류와 어리석음으로부터 여러 번 나를 구해주었다.

내가 가장 큰 빚을 진 이는 나의 동료이자 친구인 돈 허조그(Don Herzog)이다. 우리는 많은 지적 관심사를 공유하고 있으며, 또한 특정한 마음의 습속(habits of mind)도 공유하고 있는 것 같다. 이 책 내용의 많은 부분이 돈과의 대화를 통해 걸러졌고, 그의 흔적은 적지 않은 곳에 남아 있다. 어떤 점에서 책의 현재 구성은 그의 생각이다. 내가 그의 제안을 채택하지 않았더라면, 이 책은 여전히 모든 사람의 취향에 맞지 않더라도 훨씬 더 적은 수의 사람들의 취향에만 맞았을 것이다. 이 책의 형태에 대한 모든 책임을 받아들이는 것은 형식적인 요구일 테고, 나는 그 요구를 받아들인다. 하지만 돈에게 일부 책임이 있을 수 있다는 의견은 그가 칭찬받을 자격이 있다는 것과 반드시 연관될 것이다.

좀 더 짧았던 제9장의 이전 형태는 ≪정치 이론(Political Theory)≫ 23호(1995), 476~499쪽에 「상향 경멸(Upward Contempt)」이라는 제목으로 실렸다. 세이지 출판사(Sage Publications)의 허락하에 다시 싣는다.

글로스터   아! 그 손에 입 맞추게 해주십시오!

리어 왕   손부터 닦아야겠소. 송장 냄새가 나니까 말이오.

제1장

다윈의 혐오

혐오에 대한 현대의 심리학적 관심은 혐오를 음식의 거부와 미각의 중심에 두는 다윈으로부터 시작된다. 그의 설명을 고려해 보자.

'혐오'라는 단어의 가장 간단한 의미는 기호(taste)를 거스른다는 것이다. 이러한 느낌은 일상적이지 않은 음식의 모습, 냄새, 혹은 특성으로 인해 쉽사리 촉발되는데, 이는 흥미로운 사실이다. 우리가 있던 티에라 델 푸에고의 야영지에서 한 원주민이 내가 먹고 있던 차가운 고기 조림을 손가락으로 만진 적이 있었는데, 그는 그 부드러움에 대해 극도의 혐오감을 노골적으로 드러냈다. 반면 나는 비록 손이 더러워 보이진 않았지만 벌거벗은 미개인이 내가 먹는 음식에 손을 댔을 때 매우 혐오감을 느꼈다. 남성의 턱수염에 묻은 수프는 혐오스러워 보인다. 물론 수프 자체에는 전혀 혐오스러운 것이 없지만 말이다. 나는 음식을 보는 것(어떤 상황에 놓여 있건 간에)과 이를 먹는다는 생각이 마음속에서 강하게 결합되어 있기 때문에 이러한 현상이 나타나는 것이라 생각한다.[1]

혐오(disgust)의 어원에 대해서는 다윈이 옳다. 혐오는 맛이 불쾌하다는 뜻이다.[2] 하지만 어원이 이를 시사하지 않았다면, 다윈의 설명에서 맛이 그렇게 결정적인 의미를 지니게 될지는 의문이다. 예를 들어, 혐오를 뜻하는 독일어 Ekel은 쉽게 인식할 수 있는 미각과의 연관성이 없다. 그것이 프로이트로 하여금 혐오를 구강 영역과 마찬가지로 항문, 생식기와 선뜻 더 수월하게 연관 짓게 만들었을까?[3] 나는 혐오를 뜻하는 영어 단어가 혐오에 대한 심리학적 논의에서 맛, 구강 체내화(oral incorporation), 그리고 음식 거부에 좁게 초점을 맞추는 데서 헤아리기 힘든 책임이 있다고 생각한다.[4] 혐오라는 단어가 17세기의 1분기에 영어 어휘 사전에 들어가기 전에, 맛은 악취와 역겨운 광경보다 확실히 덜 두드러지게 나타났다. 혐오는 의심할 바 없이 미각과 관련되지만, 그것은 또한 — 확장에 의해서뿐만이 아니라 본질적으로도 — 냄새, 촉각, 때때로 심지어 시각, 청각과 관련된다. 무엇보다도 혐오는 도덕적이고 사회적인 정서이다. 혐오는 구강 체내화의 관념과는 거의 관계없는 특정한 방식으로 도덕적 판단에 동기를 부여하고 그 판단을 확증하는 역할을 한다.[5] 혐오는 일종

---

1   *The Expression of the Emotions in Man and Animals*, pp. 256~257[『인간과 동물의 감정 표현』, 350~351쪽].
2   혐오는 라틴어에서 프랑스어를 거쳐 영어로 들어온다. dis(부정 접두사)+gustus(맛).
3   Susan Miller, "Disgust: Conceptualization, Development and Dynamics," p. 295를 보라. Freud, *Three Essays* II, pp. 177~178[『성욕에 관한 세 편의 에세이』, 71~73쪽]을 보라.
4   참고문헌 목록에서 특히 Tomkins, Izard, 그리고 Rozin의 저작들을 보라.
5   혐오의 도덕적 측면은 학술적인 심리학 문헌에서 아주 최근에야 인정되어 왔다. Haidt, McCauley, and Rozin, "Individual Differences in Sensitivity to Disgust", 그리고 Haidt, Rozin, et al., "Body, Psyche, and Culture"를 보라. 프로이트의 해명에서 혐오는 분명히 도덕적이거나 최소한 도덕성과 매우 유사한 일을 한다. 프로이트는 반응 형성을 혐오, 수치, 도덕의 삼위일체로 만든다. *Three Essays* II, pp. 177~178[『성욕에 관한 세 편의 에세이』, 71~73쪽]을 보라.

의 우주적 질서 안에서 사람들과 사물들의 등급을 매긴다.

이 책은 혐오라는 단어를 편협하게 해석한 해부학 이상의 것이다. 나는 혐오라는 단어를 영어에서 사전적으로 유표될 수 있는 — 이는 사물이나 행위를 역겹고(repulsive) 메스껍다(revolting)고 단언하는 표현에 의해 유표될 수도 있고, 혐오뿐만 아니라 반감(revulsion)과 증오(abhorrence)로 묘사된 반응도 불러일으키는 표현에 의해 유표될 수도 있다 — 복잡한 정서를 나타내기 위해 사용한다.[6] 혐오는 이 모든 용어가 나름의 적절한 역할을 갖고 있는 하나의 증상을 명명하는 것이다. 그 용어들은 모두 근접성, 접촉, 또는 섭취에 의해 오염시키거나 감염시키거나 또는 더럽힐 수 있는 힘을 가지고 있어 위험하다고 인식되는 것에 대한 강한 반감을 시사한다. 이 모든 용어는 메스꺼움 또는 욕지기를 동반하는 것, 섬뜩함에 움찔하는 것, 오싹해서 몸서리치는 것이 필수적이지는 않지만 적절하다는 것을 시사한다.

그러나 혐오는 메스꺼움이 아니다. 모든 혐오가 메스꺼움의 증상을 일으킬 필요는 없으며, 모든 메스꺼움이 혐오의 존재를 나타내는 것도 아니다. 장염으로 인한 메스꺼움은 혐오의 징후나 결과가 아니다. 우리가 그 결과로 구토를 한다면, 구토와 토사물은 그 메스꺼움에 선행했던 메스꺼움과는 구별할 수 있는 혐오의 느낌으로 이어질 수 있지만 말이다. 그러나 숙취의 메스꺼움은 더 복잡하며, 종종 오염, 중독, 자기혐오

---

6   비에즈비츠카(Wierzbicka)는 반감(revulsion), 불쾌감(repulsiveness), 그리고 혐오 개념을 구분할 것을 주장한다("Human Emotions," pp.588~591). 그녀는 혐오는 혐오스러운 실체의 섭취를, 반감은 그 실체와의 접촉을, 불쾌감은 그 실체와의 근접성을 가리킨다고 가정한다. 그녀는 이 개념들의 일반성과 용이한 상호교환성을 과소평가한다. 혐오는 섭취, 접촉, 근접성의 개념을 혼합한 것이다.

의 느낌뿐만 아니라 수치심과 당혹감도 동반한다. 반면에, 우리가 혐오스럽다고 느끼는 사물이나 행동은 우리가 메스껍거나 욕지기를 느끼기 시작하더라도 — 우리가 실제로 그렇게 느끼든지 아니든지 간에 — 놀라지 않을 것임을 감지할 때, 우리를 혐오의 세계에 몰아넣는다. 혐오는 확실히 혐오에 대한 느낌을 가지고 있다. 그러나 그 느낌은 메스꺼움의 느낌이라기보다는 더럽혀졌다는 자각에 수반되는 다양한 강도의 불쾌와 공황의 느낌이다.

그것은 일단 제쳐두고 다윈의 글을 좀 더 자세히 살펴보자. 일차적인 문제로서 혐오를 유발하는 것은 음식과 맛일까?

우리가 있던 티에라 델 푸에고의 야영지에서 한 원주민이 내가 먹고 있던 차가운 고기 조림을 손가락으로 만진 적이 있었는데, 그는 그 부드러움에 대해 극도의 혐오감을 노골적으로 드러냈다. 반면 나는 비록 손이 더러워 보이진 않았지만 벌거벗은 미개인이 내가 먹는 음식에 손을 댔을 때 매우 혐오감을 느꼈다.

이 문단은 음식이 그 맛을 돋우기 위해 입에 도달하기 훨씬 전에 혐오감을 내포하는 다른 범주들이 있다는 것을 시사한다. 곧, '차가운(고기)' 대 '뜨거운', '부드러운' 대 '단단한'과 같은 촉감의 범주, '날것' 대 '요리된', '더러운' 대 '깨끗한'과 같은 명시적인 순수성의 범주, '티에라 델 푸에고' 대 '영국', '그들' 대 '우리'와 같은 폭넓은 집단 정의의 범주이다. 원주민에게 혐오는 궁극적으로 보존 처리된 고기의 부드러움도 아니고 그 고기를 먹는 것이 먹는 사람에 대해 무엇을 의미하는가 하는 것도 아니다. 다윈에게, 혐오는 누군가가 자신의 음식을 (자신 못지않게 깨끗한 손으로)

만졌다는 것뿐만 아니라, 만진 사람이 이미 그를 불쾌하게 했던 **벌거벗은 야만인**이라는 것이다. 인용문의 첫 번째 절에서 야만인은 두 가지 의미에서 궁금증을 가진 호기심 많은 원주민일 뿐이다. 먼저 낯설기 때문에 궁금해 했고, 또한 다윈의 음식을 손가락으로 찔러보는 성향적 특성을 갖고 있기 때문에 주관적으로 궁금해 했다. 하지만 그가 다윈의 음식을 혐오스럽다고 여기게 되자마자, 다윈은 그 원주민을 자신의 음식을 오염시킬 수 있는 벌거벗은 야만인이라고 낮추어 재기술한다. 이 상호작용 이전에는 다윈이 당혹감이나 무관심의 경멸 또는 종종 그 자체로 호기심의 구성 요소인 일종의 호의적인 경멸을 가지고 그 원주민을 바라볼 수 있었다. 그러나 원주민이 너무 가까이 다가와서 진짜 불쾌감을 주자 위협의 암시는 자기만족적인 경멸을 혐오로 바꾸기에 충분했다.

만약 원주민이 반감을 표명함으로써 음식에 무례한 짓을 하지 않았다면 다윈은 자신의 음식을 만진 원주민 때문에 혐오를 느꼈을까? 아니면 그 원주민은 이미 자신을 향한 다윈의 혐오를 알아채고 다윈의 음식을 만짐으로써 다윈을 갖고 놀려고 그 혐오를 이용하기로 결정했던 것일까? 만약 원주민이 다윈의 음식이 아니라 다윈을 만졌더라면 다윈은 덜 혐오스러웠을까? 음식은 확실히 여기서 특정한 역할을 한다. 그리고 두 행위자 모두 당신이 먹는 것이 거의 당신과도 같다는 깊은 신념을 공유한다. 다윈은 벌거벗은 야만인의 손가락에 의해 마법적으로 자신의 음식에 전해진 야만인의 어떤 본질을 섭취하는 것을 두려워한 반면, 원주민은 인간의 어떤 관습이 그런 것을 먹을 수 있게 할까 하는 생각에 움츠러든다. 그러나 구강 섭취가 여기서 문제가 되고 있는데, 그것은 단지 음식이 오염을 전이시킬 수 있는 여러 가지 가능한 매개체 가운데 하나로 작용하기 때문이다. 쟁점은 각 사람의 존재가 상대방에게서 유발하는 의심과 두려움, 그리고 그들이 그 의심과 두려움을 해결하기 위해 노력하는 안전과 지배를 위한 작은 싸움이다. 즉, 그것은 경합하는 혐오들의 싸움이다.

"물론 수프 그 자체에는 전혀 혐오스러운 것이 없지만" 남성의 턱수염에 묻은 수프 얼룩에는 정치적 문제가 덜 포함되어 있다. 다시 말하지만 혐오스러운 것은 음식이 아니다. 다윈 자신의 설명에 따르면, 그것이 단지 "음식의 모습과 … 그 음식을 먹는 생각 사이의 … 강한 연관성"에 의해 혐오스러워진다. 하지만 그럴 리가 없다. 턱수염이 더럽혀진 남자의 모습은 그의 수염에 묻은 수프를 먹는다는 생각이 우리에게 떠오르기 훨씬 전에 이미 혐오스럽다. 생각의 연관성은 수염에 묻은 음식을 보고 난 다음 그 음식을 먹는 것을 상상하는 것이 아니다. 만약 수프가 음식으로서 혐오스럽다면, 그것은 단지 수염 가닥이 그 수프 안에 들어 있을 것이기 때문이다. 이제 그 수프는 혐오스러운 것**이다**. 우리는 이것을 메리 더글러스(Mary Douglas)의 구조적 이론에 따라, 제자리에 있지 않음으로써 오염시키는 것이 되는 사물의 현시(顯示)로 볼 수 있다.[7] 그 이론은 문제의 일부를 포착하지만, 혐오를 유발하는 것이 수프보다는 수염 가닥이고 음식보다는 그 남자라는 것의 의미를 설명하지는 않는다. 수염에 묻은 수프는 그 남자가 이미 성격상의 결함에 의해 오염되었음을 드러내는데, 그것은 그 남자가 공개적인 깨끗함과 신체의 청결함을 유지해야 하고 자신의 무능력에 의해 우리를 위태롭게 하지 않아야 한다는 정당하게 제시된 요구에 따라 자신을 단정하게 유지하는 데 도덕적으로 실패했음을 뜻

---

7   *Purity and Danger* [『순수와 위험』], ch.3에서 더 충분히 논의될 것이다.

한다. 그 남자가 잘못한 것처럼 보이게 하는 것이 수프나 빵 부스러기일 필요는 없었다. 그것은 보푸라기이거나 심지어 비누 잔여물일 수도 있다. 그러나 의심할 여지없이, 그 수프는 보푸라기나 비누보다 더 혐오스러울 것이다. 어쨌든 보푸라기나 비누와 달리 수프는 그의 입이나 이미 그의 입안에 있었던 적이 있는 숟가락으로부터 그의 수염 위로 떨어졌을 것이다. 그러므로 수프를 우리에게 혐오스러운 것으로 만드는 것은 구강 체내화에 대한 우리의 두려움이 아니라 그가 수프를 입을 통해 제대로 섭취하는 데 실패했다는 것이다.

그러나 다윈의 고기를 만진 것이 벌거벗은 야만인이 아니라 그 고기를 가로질러 기어간 바퀴벌레였다고 가정해 보자. 그렇다면 쟁점이 주로 음식 섭취에 관한 것이 될까? 여기서도 나는 그 문제가 더 복잡하다고 생각한다. 우리의 팔을 가로질러 기어가는 바퀴벌레도 혐오를 일으킬 것이다. 아마도 이는 바퀴벌레가 우리의 음식을 가로질러 기어가는 것보다 더 심한 혐오를 유발할 것이다. 우리는 우리의 팔을 먹으려던 것이 아니다. 바퀴벌레(와 벌거벗은 야만인)는 그것이 우리의 음식을 만지기 전에 이미 혐오스럽다. 그것의 오염력은 다른 원천으로부터 나온다.

*　*　*

혐오는 심리학, 철학, 인류학 등 감정에 대한 관심을 주장하는 어떤 분야에서도 거의 관심을 끌지 못했다. 그럴듯한 이유를 추측하는 것은 어렵지 않다. 문제는 혐오가 점잖지 못하다는 것이다. 문명은 혐오를 사회 통제와 정신 질서의 핵심 요소로 만들기 위해 우리의 혐오에 대한 민감성을 높였고, 그 결과로 문명인들은 사회적으로 그리고 정신적으로 유년기나 청소년기가 아니고서는, 또는 변태적인 농담이라는 구실을 대지 않고서는 혐오스러운 것들에 대해 말하는 것이 매우 어려워졌다. 선망, 증오, 악의, 질투, 절망과 같은 다른 부정적인 정념들은 품위 있게 논의될 수 있다. 그런 정념들에 대해 말하는 것은 얼굴을 붉힐 필요도 없고, 킥킥거릴 충동도 필요 없고, 충격 받을 일도 없고, 싫증을 낼 필요도 없다. 그 정념들은 우리에게 기괴한 육체, 잔혹한 육체적 추악함, 그리고 구역질나는 광경과 냄새를 강요하지 않는다. 고름이나 배변이나 부패도 없다. 달리 말하면, 죄 많고 악랄한 영혼은 삶 자체가 우리에게 떠안긴 기괴한 육체와 감각적 불쾌함보다 인정하기가 훨씬 더 쉽다.

혐오를 연구하는 한 학자는 최근에 "혐오스러운 것과의 접촉은 사람을 혐오스럽게 만든다. 혐오를 연구하는 것은 오염의 위험을 무릅쓰는 것이다. 그 또는 그녀의 유해한 관심사에 대한 농담들이 곧 혐오 연구자를 맞이한다"라고 불평했다.[8] 그리고 실제로 이와 같은 프로젝트에 전념할 때 반드시 끼어들 것 같은 아이러니한 제안들을 억누르기는 어렵다. 다윈은 혐오를 그 자체로 연구하는 위험을 무릅쓴 최초의 사람이었다. 그렇기는 하지만 그는 노골적인 불안도 아이러니도 보이지 않았고 그 논의를 매우 짧게 다섯 쪽도 안 되게 유지함으로써 자신의 위험을 제한했다. 프로이트는 더 포괄적이었다. 그는 혐오를 수치와 도덕과 함께 묶은 뒤 그것들을 무의식적인 욕망의 성취를 억제하는 기능을 하는 '반동 형성(reaction formations)'으로 다루었다. 실제로 반동 형성은 욕망을 무의식으로 만드는 억압 메커니즘의 일부이다.[9] 프로이트는 일반적으로 반

---

8 Susan Miller, "Disgust Reactions," p.711.
9 1897년 11월 14일 플리스(Fliess)에게 보낸 편지를 보라. Masson ed., p.280. 또한 *Three*

동 형성으로서 논의한 것 외에는 혐오에 대해 직접적인 관심을 많이 두지 않았다. 하지만 혐오가 도사리고 있지 않았다면 그의 전 작품은 절반 길이밖에 되지 않았으리라 추측한다. 결국 혐오 외에 무엇이 섹스를 그렇게 어려운 것으로 만들어서, 그토록 빈번하게 불안과 신경증과 정신병의 근원으로 만드는 것일까? 우리는 프로이트의 이론들 자체가 섹스에 대한 깊은 혐오를 극복하기 위한 원대한 노력이지 않을까 의심할 수도 있다.

10여 년 전까지만 해도 안드라스 앙얄(Andras Angyal)이 1941년에 발표한 심리학적 스타일과 정신분석학적 스타일 모두에 걸쳐 있는 훌륭한 논문 한 편을 제외하고는 혐오에 관심을 둔 연구가 거의 없었다.[10] 앙얄은 혐오를 어떤 대상과의 가까운 접촉과 반대 방향으로 지향된 것으로 이해하는데, 그것은 더럽혀지는 것에 대한 두려움과 연관되어 있다. 이 대상들은 보통 인간과 동물의 신체 노폐물이다. 이러한 노폐물이 오염 물질인 이유는 명백한 유해성을 지녔기 때문이 아니라 "열등함과 하찮음"[11]을 나타내기 때문이다. 앙얄은 또한 혐오를 두렵고 낯선(uncanny) 것의 다양한 현시와 연결시킨다. 그의 혐오는 풍부하게 인지적이고 사회적이며, 어떤 원시적인 고정된 반사 작용이 아니다.

1980년대에 이르러서야 어떤 일관된 관심이 혐오에 쏠리게 되었다.[12]

Essays I, pp.160~162, II pp.177~178[『성욕에 관한 세 편의 에세이』, 51~54쪽, 71~73쪽]; Civilization and Its Discontents, pp.99~100, n1[『문명 속의 불만』, 275~276쪽]을 보라.
10 Angyal, "Disgust and Related Aversions."
11 같은 글, pp.394~395, 397.
12 그 중간 시기에 혐오가 주요 감정 목록에 나타났지만 단지 피상적인 관심만 받았다. 다양하게 다음을 보라. Plutchik, The Emotions와 Emotion: A Psychoevolutionary Synthesis; Tomkins, Affect, Imagery, Consciousness; Izard, The Face of Emotion; McDougall, Introduction to Social Psychology.

그리고 그 작업의 대부분은 실험 심리학자 폴 로진(Paul Rozin)에 의해 수행되었다.[13] 로진은 다윈과 앙얄을 기반으로 하여 몇몇 동료와 함께 혐오의 다양한 측면에 대해 많은 논문을 썼다. 그는 구강 체내화와 음식 거부를 중심으로 하는 핵심 혐오(core disgust)를 주장한다. 미각은 핵심 감각이고, 입은 핵심 위치이며, 객출(喀出)과 구토를 통한 섭취와 거부는 핵심 행위이다. 그는 핵심 혐오가 잘 다듬어진 오염과 전염 관념에 의존하는 인지적으로 정교한 감정이라고 주장한다. 혐오는 공감 주술(sympathetic magic)의 법칙에 의해 조직된다. 유사성의 법칙은 겉모습의 유사성이 실체의 더 깊은 유사성을 의미한다고 주장하며, 전염의 법칙은 한번 접촉하면 항상 접촉하고 있다고 주장한다. 로진은 사람들이 초콜릿으로 진짜처럼 만든 모조 개 배설물을 먹기 꺼리거나, 새 빗으로 휘저은 음료를 마시기 꺼린다는 것을 증명했다.

로진은 음식 거부에서 자신의 핵심 혐오 개념을 전혀 포기하지 않았지만, 혐오가 그러한 좁은 개념으로 담기에는 너무 풍부하다는 것을 인식하게 되었다. 이후 연구에서 그 핵심은 음식을 넘어 확장되어 몸의 부산물들, 동물 및 동물의 노폐물[14]을 포함하며, 그 외에 다섯 개의 추가 영역,

---

13 수전 밀러(Susan Miller)는 실제 분석철학의 전통에서 사려 깊고 분별 있는 논문 "Disgust: Conceptualization, Development and Dynamics"를 썼다. 음식 섭취 이론과 반동 형성 이론 둘 다 너무 좁다는 것을 알게 되면서, 그녀는 혐오가 제거(riddance)라는 개념을 중심으로 대략적으로 조직된 상당한 범위의 반응들을 포함한다고 주장한다. 혐오는 경험을 좋은 것과 나쁜 것으로, 자아의 내부와 외부로 조직하는 기능을 한다. 후속 논문("Disgust Response")은 구체적인 치료 사례들, 주로 역전이(逆轉移, counter-transference) 사례들에서 혐오의 역할에 더 좁게 집중한다. 특히 이러한 것들은 오염의 기호학에서 유발되기 때문에, 줄리아 크리스테바(Julia Kristeva)의 아브젝시옹(abjection)에 대한 논의는 역겨운 것의 영역 가운데 많은 부분에 함의를 가지고 있다. 『공포의 권력』을 보라. 밀러, 크리스테바, 그리고 로진 외의 저작은 많지 않으며, 가치는 의심스럽다. 그 한 예로, Galatzer-Levy and Gruber, "What an Affect Means: A Quasi-Experiment about Disgust"를 들 수 있다.

곧 섹스, 위생, 죽음, 신체 외피의 침해(선혈, 절단), 사회 도덕적 위반을 포함한다.[15] 이 모든 것은 혐오에 대한 하나의 새로운 일반화된 이론 — 우리의 동물적 기원을 상기시키는 것을 회피하고자 하는 정신적 필요성 — 아래 결집된다.

로진의 초기 연구는 음식과 식욕에 관한 것이었다. 그의 혐오에 대한 관심은 이 연구를 뒤따랐으며, 그의 이론들에는 놀랄 것도 없이 그의 초기 관심의 흔적이 남아 있다. 로진의 저술은 추천할 것이 많다. 혐오와 오염 및 전염에 대한 생각들 사이의 필연적 연관성에 대한 그의 주장은 명백하게 옳다. 또한 그는 그 주제를 체계화했고 그의 주장을 증명하기 위해 영리한 실험을 개발했다.[16] 혐오의 해석적 현상학을 제공하는 제3장부터 제5장까지의 나의 논의 가운데 많은 부분은 그의 저작에 대한 반응으로 구성되어 있다. 앞으로 보게 되겠지만, 음식 거부나 우리의 동물 기원에 대한 염려에 존재하는 핵심 혐오 개념에서 나는 받아들이는 것보다 거부하는 부분이 더 많다. 하지만 나는 로진과 그의 동료들에게 진 큰 빚을 인정할 수밖에 없다. 첫째로, 그들은 혐오 연구에 약간의 정당성을 제공했기 때문이다. 또 다른 이유는, 그들은 나의 많은 주장이 순전한 추측에 불과하다고 기각되지 않도록 구원해 준 많은 경험 연구를 제공했기 때문이다. 그들은 또한 학문적 심리학자들은 그러지 않으리라고 예상되는 방식으로 사회적이고 문화적인 쟁점들을 인식하고 있다. 로진과 그

---

14   Rozin, Haidt, and McCauley, "Disgust," p. 584를 보라.
15   Haidt, McCauley, and Rozin(1994)을 보라.
16   학문적인 심리학적 글쓰기의 엄숙한 형식적 제약도 충분히 억누를 수 없는 로진의 작품 밑바탕에는 유쾌하게 짓궂은 기지가 깔려 있음을 감지할 수 있다. 땅콩버터와 냄새나는 치즈로 가짜 개 배설물을 만들어 걸음마 아이들에게 (살균된) 메뚜기와 함께 주었을 때 틀림없이 뒤따를 억누르기 힘든 웃음을 상상해 보라.

의 공저자들은 혐오와 혐오를 초래하는 사회적·도덕적 상황과의 복잡한 상호작용을 인식하고 있다. 마지막으로, 모든 훌륭한 저작의 경우처럼, 그들은 흥미로운 쟁점들을 제기하며, 추가 작업과 고찰을 시사하고 야기하는 탐구 영역을 규정한다.

혐오가 학문적 담론의 주제로서 적게나마 받아들여질 수 있었던 것은 두 가지 주요 발전에 기인한다. 하나는 사회적이고 문화적인 발전이고, 다른 하나는 좀 더 좁게 지적인 발전으로, (1) 신체적 기능과 섹슈얼리티에 대해 한때 금기였던 주제들 ─ 우리가 더 편향되게 공적 담론의 조잡해짐 또는 포르노화라고 부를 수 있는 것 ─ 을 둘러싼 규범이 일반적으로 완화된 것이고, (2) 많은 분야에 걸쳐 감정에 대한 관심이 부활한 것이다. 로진의 작업이 훨씬 더 일찍 일어날 수도 있었을 것이라고 상상을 하기는 어렵다. 1번 논점은 언급만 해도 충분히 다룬 셈이므로 접어두고 2번 논점을 간단히 짚어보겠다. 나는 지금 다양한 감정 이론을 검토할 공간을 취하려고 하는 것이 아니며, 몇 가지 일반적인 언급은 정리되어 있다.[17]

혐오는 감정이다. 어떤 이들은 혐오가 너무나 순전하게 본능적인 욕구처럼 보이고, 너무나 육체적이며, 영혼의 욕구로서는 충분치 않고, 선망, 질투, 사랑, 분노, 공포, 후회, 죄책감, 슬픔, 비탄, 수치보다는 갈증,

---

17 다양한 감정 이론에 대해 능력껏 검토하기 위해서는 철학자들의 경우 Lyons, *Emotions*, pp.1~52와 de Sousa, *The Rationality of Emotion*, pp.36~46을 보라. 심리학적 이론들을 검토하기 위해서는 Plutchik, *Emotion: A Psychoevolutionary Synthesis*, pp.1~78을, 그리고 보다 최근의 이론으로는 Ellsworth, "Some Implications of Cognitive Appraisal Theories of Emotion"을 보라. 인류학적 이론들은 Lutz and White, "The Anthropology of Emotions"에서 논의되고 있으며, 문화심리학자인 Richard A. Shweder의 "Menstrual Pollution, Soul Loss, and Emotions"에서 펼쳐진 논의도 보라. 사회학적 문헌을 검토하기 위해서는 Thoits, "The Sociology of Emotions"를 보라.

갈망, 또는 심지어 고통에 더 가깝기 때문에 이러한 주장에 반대할 수 있다.[18] 그러한 반대는 메스꺼움과 혐오를 혼동하거나 혐오가 다른 감정들보다 더 체화된 '느낌'에 대한 주장이라고 피력하는 것으로 보인다. 그러나 후자의 주장은 궁극적으로 혐오를 메스꺼움과 혼동하는 데 의존한다. 우리가 언급했듯이, 혐오와 메스꺼움의 관계는 필연적이지 않다. 모든 감정과 마찬가지로 혐오도 단순한 느낌 이상이다. 감정은 그런 느낌에 대해 말하는 방식, 즉 그 느낌이 언제 적절하게 느껴지고 적절하게 표현되는지 알 수 있는 근거를 우리에게 제공함으로써 그 느낌을 이해하게 해주는 사회적·문화적 패러다임과 연결된 느낌이다. 감정은, 심지어 가장 본능적인 감정도, 풍부하게 사회적이고 문화적이고 언어적인 현상이다. 그 밖에 어떻게 감정에 이름 붙이는 법을 배우겠는가? 어떤 환경에서 어떻게 느끼고, 언제 느끼고, 그리고 얼마나 느낄지를 결정하는 규칙을 어떻게 배우는가? 감정은 생각, 인식, 인지에, 그리고 그러한 느낌과 생각을 가지는 것을 이해하게 해주는 사회적·문화적 맥락에 연결되는 느낌이다.[19] 감정은 또한 기능을 가지고 있으며, 종종 행위의 동기가 된다. 감정은 우리 세계에 독특하게 활기찬 특질을 제공해 준다. 감정은 세계를 공포, 즐거움, 분노, 혐오, 그리고 기쁨의 원천으로 만든다.[20] 감정은 또한 세계를 권태와 절망의 원인이 되게 함으로써 세계의 생동감을 없앨

---

18 예를 들어, 혐오를 음식 섭취를 통제하는 데서 혐오가 수행하는 방어 기능에 국한한다면, 혐오는 단지 보조적인 욕구 메커니즘일 것이라는 견해를 위해서는 Tomkins, "Affect Theory," p.377을 보라.

19 감정이 '수준-편재성(level-ubiquity)'에 의해 특징지어진다는 생각에 대해서는 de Sousa, p.36을 보라. 감정은 생리학적이고 심리학적이며 사회적인 현상으로 기능한다.

20 최근 감정에 대한 철학적 관심의 많은 부분은 이성/정념의 구분을 복잡하게 한 다음 정념을 이성에 비례해서 상대적으로 긍정적으로 재평가하려는 흄(Hume)의 프로젝트의 연속이라고 볼 수 있다.

수 있다. 감정은 심지어 우리의 성격과 인성, 우리 자신과 외부 세계를 대하는 우리의 고유한 태도를 위한 기초도 제공한다.

혐오는 무언가에 **대한** 감정이자 무언가에 반응하는 감정이지, 단지 애착 없는 날것의 감정만은 아니다. 위장염이 바로 그러한 것이다. 바로 역겨워짐의 자각, 즉 그 자체의 의식은 혐오의 일부이다. 나는 역겨워졌는데 그 사실을 알지 못한다는 것이 의미하는 바를 이해하기는 어렵다고 생각한다. 혐오는 반드시 특정한 생각, 특히 그 대상의 불쾌감에 대해 특징적으로 매우 거슬리고 제거할 수 없는 생각과 관련된다. 혐오는 특정한 종류의 위험, 공해와 오염에 내재된 위험, 더럽혀짐의 위험에 대한 생각들에 의해 동반되어야 하며, 그 생각들은 결국 다소 예측 가능한 문화적·사회적 시나리오와 연관될 것이다. 혐오의 근원이 우리 자신의 몸일 때조차 우리가 신체적인 분비물과 배설물에 대해 내리는 해석은 정교한 사회적·문화적 의미 체계에 깊이 착근되어 있다. 배설물, 항문, 콧물, 침, 머리카락, 땀, 고름, 우리 몸과 다른 이들의 몸에서 나는 냄새에는 그것들에 결부된 사회적·문화적 역사가 동반된다.

일부 감정 — 혐오와 혐오의 사촌인 경멸이 그중 가장 두드러지는데 — 은 극도로 정치적인 중요성을 가진다. 그 감정들은 우리의 정치적 질서를 위계화하는 작용을 한다. 어떤 상황에서는 위계를 유지하는 일을 한다. 다른 상황에서는 정당하게 제기된 우월성의 주장을 성립시킨다. 그러나 또 다른 상황에서 그 감정들은 사회 질서 안에서 어떤 이의 적절한 위치에 대한 표시로서 자체적으로 유발된다. 혐오는 만지는 것을 (부정적으로) 평가하고, 그 대상의 천박함과 열등함을 선언한다. 그리고 그렇게 함으로써, 혐오는 열등한 것들이 가까이에 있음으로 인해 지워진 위험으로부터 자유로워질 권리에 대한 불안한 주장을 제기한다. 그러므로 혐오는 우월성의 주장이지만, 동시에 낮은 자들의 더럽히는 힘에 대해서는 그 우월성이 취약하다는 것을 인정한다. 세계는 대개 낮은 자들의 오염력이 높은 자들의 정화력보다 강한 위험한 곳이다. 로진은 이 점을 생생하게 포착하는 한 정비공의 말을 인용한다. "하수 한 티스푼은 한 통의 와인을 더럽히겠지만, 와인 한 티스푼은 한 통의 하수에 아무런 영향을 끼치지 못할 것이다."[21]

혐오는 독특한 회피 스타일을 가지기 때문에 다른 감정들과 구별된다. 혐오의 관용구는 끊임없이 혐오스러운 것들에 의해 위험에 처하게 되는 것이 어떤 느낌인지, 그 혐오스러운 것에 너무 가까이 있는 것, 그것을 냄새 맡고 보고 또는 만져야 하는 것이 어떤 느낌인지에 대한 **감각적인** 경험을 불러일으킨다. 혐오는 무언가를 혐오스럽게 만드는 것이 무엇인지 포착하기 위해 단지 혐오스러운 것을 묘사함으로써 감각의 이미지를 이용하거나 감각기관을 암시한다. 감각의 이미지는 그 작업에 필수적이다. 그래서 우리는 우리의 감각이 불쾌해지는 방식, 우리를 구역질나게 하는 악취, 우리를 움츠리게 하고 움찔하게 하는 점액과 분비물의 촉감, 그리고 꿈틀거리고 미끄러지고 오글거리고 소름끼치는 것들에 대해 이야기한다. 어떤 다른 감정도, 심지어 증오도 증오의 대상을 그렇게 노골적으로 표현하지는 않는다. 왜냐하면 어떤 감정도 그 대상에 대해 그렇게 구체적인 감각적 묘사를 강요하지 않기 때문이다. 나는 이것

---

21 Rozin and Fallon, p.32. 은총의 풍부함 같은 개념들은 불순한 것이 순수한 것보다 훨씬 더 강력하다는 깊이 뿌리박힌 확신을 극복하고자 한다. 그러나 은총의 예외적인 성격은 진정으로 예외적인 사람들만 가장 일상적인 유형의 오염과 싸울 수 있다는 근원적인 의미만을 강조할 뿐이다. 판은 여전히 높은 자들에 의한 상승보다는 낮은 자들에 의한 하락에 유리하게 짜여 있다.

이 우리가 혐오를 대부분의 다른 감정들보다 더 본능적이라고 묘사할 때 우리가 진정으로 의미하는 것이 아닐까 하고 생각한다.

내가 자세히 논의하고 싶지 않은 감정들은 존재론적인 문제를 가지고 있다. 이 몇 마디 언급으로 충분하겠다. 혐오가 정말로 존재하는가, 아니면 혐오는 단지 영어 사용자들이 자신의 감정적 세계를 분할하게 된 방식을 나타내는 편리한 표지인가? 말할 필요도 없이 사람들은 이 문제들을 놓고 논쟁을 벌인다. 철학과 심리학 모두에서 일부 감정 이론은 기본적인 또는 일차적인 감정을 주장하거나 그 실재를 가정한다. 이러한 감정은 두 개에서 많게는 여덟 개 또는 아홉 개까지 다양하며, 이론에 따라 각기 다른 기본성의 기준을 충족시킨다. 어떤 이들은 다른 기본 감정과 결합해 우리의 감정적 경험을 구성하는 ― 우리가 이해하는 ― 모든 감정을 해명할 수 있다면, 그 감정은 기본적이라고 주장한다.[22] 다른 이들은 기본 감정 그 자체가 다른 감정들로 분해되어서는 안 된다고, 다른 말로 환원 불가능해야 한다고 요청한다.[23] 어떤 이들은 기본성은 그 감정이 특징적인 보편적 표정을 가지고 있는지 여부에 따라 정의되기 때문에, 우리의 유전적이고 진화적인 구성에 의해 생래적인 부분으로 주장될 수 있다고 논증한다.[24] 다른 이들은 기본 적응 행동 목록을 생성한 다음, 특정한 적응 기능을 수행하도록 설계된 상응하는 기본 감정이 있다고 주장한다.[25]

---

22 『리바이어던』의 홉스, 그리고 스피노자는 그러한 도식을 구성한다.
23 Johnson and Oatley, "The Language of Emotions"와 "Basic Emotions, Rationality, and Folk Theory."
24 Ekman, "An Argument for Basic Emotions," Izard, *Human Emotions.*
25 예를 들면 Plutchik, 또한 Tomkins.

이러한 다양한 이론의 장점이 무엇이든 간에, 심리학에서 가장 최근의 이론들은 혐오를 기본 감정들 가운데 하나로 포함해 왔다.[26] 혐오는 독특한 표정이나 표현을 가지고 있다. 혐오는 다른 기본 감정들로 분해할 수 없다고 주장된다.[27] 그리고 혐오는 위험한 물질을 제거함으로써 유기체를 보호하는 적응적인 기능을 가지고 있다. 다른 이들은 기본 감정의 관념을 거부하고, 영어 낱말 혐오(disgust)가 단순히 환경 및 그 환경에 대한 우리의 반응과 밀접하게 관련된 다양한 평가에 주어지는 느슨한 명칭이라고 주장한다. 이 견해에서 그 낱말은 오염시키고 더럽히는 힘을 가지고 있고, 게다가 안도하기에는 너무나 가까이에 있는 무언가를 평가하는 감각을 포착하는 것을 대략적으로 일반화하는 명칭에 불과하다.[28]

나는 영어 낱말 혐오와 반감(revulsion), 불쾌감(repulsiveness), 증오(abhorrence)와 같은 관련 낱말들이 **대략적인** 윤곽 속에서 인간의 정신적이고 사회심리학적인 경험의 보편적인 특징인 감정 증후군을 묘사하는 것이라는 점을 받아들일 의향이 있다. 확실히 혐오스러움을 느낄 수 있는 능력은 인간 정신 조직의 한 특징이다. 그렇게 말할 수 있지만, 나는 기본 감정의 문제에 대해, 즉 혐오가 기본 감정 중의 하나인지에 대해

---

26   앞의 세 각주의 참고문헌을 보라. Ortony and Turner, "What's Basic about Basic Emotions?"
        를 참고할 것.
27   그러므로 존슨(Johnson)과 오틀리(Oatley)는 "Basic Emotions"에서 그렇게 주장한다. 그러
        나 분명 혐오가 특정한 종류의 공포(오염의 공포?)라고 제안할 수도 있다. 나는 이 이론들 각
        각을 비판하기 위해 시간을 들이고 싶지 않다. 나는 어느 누구도 만족스럽게 생각하지 않는
        다. 그들의 실패 중 일부는 Ortony and Turner에, 또한 Turner and Ortony, "Basic Emotions"
        에 상술되어 있다.
28   윌리엄 제임스(William James)(2.1097)는 암묵적으로 많은 평가 이론이 그런 것처럼 이와
        유사한 견해를 취한다. Smith and Ellsworth, "Patterns of Cognitive Appraisal in Emotion"
        을 보라.

서는 여전히 회의적이다. 하지만 내 직감으로는 우리의 통속 심리학(folk psychology), 곧 감정을 실재하는 것으로 취급하는 심리학과 우리가 감정들을 의미 있고 기술(記述)적으로 유용한 것으로 구별하는 방식은 감정에 대해 말하는 방식으로서 거부되어서는 안 된다. 왜냐하면 다른 언어들은 세상을 다르게 배치하기 때문이다. 또는 심리학은 언젠가 심리학이 모든 감정의 신경생물학적 기초를 결정할 수 있을 것이라는 애정 어린 희망을 가지고 있기 때문이다.[29]

여러 문화에 걸쳐 나타나는 차이들은 대개 혐오스러운 것들의 윤곽과 혐오의 역치(閾値, threshold)에 관한 문제이지, 우리가 지닌 혐오의 특징들 가운데 많은 부분을 공유하는 어떤 것이 특정 규범들을 규제하는 작용을 하는지 여부의 문제가 아니다. 우리는 다른 문화들이 우리의 혐오를 유발하고 우리가 혐오해야 한다고 믿는(그것이 우리가 흔히 그들의 타자성을 인식하는 방식이다) 어떤 관행들을 정상화할 것이라는 점을 의심하게 되었지만, 우리는 어떤 식으로든 혐오가 나타나지 않는 문화를 상상하기가 훨씬 더 어렵다는 것을 발견할 것이다. 문화는 문화의 정확한 내용과는 별개로 문화의 구성에 어떤 역할을 하는 혐오 없이는 그 문화를 상상할 수 없다는 인상을 준다. 그러나 혐오를 개념화하는 상이한 방식들이 한 문화에서는 혐오를 공포의 방향으로, 또 다른 문화에서는 증오의 방향으로 더 발전시킬 수 있다는 것은 놀라운 일이 아닐 것이다. 혐오

---

29 우리의 일상 심리학의 유용성과 내용에 대해서는 *The Structure of Emotions*, pp.1~20에서 헵(Hebb)의 실험에 대해 다룬 고든(Gordon)의 논의를 보라. 또한 D'Andrade, "A Folk Model of the Mind"와 "Some Propositions about the Relations between Culture and Human Cognition"을 보라. 우리가 지닌 감정의 궁극적인 심리학적 실재를 옹호하는 글로는 Johnson and Oatley, "Basic Emotions"를 보라. 그러나 Kagan, "The Idea of Emotion in Human Development"를 비교해서 보라.

스러운 것에 대해 말하는 방식이 상이하다는 것은 그 혐오스러운 것을 처리하는 데서 상이한 감각들이 핵심 역할을 하리라는 것을 의미할 것이다. 우리는 서구에서 맛(taste)이 미학적이고 사회적인 식별 감각에 대한 은유가 되기 전에는 우리의 혐오 관념에 핵심적인 것이 되지 못했다는 것을 보게 될 것이다.[30] 혐오가 가진 증후의 보편성은 혐오스러운 것의 정확한 구성요소에 대해서는 우리에게 많은 것을 말해주지 않는다. 혐오가 어떤 인간이라도 느낄 수 있는(그리고 느껴야 하는?) 것이라면, 혐오스러운 것의 내용은 여러 문화에 걸쳐 그리고 개별 사람들의 문화들 내에서 광범위한 다양성에 열려 있을 것이다.

이것을 조금 더 다루어보자. 이 책의 논의는 구체적으로 서구 문화 전통에, 그리고 주로 서유럽과 미국에 기반을 두고 있다. 내가 구성하는 혐오스러운 것의 현상학은 나와 같은 사회 계급의 미국인들에게 반향을 불러일으키기 위한 것이다. 그러나 내 주장을 펼치기 위해 중세의 성인전(聖人傳), 초서(Chaucer), 몽테뉴(Montaigne), 스펜서(Spenser), 셰익스피어(Shakespeare), 웹스터(Webster), 터너(Tourneur), 라 로슈푸코(La Rochefoucauld), 스위프트(Swift), 울스턴크래프트(Wollstonecraft), 해

---

30 나는 광범위한 분야에 걸쳐 수많은 논의를 불러일으켰던 복잡한 문제들에 대해 너무 서두르고 있다. 그러나 나는 상대주의와 보편주의의 문제에 빠져 꼼짝 못하는 상황에 처하고 싶지는 않다. 한 가지 공통된 견해는 멀리 있는 문화보다 문화적으로 더 가까운 문화를 이해하기가 더 수월하다는 것이다. 독일인과 미국인의 목욕 빈도의 차이는, 머리를 잘라 수축 가공해서 보존하고 사람을 잡아먹는 히바로(Jibaro)족과 우리가 구별되는 것과 같은 정도만큼이나, 독일인과 우리 사이의 거리를 두지 않는다. 예를 들어, B. Williams, *Ethics and the Limits of Philosophy*, pp.159~167을 보라. 그러나 이것이 항상 사실일까? 때때로 엄청나게 다른 것들에 대한 우리의 태도는 그렇게 까다롭지 않다. 왜냐하면 그것들이 너무 다르기 때문이다. 그리고 그들을 위해 상대화하고 정당화하는 해명을 구성하기 위해 우리의 상상력을 발휘함으로써 그들의 방식을 더 수용하려고 한다. 그러므로 신대륙 인디언보다 개신교 신자가 16세기 도미니크회의 수도사를 더 혐오했을 수도 있다.

즐릿(Hazlitt), 그리고 오웰(Orwell)에 기대고 있다는 사실은, 내가 구성한 설명이 가장 넓은 의미에서 적어도 시간을 거슬러 특정 지역에 국한시킬 정도로 좁게 제한되어서는 안 된다는 믿음을 함축하고 있다. 우리의 혐오는 중세와 근대 초기 아바타(avatars)들의 특징을 유지하고 있다. 변동뿐만 아니라 연속성도 있는 것이다.

혐오를 느끼는 것은 인간적이며 인간화하는 것이다. 혐오의 문턱이 매우 높아서 혐오스러운 것에 다소 무감각한 사람들을 우리는 다소 다른 범주, 곧 어린아이와 같은 원인(原人, protohuman), 미친 사람과 같은 유인(類人, subhuman), 성인들과 같은 초인(suprahuman)에 속한다고 생각한다. 만약 사람들이 단순히 그들의 혐오에 대해 다른 주안점을 가지고 있다면, 우리는 그들이 우리의 규범으로부터 얼마나 많이 벗어나는지에 따라 그들을 낯설거나 원시적이어서 어쩐지 이국적인 존재로, 아니면 미개하고 혐오스러운 존재로 생각할 것이다. 우리가 자연적으로 획득하는 혐오는 얼마만큼이며, 양육의 결과로 갖게 되는 혐오는 얼마만큼인가? 다윈과 그를 따르는 사람들은 혐오 표현과 혐오 정서의 보편성을 공언한다. 혐오는 웃음과 눈물처럼 유독 인간적인 것일 수도 있다. 동물들이 혐오를 경험한다는 명백한 증거는 없다. 동물들은 특정한 음식이 맛없다는 것을 발견하고는 그 음식을 거부한다. 동물들은 냄새가 역겹다고 여기고는 그 냄새를 회피한다. 동물들은 병에 걸리고 토하고 더러운 물질들을 내뱉는다. 그러나 이러한 싫음이 혐오와 같은 정서를 동반한다거나, 동물들이 혐오스러운 것들의 범주에 대해 어떤 관념(나에게는 이것이 중요하다)을 가지고 있다고 알려져 있지는 않다.[31] 음식 거부 체계는 혐오를 필요로 하지 않으며, 단지 불쾌한 맛이나 냄새에 대한 감각만을 필요로 한다.[32] 어떤 것이 우리가 좋아하지 않는 맛을 가졌을 때, 우리는 그 맛이 우리를 역겹게 하지 않는 한 우리가 그것에 의해 오염되었다고 느끼지 않는다. 하지만 어떤 것이 우리를 역겹게 할 때, 그 역겨운 것과 접촉하는 것은 무엇이든지 그 접촉의 결과로서 혐오하는 능력을 획득한다는 믿음에 의해 우리는 더럽혀지는 느낌과 괴로운 느낌을 가진다.[33] 그래서 우리는 서둘러 우리 자신을 정화시킨다.

혐오를 느낄 수 있는 능력이 인간이라는 점에서 나온다면, 실제 혐오는 발전할 수 있는 여유 공간이 필요하다. 문화와 양육은 (내가 곧 의도적으로 모호하게 말할 것들로부터 영향 받는) 혐오스러운 것들의 타이밍(timing)의 일부와 정확한 내용 및 범위의 많은 부분을 결정한다. 어떤 부모라도 한 두 살짜리 아이의 배설물과 신체 배출물에 대해 전혀 혐오를 보이지 않으며, 부모가 아이에게 주입하려고 애쓰는 혐오에 더할 나위 없이 행복하게 면역성이 남아 있을 수 있다는 것을 알고 있다. 로진과 그의 동료들은 아이들의 경우 4세부터 8세 사이까지는 혐오가 단순한 불쾌와 분리되지 않는다고 주장한다.[34] 그들이 주장하는 바와 같이, 혐오는 전염, 오염, 유사

31　Chevalier-Skolnikoff, "Facial Expression of Emotion in Nonhuman Primates." Rozin, Haidt, and McCauley, p.578을 보라.

32　싫음(distaste)과 혐오의 구별은 로진에 의해 이루어졌다. 싫음은 감각적인 요인에 의해 자극되는 반면, 혐오는 전염과 오염 같은 관념적 요소들과 관련된다. Rozin and Fallon, p.24를 보라. 나는 아몬드 추출물의 맛을 좋아하지 않을 수 있지만, 그것이 혐오스럽지는 않다. 다른 사람들은 피망과 매운 고추가 먹기에 불쾌하다고 여길 수 있지만, 불쾌하다고 해서 역겨워지지는 않을 것이다.

33　혐오 물질의 전염성과 마법적 특질은 Rozin, Millman, and Nemeroff, "Operation of the Laws of Sympathetic Magic in Disgust"와 Rozin and Nemeroff, "The Laws of Sympathetic Magic"에서 논의되는데, 궁극적으로 Angyal, p.395에 의존하고 있다.

34　Rozin, Hammer, et al., "The child's Conception of Food"; Rozin, Fallon, and Augustoni-Ziskind, "The Child's Conception of Food." 내 자녀들의 경험으로 미루어 볼 때 그 범위는 너무 보수적인 것 같다. 감정의 얼굴 표현이 감정 그 자체라고 믿는 연구자들은 혐오, 흥미,

성에 대한 상당히 복잡한 관념적 사고에 의존하기 때문에, 그러한 정신적 식별을 할 수 있는 능력이 발전되어야 진정으로 혐오를 드러내 보일 수 있을 것이다.

동물에 의해 길러지거나 인간의 접촉 없이 스스로 자란 야생 인간인 '늑대 아이'에 대한 몇 가지 믿을 만한 관찰에서 나온 증거는 그러한 아이들이 혐오를 갖지 않았음을 보여준다.[35] 문서로 잘 기록되어 있는 19세기 초 아베롱(Aveyron)의 야생 소년은 순수와 불순의 감각이 전혀 없었고, 매우 불결했으며, '배변 훈련'도 받지 않았다. 따라서 그를 관리했었고 이 사례를 우리에게 알려준 의사 장 이타르(Jean Itard)를 역겹게 만들었다. 그러나 이타르의 증거에 문제가 없는 것은 아니다. 그 소년은 아무리 악취가 심해도 동물처럼 모든 것의 냄새를 맡았지만, 모든 것을 먹지는 않았다. "죽은 카나리아 한 마리가 그에게 주어졌다. 그러자 순식간에 그는 크고 작은 깃털을 벗겨내고 손톱으로 찢어 열어젖히더니 냄새를 맡고 나서는 버렸다"(100). 그 소년은 전혀 잡식성이 아니었다. 그는 처음에 카나리아를 먹으려고 했지만, 이 특정한 카나리아는 입맛에 맞지 않는 냄새를 가지고 있었다. 비록 그의 반감이 더 단순하게 야기되었을 수도 있지만, 즉 그 반감이 전염과 오염의 생각을 전혀 일으키지 않았을

괴로움 같은 감정들이 태어날 때 완전하게 작동한다고 주장한다. Izard, "Emotion-Cognition Relationships and Human Development," 슈웨더(Shweder), 마하파트라(Mahapatra), 그리고 밀러(Miller)의 연구("Culture and Moral Development," p.183)는 다섯 살이 되면 아이들은 이미 도덕적으로 옳고 그른 것에 대해 문화적으로 적절한 독특한 판단을 구별되게 표현할 수 있다는 것을 보여준다. 이러한 적절한 판단을 내리기 위해서는 공감, 수치, 혐오와 같은 도덕적 정서 또한 갖추어야 한다고 그들은 주장한다.

35 그 증거는 양면성을 지니고 있다. 아베롱의 야생 소년은 확실히 몇몇 음식에 대해 불쾌감을 가지고 있었고, 비록 어떤 것이라도 반감 없이 냄새를 맡았지만, 대변을 먹는다고 보고되지는 않았다. Jean Itard, *The Wild Boy of Aveyron*을 보라.

지도 모르지만, 어떤 냄새는 그를 정말로 역겹게 만들었을 것이다. 우리는 그가 새를 버린 후 자신의 손에 대해서 어떻게 느꼈는지 확실히 알고 싶다.

우리가 만약 4~8세 사이에 혐오를 단순한 불쾌감과 구별할 수 있게 된다는 보수적인 관념을 받아들인다면, 그 범주가 제우스의 머리에서 태어난 아테나처럼 이미 완성된 상태로 태어난다는 것은 있을 수 없을 것이다.[36] 그 범주는 느리고 꾸준하게 증가해서 형성되는 것 같지는 않다. 오히려 많은 양이 쌓였다가 쏟아지는 것처럼 우리에게 나타나는데, 이것은 배변 훈련 중에 처음 일어나고 사춘기가 시작될 무렵에 다시 일어난다. 혐오의 이러한 거대한 격발은 이어서 다소 무력화되거나 심지어 자멸적인 것이 되지 않도록 대개 축소되는 방향으로 정제 과정을 겪는다. 예를 들어, 배변 훈련의 절박한 목표인 혐오가 마침내 대변과 오줌에 대한 거부감이 강하게 느껴질 정도의 힘으로 나타나면, 오줌 한 방울이 속옷을 오염시켰을 때 아이는 스스로 닦거나 속옷 입는 것을 거부할 수도 있다. 내 딸 중 하나는 배변 훈련 직후 대변에 대해 그러한 거부감을 느껴서 손이 오염될 거라는 두려움에 스스로 닦기를 거부했다. 그리고 내 아들 중 하나는 세 살 때 화장실에 다녀온 후 오줌 한 방울이 속옷에 묻자 속옷만 벗은 것이 아니라 그 위의 바지도 벗어버렸다. 이것은 하루에 옷을 여러 번 갈아입는다는 것을 의미한다. 이와 거의 동시에, 닥치는 대로 먹던 아이들이 어떤 음식이 같은 접시에 놓인 다른 음식에 닿거나 다른 사람의 접시나 포크에 닿으면 그 음식을 거부하기 시작하기도 한다. 그들이 개

---

36   수전 밀러의 혐오의 단계적 발달에 대한 논의를 보라. "Disgust: Conceptualization, Development and Dynamics," pp. 297~299.

별 음식의 순수성과 독립성에 대해 새로이 발견한 감각을 완화시키는 방법을 배우기까지는 시간이 좀 걸린다. 아마도 이것이 오웰이 소년기를 '혐오의 시대'라고 천명했을 때 의미했던 말일 것이다. 그 시기는 "분간하는 법을 배우고 나서 생각이 굳어지기 전까지 — 말하자면 일곱 살부터 열여덟 살까지"이며, 그리고 그 기간 동안에는 "항상 시궁창 위에 팽팽하게 묶인 밧줄 위를 걷는 느낌이 든다."[37]

우리에게 주로 생리, 여드름, 목소리 변화, 사정(射精), 불쾌한 신체 냄새, 엉뚱한 곳에 자란 털 등의 성적인 각성과 신체적 변화의 현기증 속에 촉발되는, 수치와 굴욕과 당황에 대한 민감성이 악화되는 시기이자 혐오에 대해 이례적인 민감성을 가지는 시기인 사춘기를 생각해 보자. 음모(陰毛)는 우리의 감성에 가볍게 다가오지 않으며, 삶의 사실에 대한 지식도 그러하다. 정상적인 성적 행동의 전주곡으로서 우리는 적어도 이러한 발견에 수반되는 초기의 공포와 혐오를 극복하는 법을 배워야 한다. 따라서 혐오는 다음번에 추가적인 혐오 규칙을 조금씩 익히도록 우리가 준비할 수 있게끔 조금씩 증가하면서 부드럽게 찾아오지 않는다. 혐오는 언어에서 문법적 능력이 습득되는 방식처럼 큰 덩어리로 찾아온다. 그 감정은 효과가 나타나기 시작해 곧바로 우리를 사로잡는다. 그것이 바로 혐오를 느낀다는 것이 의미하는 바이다. 나중에 가서야 우리는 그 정서의 범위를 유보하거나 축소할 수 있는 위선, 궤변, 실용적 회피 기법의 종류들을 배운다. 관례와 뉘앙스를 통제하기 위해서는 더 많은 시간과 사회적 역량이 필요하다.

---

37   "Such, Such were the Joys," p. 22[「즐겁고도 즐거웠던 시절」, 360쪽].

또한 혐오의 능력을 획득하는 이러한 방식은 도덕적 발달이 진전되는 과정을 뒤따르는데, 이 둘은 서로 분명히 연관되어 있다. 먼저 우리는 하나의 규칙에 사로잡히고, 그다음에 특정한 상황에서는 그 규칙에 사로잡히지 않는 방법에 대한 보다 정확한 식별력을 배운다. 우리는 주요 규칙의 이면에 있는 더 심층적인 목적에 공정하고 충실하기 위해 그 주요 규칙을 언제 유보해야 하는지를 배운다.[38] 우리는 모두 그 규칙을 엄격하게 지키는 단계를 결코 지나치지 않는 사람들을 알고 있다. 우리는 그런 사람들을 젠체하는 사람들(prigs)이라고 부르며, 그 스타일을 엄숙주의 및 심하게 잔소리하는 엄격함과 연관시킨다. 혐오의 영역에서 그에 대응하는 성격 유형은 까다롭거나 항문 강박적인 것으로 여겨진다.

나이가 들면서 우리는 청소년기에 우리를 구역질나게 했던 것들에 대한 자기 점검을 완화하기 시작한다. 중년이 되어감에 따라 그 감소는 빠르게 지속되며, 우리 자신의 몸의 변화를 넘어 나간 경멸이나 완전한 절망감으로 바라본다. 젊을 때 우리들 중 일부는 ─ 우리가 느끼기에 ─ 욕구를 억누를 수 있어야 하는 나이의 사람들이 성교를 하는 것을 생각하는 것만으로도 경악했던 것을 기억한다. 그러나 이제 우리가 그 나이가 되어서는 그 흠잡기 좋아하고 자기 비판적인 능력을, 즉 나이의 추악함과 느린 부패에 대한 후기 청소년기의 초민감성을 자기기만으로 중화시키려 한다. 결국 우리는 점점 더 자주 입술에 빵 부스러기가 묻었다는 것을

---

38 나는 여기서 도덕 발달 이론에 대해 거창한 주장을 하고 있지 않지만, 내가 제기하고 있는 견해는 입증할 수 없는 피아제(Piaget)와 콜버그(Kohlberg)의 인지 도덕 발달 이론에 반한다. *Varieties of Moral Personality*, pp. 1811~195에서 플래내건(Flanagan)의 비판을 보라. 내 견해는 Shweder, Mahapatra, and Miller, pp.183~194의 견해들을 주로 따르는데, 그들은 미국의 표본에서 관례와 지역 상황의 문제들에서의 능력이, 도덕적인 것과 의미 있게 구별될 수 있는 정도로, 보다 일반화된 도덕 원칙보다 나중에 발전한다는 것을 보여준다.

더 이상 감지하지 못하게 되는 듯하다. 우리의 아이들은 우리의 입김에 움찔하게 되며, 우리는 더 이상 해마다 점점 더 이상한 곳에서 자라나는 털을 다듬을 수 있을 만큼 충분히 거울 가까이에서 우리 자신을 바라보지 않는다. 이러한 혐오의 감소는, 사회적 능력이 더 성장하는 방향으로 일어나는 어린 시절 및 사춘기에 일어나는 감소와는 다르다. 중년과 노년기에 수반되는 감소는 오히려 일반적인 정서가 상실되는 기능을 한다. 그 감소는 신체적인 악화와 벌이는 승산 없는 싸움에서 포기하는 것을 나타낸다. 그것은 성패가 걸린 것은 줄어들고, 아직 끝나지는 않았지만 게임의 결과는 정해져 있다는 일반적인 느낌이다. 우리의 생물학적 여정은 그 과정을 거쳐왔으며 ─ 우리는 아이들을 가진 상태이거나 또는 앞으로 결코 갖지 않거나 둘 중 하나일 것이다 ─ 경과는 정점에 도달했고, 혐오를 제어하는 도덕적·사회적 능력에서 실패할 위험성은 더 이상 그렇게 높지 않다.

혐오스러운 것들의 명백한 문화적 결정 요인에 주목하는 것은 결코 놀라운 일이 아니다. 더러움과 순수함, 깨끗한 것과 불결한 것 사이의 선, 곧 혐오가 요청되는 중요한 경계들을 정하는 것은 자연이 아니라 문화이다. 진짜 문제는 어린 인간이 양육을 통해 무엇이 혐오스러운가를 배우는지 여부가 아니라, 어떤 사물과 행동을 혐오스러운 것으로 구별하는 것이 인간 사회의 (거의) 보편적인 특징인지 여부이다. 예를 들어, 근친상간 금기는 어떤 형식 속에서 있을 수 있는 교차 문화적인 보편성에 가까운데, 일반적으로 혐오에 의해 유지된다.[39] 더구나 문학, 인류학, 역사학, 고고학을 차례차례 옮겨 다니는 즐거운 여정은 혐오스러운 것의 실체가 교차 문화적으로 그리고 초시간적으로 다르다는 것을 보여주었지만, 바로 어떤 사물과 어떤 종류의 행동이 혐오를 촉발하는지에 대해 두드러지게 수렴하는 지점이 있다. 어떤 이들은 배설물을,[40] 또 어떤 이들은 생리혈을[41] 보편적인 혐오 물질이라고 주장한다. 동떨어진 예외가 있을 수 있고 아마도 그렇겠지만, 그것들은 **예외**이기 때문에 중요하지 않다.[42] 그것들이 예외라는 것은 혐오스러운 것의 범주에서 무엇이 제외될

---

39   만약 우리가 근친상간을 적절한 결혼 상대를 통제하는 일련의 규칙으로 받아들인다면, 우리는 혐오뿐만 아니라 공포나 의무감, 수치심, 또는 죄책감도 규범을 유지할 수 있다고 상상할 수 있다. 하지만 만약 우리가 근친상간을 허용 가능한 성적 파트너를 통제하는 일련의 규칙으로 받아들인다면, 우리는 혐오가 지배적인 역할을 할 것이라는 점을 의심하게 될 것이다. 심지어 형제-자매 간 결혼을 선호했던 로마 이집트의 시민들조차도 아버지와 딸, 그리고 어머니와 아들 간의 결혼을 금지하는 규칙을 가지고 있었다. 슈웨더와 마하파트라와 밀러는 성인 인구(표본은 브라만, 불가촉천민, 그리고 중산층 미국인을 포함한다)에서 아홉 가지의 도덕적 보편자 후보를 제시한다. Shweder, Mahapatra, and Miller, p.188. 그 후보들은 약속 지키기, 소유에 대한 존중, 공정한 배분, 약자 보호, 호혜-감사, 그리고 근친상간과 자의적인 폭행과 연고주의와 독단에 대한 금기이다. 이들 중 몇몇은, 예를 들어 호혜의 규범 그리고 근친상간과 독단에 대한 금기는 다른 것들보다 더 보편적일 가능성이 있다는 인상을 준다. 다른 것들은 솔직히 그래 보이지 않는다. 연고주의는 재능에 따라 출세하는 것이 통례가 아닌 예외였던 전근대 서구 세계에서는 비난할 일이 아니었다. 이 모든 미덕과 악덕이 같은 도덕적 정서에 의해 유지될 것인가? 근친상간은 주로 혐오에 의해 유지되는 유력 후보인 듯하지만, 대부분 철저히 지켜지는 규범들의 위반은 위반자가 부패하거나 위선적이거나 자의적이거나 잔인함을 보여주는 조건에서 혐오를 불러일으킬 수 있다.

40   여러 사회에서 보고되는 식분(食糞) 의식(儀式)은 항상 똥을 먹는 바로 그 행위가 정상적인 것의 상징적·의례적·위반적인 활동을 표지하는 경계(liminal) 의례라는 그럴듯한 주장이 제기될 수 있다. 그린블랫(Greenblatt)의 '더러운 의례(Filthy Rites)'에 대한 논의와 버크(Bourke)의 자료를 설명해 낸 앙얄(Angyal)의 글 pp.399~403을 보라.

41   Kristeva, p.71[크리스테바, 116쪽]을 보라. "도식적으로 오염의 대상은 두 종류로 나뉜다. 하나는 배설물과 관련된 것이고, 다른 하나는 생리와 관련된 것이다. 이를테면 정액이나 눈물 같은 것은 어쨌든 몸의 경계를 넘쳐나는 것이기는 하지만 배설물이 아니므로 오염이라는 가치는 지니고 있지 않기 때문이다." 눈물은 그렇지만, 정액은? 나는 그녀가 정액의 배제를 덜 우스꽝스러운 것으로 만들기 위해 자신의 토론을 어떻게 한정지으려 하는지 잘 모르겠다. 나는 제5장에서 정액이 모든 물질 중에서 가장 오염적인 것 가운데 하나라고 주장한다.

42   일부 '예외'는 그 관행이 위반 행동으로 여겨질 때처럼 일반적인 규칙을 강화하는 기능을 한다. "Filthy Rites"에서 식분 의례에 대한 그린블랫의 주장은 그 의례가 백인 인디언 보호관들, 선교사들, 그리고 인류학자들의 반감을 일으키기 위해 주로 행해졌다는 것이다. 에드먼드 리치(Edmund Leach)는 어떤 물질은 거의 보편적으로 불순하다는 것을 거의 수용한다. "Magical Hair," p.156. "불순함이 생식기-항문 부위와 머리에 가리지 않고 들러붙는다는 것은 누구나 알고 있다. 가장 전형적인 불순물은 대변, 소변, 정액, 생리혈, 침, 그리고 머리카락

수 있는지를 선택하는 데서 문화들이 얼마나 제한적인지 드러낸다. 문화들에 걸쳐 혐오를 유발하는 것의 다양성이 세계의 모든 사물이나 모든 행위에서 무작위로 추출한 것처럼 보이기는 어려울 것이다.

문화들은 특정한 사물이나 행위를 혐오스러운 것의 영역으로부터 배제하기보다는 그 영역으로 받아들이는 데서 훨씬 더 많은 여지를 가지고 있는 것 같다. 하지만 여기에도 한계가 있다. 어떤 것들은 거의 혐오를 불러일으킬 수 없는 것처럼 보인다. 우리는 동물과 동물성 물질이 식물이나 무생물보다 더 흔히 혐오 유발자로 인식될 것이라고 조심스럽게 추정할 수 있다. 눈(snow)이 어딘가를 오염시키는가? 돌은? 눈물이 어딘가를 오염시킬 확률은 얼마나 낮은가? 혐오를 불러일으키는 행위의 유형도 예외가 있더라도 수렴하는 경향이 있을 것이다. 우리가 조심스럽게 추정할 수 있는 것은, 걷기는 살인에 비해 오염 규칙에 의해 구속될 가능성이 적기 때문에, 모든 조건이 같다면 걷기는 살인만큼 혐오스러울 것 같지 않다. 그리고 우리는 가장 단순한 수렵채집 문화도 근친상간 규칙 위반이든, 살인이든, 반역이든, 비겁함이든, 또는 단순히 잘못된 계절에 잘못된 음식 먹기이든 간에 어떠한 혐오 유발 행위의 개념을 가질 것이라고 예측할 수 있다.

나는 보편주의와 특수주의 사이의 논쟁에는 큰 관심이 없으며, 독자들이 알아챘을지 모르지만, 그 논쟁에 대해 다소 완곡하게 말하고 있다. 사회 역사가로서 나는 사회적 배열과 인간 행동을 설명하기 위해 자연보다 양육에 훨씬 더 많이 기울어져 있다. 나는 사회 이전의, 문화 이전의

이다." 다양한 감정이 보편적으로 유발될 수 있는 가능성에 대해서는 Shweder, "Menstrual Pollution," pp. 243~244를 보라.

인간 본성에 대한 손쉬운 경솔한 가정을 하는 것에 대해 별로 인내심이 없다. 언어, 역사, 문화 등과 같이 사회적으로 생성된 것들이 박탈된 상태에서 여자나 남자의 '인간' 본성을 생각하는 것은 불가능하다. 짧고 험악한 삶을 살았던 홉스(Hobbes)의 짐승 같은 인간도 전(前)문화적이거나 전(前)사회적이지 않다. 그는 예민한 명예 감각을 갖고 있었고, 말을 했다. 그는 언어를 갖고 있었다. 하지만 내가 성격의 상당 부분을 갖고 태어난 듯 보이는 아이들을 갖게 되었을 때 나는 자연 쪽으로 좀 더 경도되었고, 그래서 이제 아마도 나는 자연과 양육 사이의 경계선에 있겠지만, 마음속으로는 여전히 양육 진영에 있다. 극단적인 사회구성주의 입장을 옹호하는 어리석은 말들이 있었고, 심지어 사회 생물학적 극단을 옹호하는 더 어리석은 말들도 있었다. 그러나 인문학에서 어리석은 것은 젠더, 계급, 인종, 또는 문화를 가로질러 경험을 이해하거나 비교할 공통의 근거, 상호적 기반이 없다고 주장하는 상대주의의 부류이다. 이것은 우리가 심지어 남자와 여자, 인류학자와 원주민, 흑인과 백인을 분리하는 것만큼이나 넓은 격차를 넘어서 말하고 동정하고 공감하고 이해하는 것을 배울 수 있는 속도에 비추어 볼 때 잘못된 것임에 틀림없다.

현재 우리의 차이에 대한 집착은 다양성의 정치에서 동기화되었다. 이 정치는 유사성보다 차이를 선호하는 데 관심을 두고 있다. 그러나 정체성 정치가 가속화되기 전에도 인류학은 차이에 대한 내재된 편견을 가지고 있었다. 결국 여행자와 인류학자의 관심을 끈 것은 차이였다. 차이는 낭만과 위험을 낳았다. 차이는 마음을 사로잡고 유혹하거나 아니면 불쾌감을 주거나 혐오감을 주었다. 우리를 중립으로 내버려두지는 않았다. 혐오는 충격을 주며, 충격으로 인해 즐기게 된다. 그리고 그 자체를 기억 속에 저장한다. 삼비아인(Sambian) 소년들은 남성에게 규칙적으로 구강성교를 해야 하고, 누어인(Nuer)들은 소 오줌으로 몸을 씻어야 하고, 주니족(Zunis)은 인간과 개의 배설물을 먹는 의례를 해야 한다는 것은 믿기 어려울 만큼 놀랍다.[43] 그러나 그들이 간통을 하거나 대변을 보기 위해 프라이버시 같은 것을 찾으려는 경향이 있다는 것은 그리 주목할 만한 일이 아니다.

만약 혐오스러운 것의 내용이 광범위하게 수렴된다고 할지라도, 그것이 중요한 가변성이 없다는 것을 의미하지는 않는다. 혐오스러운 것의 범주는 감정 혐오 ─ 6세 이전까지 인간에게 공통된 감정인 ─ 의 사전 존재에 대한 의존성으로 인해 제약을 받는다. 하지만 그 제약은 문화가 역할을 할 수 있는 넓은 장을 남겨준다. 혐오스러운 것의 내용은 문화들에 걸쳐 다양하며, 문화들 내에서도 시간을 거치며 변화한다. 혐오스러운 것의 내용뿐만 아니라 혐오의 전체적인 경계도 바뀔 수 있다. 어떤 사람이 다른 사람보다 혐오에 더 민감하듯이, 어떤 문화는 다른 문화보다 혐오를 더 두드러지게 나타낸다. 아마도 한 문화에서 음식, 위계, 계급, 그리고 몸의 처신에 관한 규칙 밀도가 높을수록, 그러한 피지배 영역 내에서 규범 위반에 대한 혐오의 역치는 낮아질 것이다.

청결에 대한 관념이 변화함에 따라, 그리고 미적·사회적 분별 능력으로서 좋은 취향과 나쁜 취향에 대한 관념이 출현함에 따라 혐오 수준이 변화한 것을 평가하려고 할 때, 우리는 이 문제들로 되돌아갈 것이다. 우선은 오염, 공해, 더럽힘의 관념 없이 혐오를 상상할 수 없지만, 혐오는 문화적으로 제약하는 것이면서 동시에 문화적으로 제약되는 것이라는

---

43   Herdt, "Sambia Nosebleeding Rites"; Evans-Pritchard, *The Nuer*, p.30; 그리고 Bourke, *Scatologic Rites*, pp.4~6[버크, 『신성한 똥』, 21~24쪽]을 보라.

점을 명백히 말해두겠다. 혐오는 문화의 창조와 밀접하게 연관되어 있는 듯하다. 혐오는 매우 특이하게 인간적이어서 언어 능력처럼 우리가 가지고 있는 사회적·도덕적 가능성의 종류들과 필연적인 연관성을 지니고 있는 것처럼 보인다. 만약 당신이 무심코 어길 경우 혐오를 유발하는 미학적이고 도덕적인 규범과 가치를 열거해 보면, 우리를 동조하게 하고 최소한으로 교양 있게 하는 데서 감정이 얼마나 중요한지 알게 될 것이다.

이 책에서 나는 우리의 세계와 그 세계에 대한 우리의 태도를 구조화하는 데서 혐오가 중요하다고 주장한다. 나는 혐오가 지닌 강력한 이미지 생성 능력을 입증하고 도덕적·사회적·정치적 영역을 향한 우리의 많은 태도를 조직하고 내면화하는 데서 혐오가 수행하는 중요한 역할을 보여주려고 한다. 그러나 이 책은 그런 실체 없는 영역에서 시작하지 않는다. 이 책은 내가 생명 수프라고 부르는 섭취, 배변, 사통(私通), 출산, 죽음, 부패, 재생 같은 혼탁한 물질의 악취가 진동하는 습지로부터 혐오가 일어나는 가장 축축한 사태 가운데서 시작한다. 그러나 몸과 몸의 노폐물, 그리고 구멍들의 불쾌한 감각 한가운데서도 더 큰 문화적·도덕적 질서가 그 습지에 침입해서 힘차게 생기를 불어넣으며, 그 활기는 다시 가장 악취 나는 물질의 이미지들에 체화된다.

공해, 전염, 그리고 오염의 관념은 신체에 속박될 수 없다. 악취는 사악한 행위와 또한 사회적 위계의 낮은 지위에서 풍겨나기 시작한다. 사회적으로 하층 사람들은 상층 사람들에게 좋은 냄새를 풍기지 않으며, 상층 사람들은 사회 정치적 질서가 하위 계층의 오염시키는 힘에 의해 위협받고 있다고 느낀다. 혐오는 분명히 세계를 특정한 방식으로, 명백히 염세적이고 우울한 방식으로 그린다. 하지만 혐오는 긍정적인 측면에서 꼭 필요한 동반자이기도 하다. 우리가 알다시피, 사랑은 극복해야 할 혐오가 없다면 거의 이해하기 어렵다. 도덕적이고 육체적인 청결의 미덕과 잔인함과 위선을 증오하는 일에 우리 자신이 전념하기 위해서는 혐오에 의존해야 한다. 이 책에서 나의 핵심 임무는 감정, 특히 혐오와 경멸 같은 감정이 특정한 종류의 사회적 질서를 가능하게 하는 것임을 보여주는 것이다. 사회 정치 이론이 이러한 감정에 그리고 이 감정이 다양한 사회적·도덕적·정치적 질서를 어떻게 구조화하는지에 관심을 가지는 것은 당연한 의무이다. 뒤따르는 설명에 대한 간단한 길잡이를 제공하고자 한다. 다음 장에서는 밀접하게 관련된 감정과 개념으로부터 혐오를 구별하는 필수적인 예비 작업을 한다. 나는 경멸, 수치, 증오, 분개, 두려움, 공포, 두려운 낯섦, 지루함(삶에 대한 혐오), 권태, 까다로움과 혐오의 관계를 다룬다. 나는 우리가 흔히 혐오 및 그와 관련된 용어들로 지칭하는 현상이 이를테면 경멸의 특정 부분집합을 혐오와 구별하기 어렵게 만드는 어느 정도의 공통 부분에도 불구하고 그것의 근친 현상으로부터 유의미하게 그리고 생산적으로 구별된다는 것을 보여주고자 한다.

제3장부터 제5장까지는 우리를 문제의 핵심인 혐오와 혐오스러운 것의 감각 현상학(sensual phenomenology)으로 뛰어들게 한다. 제3장에서 나는 다양한 대립 ─ 무기물 대 유기물, 식물 대 동물, 동물 대 인간, 우리 대 그들, 나 대 너, 나의 내부 대 나의 외부 ─ 을 제시하며, 그 대립들이 혐오스러운 것을 얼마나 잘 조직하는지, 그 대립들이 어디서 모호함을 생성하는지 그리고 어디서 실패하는지 살펴본다. 그 대립들이 혐오스러운 것의 본질에 대해 가장 잘 알려주는 곳이 바로 모호성과 실패의 지점이다.

제4장은 지각하는 감각에 따라 변화하는 혐오와 혐오스러운 것의 개

념화를 추적한다. 미각이 개입되기 훨씬 전에 촉각, 후각, 그리고 심지어 시각도 그 지형을 차지하고 있다. 촉각은 끈적끈적한 것, 미끈미끈한 것, 찐득찐득한 것, 질척거리는 것, 짓무르는 것, 두툴두툴한 것, 들러붙는 것, 축축한 것의 세계이다. 후각은 우리를 프로이트, 스위프트, 그리고 리어(Lear)에게로 인도하는데, 그들은 우리의 생식기의 불행한 위치에 의해서 창조된, 그리고 인간이 냄새의 근원이라는 단순한 사실에 의해서 창조된 성적 욕망을 가로막는 장벽에 집착하고 있었다. 시각은 우리를 추하고 끔찍한 것에 직면하도록 강요한다. 청각만이 혐오로부터 상대적으로 자유롭지만, 청각도 격앙과 짜증에 대한 놀라운 민감성을 통해 우리를 서서히 혐오로 이끌 수 있다.

제5장에서는 몸의 구멍들과 그 구멍들에서 나오는 노폐물과 배출물에 초점을 맞춘다. 몸의 중심을 관통하는 관의 끝점인 입과 항문은 혐오스러운 것을 개념화하는 데 매우 중요하며, 질은 그것이 입과 항문 모두에 동화되는 만큼 실제로 중요하다. 항문과 배설물은 인간이라는 허울을 벗기는 역할을 한다. 혐오는 소화관과 결합되는 만큼 생식기와도 결합된다. 나는 정액이 아마도 가장 강력하게 오염시키는 배출물일 것이라고 주장한다. 정액은 자신이 닿는 것을 여성화하고 수치를 주는 능력을 가지고 있다. 그리고 여성 혐오가 지속력을 가지는 것은 많은 부분 정자에 대한 **남성**의 혐오 때문일지도 모른다.

그런 다음 이 책은 본능적이고 괴기하며 물질적인 것에서 벗어나 혐오가 더 넓은 경험 영역을 조직하는 방식으로 옮겨간다. 제6장에서 나는 혐오와 욕망, 그리고 욕망과 금지의 관계에 관한 어려운 쟁점을 다룬다. 나는 기능에 기초해서 혐오를 두 가지 서로 구별되는 유형으로 나눌 수 있다고 주장한다. 하나는 무의식적인 욕망에 대한 장벽으로서 프로이트식 반동 형성의 방식으로 작용한다. 이러한 혐오의 목적은 방종을 막는 것이다. 다른 하나는 매우 의식적인 욕망의 탐닉 이후에 작용한다. 이것은 과도함의 혐오이다. 두 가지 유형의 혐오 모두 유혹하는 것의 신뢰성에 의문을 제기한다. 한 가지 유형은 불결함이 아름다움을 숨기는 환상이라고 말하고, 다른 유형은 아름다움이 내적 불결함을 숨기는 위장이라고 암시한다. 두 종류 모두 근원적인 지나친 방종과 성적 쾌락 그 자체를 직시하도록 강요한다. 이 장에서 나는 또한 사랑은 어떤 중요한 혐오 민감성과 규칙들이 중지된 것이라고 제안하면서, 사랑과 혐오 사이의 친밀한 관계를 다룬다. 우리가 알고 있는 사랑은 혐오스러운 것의 특정 측면과 매우 특별한 관계를 포함한다.

하지만 과연 그랬을까? 문명화 과정 이전 세계에서는 혐오가 어떠했을까? 제7장에서 나는 시간이 지남에 따라 변하는 혐오와 혐오스러운 것의 스타일에 대해 단편적인 사건들로 설명한다. 나는 영웅 윤리의 혐오를 한센병 환자들을 상대하고 고름을 마신 시에나의 성(聖) 카타리나에 의해 증명되는, 더 큰 육체의 고행을 위한 경쟁에 나서는 중세의 성스러운 세계의 혐오와 비교한다. 이 장에서 나는 또한 혐오라는 단어가 17세기 초에 영어로 들어오기 전 혐오를 의미하던 어휘를 검토하고, 그 어휘가 식별 능력으로서의 좋은 취향과 나쁜 취향의 관념으로 발전함에 따라 방향의 전환을 겪는다고 시사한다. 혐오는 또한 공적인 수치와 굴욕의 세계와 구별되는 사적 영역에 대한 욕망을 조성할 수 있도록 청결, 겸양, 자제의 규범을 내면화하는 데 힘쓰는 문명화 과정에서 핵심적인 역할을 한다.

제8장에서는 혐오를 도덕적 정서(moral sentiment)로 다룬다. 혐오는 우리의 일상적인 도덕 담론에서 중심적으로 나타난다. 혐오는 분노와

함께 가장 강력한 도덕적 불승인의 감정을 표현한다. 그것은 위선, 배신, 잔인함, 그리고 어리석음이라는 일상의 악덕에 대한 우리의 반응과 밀접하게 연관되어 있다. 그러나 혐오는 추함과 기형을 도덕적 위반으로 판단하기 때문에 우리가 바라는 것보다 더 광범위하게 퍼져 있다. 혐오는 도덕적인 것과 미적인 것을 구별하지 않으며, 도덕적인 실패나 미적인 실패 모두 구별되지 않는 동일한 역겨움의 상태가 된다. 혐오는 우리가 사회성을 유지하고 또한 위반과 불안의 원천이 되는 것을 막아주는, 그렇게 많은 일을 하는 정서의 필요 비용인가?

마지막 두 장은 정치적·사회적 영역, 즉 혐오가 민주주의와 평등사상을 직면하고 있는 영역에서의 혐오에 초점을 맞춘다. 제9장에서 나는 경멸의 스타일에서 나타난 주요한 변화가 우리가 알고 있는 것과 같은 민주주의의 형성에 본질적인 역할을 했다고 주장한다. 나는 민주주의가 사람에 대한 상호 존중보다는 언제나 특정 방식으로 하층민들을 경멸할 수 있었던 것에 기초하고 있다고 보는데, 그것은 한때 상층민의 특권이었다. 상층민은 자신들이 종종 낮은 사람들에게 경멸할 만하고 완전히 무시해도 좋을 존재로 보이는 것은 아닌가 하고 염려한다. 상층민은 하층민에 대한 혐오에 의존한다. 상층민은 안전하게 높은 지위에 있으며, 하층민은 경멸이나 연민의 대상이다. 하층민이 저항을 하거나 정치적 평등을 인정받으면, 상층민의 득의양양한 경멸은 하층민의 증오에 의해 야기된 혐오에 자리를 내어준다. 그래서 마지막 장은 노동계급의 악취에 대한 오웰의 논의를 살펴본다.

마지막 몇 개의 장은 앞의 장들에서 제시된 생명 수프의 혼탁한 분비물에 내포된 더 큰 논점들을 제시한다. 혐오는 정치·사회 이론적으로 광범위한 결과를 낳는 감정이다. 이 책은 혐오 및 관련 정서에 대한 정치

사회 이론을 구상하기 위한 시도이다. 나는 단순한 환원주의적 주장을 하는 것이 아니라, 일반적으로는 감정들에, 구체적으로는 특정 감정에 특권을 주는 사회적·도덕적 질서를 바라보는 방식에 대해 논증한다. 그럼에도 불구하고, 한 가지 단순한 모티브가 빈번한 후렴구를 제공한다. 혐오는 우리의 삶 ― 살찌고, 기름지고, 우글거리고, 부패하고, 곪아터지고, 끈적거리는 삶 ― 자체의 의식이 낳은 필연적인 결과인 듯하다.

다윈의 설명은 한 가지 더 중요한 쟁점을 제기하므로 티에라 델 푸에고의 사례로 돌아가 보자. 혐오가 문화인류학에서 핵심이라는 데 의심의 여지가 있는가? 스티븐 그린블랫(Stephen Greenblatt)은 "인문학의 발전에서 계속 출몰하는 현상의 존재, 곧 증오와 혐오의 역할"[44]에 주목했다. 서구는 못 믿겠다는 듯이 "그들이 그렇게 한다는 말인가?"라는 반응을 이끌어낼 수 있는 이야기들을 찾으려 했다. 학자들 가운데서 인류학자들은, 여성이든 남성이든 간에, 마초(macho)적인 특징을 갖고 있었다. 왜냐하면 그들은 현장에서 그 역겨운 원주민들과 함께 살았기 때문이다. 그들은 오염시키는 것들 앞에서 용감했다. 그들은 화장지가 없는 삶을 견뎠다. 그러나 다윈의 설명은 그 벌거벗은 야만인이 여러 동일한 감정을 가지고 그를 되쏘아보고 있었다는 것을 밝히고 있다.

혐오스럽고 역겨운 것을 찾아내고 그것을 즐기는 것은 인류학뿐만이 아니다. 우리는 혐오스러운 것을 찾기 위해 해외여행을 할 필요가 없다. 바로 가정에서 우리는 형법, 범죄학, 포르노그래피 연구, 인문학 전반에

---

44   "Filthy Rites," p.60.

걸쳐 유행하는 '몸'이라는 전체 분야를, 그리고 무엇보다도 어린 시절의 순수함을 성적이고 배설적인 욕망으로 더럽히는 프로이트주의를 가지고 있다. 결국 정신분석학은 단지 우리 내부로의 여행을 어둠의 심장을 향한 인류학적 탐험의 공포와 혐오를 복제하는 것으로 만들려는 시도 외에 무엇이겠는가? 나의 첫사랑인 중세시대는 적어도 인류학이 먼 타자를 드러냈던 것과 같이, 또는 정신분석학이 우리 자신이 어떤 존재인지를 드러냈다고 주장하는 것과 같이, 우리의 문화적 선조들이 야만적으로 혐오스러웠다는 것을 보여주는 이야기들의 요약본이다. 그리고 중세는 로마 황제들이 심지어 가장 까다로운 고전주의자들에게 제공하는 혐오스러운 광경과도 비교할 수 없다. 이러한 연구에 참여하는 우리 중 누가 그 주제가 가지는 보다 건전한 매력에 한층 더해진 호소력을 부인할 수 있겠는가?

다시 우리는 그리도 많은 혐오스러운 것들의 가장 골치 아픈 측면 가운데 하나를 회피할 수 없다. 그것은 혐오가 사람들을 밀어낼 뿐만 아니라 끌어들이기도 한다는 점이다. 혐오스러운 것은 매력을 가지고 있다. 혐오는 유혈이 낭자한 사고에서 눈을 돌리거나 배설물의 양과 질을 확인하지 않기가 어렵다는 데서, 또는 공포 영화와 실제로 섹스 자체가 발현하는 유인력에서 매력을 발휘한다. 하지만 이것은 진부한 관찰이다. 우리 모두 그것을 알고 있다. 그리고 우리는 또한 모든 혐오가 양가적이지는 않다는 것을 안다. 때때로 우리는 단순히 거부당하기도 한다. 그 거부감은 결코 우리 자신이 지닌 욕망의 공포가 아니며, 혐오스러운 대상의 일종의 본질적인 불쾌함에 확고하게 박혀 있다. 하지만 우리는 혐오라는 감정과 우리가 혐오라는 딱지를 붙이는 것이 적합하다고 여기는 것이 완전히 합치하지 않을 수 있다는 것에 주목해야 한다. 혐오스러운 것은 더 넓은 범주인데, 여기에는 어떤 것이 우리를 역겹게 하는지뿐만 아니라 우리가 역겨워야 한다고 판단하는 범주도 포함된다. 이것을 이해하기 위해서는 혐오스러운 것의 영역과 우리가 그 안에 있다고 여기는 것들에 대해 어떻게 이야기하는지를 고려할 필요가 있다.

제2장

혐오와 그 이웃들

우리의 통속 심리학은 개별 감정이 다른 감정과 유사성을 가지고 있다고 여긴다. 그 유사성은 짜증, 격앙, 분노, 분개, 격분이 연결되어 있는 것과 같이 강도(intensity)의 축을 따라 존재할 수도 있다. 우리가 수치심, 굴욕감, 당혹감, 죄책감을 자기 평가나 자기 배려의 감정으로 연결시킬 때처럼 그 유사성은 기능적이거나 양식적인(stylistic) 것일 수도 있다. 다른 감정들은 사회적인 쌍으로 존재하기 때문에 사람 A에게 하나의 감정이 등장하면 사람 B에게 예측 가능한 두 번째 감정이 나타날 수 있다. 그래서 정당화된 분노는 죄책감을 이끌어내고,[1] 경멸과 혐오는 수치와 굴욕을 이끌어낸다는 제언이 있었던 것이다. 그러나 우리는 하나의 감정이 다른 감정에 반응하는 길항적 마주침의 양쪽에 존재한다는 이유로 죄책감이 분노의 반대라거나 수치심이 경멸의 반대라고 생각하지는 않는다. 우리는 어떤 정념을 느끼는 한 사람의 관점에서 감정적인 반대편을 생각

---

1   Gibbard, *Wise Choices, Apt Feelings*, pp.126~127.

한다. 이러한 정념들의 대립은 정신 안에 있는데, 그 정신 안에서 그 정념들은 서로 싸우거나 같은 대상을 향한 상반된 주장을 구체화하는 것으로 이해된다. 그러므로 사랑은 증오와, 분노는 두려움과,[2] 기쁨은 슬픔과, 자부심은 겸손과[3] 짝을 이룬다. 그렇다면 혐오는? 우리의 일반적인 감정 용어는 바로 사용할 수 있는 혐오의 반대말을 제공하지 않는다. 일차적인 감정의 필수적인 특징은 완전히 반대인 것과 짝을 이루는 것이라고 생각하고 혐오를 일차적인 감정으로 생각한 플러칙(R. Plutchik)은 혐오를 수용에 대립시킨다.[4] 그것은 자부심과 수치심 또는 사랑과 증오 같은 방식처럼 설득력 있는 대조는 아니다. 혐오는 사랑과 우정을 없앨 수 있지만, 우리가 볼 수 있듯이 혐오와 그러한 '수용하는' 상태와의 관계는 극과 극의 반대라는 단순한 개념에 의해 포착될 수 있는 것보다 더 복잡하다.

혐오는 확실히 다른 정서들과 밀접한 관련이 있다. 일상적인 담화에서 우리는 반감이나 혐오의 이미지로 표현할 수도 있고 또한 표현하기도 하는 정서들을 표현하기 위해 경멸, 질색, 증오, 전율, 심지어 공포를 사용한다. 감정적 경험에 대해 이야기하는 우리의 방식이 일부 부정확한 것은 우리가 하나의 감정을 경험할 때 다른 감정을 수반하지 않는 경우가 거의 없다는 사실에서 비롯된다. 우리 자신의 감정 상태에 감정적으

---

2 분노뿐만 아니라 욕망과도 반대되는 공포에 대해서는 맨더빌(Mandeville)의 『꿀벌의 우화 (The Fable of the Bees)』 주석 R을 보라. 사랑/분노의 대립만큼이나 공포/분노의 대립이 타당하다는 데 대해서는 논쟁의 여지가 있다. 아리스토텔레스는 자신감을 공포에 대립시켰다 (*Rhetoric*, II.5). 정확하게 어떤 감정이 다른 감정과 적절히 반대될지는 문맥과 판단 기준에 달려 있다. 때때로 대립은 감정이 동기부여하는 행위들을 비교함으로써, 때로는 감정이 추구하는 대상의 유형들을 비교함으로써, 때로는 감정의 구조적 역학에 의해서 생성된다.
3 Hume, *Treatise* II, 1에서와 같이.
4 Plutchik, *Emotion*, pp.135~137, 160.

로 반응할 때 감정은 우리에게로 밀려들어온다. 우리는 분노에 죄책감을 느끼고, 슬픔에 당황하고, 두려움에 혐오를 느낀다.[5] 증오와 혐오는 종종 도덕적인 복수 작업을 하는 데서 분개(indignation)를 돕는다. 어떤 감정은 다른 감정과 거의 필수적인 동반 관계를 맺는다. 연민이 특정 종류의 경멸을 동반하지 않을 수 있는가? 우리는 또한 거의 동시에 상반된 감정을 경험할 수 있으며, 따라서 그 모순어법이 단지 수사적인 문채(文彩)가 아니라 심리학적인 사실이라는 것을 확인할 수 있다.

어떤 사람들은 비록 그러한 이미지가 정확하게 무엇을 시사하는지 불분명하지만 감정이 혼합될 수 있다고 주장해 왔다. 그 혼합은 여러 가지 감정을 동시에 경험하는 것인가, 아니면 기본적인 원소 감정들로부터 새로 혼합된 하나의 감정을 경험하는 것인가?[6] 곧 논의될 것처럼, 싫어서 질색하는 것(loathing)은 혐오와 증오 모두와 관련이 있으며, 공포는 혐오와 두려움 모두와 관련이 있다.[7] 혼합과 조합의 상태가 어떠하든지 간에, 그리고 감정에 대해 말하는 우리의 방식이 상당히 부정확하다는 것을 고려하면, 우리는 밀접하게 관련된 감정들 ― 어떤 것은 종종 혐오와 함께 경험되고 또 어떤 것은 색채 지각 방식처럼 하나의 감정이 다른 감정으로 점차 변

---

5   "Embarrassment," p.200에서 반복된(iterated) 감정들(예: 화나는 것에 대한 분노, 혐오를 느끼는 것에 대한 혐오)과 포개진(nested) 감정들(예: 행복한 것에 대한 죄책감)에 대한 하레(Harré)의 논의를 보라.

6   어떤 이들은 색이 혼합 가능한 것처럼 감정도 혼합될 수 있다고 주장한다. Plutchik, *Emotion*, pp.160~165를 보라. 다른 이들은 그러한 유추의 유용성에 대해 이의를 제기한다. Ortony and Turner, p.329의 논의를 보라.

7   감정들의 복합체가 실제로 감정들 사이의 빠른 교대(alternation)를 의미하는지에 대해서는 논란이 있을 수 있다. 두려움과 혐오가 일차적인 생래적 감정이라고 믿는 사람들은 정말로 두려움과 혐오의 혼합이 공포라고 불리는 어떤 진정한 복합체가 아니라 빠르게 교대하는 두려움과 혐오로 인해 그 차이가 모호해진 것이라고 주장할 수밖에 없을 것이다. Ekman, "An Argument for Basic Emotions"를 보라.

해가는 것으로 가장 잘 이해되는 — 로부터 혐오를 구별하는 특징과 스타일을 명확하게 표현할 수 있다.[8] 이어지는 논의에서, 나는 혐오와 접하거나 겹치는 감정으로부터 또는 함께 경험되어 혼합 정서로 볼 수 있는 것을 만들어내는 감정으로부터 혐오를 구별해 주는 혐오의 독특한 특징들을 뽑아낼 것이다.

두려움과 공포

두려움과 마찬가지로 혐오는 강한 회피적 감정이다. 보통 두려움은 도피로 이어지고, 혐오는 불쾌감을 주는 것을 제거하려는 욕망으로 이어진다고 여겨진다. 물론 도피가 자신의 현존에서 역겨운 대상을 제거하는 역할을 할 수도 있지만, 혐오스러운 것을 피하기 위한 도피와 공포에서 비롯된 도피는 쉽게 혼동되지 않는다. 그 차이점은, 두려움은 몸을 위협하는 위해에 대한 반응이고, 혐오는 영혼을 위협하는 위해에 대한 반응이라는 제언이 있었다.[9] 그러한 대비는 받아들이기 어렵다는 생각이 든다. 우리가 가지는 많은 두려움은 우리 몸에 대한 것이 아니다. 한밤중에 불면의 신경과민과 함께 오는 공황 상태는 육체에 대한 두려움이 아

---

8   감정과 색의 관계에 대해서는 D'Andrade, "Some Propositions," pp.73~74; Johnson, Johnson, and Baksh, "The Colors of Emotions in Machiguenga"를 보라. 이 실험들은 여러 문화에 걸쳐 색의 감정적 중요성이 눈에 띄게 안정적이라는 것을 시사한다. 끈적끈적함이 그렇지 않은 것보다 더 역겨울 가능성이 높듯이, 푸른색은 행복보다 슬픔과 연관되기 쉽다.
9   Rozin, Haidt, and McCauley, p.575. 아마도 그 구별은 순수함을 보호하는 혐오의 역할을 포착하기 위한 것일 것이다. 그러나 그것은 혐오와 두려움의 복잡성을 잘못 기술하는 대가를 치를 수밖에 없다.

니라, 우리의 자아, 곧 이 세계에서 우리가 타인들에게 우리를 지칭하는 것으로 나타내는 몸과 영혼의 결합체에 대한 두려움이다. 사람은 몸이 멍드는 것을 두려워하는 만큼 영혼의 오염도 두려워하며, 몸에 멍이 드는 것을 두려워하는 부분적인 이유는 그 멍이 영혼에는 손상을 주지 않는다고 확신하기 어렵기 때문이다.

그 핵심에는 우리가 혼동하기 어려운 손쉬운 느낌상의 구분이 있다. 우리는 언제 역겨운지 알고, 보통 언제 두려운지 안다. 그러나 이 두 가지는 종종 함께 경험된다. "두려움과 혐오"는 병치되기 쉬우며, 그것은 당연한 것이기도 하다. 우리가 다른 감정과 섞이지 않은 순수한 감정을 경험하는 경우, 순수하게 강렬한 공포를 경험할 가능성이 순수하게 강렬한 혐오를 경험할 가능성보다 더 높을 것이다. 전염은 끔찍한 일이기 때문에 강렬한 혐오는 두려움을 자아낸다. 혐오 없는 두려움은 우리를 안전하고 안도감을 느낄 수 있는 곳으로 도망치게 하지만, 혐오는 우리에게 청소하고 정화하는 짐을 지운다. 그것은 도피보다 훨씬 더 집중적이고 문제적인 일이며, 더 많은 시간이 걸리고 성공하지 못할 수도 있다는 우려를 갖게 하는 일이다. 순수한 두려움은 천천히 사라지고 오래 남아 있는 혐오보다 훨씬 더 빠르게 사라진다.

우리는 두려움으로 가득 찬 혐오를 가리키는 이름을 가지고 있다. 바로 공포(horror)이다.[10] 공포가 그렇게 전율스러운 이유는, 실행 가능한

---

10 혐오와 공포의 밀접한 관계에 대해서는 S. Miller, "Disgust: Conceptualization, Development and Dynamics," p.303에 언급되어 있다. 이와는 대조적으로, 다윈은 공포는 무서움과 증오가 결합된 것이며(304~305[408]), 종종 극심한 고통이나 고문에 대한 생각에 의해 유발된다고 주장한다. 다윈은 23명의 피험자에게 공포에 질린 표정을 담은 사진을 보여주었는데, 피험자 중 한 명은 그것을 혐오라고 확인했다. 혐오와 두려움의 결합이 수치심이나 새침 떠는 반응을 만들어낸다는 제안도 있었다(Plutchik, *The Emotions*, p.118, *Emotion*, p.162).

전략(도망쳐!)을 제시하는 두려움과 달리, 공포는 도피를 선택지로서 허용하지 않기 때문이다.[11] 그리고 공포는 선택지로서 싸움도 인정하지 않는 듯하다. 위협적인 것은 혐오스러운 것이기 때문에, 사람은 위협적인 것을 때리거나, 만지거나, 또는 그것과 싸우기를 원치 않는다. 위협적인 것은 종종 여러분 안에 이미 들어와 있거나 여러분을 장악해서 사로잡는 어떤 것이기 때문에, 어떤 식으로든 뚜렷이 싸울 상대가 없는 경우가 흔하다.[12] 그래서 빠져나갈 길도 없고, 탈출할 길도 없고, 그 과정에서 자신을 파괴하는 것 외에는 자신을 구할 수 있는 길도 없는 악몽 같은 것이다. 공포스러운 것들은 접착제나 점액처럼 들러붙는다. 공포는 모든 전략,

---

이것은 수치심에 대한 불충분한 묘사일 뿐이다. 우리는 수치스러워지는 것을 두려워할 수 있지만, 두려움은 수치심의 구성 요소가 아니다.

11 Solomon, "The Philosophy of Horror," pp.125~126을 보라. "사람은 두려우면 도망간다. … 반면에 공포에 질리면 수동성, 즉 존재의 수동성을 갖는다. 제자리에서 겁에 질려 얼어버린 채 서 있거나 앉아 있게 된다. … 공포는 구경꾼의 감정이기 때문에 특히 영화나 시각 예술에 잘 들어맞는다."

12 〈에이리언 1〉, 〈외계의 침입자(Invasion of the Body snatchers)〉, 그리고 사람들에게 "들러붙는" 버릇이 있는 유령들이 등장하는 〈고스트 버스터즈〉를 보라. 〈엑소시스트〉 같은 "귀신들림" 영화들에 대해 논의하는 클로버(Clover)의 Men, Women, and Chain Saws, pp. 65~113을 보라. 공포 영화 장르는 복잡하며, 다양한 하위 장르가 가능하다. 슬래셔 영화[slasher film, 나이트메어 시리즈와 같이 정체가 알려지지 않은 살인마가 많은 살인을 저지르는 영화_옮긴이]와 스플래터 영화[splatter film, 유혈이 낭자한 잔학 영화. 폭력 장면과 성적 표현이 혼합되어 있으며, 고문 포르노라고도 불린다_옮긴이], 괴물 영화, 뱀파이어 영화, 귀신들림 영화 등이 있는데, 각각의 장르는 혐오스러운 것의 약간씩 다른 측면을 담고 있다. 일부 공포 영화는 혐오보다는 무서움을 더 잘 전달하는데, 너무나도 인간적인 피해자들(주로 여성)을 스토킹하는 너무나도 인간적인 스토커들(주로 남성)이 등장한다. 또한 혐오를 공포 장르의 필수적인 요소로 언급하는 Carroll, The Philosophy of Horror, pp.17~24를 보라. 캐럴의 레짐에서 공포스러운 것은 불순한 것에 의한 오염을 두려워하는 것과 관련된다(pp.27~28). "두 가지 평가적 요소가 작동하는 것이 중요하다. 괴물은 위협적이고 불순한 것으로 여겨진다. 만약 괴물이 잠재적으로 위협적인 것으로만 평가된다면, 그 감정은 두려움일 것이다. 만약 잠재적으로 불순한 것일 뿐이라면, 그 감정은 혐오일 것이다. 아트-호러[Art-horror, 공포 영화와 예술 영화의 하위 장르로서, 공포의 예술적인 사용을 탐색하고 실험하는 영화_옮긴이]는 위협과 혐오의 측면 모두에서 평가할 필요가 있다."

모든 선택권을 부정하는 것으로 지각되기 때문에 공포이다. 공포는 혐오의, 특히 그 자체로 완전히 오염으로부터 거리를 두거나 회피할 수 있는 전략이 존재하지 않는 혐오의 부분집합인 것 같다. 모든 혐오가 공포를 불러일으키는 것은 아니다. 공포를 일으키지 않는 일상적인 사소한 염증과 불쾌도 있다. 혐오는 비교적 약한 것부터[13] 심각한 것까지 다양한 강도를 인정한다. 그러나 공포는 강렬한 경험 외에는 말이 되지 않는다. 약한 공포는 더 이상 공포가 아니다.

두려운 낯섦(the uncanny) 또한 두려움, 공포, 그리고 혐오와 밀접한 관계를 가지고 있다. 섬뜩하고 불안하게 하는 것은 혐오를 수반할 필요가 없고 또한 흔히 혐오를 수반하지도 않지만, 두려운 낯섦은 혐오를 낳는 방식으로 우리를 불안하게 할 수 있으며, 혐오 자체가 기괴함의 망령을 불러낼 수도 있다.[14] 역겨운 것을 오염과 감염을 일으키는 것으로 만드는 혐오의 양상은 혐오가 비범한 침입력과 지속력을 갖는 데서 다소 마술처럼 작용한다는 것을 의미한다.[15] 혐오스러운 것은 우리를 사로잡을 수 있고, 통제할 수 없이 시달리는 으스스하고 무시무시한 느낌으로 가득 차게 할 수 있다. 혐오, 공포, 그리고 두려운 낯섦은 또한 표상하는 실체를 해치고 조롱하는 마법적 힘을 가지고 있다고 느껴지는 조상(彫像) 또는 모형의 불안함에서 나타난다. 여러분은 단지 너무나 똑같이 닮

---

13 약한 혐오는 차츰 희미해져서 희미하게 느껴지는 불안으로 변하는 듯하다.
14 특유하게 통찰력 있는 앙얄의 논의를 보라. Angyal, pp.406~408. 캐럴(Carroll)은 자신이 아트-호러와 아트-드레드(art-dread)라고 부르는 장르들을 구분할 것이다(p.42)('아트'는 의도적으로 만들어낸 허구적인 묘사가 불러일으키는 감정을 '실재하는' 공포와 무서움의 사건들로부터 구별하기 위한 것이다). 앞서 언급했듯이, 아트-호러는 형식적인 문제로서 혐오를 수반하는 반면, 아트-드레드는 두려운 낯섦과 관련된다.
15 Rozin, Millman, and Nemeroff; 또한 Rozin and Nemeroff를 보라.

아서 혐오를 주는 인형을 본 적이 없는가? 조상(彫像)은 그저 인형과 형상에 불과한 것이 아니라, 기형아, 불구, 시체, 미치광이들, 불쌍한 영혼을 포함하는 기이한 이들의 세계에서 이해된다.

우리의 분리 가능성보다 더 불안하게 하고 혐오를 불러일으키는 일은 거의 없다. 잘린 손과 귀와 머리, 도려낸 눈이 재현하는 공포의 모티프를 생각해 보라. 나에게는 이것들이 거세를 대체하는 것으로 보이지 않는다. 거세는 정신분석학과 정신분석학에 기대는 문학 이론의 기획들에서 물신화되어 온 분리 가능성의 특별한 사례에 불과하다.[16] 분리 가능성은 어떤 부분이 분리되든 간에 불안한 것이다. 거세는 단지 많은 사례 중 하나일 뿐이므로 모든 분리에 대한 상징이 될 자격은 없다. 심지어 프로이트도 여러 곳에서 기초적인 분만과 배변을 거세 공포와 같은 우리의 분리 가능성의 경험으로 표현함으로써 이 점에 트집을 잡는다.[17] 죽음에 대한 공포의 일부는 죽음도 몸과 영혼의 분리이며, 그리고 부패 작용을 통해 몸의 온전함을 단절한다는 데 있다.

프로이트에게 공포가 여성 생식기와 밀접하게 연관되어 있다면,[18] 두

---

16 거세는 프로이트의 체계와 라캉의 체계에서 서로 다른 방식으로 물신화된다. 프로이트에게 거세 불안은 실제로 남성 생식기의 상실에 대한 것이다. 라캉과 다른 이들에게 거세는 대상으로부터 주체를 구별해 주는 상실, 결여, 그리고 분리를 나타내기 위해 사용되는 기본적인 이미지이다. 프로이트와 라캉의 거세 이론에 대한 페미니스트 관점의 통렬한 내재주의적 비판에 대해서는 Silverman, *The Acoustic Mirror*, pp.13~22를 보라.

17 Freud, "History of an Infantile Neurosis," pp.82~85[프로이트, 「늑대 인간: 유아기 신경증에 관하여」, 292~296쪽]. 두려운 낯섦은 억압된 어린 시절의 콤플렉스들이 다시 살아날 때뿐만 아니라 "초극된 원시적인 믿음들이 다시 새롭게 확인될 때"에도 존재한다. 그러나 그 소박한 비환원적 작업으로 얻은 통찰은 다음 문장에서의 환원을 위해 재활용된다. "원시적인 믿음들은 어린 시절의 콤플렉스들과 매우 밀접한 관련을 맺고 있다"("The Uncanny," p.249[프로이트, 「두려운 낯섦」, 447쪽]).

18 공포, 경멸, 거세, 그리고 여성 생식기는 모두 프로이트의 여성 혐오적 설명에 함께 엮여 있다. 공포는 거세 공포를 중심으로 하는 각별하게 남성적인 감정으로 주장되는데, 여성 생식

려운 낯섦도 남성 장기가 공포의 근원이 되는 이야기들을 알려주는 듯하다는 점에 주목해야 한다. 얼마나 많은 원형적 서사가 남성의 불쾌감을 중심 테마로 삼고 있으며, 여성들이 남성의 더러운 침범에 자발적으로 고통 받지 않으리라는 (남성적) 믿음을 수록하고 있는가? 여성들이 고통 받는 것은 납치와 강간을 당할 때뿐인 것으로 간주되며(하데스와 페르세포네),[19] 자발적으로 고통을 견디는 것은 혐오를 극복하는 여성의 신비스럽고 희귀한 능력 때문으로 간주된다(미녀와 야수, 드라큘라 이야기의 미나). 호러 장르의 그리도 많은 영화가 혐오스럽거나 송장 같거나 야만적이거나 또는 비열한 남자가 여성을 가운데 놓고 점잖고 잘생긴 아폴로 같은 그녀의 약혼자와 경쟁하는 내용을 포함하는 것이 우연인가? 우리는 괴물과 정상적인 남자가 동일한 남성 원리의 다른 표현인 지킬 박사와 하이드처럼 서로 관련된다는 것을 감지한다. 그 견해는 궁극적으로 끈적거리는 분비물을 방사하는 달팽이를 연상시키는 기관에 체현되어 있는 남성 섹슈얼리티가 남성의 시각에서 모든 남성을 여성에게 공포의 원천인 괴물을 제외하고는 상상할 수 없게 만든다는 것이다.[20]

기를 보는 것은 거세가 보잘것없는 위협이 아니라는 것을 암시하기 때문에 공포는 여성 생식기를 공포스러운 것으로 만든다. 공포와 여성 생식기를 보는 것의 결합은 "영속적으로 그의 여성관을 결정하게 된다. 그것은 거세에 대한 공포 아니면 여성에 대한 의기양양한 멸시이다"("Some Psychical Consequences of the Anatomical Distinction between the Sexes," p.252「성의 해부학적 차이에 따른 심리적 결과」, 308쪽]). 그래서 메두사의 머리가 지닌 공포도 거세를 떠올리게 하며, 그 자체로 "무서운 어머니의 생식기"의 이미지이다("Medusa's Head," p.274). 프로이트는 "여성의 생식기의 모습을 보고 느끼는 … 거세 콤플렉스의 존재"에 대해 반박할 수 없는 증거를 제시한다("Fetishism," p.155「절편음란증」, 324쪽]).

19 그러한 믿음의 남성성에 대해서, 하이트(Haidt)와 매컬리(McCauley)와 로진(Rozin)은 평가된 7개의 영역 중 6개의 영역에서 여성이 혐오에 일관되게 더 민감하다는 것을 발견했다. 여성이 덜 민감했던 것은 섹스였다. 여성은 다른 것들 가운데 음식, 동물, 배설물, 위생에 관해서는 남성보다 더 민감했다.

20 Kamir, *Stalking*을 보라.

권태

삶에 대한 혐오라는 관념 그 자체는 권태(Tedium Vitae), 절망, 지루함, 우울, 멜랑콜리, 따분함, 또는 중세로 깊숙이 되돌아가 영성적 권태(accidie), 곧 나태(sloth)라는 대죄로 다양하게 묘사된 일련의 성향, 분위기, 심리적 상태에 대한 혐오를 시사한다.[21] 삶에 대한 혐오는 특정한 도덕적 질서와 역사적 순간에 따라 다양한 스타일로 나타난다. 그것은 중세 초기와 중기의 암울한 금욕 전통에서처럼 육체와 모든 육체의 즐거움에 대한 병적인 증오 속에서 발현할 수 있다. 영국 제임스 1세 시대의 우울증의 스타일에서 혐오는 그 혐오가 가지는 충격 가치(shock value)*와 풍부한 재치 및 지성 속에서 간신히 억눌러진 기쁨으로 특징지어지는 일종의 염세적인 도덕적 분노로 나타난다. 햄릿이라는 캐릭터가 여기에 딱 들어맞는 사례이며, 터너(Tourneur), 웹스터, 포드는 자신들의 희곡에서 더 많은 사례를 제공한다. 섹스와 여성, 세대, 변덕과 찰나성에 대한 혐오는 멜랑콜리의 우울(black bile)처럼 그 용어에 대한 우리의 의미와 그들의 의미 모두에서 블랙 유머를 유발한다. 그리고 그 우울한 스타일은 자신의 구원의 희망을 상실한 기독교인의 암울한 스타일보다 우리 현대인들에게 훨씬 더 매력적이다. 재치와 일부 인간 혐오를 생략하고 나면, 우리는 1930년대와 1940년대에 프랑스 실존주의자들의 허세에서 포

21　영성적 권태와 멜랑콜리와 관련된 최근 논의에 대해서는 Harré and Finlay-Jones, "Emotion Talk across Times," pp.220~233을 보라. 또한 Spacks, *Boredom*, pp.7~23에서 지루함의 발생에 대한 설명을 보라.

*　혐오, 충격, 분노, 공포, 또는 다른 부정적인 감정을 촉발하는 이미지, 텍스트, 행위, 또는 커뮤니케이션 형태의 잠재성을 뜻한다. 예술, 음악, 광고, 영화, 텔레비전 쇼 등에서 사람들에게 충격을 불러일으키는 더럽고 역겹고 폭력적이며 외설적인 내용이 여기에 해당된다._옮긴이

착되는 권태의 스타일을 묘사할 수 있다. 여전히 아이러니가 있지만, 그 것은 겉치레와 자기 희열 속에서 활력을 잃는다.[22]

우리가 이러한 권태감들 속에서 만나는 혐오는 세계를 향한 하나의 태도, 자세이다. 그리고 부분적으로는 그러한 권태의 원인이자 부분적으로는 권태의 결과인 자의식적인 스타일은 고통 받는 자를 상당한 허세가로 만든다. 오웰은 전형적으로 신랄하고 진정한 방식으로 특별한 형식의 자세에서 분개와 경멸과 혐오의 고유한 혼합을 표현하는데, 그것은 1920년 대 주요 작가들에 의해 채택된 것이었다. "'환멸'이 하나의 유행을 이루었다. 안전하게 일 년에 500파운드의 수입을 버는 사람은 모두 식자층이 되었고 삶의 권태를 몸에 익혔다. 독수리와 크럼핏(crumpets)의 시대, 안이한 절망의 시대, 뒤뜰을 서성이는 햄릿, 밤의 끝으로 여행하는 값싼 왕복 티켓의 시대였다."[23] 그러나 그러한 자세의 본질이 그렇기 때문에 종종 감정 혐오를 동반한다. 가장은 결국에는 진짜를 만들어낼 수 있다. 실제로 가짜 감정 표현은 감정을 만들어내는 것으로 알려져 있다.[24] 사르트르의 로캉탱(Roquentin)은 자신의 상태를 메스꺼움으로 묘사할 때 혐오를

---

22 마이클 이그나티에프(Michael Ignatieff)의 용어 "도덕적 혐오"는 권태의 일부 특징에 가까운 또 다른 스타일의 체념을 포착하기 위한 시도이다. 도덕적 혐오는 자신의 좋은 의도가 실패될 때 수반되는 좌절, 짜증, 분노를 말한다. 이그나티에프에게 혐오는 그 자체로 도덕적인 것이 아니라, 어떤 영향을 미치려는 자신의 도덕적 행위가 실패한 데 대한 혐오이다. 그것은 일종의 도덕적 철회이다. "The Seductiveness of Moral Disgust," p.83을 보라.

23 Orwell, "Inside the Whale," p.230[오웰, 「고래 뱃속에서」, 171쪽].

24 Duclos et al., 그리고 Levenson et al.을 보라. 가장하기 또는 꾸미기의 개념은 우리가 보다 긍정적으로 훈련, 역할 놀이, 실습이라고 부를 수 있는 것을 경멸적인 것으로 전환시킨다. 처음으로 사건을 심리하는 변호사, 처음으로 수술을 하는 외과 의사, 첫 사랑에 빠진 청소년은 모두 아직 "제2의 천성"이 되지 않은 능력과 지식을 가진 듯한 자세를 취한다. 또한 사람들이 미소 근육을 사용하기 위해 펜을 이로 꽉 물거나 찡그림 근육을 사용하기 위해 펜을 입술로 문 다음 만화를 평가하는 실험을 상세히 설명하는 Strack et al.을 보라. 펜을 이로 꽉 문 사람들이 더 재밌어 한다는 것이 밝혀졌다.

단순히 은유적으로만 사용하는 것이 아니다.[25] 그는 혐오를 느끼고 혐오를 이끌어내기 위해 자신의 주위에 있는 모든 것을 찾는다.

　이러한 삶에 대한 혐오는 분명 까다로움이나 결벽증 같은 성격으로 이해되는 혐오를 잘 느끼는 성향 그 이상이다. 까다로움은 혐오에 대한 두려움이다. 어떠한 권태가 있든지 어떠한 멜랑콜리가 있든지 간에, 그것들은 혐오를 전혀 두려워하지 않지만, 가능하면 언제든지 혐오에 빠진다. 삶에 대한 혐오는 까다로움보다 더 의식적으로, 더 지적으로, 더 자의식적으로 경험되는 것 같다. 까다로움이 강박적이면 권태만큼 만연할 수 있다. 하지만 까다로움은 지나치게 세세한 것과 관련된 어느 정도의 사소함, 어느 정도의 어리석음으로 특징지어지는 반면, 삶에 대한 혐오를 일으키는 성향은 일반적으로 모든 것에 영향을 끼치며, 까다로운 사람도 받아들일 만하다고 여길 수 있는 것을 혐오스럽게 만든다. 권태는 도덕군자인 체하는 사람을 만든다. 반면 까다로움은 종종 철학자, 도덕가, 학자, 또는 천재를 만든다. 심지어 그가 허식으로 가득 찬 사람이라 할지라도 말이다. 우울한 사람들은 자신이 믿는 바대로 모든 존재가 감염될 수 있다는 것을 보여줌으로써 우주가 그들의 성향을 강요할 때 비뚤어진 만족감을 경험한다. 그들에게는 존재 자체가 오염시키는 것이다. 까다로운 사람에게는 특별히 지명된 오염물만 그러하다. 어떤 것도 삶에 대한 혐오를 벗어나지 못하는데, 왜냐하면 겉으로 보기에 절망할 이유가 없다고 여겨질 때도 우울한 기질은 쾌적하고 바람직한 것을 설정이나 엉터리라고 폭로하는 재능을 가지고 있기 때문이다.

25　Sartre, *La nausee*.

내가 묘사한 삶에 대한 혐오는 현대의 임상 우울증보다는 제임스 1세 시대 스타일의 멜랑콜리에 더 가깝다. 후자는 항상 증진된 수준의 정신 활동 및 뛰어난 비판적 판단과 연관되어 있었다. 그것은 지적 활동과 그 것의 결과 둘 다에 자극제였으며, 정도에 벗어나게 지적 우월성에 대한 주장뿐만 아니라 도덕적 우월성에 대한 주장도 승인했다.[26] 현대의 우울 증은 우울증 환자들이 "행복한" 사람들보다 정신적으로 더 예민한 경향 이 있다는 것을 밝혀왔지만, 그 자체를 그러한 즐거움으로 삼지는 않는 다.[27] 그러나 나는 혐오, 곧 존재의 구역질나는 자질에 대한 진정한 감각 이 두 가지 모두에 존재한다고 추측한다. 권태라는 큰 의미에서 우울, 절 망, 그리고 지루함은 혐오, 특히 자기혐오나 자기증오와 공통점을 공유 한다. 르네상스 시대의 우울증 환자는 자신의 모든 재능 때문에 자신을 혐오했다. 다시 햄릿은 쉽게 찾을 수 있는 예이다. 그러나 자신에 대한 혐오는 그 자신의 독특한 재능에 대한 지각을 막지 못한다. 우울증 환자 는 필요한 것을 갖는 것에 대해 혐오를 느끼는 만큼 필요한 것을 갖지 못 하는 것에 대해서도 혐오를 느낀다. 후자의 경우에는 어떠한 행위도 없 지만, 전자의 경우에는 부질없는 행위이다. 햄릿은 영웅적인 행위에 뛰 어들기에는 모든 것에 대해 너무 세밀하게 생각하는 자신의 습관을 저주 하는 동시에, 사소한 일에 대해서도 마구 싸우려는 젊은 포틴브라스 (Fortinbras)의 충동에 대한 경멸을 감출 수 없다(감탄의 눈길로 질투하는 기

---

26 프로이트는 또한 우울증 환자를 특별히 통찰하고 있지만, 대개 자신의 내면 상태와의 관련
    속에서 그러한 통찰을 사용한다. "Mourning and Melancholia," p.246[「슬픔과 우울증」,
    248쪽]. 멜랑콜리와 지적인 삶 간의 연관을 가장 잘 다루고 있는 것은 여전히 버튼의 책이
    다. *The Anatomy of Melancholy*의 "Democritus to the Reader"를 보라.
27 Taylor and Brown, "Illusion and Well-Being"과 *Varieties of Moral Personality*, pp.315~332
    에서 플래내건의 비판을 보라.

미도 있기는 하지만). 우울증 환자가 자신을 증오한다면, 행복함 속에서 자신이 돌과 같은 감각을 갖고 있다고 생각하는 다른 사람들보다 우월감을 느낄 수 있는 수단을 잃지 않는다. 이런 맥락에서 현대의 불면증 환자는 자신이 느끼기에 잠을 잘 자는 사람과 자신을 구별해 주는 어떤 무감각함을 얼마나 부러워하는지, 그리고 그 무감각함에 얼마나 혐오를 느끼는지 생각해 보라.

지루함은 우리가 덜 강렬한 형태의 혐오에 붙인 이름이라고 주장되어 왔다. 이러한 주장에 의하면, 짜증이 분노와 관련되듯이 또는 아쉬움이 슬픔과 관련되듯이 지루함은 혐오와 관련된다.[28] 하지만 확실히 강렬함의 정도가 아닌 다른 무언가가 여기에 걸려 있다. 지루함의 정당성을 혐오의 덜 강렬한 형태로 느끼기보다는 짜증을 분노의 덜 강렬한 형태로 이해하는 것이 더 쉽다. 그럴 때에도 짜증은 독립적인 것으로 보이기 때문에 짜증을 분노와 같지 않은 것으로 생각하는 것이 이치에 맞는다. 짜증은 분노의 강렬한 초점 효과와는 구별되는 산만감을 포함한다. 강도(強度)를 낮춤으로써 또 다른 잔인한 짐승을 만들어서는 안 되겠지만, 사실상 우리는 많은 다른 주장을 다소 조잡하게 강도의 개념으로 축약해 버린다. 강도가 낮다는 것은 감정의 대상이 식별하기 어려워진다는 것을 의미하는가, 아니면 단순히 동일한 대상을 향한 감정이 마음을 덜 사로잡는다는 것을 의미하는가? 일단 우리가 감정에 이름을 붙이고 나면

---

28 Plutchik, *Emotion*, p. 157. 플러칙은 일단 감정들이 덜 강렬해지면 그 감정들이 무정함의 영점으로 수렴함에 따라 서로 구별하기 어려워진다고 주장한다. 감정들은 더 강렬해질수록 더 구별하기 쉬워진다. 하지만 분노와 혐오의 강렬한 형태인 격노와 증오가 분노와 혐오보다 서로 더 구별 가능한가? 격노와 증오 사이의 거리보다 분노와 혐오 사이의 거리가 더 가깝다는 주장이 제기될 수 있다.

그 감정은 독립적인 형태를 띠게 되며, 권태는 따라서 단지 희미해지는 혐오라기보다는 훨씬 더 복잡한 무언가가 된다. 지루함의 강도를 높여 보라. 그러면 우리는 혐오가 아니라 극심한 지루함을 느끼게 된다.

두 가지 종류의 지루함을 간단히 구별해 보자. 우리가 그동안 이야기해 왔던 종류가 있다. 그것은 다양하게 현시(顯示)되는 권태이다. 또 다른 종류가 있다. 그것은 누군가에 **의해** 지루해진 결과인 지루함이다. 우리는 모두 지겹게 하는 사람들을 알고 있다. 그들이 헬로(Hello)라고 말하기만 해도 우리의 마음이 헬(Hell)과 오(O) 사이에서 산만해지고, 황급히 모면하고 탈출할 전략을 세우게 된다. 극도로 따분한 사람에 의해 지루함을 느끼는 것은 매우 불쾌한 경험이며, 때로는 공황 상태에 가깝지만, 실제로 혐오에 가깝지는 않다. 권태인 지루함도 예외적으로 강렬할 수 있지만, 그럴수록 한 특정한 대상에는 집중할 수 없게 된다. 더 강렬해질수록 어떠한 것도 구별하기 어려워지는 듯하다. 이러한 차별성의 결여는 사람을 불안하게 하며, 쉽사리 "메스꺼움", 곧 일종의 자기만족적인 자기혐오로 끝날 수 있다. 그러나 따분한 사람에 의해 지루함을 느낀다는 것은 강렬하게 특정한 대상, 곧 생생하게 구별되고 매우 개별화된 반감의 원천인 지겨운 사람에게 집중한다는 것이다. 누군가에게 지루함을 느끼는 것과 권태인 지루함은 서로 매우 다른 경험인데도 이상하게도 영어에서는 이 둘을 어휘적으로 잘 구별하지 않아 왔다.

경멸

혐오와 경멸을 구별하는 것은 이 책에서, 특히 결정적으로 위계화하는 이 두 감정의 사회적·정치적 효과를 다루는 마지막 두 장에서 중요할 것이다. 가능한 한 쉽게 설명하기 위해, 나는 이러한 구별에 대해 더 상세하게 다루는 작업을 더 절실하게 동기부여되고 더 풍부하게 짜여진 것으로 보이는 무대로 미룬다. 나는 여기서는 우리의 현재 목적을 위해서 단지 몇 가지 광범위한 주장을 하고자 한다. 가장 강렬한 형태의 경멸이 혐오와 겹쳐진다는 것은 의심의 여지가 없다. 다윈은 이러한 극단적인 경멸을 "증오심이 일어나는 경멸"[29]이라고 불렀다. 그러나 이 두 감정은 대부분의 통상적인 범위를 통해 쉽게 구별 가능하다. 나는 여기서는 단지 몇 개의 구분점만 나열할 것이며 나머지들은 나중에 더 충분히 다루도록 남겨둘 것이다.

경멸과 혐오는 그 감정의 대상에 대해 우월한 서열을 주장하는 감정들이다. 그러나 경멸을 기반으로 한 우월감의 경험은 혐오를 기반으로 한 우월감의 경험과는 상당히 다르다. 우리는 종종 자부심 및 자기만족과 어우러진 경멸의 느낌을 즐길 수 있다. 혐오를 대조해 보라. 혐오는 우월성에 대한 불쾌한 느낌의 대가를 치르게 한다. 혐오는 혐오의 대상에게 불쾌함을 느끼는 반면, 경멸은 경멸의 대상에게 재미를 느낄 수 있다. 더구나 경멸은 종종 하급자에 대한 자애롭고 공손한 대우를 알려준다. 혐오는 그렇지 않다. 연민과 경멸은 함께 가는 반면, 혐오는 연민을 압도한다.

두 감정이 사랑과 얼마나 다르게 교차하는지와 관련된 맥락에서 생각해 보라. 사랑과 경멸은 상반되지 않을 뿐만 아니라 어떤 사랑은 부득이

---

29   Darwin, p. 253[다윈, 347쪽].

경멸과 섞여 있는 것처럼 보인다. 어떤 사람이나 동물이 귀엽다는 판단은 그 사람이나 동물이 사랑스럽게 하위에 있고 비위협적이라는 판단이지 않은가? 우리는 우리의 반려동물과 아이들을 사랑하고 그들이 귀엽고 사랑스럽다고 여긴다. 대등한 사람들 사이의 사랑도 변함없는 평등을 인정하는 문제라기보다는 번갈아서 상위에 있거나 하위에 있는 문제이다. 그렇기 때문에 "진정한" 성인(成人)의 사랑도 한 방향으로만 이루어지지 않는 한 귀엽고 사랑스럽다는 판단을 받아들일 수 있다. 순위가 존재하는 곳에는 그 순위를 유지하는 일을 하는 경멸이 존재한다. 나는 경멸과 일부 진정한 종류의 사랑의 불가피한 혼합에 대한 나의 주장이 논쟁적이기를 원치 않는다. 하지만 이것은 거부감을 불러일으킬 종류의 주장이기는 하다. 그러나 경멸은 어두운 면뿐만 아니라 밝은 면도 가지고 있다. 그리고 비록 우리가 그 사실을 인정하고 싶지 않을지라도 경멸이 사랑만큼이나 복잡하고 다양할 수 있지 않을까 하고 생각할 만한 데에는 충분한 이유가 있다. 무력함과 결핍이 힘과 자율성만큼이나 사랑의 도화선이 될 수 있다는 것을 왜 인정하지 않는가? 아마도 인류의 가장 적응력 있는 특징 중 하나는 우리가 어떤 종류의 무력함에서 사랑스러움을 발견하는 것이거나 또는 그 무력함이 우리에게 다른 사람을 도와주고 원조할 의무를 자아낸다고 느끼는 것일 것이다. 부모들은 자신이 낳았든 입양했든 간에 자녀들이 까다롭거나 밉살스럽게 굴 때 어떻게 달리 그들과 유대를 형성하겠는가? 경멸은 단순히 적개심을 갖고 비웃는 것 그 이상이다. 내려다본다는 관념은 연민, 자비로움, 사랑 등 더 부드럽고 더 온화한 정서와 일치한다.

혐오가 사랑과 무슨 관계이든 간에, 혐오는 우리가 경멸하기 위해 구성했던 것이 아니다. 만약 어떤 형태의 경멸이 사실 사랑 그 자체라면,

혐오는 사랑에 반대한다. 그것은 증오만큼이나 사랑에 대한 안티테제로 작동한다. 우리는 같은 대상을 동시에 사랑하고 미워할 수 있지만, 비-도착적이고 비-피학대성애적인 사랑의 의미에서 같은 대상을 사랑하고 혐오스러워 할 수는 없다. 혐오는 경멸처럼 유쾌하고 따뜻한 면을 가지고 있지 않다. 혐오는 역겹게 하는 것이며, 불쾌하게 하는 것이다. 혐오는 결코 온화하지 않다. 용서되거나 양해되거나 욕망에 의해 극복되지 않는 한, 혐오는 사랑을 끝내버리는 반면, 경멸은 종종 사랑을 유지하고 지탱한다.

경멸은 종종 아이러니한 방식으로 작용하기 때문에 쓴웃음이나 냉소적인 웃음과 함께 나타난다.[30] 혐오는 그렇게 느껴지는 난해한 혼란스러움과 아무런 관련성을 갖고 있지 않다. 앞으로 볼 수 있듯이, 혐오는 비록 상당한 구조적·개념적 아이러니를 가지고 있지만, 혐오의 본능적인 성질은 그것을 아이러니로 경험하지 못하게 한다. 느껴진 아이러니의 감각은 우리의 경멸 경험에 영향을 줄 수 있지만, 어떤 방식이든 일관되게 반감을 주지는 않는다. 자신의 범위 내에서 경멸은 세상도 그리고 세상 안의 사람의 위치도 아무런 문제가 없다는 진정한 만족의 흔적을 남긴다. 반대로 혐오는 때때로 자신이 들춰낸 악취와 분간해 낸 결함 및 부패함을 도착적으로 좋아할 수는 있을지라도 결코 희망적인 세계관을 취하지는 않는다.

여기에는 매우 분명히 다른 차이점이 있지만, 그 차이점들에 대한 논의는 뒤로 미룬다. 여기서는 제9장에서 자세히 다룰 한 가지만 더 짧게

---

30   나는 제9장에서 혐오의 표정과 경멸의 표정의 차이점에 대해 다룬다.

언급하겠다. 경멸이 구현된 것들 가운데에서는 무관심과 구별하기 어려운 것이 있는데, 그것은 자기만족의 특별한 사례로 이해될 수 있다. 무관심은 그 대상을 거의 보이지 않게 만드는 특별한 종류의 경멸이다. 혐오는 결코 그 대상들을 그런 식으로 취급할 수 없다. 혐오는 항상 엄연하게 감각들에 존재하며, 다른 어떤 감정보다도 확실히 그러하다. 혐오스러운 것은 경멸스러운 것과 달리 자신에게 주의를 기울이도록 우리를 강제한다. 경멸스러운 것은 자신이 동시에 혐오스럽지 않은 한 그러지 않는다. 이러한 대조를 이끌어낼 때 나는 두 감정 사이의 중요한 중첩 영역을 부정하지 않는다.[31] 그러나 이 두 감정은 궁극적으로 다른 스타일, 다른 느낌을 가지며, 넓은 범위를 갖는 각각의 영역을 통해 쉽게 구별 가능하다.

수치와 증오

혐오, 경멸, 수치, 그리고 증오는 모두 자기증오의 증후군에 동참한다. 수치는 사람이 깊이 구속되어 있는 공동의 기준을 지키는 데 실패했음을 나타낸다. 수치는 기대에 부합하지 못했다고 이해된 결과이다.[32] 수치는

---

31 심리학자들은 혐오와 경멸의 구별 가능성에 대해 판단을 유보해 왔다. 기본 감정의 존재를 주장하는 사람들은 때때로 경멸을 그 목록에 포함시키거나 혐오와 함께 하나로 묶는다. Ekman and Friesen, "A New Pan-cultural Facial Expression of Emotion"과 Izard, *The Face of Emotion*, pp. 236~245를 보라. 톰킨스(Tomkins)의 *Affect, Imagery, Consciousness*는 맛(혐오)과 냄새(경멸)의 근거 위에서 혐오와 경멸을 구별함으로써 시작하지만, 나중에 그의 논의 나머지에서는 혐오와 경멸을 하나로 묶는다. Rozin, Lowery, and Ebert, "Varieties of Disgust Faces and the Structure of Disgust," p. 871을 보라.

32 인류학, 철학, 심리학뿐만 아니라 보다 최근에는 수상쩍은 자조(自助) 심리학에서도 수치에

명예를 상실했음을 의미하며, 따라서 자존감의 기초를 상실했음을 의미한다. 자기 자신에 대한 혐오는 주어진 상황에 따라 부적절한 것이 아닐 수 있으며, 심지어 존엄성을 회복하는 일을 하도록 동기를 부여하는 데 도움을 줄 수도 있다. 당신의 수치스러움은 마땅하게 다른 사람들의 비웃음과 조롱(경멸) 또는 기피(혐오)와 같은 징벌적 행위를 이끌어낸다. 수치는 다른 사람들의 불승인에 대한 당신의 반응이다. 불승인이 경멸로 표출되는지 또는 혐오로 표출되는지는 맥락 변수들, 지켜지지 않는 규범의 성격, 당신의 실패로 인해 해를 당한 사람들의 정체성, 그리고 위반의 극심함에 달려 있을 것이다.

수치는 겸손 및 성적인 적절함과 빈번하게 연관되는데, 이것은 혐오와의 또 다른 연관성을 시사한다. 이것은 수치와 혐오가 무의식적인 에로틱 욕망의 금지 기능을 공유한다는 프로이트적인 이해에 의해서 인식되는 연관성이다. 이런 상황에서 금지하는 수치는 감정으로서의 수치(emotion shame)가 아니라 우리를 수치스럽지 않게 해주는 수치 감각(sense of shame)과 겸손과 적절함의 감각이다. 사실 이러한 수치 감각은 대체로 혐오에 의해 구성된다. 혐오 장벽이 너무 약하면 사람의 수치 감각은 그에 상응하게 고통을 겪는다. 혐오가 먼저 작용하는데, 만약 혐오가 실패하면 위반자가 몰염치하지 않는 한 수치를 낳을 것이다.[33]

대한 방대한 문헌이 있다. 나는 *Humiliation*의 chs.3~5에서 수치를 좀 자세히 논의하고 있으며, 거기에 더 많은 참고문헌을 제공하고 있다. 철학적인 측면에서 최근의 탁월한 논의는 Gibbard, pp.136~140과 Taylor, *Pride, Shame and Guilt*, pp.53~84, 그리고 Williams, *Shame and Necessity*에서 찾아볼 수 있다. 최근의 인류학적 논의에 대해서는 길모어(Gilmore)가 편집한 글들을 보라. 페리스티아니(Peristiany)가 편집한 고전적인 모음집의 글들은 여전히 참고할 만한 가치가 충분하다. 오랫동안 까다로운 문제인 수치와 죄책감 사이의 구분에 대해서는 Williams, *Shame and Necessity*, pp.88~94와 Gibbard, pp.137~140, 그리고 Piers and Singer, *Shame and Guilt*를 보라. 나아가 ch.8의 n49를 보라.

혐오에서 우리는 우리 자신을 제거하거나 역겨운 것을 제거함으로써 그 혐오가 사라지기를 원한다. 반면 수치에서는 단순히 그 수치가 사라지기를 원한다.[34] 수치는 '심리적으로' 그리고 지적으로 경험되므로 다른 사람들에 대한 우리의 입장과 우리의 성격의 특질에 대한 복잡한 판단에 우리를 관여하게 한다. 비록 수치가 역겨운 혐오의 느낌과 구별할 수 없는 가라앉는 감정을 동반할 수도 있지만 말이다. 사실 수치가 자신에 대한 혐오로 이해되는 만큼 수치와 혐오의 신체적 감각은 서로 구별하기 어려울 수 있다. 죄책감과 마찬가지로, 수치도 양심에 자리잡고 있는 것으로 느껴진다. 반대로 혐오는 신체에 의해 유도된 것이든 아니든 간에 양심의 문제라기보다는 우리의 감각에 해로운 무언가로 이해되고 경험된다.

혐오와 증오는 또한 그것들의 범위 가운데 일부에서 겹친다. 주된 연관성은 증오와 혐오가 혼합된 감각뿐만 아니라 증오와 혐오가 서로 강화하는 감각도 수반하는 '질색함(loathing)'의 개념으로 특징지어진다. 혐오가 증오에 부가하는 것은 독특한 종류의 체화, 곧 감각들에 불쾌감을 주는 방식이다. 혐오는 또한 증오의 휘발성을 혐오의 느린 감속률에 종속시킨다. 혐오는 천천히 사라지지만, 시작은 빠르다. 반면 증오는 역사를 보여준다. 증오는 증오의 대상이 손상과 불행을 입기를 바라지만 증오의 대상이 사라지기를 바란다는 점에서 매우 양면적이다. 반면 혐오는 단지 그 대상이 빨리 이전되기를 원할 뿐이다. 증오는 일반적으로 존재하는 애증의 모순어법 속에 결합할 수 있는 반면, 혐오와 사랑은 대체로

---

33   S. Miller, "Disgust Reactions," p.721. "혐오는 또한 수치의 실패에 대한 반응이다."
34   특정 정서의 행위 경향에 근거해서 자신의 감정 이론을 세우는 Frijda, *The Emotions*를 보라.

상반되는 관계이지만 훨씬 더 복잡하다. 언급한 바와 같이, 혐오는 도덕적 (그리고 사회적) 불평등의 주장을 창안하고 증언하는 반면, 증오는 달갑지 않은 평등의 인정으로 인한 분개를 구체화하는 경향이 있다. 증오는 상당히 긍정적으로 기운을 북돋아줄 수 있다. 반대로 혐오는 병들게 하고 종종 기력을 빼앗는다.[35]

그 밖의 부정적인 도덕 감정들

혐오는 불인정(disapprobation)의 양식이다. 따라서 혐오는 싫음, 원한, 분노, 분개, 격분과 같은 정서들에 속하는 작업의 일부를 담당한다. 이것은 제8장의 주요 주제이므로 여기서는 그 이슈만 언급한다. 혐오는 특별한 능력 범위가 있다고만 말해두자. 이 범위 중 일부는 분개와 공유하지만, 분개는 특정한 잘못에 초점을 맞추어 더 정확한 방식으로 나타나는 경향이 있는 반면, 혐오는 전체 행동 양식과 성격 특성에 비난을 가하는 더 일반화하는 도덕적 정서이다. 혐오는 도덕적인 것의 양극단을

---

35 무의식적인 감정이라는 생각이 타당한 만큼 무의식적인 혐오보다는 무의식적인 증오를 상상하기가 더 쉽다. 무의식적인 혐오 개념은 나에게는 타당해 보이지 않는다. 나는 무의식적인 감정이 궁극적으로 옹호할 수 있는 아이디어라고 생각하지만, 그 개념이 주장하는 바가 무엇인지에 대해서는 항상 확신이 없다. 자존감 운동이라는 심리 요법 용어는 우리에게 우리의 분노, 우리의 증오, 우리의 사랑과 접촉할 것을 요구한다. 하지만 만약 우리가 우리의 분노를 의식하지 않는다면, 무의식적인 분노가 정말로 분노일 수 있을까? 분노는 대상을 필요로 한다. 그것은 사랑이나 증오와 마찬가지로 목적 없는 정서가 아니다. Freud, "The Unconscious," p.177[프로이트, 「무의식에 관하여」, 176쪽]을 보라. "분명한 것은 감정의 본질은 우리가 그 감정을 인지하는 데 있다는 것이다. 다시 말해, 그 감정이 의식에 알려진 것이 되어야 한다는 뜻이다. 따라서 감정, 정서, 느낌의 경우 그것들이 무의식의 속성을 지니고 있을 가능성이 완전히 배제된 셈이다."

오고간다. 혐오는 다른 도덕적 정서들의 판단에서, 신체적인 행동거지나 목소리 크기의 규칙들을 불이행하는 것과 같이, 완전히 하찮게 여겨지는 것에 집중할 수 있다. 또는 잔인함을 허용하지 않는 적절한 양식일 수 있다. 우선, 분노는 너무 선별적이어서 관여할 수 없다. 둘째로, 분개는 때로 맹렬하게 분노할 수 있는 한 잔인함이 제기하는 도덕적 주장들에 적절치 않아 보인다.

분개는 특히 정의로운 형태의 분노로서 낮의 밝은 빛 가운데 작동한다.[36] 분개는 앙갚음해야 할 필요가 있지만 그 자체로 흔히 일종의 무관심하고 초연한 태도를 취하는 성질을 가진 경쟁과 공격 전략의 일부로 이해할 만한 행위들에 의해 야기된다. 우리는 사람들이 마땅히 미워할 만하다는 주장 아래 미워하는 사람들과 다투고, 싸우고, 심지어 그들을 죽인다는 예상을 한다. 이것들은 분개의 가장 기본적인 요소이다. 그 해악은 반드시 되돌려주거나 대가를 치러야 하며, 분개는 우리가 정의를 행하도록, 균형을 바로잡는 일을 하도록 자극한다.[37] 그러나 혐오는 일종의 독기 서린 어둠 가운데서, 공포의 영역에서, 어두운 불신의 영역에서, 그리고 신체의 내부에서 더 나아가 자아의 내부에서 결코 멀지 않은 곳에서 작용한다. 혐오는 말을 할 때마다 우리를 역겹게 하는 해악들, 곧 강간, 아동 학대, 고문, 대량 학살, 약탈적 살인, 장애 만들기처럼 그럴듯한 권리 주장이 있을 수 없는 것들을 다룬다. 여전히 자신들이 동의하는

---

36 Plutchik, *Emotion*, p. 162에는 분개가 혐오와 분노의 혼합으로 나와 있다. 나는 이것이 틀렸다고 본다.

37 "Clint Eastwood and Equity"에서 나는 정의를 범법자가 자신의 잘못에 대한 대가를 치르게 하는 것으로 인식하는 것과 피해자가 범법자에게 그 잘못을 되갚게 하는 것으로 인식하는 것 사이의 차이점에 대해 몇 가지 상세히 논한다.

것의 도덕적 불법성에 기대어 즐거움을 추구하는 "동의하는 성인들"의 특권 내에서 간주되는 관행들을 포함해, 사디즘과 마조히즘도 여기에 속한다. 분개는 이 영역에 대해서는 너무 순수해 보이며, 혐오로 보충되어야 한다.[38]

분개는 호혜성, 대차(貸借), 빚짐과 갚음 등의 은유를 중심으로 구성된다. 분개는 복수를 촉발한다. 혐오는 완전히 다른 방식으로 개념화된다. 구토의 이미지도 아니고, 욕지기의 느낌도 아니다. 어떤 핵심 은유도 혐오를 지배하지 못한다. 혐오의 관용어가 요구하는 것은 감각들에 대한 언급이다. 그것은 어떤 것을 만지고, 보고, 맛보고, 냄새 맡고, 심지어 가끔은 듣기도 하는 것이 어떤 느낌인지에 대한 것이다. 혐오는 혐오를 촉발하는 것들의 감각을 처리하는 데 대한 직접적인 참조를 생략할 수 없다. 모든 감정은 어떤 지각에 의해 개시되는데, 오직 혐오만이 지각하는 과정을 그 기획의 핵심으로 만든다.

---

38 잔인함에는 다양한 종류가 있으며, 항상 그 위치를 확인하기는 어렵지만, 모든 잔인함의 징후는 분개 이상의 것을 이끌어내는 듯하다. 폭력과 달리 잔인함은 악랄한 범행뿐만 아니라 타락하고 무정한 부작위(不作爲)도 포함한다. 어떤 이들은 비속한 학살의 잔인함과 여성적이고 멋스러운 특색을 가진 잔인함의 유형을 구별하기 원할 수도 있다. (비록 다소 서로 다르게 동기부여될 수도 있지만, 투박한 잔인함과 세련되고 멋스러운 잔인함 사이에 그토록 대단한 도덕적 구별을 하고 싶지는 않다. 우리가 비속한 잔인함보다 세련된 잔인함에 더 혐오를 느낀다는 것이 항상 분명한 것은 아니다.) 그러나 또 다른 종류의 잔인함은 쾌락의 근거보다는 국가의 이익 추구와 도리라는 근거를 주장한다. 마키아벨리식의 잔인함은 덜 비난할 만한 신중함의 동기와 공공질서의 확보라는 일반적인 유익을 가지고 있다. 잔인한 명령을 내리는 군주는 잔인한가, 아니면 오히려 냉담하다고 하는 것이 더 적절한가? 잔인함은 오로지 고통의 지점에서만 일어나는 것인가? 확실히 냉담한 군주는 비난과 처벌을 회피하지 말아야 하지만 그는 자신이 명령을 내리는 고문집행관만큼 혐오를 불러일으킬 것인가? 분개는 범법자에게 고통을 가하고 범죄자를 격하시킬 수 있다는 점에 주목하라. 이것은 복수의 기쁨을 불러일으키기 때문에 잔인해지는 것인가? 이것들은 거대한 문제이다. 처음에는 다음의 저자들을 참고하고 싶어 할 수도 있다. Walzer, "Dirty Hands"; Nagel, "Ruthlessness in Public Life"; Scarry, *The Body in Pain* [스캐리, 『고통 받는 몸』]; Collins, "Three Faces of Cruelty"; Shklar, *Ordinary Vices* [슈클라, 『일상의 악덕』].

우리가 살펴본 대로 혐오는 이웃 감정들과 때때로 경계 분쟁에 휘말리며, 그 감정들과 공통점을 공유하지만 그 감정들과 구별 가능하다. 다른 감정들은 고유한 스타일과 느낌을 가지고 있으며, 혐오도 자신만의 독특한 스타일과 느낌을 가지고 있다. 우리의 통속 심리학은 우리가 혐오스러운 것의 영역에서 특별한 조직과 실체에 착수하기도 전에 혐오의 온전성과 놀라운 풍부함을 이미 엿볼 수 있게 해주었다. 다른 언어들과 문화들이 이것을 다르게 조각할 수 있다는 것이 현재로서는 우리의 기획에 특별한 순간이 아니다. 혐오는 뒤따르는 기획을 보증하기에 너무나도 충분한 개념적 온전성을 가지고 있다. 다음 세 개의 장은 결벽이 지나친 사람들을 위한 것이 아니다. 그 장들은 우리를 혐오의 지옥계로 끌어내리며, 바로 혐오의 물질적이고 본능적인 측면을 검토한다.

> 만일 이 이야기를 듣고 싶지 않으신 분은
> 책장을 넘겨 다른 이야기를 선택하시지요.
> 길고 짧은 많은 종류의 이야기가 있는데,
> 그 가운데는 도덕, 교양, 그리고
> 성인전에 관한 많은 역사적인 이야기가 있습니다.
> 만일 잘못 선택하더라도 저를 책망하지는 마십시오.
> 방앗간 주인은 여러분이 잘 알다시피, 천한 존재입니다.[39]

39　Chaucer, "Prologue to the Miller's Tale," A3176~3182. "만일 이 이야기를 듣고 싶지 않으신 분은 책장을 넘겨 다른 이야기를 선택하시지요.…"

제3장

걸쭉한, 기름진 삶

혐오스러운 것의 **영역**은 어떻게 구성되어 있는가? 이 대립항들을 고려해 보라. 어떤 것은 다른 것보다 혐오와 혐오스러운 것에 더 핵심적이지만, 모두 어느 정도 그 개념에 영향을 준다.

무기물 대 유기물
식물 대 동물
인간 대 동물
우리 대 그들
나 대 너
나의 외부 대 나의 내부
마른 대 젖은
유동적인 대 끈적이는
견고한 대 질척질척한
(단단한 대 부드러운 그리고 거친 대 부드러운과 비교하라)
비고착적인 대 들러붙는

정지한 대 요동치는

응고되지 않은 대 응고된

생명 대 죽음 또는 쇠퇴

건강 대 질병

아름다움 대 추함

위로 대 아래로

오른쪽 대 왼쪽

얼음처럼 찬/뜨거운 대 축축한/미적지근한

단단한 대 느슨한

절제 대 과다

하나 대 다수 (바퀴벌레 한 마리 대 1000만 마리에서와 같이)

이 대립항들은 상당히 중복되어 있으며, 서로 다른 일반화의 수준에서 존재한다. 어떤 것은 다른 것보다 혐오를 더 시사한다. 이 대립항들은 또한 비일관성과 모순을 드러낸다. 왼쪽에 있는 모든 용어가 혐오로부터 면제된 경우도 아니고, 오른쪽에 있는 모든 용어가 혐오에만 귀속된 경우도 아니다(이는 특히 동물과 인간의 대립항에서 볼 수 있다). 비고착적인 것들은 들러붙는 것과 대비될 때는 혐오스럽지 않다. 하지만 비고착성이 꿈틀거림이나 미끈미끈함의 값을 치르고 얻어진 것이라면 문제는 달라진다. 물은 정화시키는 것일 수 있지만, 물기가 많음은 질병과 화농의 징후이다. 기준 기대치가 촉촉함이나 신축성일 때를 제외하고, 마른 것은 젖은 것보다 덜 오염시킬 것이다. 그래서 상처의 딱지, 각질, 껍질은 마른 것이지만 확실하게 혐오스러운 것의 영역에 들어가 있다. 그러나 그럼에도 불구하고 이 쌍들은 경향성과 확률을 아주 분명하게 보여준다. 덕/악덕, 도덕적/비도덕적, 자비로운/잔인한 등과 같은 나의 취지를 고려할 때, 내가 지나치게 극단적으로 보이는 향기/악취, 맛있는/메스꺼운, 정결함/불결 등과 같은 범주를 재생산하는 대립항들을 나열하지 않았다는 것에 주목하라.

저기 바깥에서

무기물 대 유기물 무기물은 유기물의 역겨움을 연상시키는 특징을 지니지 않는 한 거의 혐오스럽지 않다. 한 번도 살아본 적이 없는 것은 죽은 것이 아니다. 무기물질이 고체에서 액체로 될 때 또는 반대로 부식이나 전이를 통해 변형을 겪을 때 혐오는 존재하지 않는다. 툰드라든 사막이든 생명체가 없는 황량한 거대 지대가 경외감, 슬픔, 또는 두려움으로 우리를 사로잡을 수는 있지만, 혐오는 그렇지 않다. 무기물질은 일단 오염이 되면 더 빨리 정화되는 것처럼 보이지만, 완전히 오염의 영향을 받지 않는 것은 아니다. 그리고 우리의 상상력이 생명을 가져본 적이 없는 것에 은유적 삶을 불어넣는다면 무기물질도 혐오를 연상시킬 수 있다. 녹과 광재(鑛滓)더미를 예로 들어보자. 그러나 우리가 녹과 광재에 약하게나마 혐오할 가능성을 부여할 수 있다손 치더라도 그것은 단지 인간이 이미 철광석을 철제 유물과 그것의 폐기물로 변형시키는 데 개입했기 때문이다. 철의 산화물이 부식을, 그리고 부식과 더불어 혐오를 연상시키는 것은 철과 문명의 독특한 관계 때문이다. 토양이나 암석의 산화철은 환기력을 잃는다. 속신(俗信, folk belief)에서 녹은 파상풍균에 오염되는 것을 시사하지만, 다시 말하건대 녹은 오염시키는 것이기보다는 오염된 것이다. 이것은 철이 유기 세계와, 특히 인간의 산업 문화 세계와 접촉할 때 소요되는 철의 순도에 대한 비용이다.

식물 대 동물; 동물 대 인간 혐오는 유기 세계에서 작용하지만, 그 세계 범위 전체에 고르게 작용하지는 않는다. 식물은 동물보다, 또한 어떤 동물은 다른 동물보다 혐오를 유발하기가 훨씬 더 어렵다. 그리고 식물이 동물처럼 혐오스러운 것이 되려면 우리는 식물 문(門, phyla)*의 꽤 아래로까지 내려가야 한다.[1] 불쌍한 톰이 "썩은 웅덩이에 뜬 푸른 찌꺼기"를 마실 때(『리어왕(King Lear)』, 3.4.125), 우리는 그것을 마시는 것과 상관없이 조류(藻類) 거품으로 덮여 있는 이미지에 의해 혐오를 느낀다. 하위 문의 원시 식물과 원시 동물은 진흙, 개흙, 그리고 더러운 진창으로 합쳐지며, 부패하는 식물의 악취로 압도한다. 그리고 악취가 진동하는 "연못"을 환경으로 삼고 있는 생명체들이 엽록소를 가지고 있는지 아닌지는 그 생명체들이 번성하는 환경을 혐오스러운 것으로 만드는 능력에 그다지 중요하지 않다. 썩어가는 식물은 마치 썩어가는 살처럼 불쾌감을 치솟게 할 수 있으며, 우리는 여전히 식물 오물이 자연스럽게 우리가 그 오물과 연관시키는 벌레, 민달팽이, 영원류(蠑螈類), 도롱뇽, 거머리, 뱀장어를 생성시킨다는 속신에 사로잡혀 있다. 그것으로부터 마녀의 비약에 들어가는 가장 자극적인 재료들 가운데 일부가 나온다. "늪지대 뱀의

---

*   강(綱)의 위이고 계(界)의 아래인 생물 분류 단위_옮긴이
[1]   내가 고등학교에서 생물학 수업을 들은 이후로도 30년이 넘도록 받아들여져 왔던, 생명을 다섯 개 정도로 구분하는 방식이 아니라 식물과 동물 두 개의 왕국으로 나눔으로써 생물학자들을 화나게 하려는 의도는 없다. 나는 단지 우리의 혐오 개념이 혐오의 형상화, 스타일, 그리고 실체를 이용하는 일반적인 범주들을 더 정확하게 반영하고 있기 때문에 이항 구분을 고수한다.

살점, / 도롱뇽 눈, 개구리 발."

여기에 혐오의 세계에 존재하는 것과 같은 일관된 주제를 형성할 일련의 이미지들에 대한 우리의 첫 번째 관점이 있다. 놀랍게도 혐오하게 하는 것은 삶의 능력이다. 단지 삶이 삶과 상관되어 있는 죽음과 부패를 암시하기 때문만은 아니다. 삶을 생성하는 듯 보이는 것이 바로 부패이기 때문이다. 부패의 이미지는 감지할 수 없게 출생의 이미지로 미끄러져 들어갔다가 다시 나온다.[2] 죽음이 소름끼치게 반감을 일으키고 혐오를 유발하는 것은 단지 역겹도록 악취가 나기 때문만이 아니다. 그것은 죽음이 삶의 과정의 종말이 아니라 영원한 재생의 고리의 일부이기 때문이다. 살아왔던 자들과 산 자들이 연합해서 ─ 고약한 악취가 나고 만지기에 거슬리는 ─ 유기적인 발생적 부패의 세계를 이룬다. 끈적끈적한 진흙, 더러운 거품이 떠 있는 연못은 생명 수프, 생식력 그 자체이다. ─ 부패하는 식물로부터 자연스럽게 생성되는 점액질의, 미끈미끈하고, 꾸물꾸물하고, 바글거리는 동물의 삶.[3]

마치 늙은 아비 〈나일러스〉가 오만한 시절이 되어

---

2   바이넘(Bynum)의 죽음과 부패의 공포에 대한 고대 후기 문헌의 서술을 보라. "죽음은 의식(意識)을 소멸시킨 사건이었기 때문이 아니라, 걸쭉한 액체가 흘러나오고 역겹고 통제할 수 없는 생물학적 과정의 일부였기 때문에 끔찍했다." *The Resurrection of the Body*, p.113.

3   생명을 생성케 하는 것은 단지 부패하는 식물만이 아니었다. 부패하는 살도 그만큼 생산적이었다. (폴로니어스에게) 섹스와 부패와 생식력을 연결시키는 햄릿의 혐오스러운 이미지를 떠올려 보라. "왜냐하면 태양이 죽은 개에 구더기를 슬게 할 수 있다면, 입에 꼭 맞는 고기니까(being a good kissing carrion) ─ 자네 딸이 있던가?"(2.2.181~182) 아리스토텔레스로부터 이어지는 부패하는 물질로부터의 자연 발생에 대한 역사적 계보를 위해서는 Hankins, "Hamlet's 'God Kissing Carrion'"을 보라. [참고로, 인용구의 "입에 꼭 맞는(good kissing)"은 4절판과 2절판 모두의 해석이다. "God kissing"은 워버턴(Warburton)이 18세기에 수정한 것이다.]

〈에집트〉의 계곡 위로 철철 넘쳐흐르기 시작하면,

기름진 물결들이 자양 많은 진흙더미를 쏟아내며

모든 들판과 낮은 골짜기를 덮치며 흐르는 것처럼.

그러나 그 최후의 홍수가 수그러들기 시작하면서

그는 거대한 진흙더미를 남기게 되고, 그 안에서

그의 풍요로운 씨앗으로부터, 일부분은 남성이고

일부분은 여성인 수만 종류의 생물이 자라난다.

다른 곳에선 아무도 그처럼 흉측하고 괴기한 모습을 볼 수 없다.

(『선녀여왕(Faerie Queene)』, 1.1.21).

식물 형태 위계에서 더 위로 올라가 양치식물과 씨앗을 가진 잡초들은 여전히 의문스러우며, 혐오의 이미지와 기미를 생성할 수 있다. 그것들은 무성함, 지나침, 풍부함을 넘어서 과도하게 우거지는 상태가 되는 특정 종류의 무질서한 생산력과 번식력을 나타낸다.[4] 우리가 잡초를 혐오스럽다고 생각하지 않을지라도, 제임스 1세 시대의 세계에서는 그러했던 것 같다. 그래서 멜랑콜리, 삶에 대한 혐오, 그리고 자신의 어머니의 구속받지 않는 섹슈얼리티에 대한 생각들은 햄릿을 잡초의 이미지로 끌어들인다.

이 세상만사가 내게는 얼마나 지겹고,

맥 빠지고, 단조롭고, 쓸데없어 보이는가!

---

[4]   나는 여기서 Angyal, p.396과 그를 따라서 식물성의 혐오 유발 능력을 부인하는 Rozin and Fallon 모두를 문제 삼고 있다.

역겹다, 아 역거워. 세상은 잡초투성이

퇴락하는 정원, 본성이 조잡한 것들이

꽉 채우고 있구나. (1.2.133~137)

유령, 곧 그의 아버지는 죽음과 둔한 무성함을 결합시키는 동일한 이 미지즘의 성향을 가지고 있다. "넌 망각의 강변에 편안히 뿌리 내린 / 무 성한 잡초보다 더 둔할 것이니라"(1.5.32~33). 그리고 희곡 안의 희곡에 서 독은 "한밤중에 거둬들인 독초를 삶은 극약"(3.2.247)이다. 무성함은 단지 과도한 성장의 의미뿐만 아니라 악취 — 성숙이 그 전조이고 농숙과 부패는 그 결과인 — 의 의미도 품고 있음에 주목하라.[5]

고등 식물들은 과잉의 상징으로서, 독의 원천으로서 혐오의 세계에 참여하며, 따라서 종종 도덕적 담론을 추동하는 혐오 감각으로서 도덕적 담론을 고취하는 은유의 원천으로 기능한다. 심지어 고등 식물들도 혐 오 유발 능력을 가져야 한다는 것은 다른 혐오의 원천들이 나무와 대부 분의 잡초가 지닌 비점액성을 압도하고 있다는 것을 의미한다. 예를 들 어, 이끼는 특별히 혐오스럽지 않다. 왜냐하면 이끼는 건조하고 기분 좋 은 부드러움을 지니고 있기 때문이다(모든 부드러움이 기분 좋은 것은 아니 다). 그리고 잡초나 양치식물이 하나만 있으면 혐오스러울 것 같지는 않 다. 하지만 한 마리의 바퀴벌레와 1000마리의 바퀴벌레, 사회적 지위가

---

5   과도한 성장, 그리고 지나치게 강하고 불결한 냄새를 뜻하는 무성함(rankness)의 다양한 의 미는 햄릿의 텍스트 전통에서 하나의 사소한 난제의 일부 원인이 되는 것 같다. 4절판에서 는 "편안히 뿌리내린"으로 되어 있고, 2절판에서는 "뿌리(roots)"를 "부패(rots)"로 대체한다. 『햄릿』에 나타나는 어머니의 섹슈얼리티, 생식력, 무성함, 그리고 죽음의 결합에 대해서는 Adelman, *Suffocating Mothers*, p.17을 보라.

낮은 한 사람과 그들의 집회가 야기하는 정서가 차이 나는 것처럼 수많은 잡초나 양치식물은 다른 문제이다. 상류층에 의해 승인된 적 없는 하층민들의 대규모 집회처럼 떼 지어 있는 식물들은 불쾌함을 발생시키는, 때로는 심지어 혐오를 느끼게 하는 능력을 가지고 있다. (물론 식물들이 마음을 끌고 즐겁게 하는 능력 또한 가지고 있다는 것을 내가 보여줄 필요는 없을 것이다.) 숲으로 무리를 이루고 있는 나무들은 두려운 낯섦의 장소, 세 마녀들(weird sisters)*의 물약과 같은 혼합물이 끓여지는 마녀들의 집회와 사탄 의식을 위한 장소가 된다.

무엇보다도 식물들은 출산과 생식과 번식 자체에 대한 공포와 혐오를 표현하는 수단이 될 수 있다. 부와 건강과 웰빙의 기반이던 무성한 녹색은 과다함에서 비롯되는 혐오와 부패와 역겨움이 될 수 있다.

> 그와 그의 동생 분은 고여 있는 웅덩이 위로 구부러져 자라는 자두나무들과도 같답니다. 잎은 무성하고 열매로 뒤덮여 있지만, 까마귀, 까치, 그리고 송충이들만이 그 열매들을 먹지요. 내가 그들의 뚜껑이 역할을 할 수 있다면, 말거머리처럼 그들에게 달라붙어 배를 다 채운 후에야 떨어질 겁니다. (『말피의 공작부인(The Duchess of Malfi)』, 1.1)

애벌레와 말거머리는 개별적으로 언급하는 것만으로도 혐오를 유발할 수 있지만, 이 구절은 혐오를 발생시키는 것이 생식 그 자체, 과도함, 숙성의 과잉임을 분명하게 보여준다. 지나치게 많은 나뭇가지 위에 떼

---

* 　맥베스에 등장하는 세 명의 마녀_옮긴이

지어 달려서 나뭇가지를 기형으로 만들고, 반영을 내비치는 아름다운 연못일 수도 있었던 것을 부패하는 살과 자두를 구별하지 못해 썩은 고기를 먹는 새들이 생겨나는 물 고인 번식지로 재정의해 주는 것은 바로 순수한 자두이다. 동물 세계의 불쾌한 생물들을 끌어내어 모든 것을 하향(downward) 재정의하는 것이 바로 식물 과잉이다. 인간은 비록 아첨하는 뚜쟁이이지만, 너무 익어서 개흙 속으로 떨어지는 자두처럼 죽기까지 자신을 배불리는 지독한 말거머리가 된다. 자두처럼 자신의 숙주로부터 떨어지는 말거머리가 자두를 나무로부터 피를 빼는 상징적인 말거머리로 변할 때 이미지적인 순환은 완성된다. 그러나 이 구절은 자연을 묘사하는 것이 아니라 부패하고 사악한 인간들("그와 그의 형제들", 그리고 그들을 수행하는 뚜쟁이들)을 묘사하려는 것이다. 폭식과 엄청난 섭취, 흡혈, 거머리로 가득 찬 연못, 이러한 것들은 도덕적이고 사회적인 부패를 표현하는 수사(修辭)이다. 음식이 다시 연루되는 것은 음식이 혐오의 핵심이기 때문이 아니라, 무성함과 과숙(過熟), 지방의 과도한 생성, 반드시 다른 것의 쇠약과 부식을 통해 번성하는 기름진 삶을 촉발하는 것이 바로 음식 섭취(feeding)이기 때문이다.

그 자체로는 거의 혐오를 유발하지 않는 풍성하게 과일이 열린 나무들은 썩은 고기를 먹는 동물들, 흡혈 동물들을 배 터져 죽을 정도로 포식하도록 끌어들이며(말거머리가 포유류의 체액을 빨아먹듯이 벌레는 과일즙을 빨아먹는다), 그리하여 더 많은 과일의 생산을 촉진한다. 혐오가 우리와 동물의 불안한 관계, 즉 우리가 그리도 억누르고 부정하고 싶어 하는 관계의 함수라는 주장에도 불구하고, 식물 세계는 혐오스러움을 벗어나지 못한다.[6] 넓게 보아 동물 왕국은 확실히 식물 왕국보다 혐오에 대한 우리의 기본적인 조직 관념에서 더 두드러지게 나타난다. 그러나 모든 동물이 그렇지는 않다. 식물의 경우처럼 동물의 오염력은 문(門)을 따라 내려갈수록 증가한다. 사물들의 혐오 유발 능력이, 인간이라는 중요한 예외를 가진 서열화된 위계에서 그 사물들이 차지하는 지위와 밀접한 관련이 있다는 것은 주목할 만하다. 일반적으로 오염시키는 것은 낮은 것들, 경멸할 만한 것들이다. 식물이나 동물의 분류 체계에서 또는 우리의 사회적·도덕적 위계에서 열등한 위치에 있든지 아니든지 상관없이 혐오를 유발하는 것은 열등함 그 자체이다.[7] 과학적 분류는 우리의 사회적 배열을 자연 세계에 크게 새겨놓은 것인가?

　모든 일반적인 진술처럼 이것은 단지 대략적인 조직 원칙일 뿐이며, 혐오의 복잡한 개념 도식에 있는 모든 사례를 충분히 설명하지는 않는다. 잘 알려진 메리 더글러스(Mary Douglas)의 오염과 순수의 구조 이론에 따르면, 오염시키는 것, 그리고 나아가서 혐오스러운 것(그녀는 혐오에 대해서는 이야기하지 않는다)은 특정 영역을 구성하는 개념적 격자(grid)에 전적으로 달려 있다.[8] 위험스럽고 오염시키는 것은 질서정연한 구조 내에 들어맞지 않는 것이다. 그래서 변칙적인 것은 오염시키는 것이 된다. "따라서 오물이라고 하는 것은 결코 절대적으로 유일하고 분리된 결과가 아니다. 오물이 있는 곳에는 반드시 체계가 존재한다. … 오물은 사물의 체계적 질서와 분류들의 부산물이다"(35[69]). "절대적인 오물이란 것은

6　Rozin, Haidt, and McCauley를 보라.
7　Angyal, p.397, Dumont, *Homo Hierarchicus*, pp.59~61.
8　Douglas, *Purity and Danger*[더글러스, 『순수와 위험』]. 줄리아 크리스테바는 그녀의 독특한 페미니스트 심층 심리학과 기호학 이론이라는 브랜드 용어 안에 구조주의를 뿌리내리게 하려 애쓰면서 더글러스의 입장을 재진술하고 재구성한다. 그녀에 따르면, 완전히 혐오는 아닌 아브젝시옹은 "동일성이나 체계와 질서를 교란시키는" 것으로 설명된다. "그것 자체가 지정된 한계나 장소나 규칙들을 인정하지 않는 데다가 어중간하고 모호한 혼합물인 까닭이다"(4[25]).

없다"(2[23]). 그것은 "제자리를 벗어난 것"일 뿐이다. 사회적·인지적 구조가 어떤 사물에 그 역할을 하도록 부여함으로써 오염을 창조하는 것이 아니다. 오염은 범주화 자체의 결과이다.

여기에는 많은 진실이 있지만, 앞으로 보게 되듯이 그것이 전부는 아니다. 앞서 언급했듯이, 문화들은 오염시키는 것에 무엇을 포함해야 하는지에 대해서는 엄청난 재량을 가지고 있지만, 무엇을 제외시켜야 하는지에 대해서는 무제한의 자유를 가지고 있지 않다. 생리혈, 인간의 정자와 대변, 그리고 인체의 다른 배설물은 특히 예외적인 것으로 이해된 매우 제한된 역할을 제외하고는 무해한 물질이라고 여기기 어려워 보인다. 우주 공간의 강력한 물체들처럼 이 물질들은 사회적·인지적 구조들을 자체의 역선(力線)을 따라 구부리는 중력 인력을 갖고 있다. 그 물질들은 자체의 격자를 만들거나 또는 그 물질들이 수용된 격자를 자체의 이미지의 방향으로 뒤틀어버린다.[9]

더글러스의 도식에서 오염시키는 것은 변칙적인 것, 곧 분류원칙에 맞지 않는 것이다. 그래서 사람들은 왜 쥐와 박쥐가 혐오를 유발하는지 또는 왜 음식 금지가 그와 같은 형태를 취하는지 더글러스가 설명해 주기를 기대한다. 박쥐는 대부분의 전통적인 분류 체계에 들어맞지 않는

---

9   이러한 물질들은 관련된 사회 구조를 구성하는 격자를 단순히 능가하는 또 다른 개념적 격자에 의해 제공되는 의미를 가질 수 있다고 주장할 수 있을 것이다. 프로이트주의자들은 거대한 중력을 가진 기본 격자가 다름 아닌 프로이트의 이론이라고 주장할 것이다. 하지만 프로이트의 이론 자체는 정자와 생리혈과 배설물의 중력장 안으로 들어온 효과를 보여주며, 그것들의 궤도를 벗어난 적이 없지 않을까? 나는 이러한 거의 보편적인 오염물질들이 그것들을 오염물질로 인식하는 우리의 이해와 별개로 존재한다고 주장하는 것이 아니다. 이 책의 목적 가운데 하나는 혐오스러운 것이 사회적·문화적·도덕적·물질적으로 얼마나 풍부하게 과잉결정되는지를 보여주는 것이자, 궁극적으로는 인간의 감각적 지각과 우리 몸에서 유출하는 것들에 대한 공포에서 결코 벗어나지 않는다는 것을 보여주는 것이다.

다. 날아다니는 포유류는 기형이고, 괴상하고 으스스한 밤의 동물이다.[10] 쥐는 흑사병 이야기에 등장함으로 인해서, 또한 후부에 오염시키는 하류 동물 같은 꼬리를 달고 있음으로 인해서 하수구[11]나 배설물과 동일시되는 듯하다. 박쥐처럼 쥐는 바글거리는 야행성 무리를 암시한다. 여기서 쥐는 곤충과 연못의 생물체들을 연상시킨다.[12] "땅에 기어 다니는 모든 길짐승은 꺼려야 한다. 그것들을 먹어서는 안 된다."[13] 그러나 왜 떼를 지어 기는 것들은 이례적인가? 그리고 우리는 쥐와 심지어 박쥐에 대해서는 분류체계를 고수하지 않고 있는가? 쥐와 박쥐가 들어맞지 않는다고 말할 수 없다. 쥐와 박쥐는 포유류의 분류와는 상관없는 이유로 우리를 소름끼치게 한다. 포유류가 날면 안 되기 때문에 박쥐가 더글러스의 도식에서 부적합 판정을 받는다면, 돌고래와 수달도 헤엄을 친다는 이유로 왜 마찬가지로 그 도식을 교란시키지 않아야 하는가?

---

10   pp.36~40과 pp.55~57에서의 더글러스의 논의와 Leach, "Anthropological Aspects of Language"를 보라.

11   19세기에 공중 보건 운동이 도시 하수구를 지하화하는 데 성공한 이후 쥐가 짊어진 상징적 부담에 대한 스탤리브라스와 화이트(Stallybrass and White, pp.143~146)의 명료한 설명을 보라. 쥐는 다시 더글러스의 모델에 따라 "도시를 하수구로부터, 위를 아래로부터 분리하는 경계"를 넘는 모호한 생명체가 되었다. 그들의 설명은 역사적인 순간에 따라 쥐의 주변성이 어떻게 다르게 구성되는지를 잘 보여준다. 그러나 그들은 어떤 작동 도식이든 간에, 지하 하수구가 있는 시기이든 없는 시기이든 간에 주변적일 수 있는 쥐의 능력에 대해서는 문제를 못 느끼는 듯하다. 쥐는 배설물과 마찬가지로 구조와는 다소 무관한 것으로 보인다. 프로이트에 따르면, 프로이트가 쥐 인간의 환상에서 쥐의 중요성을 해석하는 것과 같이 쥐는 혐오를 일으킬 뿐만 아니라 불가사의한 그 무엇이 될 수 있는 능력도 가지고 있다. "Notes Upon a Case of Obsessional Neurosis," p.215, n2[「쥐 인간」 강박 신경증에 관하여」, 69쪽]를 보라.

12   쥐와 비슷하지만 쥐가 지닌 혐오 유발 능력은 없는 주머니쥐를 비교해 보라. 우리는 주머니쥐가 죽은 체하는 것, 주머니를 가지고 있는 것, 마치 쥐 복장을 한 것처럼 보이는 우스꽝스러운 흉내를 내는 것이 귀엽기까지 하다고 생각한다. 유대류의 귀여움은 모든 범주 위반이 오염시키거나 위험한 것이 아니라는 것을 보여준다. 더글러스는 단지 적합하지 않다는 관념 이상의 것이 필요하다. 왜냐하면 특정한 종류의 부적합만이 불편하기 때문이다.

13   레위기 11장 41절.

이런 종류의 구조주의가 갖는 위험은 그 구조주의가 환원과 동어반복으로 끝난다는 것이다. 만약 어떤 것이 오염되면, 그것은 부합하지 않다. 만약 어떤 것이 오염되지 않는다면, 그것은 부합한다. 그러면 우리는 설명하기 위해 구조가 필요한 바로 그것을 통해 구조에 도달하는 척할 수 있을 뿐이다. 내 느낌으로 비정상의 관념은 꽤 명확한 분류 체계, 곧 규칙들이 명시되어 있고 공식적인 문화적 지식의 대상이 되는 체계를 설명하는 데 매우 효과적이다. 따라서 더글러스의 이론은 음식 금지 규칙 영역에서는 설명력이 있으며, 그녀가 자신의 이론을 유리하게 제시하는 것은 대체로 그 맥락에서이다. 진짜 문제는 부합한다는 관념 자체이다. 기형인 사람들처럼 부합하지 않기 때문에 기이하거나 혐오를 유발하는 것들이 있다. 하지만 혐오를 유발하는 대부분의 것은 오히려 잘 들어맞는다. 배설물은 이례적인 것이 아니다. 배설물은 삶의 필수 조건이다. 배설물은 개념 격자의 하단부에 정확하게 부합한다. 하지만 이것이 모든 것을 설명해 주지는 않는다. 위치를 알고 그에 맞게 처신하는 한 모든 낮은 존재가 오염되는 것은 아니기 때문이다. 정확히 바로 그것이다. 낮은 자들은 낮은 위치에 있음으로써 항상 자신이 높은 위치에 있음을 알고 있는 높은 자들을 위협하고 그들에게 못된 짓을 하며 또한 해를 끼치고 더럽히는 위험이다. 왜냐하면 낮은 자들은 필연적인 대조를 제공하기 위해 거기에 존재하기 때문이다.

나는 더글러스를 향해 우회하고자 나의 격자로부터 벗어났었다. 어떤 이들은 우리가 동물과 맺는 관계가 혐오의 구조를 풀 수 있는 열쇠라고 주장한다. 이 주장들은 로진에 의해 제안된 두 가지 주요 탐구의 줄기에 초점을 맞춘다. 바로 (1) 음식 금지 체계의 증거, (2) 우리는 우리와 동물들 간의 밀접한 연관성이 생각나지 않기를 간절히 바란다는 로진의 특별한 견해이다.[14] 우리 인간들은 우리의 문화가 어떻든 간에, 우리가 먹고 소화시킬 수 있는 대부분의 가능한 영양분을 섭취하는 것에 대해서 오히려 말하려 하지 않는다. 그리고 우리는 일반적으로 동물 칼로리보다 식물성에 대해 더 포용적이다. 가장 덜 구속하는 문화도 가용한 대부분의 식용 동물 칼로리를 배제한다. 정통 유대교와 브라만의 제한 규정은 실제로 건강하게 먹을 수 있는 모든 것과 비교해 볼 때 가장 느슨한 섭생법들보다 조금 더 까다로울 뿐이다.[15] 서구에서 우리는 여전히 극소수의 동물 종만 먹으며, 우리가 먹는 동물 종 가운데 우리가 선호하는 부위와 그렇지 않은 부위로 동물들의 몸통에 등급을 매긴다. 이 과정에서 대부분의 동물을 거부하기도 하고, 가치 있는 부위는 가치 있는 사람들에게 가치 없는 부위는 하류층 사람들에게 할당하기도 한다.[16]

민달팽이에서 인간에 이르는 모든 동물의 살이 거의 예외 없이 영양분을 공급한다는 것은 사실이다. 식물에 대해서는 그렇지 않으며, 비교적 적은 식물만이 인간에 의해 소화될 수 있다. 자연은 식물을 식용과 비식용으로 나누며,[17] 문화는 동물들 사이에 금지 규정을 만드는 것보다 식용 식물들 사이에 금지 규정을 만드는 데 확실히 덜 강압적이다. 먹을 수 없

---

14 Rozin and Fallon, p.28과 Rozin, Haidt, and McCauley, p.584. 또한 Angyal, p.395를 보라. 혐오는 "인간과 동물 신체의 배설물에 대한 특정 반응이다."
15 브라만의 제한 규정에 대해서는 Dumont, pp.137~142를 보라.
16 Flandrin, "Distinction through Taste," pp.273~274의 논의를 보라. "핵심적인 구분은 더 이상 사냥감과 가금류를 먹었던 귀족과 역겨운 고기를 먹었던 부르주아지 사이에 있는 것이 아니라, 좋은 부위의 고기를 먹었던 귀족 및 부르주아지와 하등육을 먹었던 평민 사이에 있다." 우리 문화에서 돼지 껍데기와 돼지 로스트, 안심, 등심, 홍두깨살, 목살을 먹는 사람들이 어떻게 사회 계층에 고르게 분포되어 있지 않은지 비교해 보라.
17 나는 여기서 문화적으로 생성된 금지사항과는 별개로 우리가 유익하게 먹을 수 있는 모든 음식을 가리키기 위해 식용이라는 말을 사용함으로써, 결국에는 문화가 무엇을 먹을지 규정한다는 것을 부정할 의도는 없다.

는 식물들, 예를 들면 오크나무는 그 나무를 먹는다는 생각 때문에 혐오를 유발하지 않는다. 왜냐하면 오크나무를 먹는 것은 생각할 수 없다기보다 어리석은 일이기 때문이다. 우리가 유익하게 먹을 수 있다고 알고 있거나 일관되게 먹을 수 있다고 여기는 것들만 혐오를 유발할 수 있다(여기에 배설물이 포함된다는 것에 주목하라). 그러므로 모든 부드러운 동물질은 말하자면 우리의 상상의 테이블 위에 있다.

나는 이미 식물 세계가 무성함, 과잉, 과다로 인해 혐오스러운 것의 영역에 참여한다고 주장했다. 그러나 일반적으로 식물들은 섭취할 수 있는 식물질과 같은 음식으로서 혐오스러운 것으로는 잘 등장하지 않는 것으로 알려져 있다. 해초를 먹는다는 생각은 어떤 이들에게는 혐오를 유발할 수도 있지만, 금지된 식용 식물에 의해 유발되는 혐오는 금지된 장기나 동물 종들에 의해 유발되는 혐오보다 덜 자극적이다. 브로콜리가 혐오스럽다고 말하는 사람은 혐오가 아니라 싫음을 시사할 가능성이 더 높다. 브로콜리는 음부에서 발견될 수 있는 통상적으로 혐오를 유발하는 것들과 같은, 혐오스러운 것들과 더 본질적으로 결속되어 있는 다른 물질에 대한 무의식적인 대체물이나 페티시(fetish)로 기능하지 않는 한 오염원으로 보일 가능성이 매우 낮다.

동물들은 정말로 다른 이야기이다. 하지만 왜일까? 우리가 식물을 수확하는 것에 대해 느끼는 것과는 다른 방식으로 동물을 죽이는 것에 대해서는 양면적인 감정을 느끼기 때문인가?[18] 음식 금지 체계는 동물을

---

18   살아 있는 동물이 죽은 동물로 변형되는 것을 묘사하기 위해 "수확(harvest)"이라는 단어를 사용하는 것이 일부 사람들에게 혐오스럽다는 인상을 주는 것에 주목하라. 도살의 이미지는 혐오를 불러일으키지만, 수확이라는 완곡어법은 도살에 내재된 혐오감을 전혀 제거하지 못하며 의심스러운 부정직과 위선으로 인해 혐오의 새로운 원천을 만들어낸다. 장기를 언

먹는 것에 대해 너무 제한적이어서, 이러한 체계가 우리와 동물 질서의 나머지 부분과의 관계를 정의하는 더 깊고 더 일반화된 개념 구조의 피상적인 표현에 불과하다고 주장할 수 있다. 그것은 우리가 동물인 것에 대해, 또한 동물을 먹는 것에 대해 불안해한다는 것인가? 모든 육식은 단순히 식인 관습의 약한 버전으로 이해되는가? 이것은 우리와 우리 아래에 있는 동물들과의 관계에 대한 불안감의 근원인가? 하지만 누군가는 우리와 가장 닮지 않은 동물들이 가장 혐오스럽지 않다고 생각할 수 있다. 하지만 그것은 확실히 사실이 아니다.[19]

    음식 금지 체계에 대해서는 여러 쪽에 걸쳐, 아니 실제로 여러 장에 걸쳐 논의할 수 있다. 하지만 나는 몇 가지 시사적인 언급만 하겠다. 다소 광범위한 적용의 원칙은 우리가 먹는 동물들이 무엇을 먹는가가 중요하다는 것이다.[20] 이 원칙은 맹금류, 포유류 포식자들, 그리고 사체를 먹는

기 위해 사체에서 적출하는 것도 좋은 그림은 아니지만, 그것을 수확이라고 생각하면 훨씬 더 혐오스러워진다. 완곡한 표현은 그것보다는 나아야 한다. 크리넥스나 화장실과 같은 표현은 더 성공적인 반면, 수확이라는 완곡어법이 완곡하게 표현하는 데 실패하는 이유는 무엇인가? 그 이슈는 완곡어법의 도덕적 문제와 부분적으로만 관련되어 있다. 그것은 또한 완곡어법이 작용하는 방식과 관련이 있다. 크리넥스와 화장실은 그 지시대상을 비하하려고 시도하지 않는다. 어떤 의미에서 그 지시대상은 더 이상 비하될 수 없다. 완곡어법이 지시대상을 비하함으로써 그럴듯하게 꾸미려고 하는 "수확"의 경우는 그렇지 않다. 그러므로 그것은 화장실과 크리넥스에 작용하는 방식과는 다르게 반대로 작용한다.

19   지난 3세기 동안에는 우리가 먹는 고기가 무슨 고기인지를 감추려는 경향이 있었다. 18세기 이래로, 요리 관행은 도살된 동물을 통째로 가져와 식사하는 사람들 앞에서 자르기보다는 식탁에 오르기 전에(그리고 미국인들 사이에서는 심지어 팔리기도 전에) 스테이크와 토막 살로 변형시키는 방향으로 나아갔다. 그러한 전환은 완전하지 않았다. 가금류의 일부는 이상하게도 갓 태어난 아기처럼 생겼지만 여전히 식탁에서 자를 수 있으며, 생선은 통째로 제공될 수 있다(일부 식당은 생선 대가리가 까다로운 사람들을 불쾌하게 할 수 있기 때문에 제거하기도 하지만). 노르베르트 엘리아스는 그러한 까다로운 부분을 문명화 과정으로 만들 것이다(제7장을 보라). 혐오의 심리학자, 특히 로진은 문명이 단지 우리가 항상 양면적인 태도를 취했던 것을 억압할 수 있는 수단을 우리에게 주고 있다고 주장할 수도 있다. 엘리아스는 문화 이전의 공격적인 야만성을 받아들일 것이고, 다른 이들은 문화 이전의 야만성에 대한 불안을 받아들일 것이다.

동물들을 먹는 것에 대한 레위기의 금지 규정을 설명해 준다.[21] 레위기에서는 땅 위의 동물들은 식용 가능하려면 초식동물이어야 한다. 더 좁게는, 그 동물들은 되새김질을 해야 한다(그리고 굽이 갈라져 있어야 한다).[22] 그러나 물고기는 다른 물고기를 먹을 수 있지만 여전히 용인될 수 있다. 물고기들은 단지 레위기에서 지느러미와 비늘을 의미했던 더글러스의 의미로 표준적인 물고기의 기준을 충족시키기만 하면 되었다. 레위기는 미끄러지듯 나아가고 기어가는 떼 지어 바글거리는 것들은 싫어했지만, 깡충깡충 뛰는 메뚜기나 풀무치 또는 귀뚜라미는 싫어하지 않았다. 이러한 곤충들이 포함된 것은 미국과 서유럽 중산층의 관행에서 우리가 얼마나 레위기의 질서에서 벗어나지 않았는지를 보여준다. 우리는 돼지, 조개, 그리고 말 한두 마리 정도를 추가했지만 몇몇 동물이 좀 더 있다. 이것은 지난 세기가 바뀔 무렵에 표현되었던 새뮤얼 드라이버

---

20 우리가 먹는 동물이 무엇을 먹느냐가 중요하다는 우리의 믿음은, 내가 먹는 것이 곧 나라면 그 동물이 먹는 것이 곧 그 동물이어야 하고, 따라서 그 동물이 먹는 것이 곧 나라는 보다 포괄적인 믿음에서 비롯된 것 같다. Rozin and Fallon, p.27과 특히 Rozin and Nemeroff, pp.214~216, 그리고 내가 먹는 것이 곧 나라는 믿음의 지속적인 힘에 대한 실험 증거를 제공하는 Nemeroff and Rozin을 보라.

21 Angyal, p.409에서 앙얄은 드문 실수 가운데 하나를 범하는데, 동물들은 배변을 하기 때문에 위반으로 느끼며, 따라서 우리는 배설물이 가장 역겹지 않은 동물들을 먹도록 주의를 기울인다고 주장한다. 그의 관점에서는 이것이 우리가 육식동물보다 초식동물을 먹는 것을 선호하는 이유를 설명해 준다.

22 레위기 11장 2~41절. 동물들의 청결은 소속 강(綱), 동식물 분류상에 목(目)과 문(門) 사이_옮긴이]에 완전히 합치하는지 여부와 함수관계를 지니고 있다는 일반적인 원칙 아래 다양한 레위기의 음식 금지를 체계화하는 더글러스의 시도를 보라. *Purity and Danger*, p.55. Kristeva, pp.90~112[크리스테바, 141~171쪽] 참조. 구조 인류학은 더 큰 의미의 격자에 속하는 특정 항목의 위치에 따라 그 식용 가능성이 결정된다고 주장한다. 이 견해는 우리가 결혼을 지배하는 동일한 넓은 원칙에 따라 동물을 먹는 경향이 있다는 것이다. 그 사회를 질서지우는 상징적이고 사회적인 구조에 의해 중간이 결정되듯이, 허용 가능하고 그래서 혐오스럽지 않은 것은 중간 지대에 놓여 있다. 혐오는 극단을 지배한다. Tambiah, "Animals Are Good to Think and Good to Prohibit"; Leach, "Anthropological Aspects of Language."

(Samuel Driver)의 견해에 어느 정도 신빙성을 부여한다. 그 견해는 레위기의 음식 제한 규정들이 금지되는 음식이라기보다는 히브리인들이 목축민으로서 어쨌든 무엇을 먹고 있었는지를 확인해 주는 것이라는 것이다.[23] 그리고 우리는 성서 시대에 이미 그들의 고기 그리고/또는 우유를 위해 사육했던 종들에 거의 몇 종을 추가하지 않았기 때문에, 레위기의 금지가 여전히 그렇게 이상해 보이지 않는 것은 놀랄 일이 아니다. 게다가 육식동물보다 초식동물을 먹는 것을 선호함으로써, 레위기의 체계는 효율성과 안전이라는 확실히 민감한 문제들을 성문화했다. 발굽이 갈라지고 되새김질하는 동물들은 혼자 다니기보다는 편리하게 무리 지어 다니기 때문에 인간들의 삶을 편하게 해주었고, 육식동물과는 대조적으로 자신들을 먹으려는 사람들을 잡아먹음으로써 되갚으려는 욕구를 가지지 않는 만족스러운 특징을 가지고 있었다.

그러나 왜 어차피 사람들이 먹지 않을 것 같은 맹수들이나 다른 음식들을 금지할까? 금지는 금지된 즐거움을 암시하는 것을 금지하지 않더라면 상상도 할 수 없을 것 같은 행동의 가능성을 암시하는 방법이다. 드라이버가 옳다고 가정할 때, 목축인 히브리인들은 정확하게 자신들이 먹고 싶은 것은 먹었으며, 목축인들이 먹지 않았던 것은 먹고 싶어 하지 않았다. 하지만 그 금지 규정들은 이내 그들로 하여금 그들이 발을 디딜 수 없는 곳은 더 푸르다고 생각하게 만들었다. 그래서 레위기의 금지 규정에 대한 알렉산드리아의 필로(Philo, 기원후 40년경)의 설명은 이미 신은 자신이 선택한 백성에게 드라이버가 시도한 것처럼 좋은 음식을 먹이

---

23 새뮤얼 드라이버의 성서 주석에 표현된 견해들을 제시하는 Douglas, p.54[더글러스, 96쪽]를 보라.

기를 원했던 것이 아니라 더 풍부한 요리를 먹을 기회를 허락하지 않고 있었다고 가정한다. "입법자 모세는 돼지나 비늘 없는 생선처럼 가장 맛있고 기름진 고기를 가진, 땅과 바다와 공중의 동물들을 엄격하게 금지시켰다. 그것은 이들 종류의 고기가 오감 가운데 가장 비굴한 감각인 미각을 사로잡아 폭식의 죄를 낳는다는 것을 알고 있었기 때문이다."[24]

어떤 단일 차원의 구조도 식용 동물의 범주를 구성하는 데서 우리가 수행하는 모든 문화적 구분을 만족스럽게 설명하지 못한다.[25] 혐오도 금지의 도식에서 단순한 직접적 방식으로 나타나지 않는다. 어떤 금지 규정은 혐오보다는 죄책감과 수치에 의해 뒷받침된다. 혐오에 의해 뒷받침되는 금지 규정들의 경우, 혐오는 다른 환경에서 다르게 작용할 수 있다. 이 다섯 가지 상황을 대조해 보자. (1) 그 사람은 금지된 음식을 먹고 그 맛을 즐기지만, 그는 자신이 허용된 음식을 먹고 있다고 생각한다. 자신이 정말로 무엇을 먹었는지 알게 되면, 그는 압도적인 혐오를 경험한다. (2) 그 사람은 알면서 금지된 음식을 먹고, 그 음식을 좋아하며, 나중에 그 음식을 먹은 것에 대해 죄책감을 겪는다(또는 그 음식을 먹고서도 죄책감이나 혐오를 느끼지 못한 것에 대해 수치나 죄책감을 느낀다). (3) 그는 자신이 가장 좋아하는 허용된 음식을 과도하게 먹고 과식으로 병이 난다. (4) 그녀는 금지된 것으로 알고 있는 음식을 먹으려 하다가 즉시 구역질을 한다. 자신이 무슨 짓을 했는지 생각하면서 그 음식을 뱉어내고 연속해서 몸을 떤다. (5) 그는 금지된 음식을 먹고 싶은 유혹을 느끼고, 그러

---

24 Douglas, p.44[더글러스, 81쪽]에 인용된 필로(Philo).
25 오웰은 스위프트를 능가하려고 시도하면서 바로 그러한 정리를 제안한다. "우리의 모든 음식은 결국 다른 모든 것 중에서 우리에게 가장 끔찍하게 보이는 두 가지인 똥과 시체로부터 나온다. "Politics vs. Literature," vol.4, p.222.

한 생각에 흠칫 놀란다. 이러한 것이 음식 금지를 위반했을 때 감정이 나타날 수 있는 방식의 완전한 목록은 아니지만, 혐오와 음식 금지의 연관성은 우리와 금지 간의 관계가 우리와 동물 간의 관계만큼이나 일반적인 문제일 수도 있다는 것을 시사한다. 혐오와 금지의 문제는 제6장에서 다시 다룰 것이다.

동물 한 마리를 혐오스럽게 만드는 것은 그 동물 모두를 혐오스럽게 만드는 것이 아니며, 단지 그 동물들을 먹는다는 생각만으로 혐오스럽게 만드는 것도 아니다.[26] 우리는 한 동물이 혐오스러운 것과 그 동물의 고기를 먹는 것이 혐오스러운 것을 쉽게 구별한다. 그럼에도 불구하고, 우리가 가능한 동물의 종류 중 아주 적은 수만 먹는다는 사실에 대해서는 설명이 필요하다. 나는 단지 우리의 혐오가 아버지를 죽인 것에 대한 것이 아니라 아버지를 먹은 것에 대한 원초적인 죄책감의 표출일 수도 있음을 시사하면서, 그 문제를 해결하지 않은 채 둘 것이다. 앞에서 제시했듯이, 두려움과 혐오는 식인풍습의 감정일 수 있다. 이것은 육식동물, 특히 아버지나 다른 인간의 시체를 포식했을 수 있는 사체 포식자들을 먹는 것에 대해 엄청나게 꺼리는 것을 설명하는 데 도움이 될 것이다. 반면에 초식동물은 무덤 위에 자라는 풀을 먹음으로써 더 신중하고 간접적으로 이동한다.

---

26 나는 음식 제한 규정, 특히 레위기의 제한 규정이 질병을 예방하기 위해 고안된 공공 보건 조치라는 주장은 다루지 않았다. 이 견해는 너무나 신빙성을 잃어서 각주로 밀려났다. 단순화된 진화적이고 기능적인 모델에 동의하는 동물 공포증에 대한 일부 연구는 여전히 이 노선을 취하고 있다. 이들 연구는 질병의 회피가 민달팽이, 바퀴벌레, 도롱뇽처럼 공격의 두려움을 느낄 필요가 없는 동물들에 대한 우리의 혐오를 설명해 준다고 주장한다. 왜 질병을 회피하면 고양이보다 도롱뇽에게서 혐오를 느낄 가능성이 많아지는지에 대해서는 설명하지 않는다. 참고문헌 목록에서 Davey와 Matchett과 Webb이 주저자인 저서들을 보라.

내가 언급했듯이, 로진은 혐오를 유발하는 깊은 원리는 우리 자신이 동물의 기원을 갖는다는 것을 상기하지 않으려는 보편적인 인간 욕망이라고 제시한다. 나는 문화적으로 구성된 "야수성" 개념으로 되돌아갈 것에 대한 두려움이 혐오의 일부 측면을 알려주긴 하지만, 그 원리가 모든 혐오를 설명할 수 없다는 것을 부인하고 싶지 않다. 그 이야기에는 두 가지 상반된 결과가 있다. 우리 자신이 동물보다 우월하다고 주장하는 모든 관심사와 우리가 동물에게 동화될 수 있다는 공포를 보면 서로 상쇄하는 동물에 대한 존중과 질투와 더불어, 곧 동물에 합당하게 살려는 욕망도 있다. 동물들의 신체는 우리의 신체가 할 수 있는 어떤 것보다 더 뛰어나며, 신체에 "옷을 입혀 놓았다." 우리는 부분적으로 털이 나 있지만, 동물들은 모피와 깃털을 가지고 있다. 동물들에게 그렇게 옷이 입혀져 있지 않다면, 우리는 동물들을 훨씬 더 혐오스럽게 느낄 것이며, 동물들은 우리에게 우리 자신을 더 상기시킬 것이다. 따라서 우리 자신을 호랑이보다 땅속 벌레, 두더지쥐, 돼지, 털 뽑은 닭과 비교하는 것이 종종 더 쉽다. 인간 신체는 이중으로 저주받았다. 우리는 (나쁜) 동물 신체로서 그리고 인간 신체로서 혐오를 유발한다. 어느 누구도 자신의 몸이 가젤 같거나 호랑이 같다고 생각하는 것을 혐오스러워 하지 않는다. 그러나 일반적으로는 털이 우리 몸을 더 많이 덮을수록 우리는 더 혐오스러워진다. 여기에 대해서는 로진뿐만 아니라 더글러스도 지지한다. 우리에게 "모피"는 제자리를 벗어난 문제이며, 모피의 부재는 우리를 짐승과 구별해 주는 핵심 범주 표시이다.[27] 하지만 그것은 단지 우리가 다시 야

27 Hallpike의 "Social Hair"는 일반적으로 긴 털과 털이 많은 것이 구속받지 않는 동물성을 의미한다는 거의 보편적인 상징적 의미를 보여주는 교차 문화적 증거를 모아놓은 것이다.

수성에 빠지는 문제가 아니다. 털이 우리 몸을 덮으면 우리는 약간 불쌍한 동물이 되는 것이다.

우리가 우리의 몸이 출산하고, 성행위를 하고, 분비하고, 배설하고, 곪고, 죽고, 썩는다는 것을 상기시키기 위해서는 동물들의 사례가 필요하지 않다. 동물들이 짝짓기를 한다는 사실은 실은 성행위의 초월성에 대한 우리의 자기기만을 무효화하는 작용을 한다. 하지만 우리는 다른 사소한 것들 때문에 동물들을 탓할 수 있다. 이러한 과정을 우리에게 혐오의 원천으로 만드는 것은 동물들의 몸이 부패하고 배설하고 곪고 죽는다는 것이 아니다. 그것은 우리가 하는 것이기도 하다. 우리를 역겹게 하는 동물들은 동물로서 우리를 역겹게 하는 것이 아니다. 그들이 끈적끈적함, 미끈미끈함, 바글거림 등의 혐오스러운 특징을 갖고 있기 때문이다. 게다가 상위 동물들이 사랑, 질투, 슬픔, 분노, 걱정, 두려움, 기쁨과 같이 우리가 소중히 여기는 많은 감정(과 소중히 여기지 않는 일부 감정), 그리고 용기, 꾸준함, 근면함, 그리고 충성심과 같이 우리가 존경하는 덕목들을 경험한다는 사실은 이러한 열정과 덕목들이 우리에게 가지는 유의성(誘意性)에 영향을 미치지 않는다. 우리가 동물들과 유사하다는 것을 두려워하는 것만큼이나 우리는 우리가 얼마나 나쁘게 동물들에게 부합하는가에 의해서 혐오스러워지는 것 같다. 동물의 배설물은 사람의 배설물만큼 심하게 역겹지 않다는 것 또한 주목하라. 우리는 동물의 배설물에 대해 인간의 배설물만큼 역겹다고 평가하지 않는다. 우리가 거름이나 비료라고 부르는 종류의 일부 동물의 배설물은 거의 역겹지 않다. 우리의 몸과 영혼은 혐오스러운 것의 주요 생성자이다. 동물들이 우리에게 상기시키는 것, 우리에게 혐오를 유발하는 것 — 곤충, 민달팽이, 벌레, 쥐, 박쥐, 도롱뇽, 지네 — 은 질척질척하고, 끈적끈적하고, 찐득찐득하고, 바글거리고, 지저분하고, 기괴한 생명이다. 우리는 그것을 상기하기 위해 그러한 동물들에게 의지할 필요가 없다. 우리에게 필요한 것은 거울뿐이다.[28]

우리 대 그들; 나 대 너 이것들은 완전한 혐오 이론에 결정적인 대립항이다. 우리 대 그들은 우리가 이미 다윈과 원주민의 상호작용에 대한 논의에서 다루었던 것이다. 다양한 상황에서 느끼는 여타 감정들과 마찬가지로, 혐오는 경멸과 함께 차이를 인식하고 유지한다. 혐오는 우리와 그들 그리고 나와 너 사이의 경계를 정의하는 데 기여한다. 혐오는 **우리의** 방식이 **그들의** 방식으로 포섭되는 것을 막는 데 도움이 된다. 욕망과 함께 혐오는 타자의 경계를 회피되거나 거부되거나 공격당하는 무언가로서, 또는 다른 상황에서는 필적되거나 모방되거나 결합되는 무언가로서 위치 짓는다.

그러나 이 문제는 일단 접어두고 제10장에서 오웰과 냄새와 계급을 다룰 때 다시 언급하고자 한다. 또한 나 대 너의 문제를 짧게 말할 텐데, 제6장에서 사랑과 혐오의 관계를 다룰 때 더 충분히 다루겠다. 문화들 사이에서와 마찬가지로 개인들 사이에서도 그렇다고만 말해두자. 혐오는 문화의 경계와 자아의 경계를 표시하는 데 기여한다. 자아의 경계는 몸을 넘어서 관할 구역으로, 곧 침해당하면 **우리에게** 정당한 분노나 혐오를 불러일으킬 수 있는 공간으로 정의될 수 있는, 어빙 고프먼(Erving Goffman)

---

28 Haidt, Rozin, et al. 참조. "우리는 동물들처럼 죽음을 면할 수 없다는 것을 두려워하기 때문에 우리의 동물성을 인정하는 것을 두려워한다." 그 두려움은 혐오를 설명하지 못한다. 우리는 개인들로서 죽음을 두려워할 수 있지만, 혐오는 삶에 대한 조바심에서 비롯된다. 죽음은 사는 것이 그렇게 엉망인 이유의 일부일 뿐이다.

이 말하는 영토 보호 구역(territorial preserve)으로까지 확대될 수 있다.[29] 이 관할 영역의 크기는 문화, 나이, 젠더, 계급 및 지위에 따라 다르다. 일반적으로 한 사람의 지위가 높을수록 그 사람에 대한 공격이 발생할 수 있는 공간은 넓어진다. 이와는 대조적으로, 어떤 사람들의 관할 구역은 그들의 피부를 넘어서지 않을 수 있으며, 심지어 피부를 포함하지 않을 수도 있다. 죄수, 노예, 매춘부, 유아의 경우가 그러하다.

달리 말하면, 비록 혐오가 우리의 몸과 가장 가까운 관할 영역의 침범에 의해 가장 쉽게 촉발될 것이라는 점은 분명하지만, **나**는 나의 피부의 한계에 의해서 정의되는 것만은 아니다. **당신**이 나의 동의 없이 또는 쉽게 알아볼 수 있는 정당화나 변명 없이 나에게 가까이 다가올수록, 당신의 위생을 고려하지 않더라도 당신은 더 두렵고 위험하고 혐오스러워진다. 나는 당신의 위반을 도덕적인 것으로 이해하며, 그것이 정확하게 내 안에 불러일으키는 도덕적 정서에 의해 그렇다는 것을 알고 있다. 전염, 오염, 그리고 혐오의 능력은 당신의 당신됨에 내재되어 있다. 당신이 위험한 이유는 단순히 내가 아닌 당신이기 때문이거나, 당신이기는 하지만 혐오스러운 일을 해서 나를 혐오스럽게 하지 않고 그러한 일을 할 특권을 가진 것으로는 간주되지 않았기 때문이다. 즉, 당신은 아직 사랑받지 못했거나 또는 나의 의사(醫師)이다. 그러나 당신은 나를 역겹게 할 능력을 갖고 있기 때문에 내가 당신보다 우월하다고 느낄 이유는 별로 없다. 왜냐하면 나는 당신이 나를 오염시킬 수 있는 만큼 나도 당신을 오염시킬 수 있다는 것을 알아야 하기 때문이다. 이러한 상호 지식은 특정한 존

---

29   *Relations in Public*에 있는 고프먼의 에세이 "Territories of the Self"를 보라.

경심, 즉 상대방의 영역에 대한 배려와 불가침성의 요구를 발생시켜야 한다.

우리의 영토 관할권을 공격하고 침해할 수 있는 것은 타자만이 아니다. 우리는 우리 자신에게 타자가 될 수 있고, 자아에 대한 침해로 이해되는 다양한 형태의 혐오스러운 행동에 관여할 수 있다. 자기 침해적인 행동의 집합은 다른 사람들에 의해 행해진다면 혐오스럽고 불쾌할 행동의 집합보다는 작다. 나는 다른 사람이 허가받지 않고 했다면 모욕적일 수 있는 방식으로 나 자신을 모욕하지 않고 내 몸의 일부를 만질 수 있다. 그러나 이러한 셀프 터치는 어느 정도 허용되더라도 대개 위생이나 필요성을 구실로 단정하게 수행되어야 한다. 나는 나 자신에게 어떤 것도 그저 허용할 수는 없다. 예를 들어, 자위는 심지어 오늘날 우리의 해방된 기준에 의해서도 여전히 자기 모욕적이다. 그리고 그렇게 남아 있어야 자위는 여전히 즐거운 것일 듯하다. 어떤 사람들은 자기 침범의 전문가로 인정받는다. 정신질환자들과 성인(聖人)들은 종종 기이하게도 자신을 해침으로써 타인에게 경외심을 갖게 하거나 타인의 비위를 건드리는 기술에 영민하다. 식분(食糞)이 이제는 정신이상자에게 특유한 것이라면, 신체 배설물을 먹는 것은 특정 종류의 성인들에 의해 유행된 고행의 실행이었다. 자기 오염(self-befoulment), 자기 절단은 자신을 혐오하려는 욕망과 그런 표현으로 다른 사람들을 혐오하려는 욕망이 복잡하게 뒤섞인 데서 비롯된다. 어떠한 것도 자기혐오뿐만 아니라 자신에 대해 다른 이들도 공유하는 있는 그대로의 견해를 갖는 데 도움을 주지 않는다.[30]

30　고프먼은 세 가지 유형의 자기 침범을 구분한다(같은 글, pp.52~56). 자기 오염은 오염 가능한 자아의 부분들을 오염시키기 위해 자기 몸의 오염물을 사용하는 것이고, 자기 비하는 오

집에서

나의 내부 대 나의 외부 만약 유기물/무기물, 식물/동물 등의 더 포괄적인 대립항들이 우리 인간들을 혐오스러운 것들의 편에 남겨둔다면, 우리는 우리가 속한 계급의 거대한 크기로 우리 스스로를 위로할 수 있을 것이다. 더 좁았던 인간 범주 내에서는 그들/우리, 그리고 너/나를 구분해서 혐오를 다른 인간들에게로 돌림으로써 불가피한 것들을 피할 수 있었다. 우리는 더 이상 거울이나 내면을 보는 것을 회피할 수 없다. 우리는 바로 집에서 우리 자신의 몸과 함께 혐오를 직면해야 한다.

피부를 주시해 보라. 피부는 통속 생리학(folk physiology)에서 우리가 촉각의 위치로 개념화하는 장소인 감각기관으로 등장한다. 이론의 여지는 있지만, 촉각은 혐오스러운 것을 감지하는 데 가장 밀접하게 관여하는 감각이라는 명예를 후각과 나누어 갖고 있다. 우리가 오염물질을 입에 넣을 생각을 하기 훨씬 전에 그 오염물질과 접촉해서 섬뜩한 느낌을 갖게 해주는 것은 바로 피부이다. 피부는 외부로부터 우리를 보호해 주고, 많은 불쾌한 모습과 냄새를 안에 가두어둔다. 피부는 또한 다소 마법적이며, 무거운 상징적 짐을 지고 있다. 피부의 색은 종종 많은 사회 위계에서 초기 지위를 결정하며, 피부는 더 깊은 내면의 자아를 가리는 외피로서 우리 자신은 아니더라도 다른 사람들에게 우리 자신이 혐오스럽

염물의 원천이 다른 사람인 경우이며, 자기 노출은 부적절한 복장, 공개된 슬픔의 과도한 표현, 또는 비행기에서 옆자리의 사람으로부터 종종 참아내야 하는 것과 같은 예의 없는 자기 표출에 의해 다양하게 드러나는 것이다. 처음 두 가지는 항상 다른 사람들의 혐오를 유발하고 실제로 대개 그렇게 의도된다. 세 번째 유형인 자기 노출도 혐오를 유발할 수 있지만 대개 당황에서 멈춘다. 또한 *Humiliation*, pp. 161~165에서 다룬 수치에 대한 나의 논의를 보라.

지 않은 존재라는 환상을 즐길 수 있게 해준다. 피부는 더럽히고 분비하는 우리의 내장들을 가릴 뿐만 아니라, 심장이 고동치는 미끈미끈한 장기가 아닌 사랑과 용기의 장소가 될 수 있다는 환상을 갖게 한다. 어떤 유형의 도덕주의자들은 피부가 이중적으로 음험하다고 생각했다. 즉, 피부는 다른 사람들로 하여금 피상적인 아름다움이 "내면의" 아름다움보다 더 중요하다고 생각하게 함으로써, 그리고 짓궂게도 그 내면이 배설물과 점액에 불과하다는 것을 우리가 보지 못하게 함으로써 우리를 기만한다는 것이었다. 헤라클리투스 이래로 도덕주의자들은 배설물로 가득 채워진 자루로서의 피부의 이미지를 엄청난 열정을 가지고 탐닉했다.[31] 특히 젊은 여성들의 피부는 아름다움의 일등공신이라고 여겨졌고, 피부의 노출은 항상 에로틱하고 관능적인 것을 자아냈다. 그러나 피부의 연약하고 일시적인 매력은 피부를 혐오스러운 것의 최악의 형태가 자리하는 장소로 만들었다. 사실 대부분의 추하고 괴물스러운 실체를 이루는 것이 바로 피부의 손상이다.

　피부가 내부의 혐오스러운 물질을 덮었다 하더라도, 곪은 내부가 표면으로 분출되어 피부를 더럽히면서 그 위에 적나라하게 나타날 수 있다. 특히 괴상한 방식으로 피부를 공격하는 질병은 종종 내면의 도덕적 상태에 대한 비유로 이해된다. 따라서 한센병과 매독은 (오늘날의 에이즈

31　피부가 배설물로 가득 찬 자루에 불과하다는 이미지는 르네상스를 거치면서 도덕적인 저작들에서 흔히 볼 수 있었으며, 심한 욕설을 해본 사람이라면 누구나 확인할 수 있듯이 여전히 존속하고 있다. 그래서 토머스 내시(Thomas Nashe)는 "너는 이 저주받은 상태에서, 욕정의 배설관이로다"라고 말한다(*Christs Teares over Jerusalem* [1593] 77v). Bynum, *Resurrection of the Body*, p.61을 보라. Gerald of Wales, *Gemma Ecclesiastica*, II, iv를 보라. 제럴드에 따르면, 알렉산더 대왕은 디오니소스에게 세 가지 질문을 했다고 한다. "나는 무엇이었고, 무엇이며, 무엇이 될 것인가?" 대답은 "지독한 쓰레기였고, 똥자루이며, 벌레의 먹잇감이 될 것이다"였다.

처럼) 도덕적 고통과 죄의 대가로 여겨졌다. 피부는 또한 땀과 기름을 분비하는 분비선을 덮고 있다. 그러나 몸이 생성하는 모든 오염물질 중 가장 많이 오염시키는 물질(최소한 성적이지 않은 물질)은 피부의 파손과 관련이 있다. 왜냐하면 피부는 화농이 생기는 곳이기 때문이다. 중세의 삶의 일상적인 특징이었고 한센병 환자들과 매독 환자들의 천한 지위를 규정하는 데 기여했던 고름, 고름 흐르는 종기, 피부 병변은 서구에서는 아주 최근에 와서야 보기 드문 광경이 되었는데, 이제는 한센병자 수용소(lazar houses)에 국한되는 것이 아니라 사춘기 무렵의 힘든 몇 년 정도에 한정되게 되었다.

피부는 우리가 너무 많은 의미를 부여하기 때문에 위험하다. 우리는 얼마나 많은 피부가 누구에 의해서 누구에게, 언제 그리고 어디에서 보일 수 있는지를 복잡한 규칙의 망 아래에서 제약한다. 피부는 (맥락에 따라) 나체 노출 가능성의 징후를 보이거나 약속한다. 중세와 르네상스 시대에는, 그리고 오늘날에도 여전히 가지각색으로 피부가 너무 많이 노출되거나, 너무 털이 많거나, 너무 늙거나, 또는 너무 남성적일 경우 야생적이고 야만적인 것과 광기 어린 것의 무서운 이미지와 리어의 상상에서 "불쌍한 알몸의 두발짐승"인 한심한 "문명을 떨쳐버린 인간"의 이미지에 대한 혐오를 낳았다.

피부는 또한 욕망을 자극하지만, 대개는 가려지고 금지되는 기능으로서 욕망을 자극한다. 우리는 해변과 같이 용인되는 상황이 아니거나 유아기와 초기 어린 시절처럼 특권적 지위가 예외를 두지 않는 한, 손과 얼굴을 제외한 대부분의 피부를 가려야 한다는 일반적인 규칙을 가짐으로써 피부의 위험성을 증명한다. 피부의 억압은 옷 입힘을 의미하며, 그것은 우리를 야만과 야수로부터 구별하는, 그리고 계급과 지위, 젠더와 나이에 따라 서로로부터 구별하는 상징을 부과한다. 옷이 없다면 남자와 여자는 문화적 질서에 적응되지 않은 부적합하고 위치 지을 수 없는 존재이다. 또한 사람도 아니고 진정 야수도 아니며, 그렇게 바람직한 존재도 아니다. 의복은 여전히 남자와 여자를 표현하지만, 서구에서 75년 전만 해도 절대적인 방식은 아니었다. 더 오래된 질서 속에서, 옷의 틈새를 통해 식별할 수 있는 피부의 양은 심각한 도덕적 문제를 야기했다. 노출을 측정하는 눈금은 특별히 남자의 피부보다 더 강력하게 위험했던 여성에게 매우 정교하게 다듬어져 있었다. 여성의 피부는 다른 사람들의 도덕을 위태롭게 했고, 피부를 드러내는 것은 육체적 순결에서는 아닐지라도 겸손과 예절에서 방종을 의미했다.

피부는 손바닥과 발바닥을 제외하고는 털을 의미한다.[32] 피부와 마찬가지로 털도 의미에 의해 과잉결정된다.[33] 머리와 얼굴의 털은 질감, 길이, 색깔, 자르기 스타일에 따라 의미를 가지고 있다. 문화는 종종 여성의 머리카락이 묶여 있는지 풀려 있는지,[34] 그리고 남성들의 경우에는 아예 자를 수 있는 머리카락이 있는지에 큰 의미를 부여한다. 털은 성별, 인종, 나이의 속성을 가지고 있다. 남성 얼굴의 털, 음부의 털, 그리고 남성 여성 모두 겨드랑이의 털은 종종 성년으로 이행하는 법적 표지로 나

---

32 체모는 전체 인간종에 보편적이지 않다. 체모는 인종별로 상당한 차이를 보인다.
33 Bartlett, "Symbolic Meanings of Hair in the Middle Ages"; Hallpike, "Social Hair"; 그리고 Leach, "Magical Hair"를 보라.
34 중세에는 여성의 경우 푼 머리는 미혼 상태를 나타냈고, 묶은 머리는 결혼의 결속을 의미했다. 푼 머리는 또한 슬픔을 나타낼 수도 있었다. 우리들 가운데 묶은 머리 대 푼 머리의 중요성은 비공식적으로 코드화되는데, 그렇더라도 그것은 전근대적 의미에서 유래되었다는 분명한 흔적을 품고 있는 방식으로 코드화되어 있다. 적의 머리카락과 수염을 자르는 수치의 의례는 삼손에서부터 메로빙 왕조의 골(Merovingian Gaul), 미국의 서부에 이르기까지 여러 문화에 걸쳐 널리 행해져 왔다.

타난다.[35] 머리카락은 젠더와 성적인 것으로부터 거의 분리될 수 없으며, 적어도 서구에서는 항상 에로틱한 의미로 가득 차 있었다. 수염은 남성의 정력에 대한 무언가를 의미했고, 여성의 머리카락은 다리, 피부, 발보다 더 일관되게 에로틱한 것의 주요 표시 중 하나로 숭배되었다.[36] 정수리에 난 털이나 (남성의 경우) 얼굴에 난 털은 한 사람의 아름다움을 판단하는 데 중요하다. 특히 여성의 경우 더욱 그러하다. 여성이 땋아서 길게 늘어뜨린 머리를 하고 있다고 할 때, 말하는 사람은 그녀의 매력에 대한 판단에 무언가 덧붙일 필요가 없다. 땋은 머리라는 그 낱말은 분명히 젠더화되어 있으며 그리 미묘하지는 않은 에로틱한 에너지를 갖고 있다. (땋은 머리가 낳는 에로티시즘과 남자를 대머리로 또는 설상가상으로 머리가 벗겨지고 있는 것으로 묘사하는 에로스 소멸 효과를 비교해 보라.)

혐오와 털의 관계는 혐오와 피부의 관계보다 훨씬 더 복잡할 수 있다. 털은 피부처럼 강력한 아름다움의 요소이므로 훼손의 혐오에 취약하다. 그러나 털은 다른 것에 의해 더럽혀질 필요가 없다. 털은 스스로 잘 더럽힌다. 털은 어두운 곳, 곧 자신과 접촉하는 어떤 것이든 오염시키는 장소에서 자라는 기이한 습관을 가지고 있어서, 겸손과 예의의 규칙을 따르지 않는 듯하다. 부모의 음모를 언뜻 본 어린아이들은 혐오를 갖게 된다. 음모는 사춘기 및 그 이전의 청소년들에게는 불편한 것이다. 그들은 털은 머리 위에 있어야 한다고 생각하는 것 같다. 자연이 털을 아래에 나게

---

35 Bartlett, p.44에 인용된 *Sachsenspiegel*, *Landrecht*, I.xlii.
36 프로이트는 다음과 같이 믿었다. 머리카락과 발의 절편음란증은 "냄새를 맡는 데서 억압으로 인해 소멸된 분변기호증적 즐거움의 중요성을 보여준 것이다. 발과 머리칼은 모두 후각적인 느낌이 불쾌해져서 버려진 뒤, 성적인 감정을 불러일으키는 것들로 승화된 강한 냄새를 지닌 물건들이다." *Three Essays* I, p.155 n3[『성욕에 관한 세 편의 에세이』 I, 45쪽 각주 30].

하거나 남자들의 가슴과 등에 나게 했을 때 자연은 모든 것을 엉망으로 만들어버린 것이었다.[37] 그리고 그러한 견해들은 어린 시절과 함께 사라지지 않는다. 자신이 잘 알지 못했던 여성들이 자신이 잘 알고 있는 음모가 없는 그리스의 여성상처럼 우아하지 않았다는 발견은 존 러스킨(John Ruskin)*을 혐오로 가득 채웠고, 그는 첫날밤을 치르지 못했다. 이후로 러스킨은 영원히 사춘기 이전의 소녀들에게만 자신의 (순수한) 관심을 집중했다.[38]

털이 나기 시작했던 곳에만 머물러 있지 않다는 것은 털이 순수에 대한 우리의 관념과 문제적인 관계에 있다는 것을 의미한다. 털은 일반적으로 깨끗할 때에만 순수하며, 두피 너머의 영역을 침범하기 전에만 순수하다. 일단 다른 지역들을 식민화하기 시작하면, 털은 유혹적이거나 불쾌하기 때문에 어디에서나 위험의 원천이 된다. 음모의 주제에 대해 품위 있기란 아마도 불가능할 것이다. 이 영역에서 음모는 배설물이나 다른 신체적인 배출물보다 훨씬 더 오염되어 있다. 과학적 완곡어법이라는 무미건조한 언어는 음모에 대해 속수무책이며, 생각만으로도 오염되는 음모의 힘을 막을 수 없다. 미국인들이 클래런스 토머스(Clarence Thomas)의 대법관 인준에 대해 가장 잘 기억하는 것은 무엇인가? 코카콜라 캔 위에 있는 음모는 우리의 의식과 토머스 판사 자신에게 영원히 오

---

37 파르메니데스는 소크라테스와의 대화에서 머리카락을 진흙과 먼지처럼 하찮고 무가치한 것으로 여긴다. *Parmenides* 130c-d. 소크라테스는 머리카락, 진흙, 먼지가 형상을 가질 수 있다는 것을 부정한다. "그런 것들은 우리가 보는 그대로이며, 그런 것들의 형상이 있다고 생각하는 것은 매우 불합리하겠지요."

* 빅토리아 시대 영국의 예술 평론가, 화가, 작가, 사회사상가로, 예술을 비롯해 문학, 자연과학, 정치학, 경제학, 사회학 등 다방면에서 뛰어난 재능을 펼쳤다._옮긴이

38 Phyllis Rose, *Parallel Lives*, pp.54~56을 보라.

염되고 하찮은 것으로 낙인찍혀 있다.*

　털이 가진 문제는 단지 성적 욕망과 섞여 있다거나, 코와 귀처럼 흉물스러운 곳에서 자라기 때문에 오염이 된다거나, 점의 한가운데에서 자란다거나 하는 것뿐만이 아니다. 털은 또한 겨드랑이와 사타구니에서 땀이 가장 많이 나는 부위를 나타낸다. 하지만 일반적으로 입에 털이 있거나 음식에서 긴 머리털을 발견하는 것이 어떤 의미일지 생각해 보라. 털이 길다는 것이 사타구니에서 나온 것이 아니라 머리에서 온 것이라는 것을 증명해 주지만, 일단 음식이나 입에 들어가면 혐오를 일으키는 힘을 조금도 감소시키지 않는 것 같다. 깨끗한 머리털, 즉 정수리의 머리털도 함께 모여 있기 때문에, 그리고 "머리"의 털이 됨의 결과이기 때문에 깨끗함을 지닌다. 머리카락 하나를 뽑아내면 그 한 가닥의 머리카락은 마치 한 뭉치가 오염시키는 만큼 오염시킨다. 여기서 머리카락은 떼 지어 몰려다니는 동물들의 혐오에 역행한다. 그러한 동물들의 경우에 하나의 개체는 참을 만하거나 심지어는 귀여울 수도 있지만 하나의 군집은 문자 그대로 역병과 공포와 혐오를 나타낸다.

　내 아이들이 아주 어릴 적에 혐오의 얼굴 표정 중 일부, 즉 코 찡그림, 혀 돌출, 떨림, 침 뱉기 등을 보인 것은 생후 4개월쯤 되었을 때 입 안에 털이 들어갔기 때문이었다.[39] 머리털의 느낌은 대변 냄새보다 훨씬 전에

---

* 클래런스 토머스는 조지 부시 대통령 당시 최초의 흑인 대법관이었던 서굿 마셜(Thurgood Marshall)을 잇기 위해 임명된 또 다른 흑인 대법관 후보자였다. 1991년 10월 11일 대법관 후보자에 대한 청문회에 오클라호마 대학교 법대 교수로 재직하던 아니타 힐이 증인으로 출석해 토머스 판사의 과거 성추행에 대해 증언했다. 콜라 캔 위의 음모는 이 청문회에서 질문과 증언에 등장했다. 아니타 힐은 토머스 판사가 누가 자신의 콜라 캔 위에 음모를 떨어뜨렸냐고 물었다는 사실을 증언했고, 해치 상원의원은 이 사실을 토머스 판사에게 질문했다._옮긴이

39 다윈은 여러 가지 사례에서 얼굴 표정에 대해 논의하면서 어린아이들의 행동을 언급한다.

혐오 표현을 자아낸다. 배설물이 아닌 털이 어떤 수준에서는 보편적인 혐오 물질일 수 있는가? 2세 미만의 아이들이 어떤 것을 자신의 입에 넣지 않을지 확인하는 한 실험에서는 62%가 땅콩버터와 냄새나는 치즈로 진짜처럼 만들어진 모조 개 배설물을 먹었다. 58%는 말린 작은 생선을 통째로 먹었고, 31%는 살균된 메뚜기 한 마리를 먹었지만, 겨우 8%만이 머리카락 한 묶음을 참아냈다.[40] 이것은 두 살 이전에 성장이 가장 느린 아이들을 제외한 거의 모든 사람은 머리카락이 음식이 아니라는 것을 알고 있다는 것, 즉 아이들이 그러한 추정에 나타나는 혐오 없이도 알 수 있었던 무언가가 아니라는 것을 알고 있다는 것 외에 많은 것을 보여주지는 않는다. 하지만 그 아이들은 그 정보를 어떻게 얻었으며 메뚜기와 개 배설물에 관한 정보는 어째서 획득하지 못했는가? 내가 추정하기로는, 내 아이들과 마찬가지로, 그 아이들은 이전의 경험을 통해 입 안에서 머리카락을 느끼는 것이 불쾌하다는 것을 알 것이다. 그리고 전염과 오염에 대한 관념을 갖게 되면 그 감각이 혐오도 불러일으킬 것이다. 그러나 문제는 맛이 아니라 촉감이다. 우리가 촉감이 좁게 인식되는 맛의 측면은 아니지만 좋은 맛을 느끼는 데 중요한 측면이라는 것을 인정할지라도 말이다.

피부와 머리의 아름다움은 장소의 가치에 달려 있다. 그 아름다움은 또한 부정확한 시각에 의존한다. 매력적이었던 것도 너무 가까이 들여다보면 혐오스럽고 끔찍한 것이 된다. 그래서 프루프록(Prufrock)은 이렇

그는 그 아이들 가운데 생후 5개월인 아이가 입에 체리 조각에 넣어주자 전형적인 혐오 표현을 했다고 말한다. 아기는 혀를 내밀고 벌벌 떨었지만 다윈은 그 아이가 정말 역겨움을 느꼈는지 의심했다.

40   Rozin, Hammer, et al., "The Child's Conception of Food."

게 말한다.

> 그리고 나는 그 팔들을 이미 알고 있다, 모두 알고 있다 —
> 팔찌를 끼고 하얗게 맨살 드러낸 그 팔들
> 하지만 램프 불빛 아래서는, 갈색 솜털로 덮여 있는![41]

걸리버는 릴리풋인(Lilliputian)의 피부가 놀랄 정도로 희다는 것을 발
견했으나, 유모가 아기에게 젖을 먹이는 것을 관찰했던 브로브딩나그
(Brobdingnag)에서는 다른 견해를 제공한다.

> 이제 와 고백하자면 그 유모의 거대한 젖가슴보다 더 구역질나는 물건
> 을 여태껏 본 적이 없었다. 궁금해 할 독자들에게 그 젖가슴의 크기와 모
> 양과 색깔에 대해 어느 정도 설명하려면 그것과 비교할 만한 무언가가 있
> 어야 하는데 도무지 그런 것을 찾아낼 수 없어서 아쉽다. 그것은 가슴에서
> 180센티미터 솟아올랐고, 둘레는 거의 5미터나 되었으며, 젖꼭지의 크기
> 는 내 머리통의 절반 정도였다. 젖가슴과 젖꼭지는 수많은 반점, 뾰루지,
> 주근깨로 지저분했고 빛깔도 얼룩덜룩해서 세상에서 그보다 더 구역질을
> 일으키는 것이 없을 정도였다. … 그때 나는 영국 귀부인들의 흰 살결을
> 떠올렸다. 귀부인들의 피부가 우리 눈에 아름답게 보이는 것은 그들이 우
> 리와 같은 크기의 인간이어서 추한 부분이 눈에 보이지 않기 때문일 것이
> 다. 만약 현미경을 통해서 그 아름다운 살결을 본다면 가장 매끄럽고 흰
> 피부도 거칠고 지저분할 것이며 색깔도 얼룩덜룩하게 보일 것이다. 릴리

---

41   T. S. Eliot, "The Love Song of J. Alfred Prufrock."

풋에 있을 때, 그 작은 사람들의 살결이 내 눈에는 이 세상에서 가장 희고 곱게 보였던 것이 생각난다. (『걸리버 여행기(Gulliver's Travels)』, 제2부 제1장)

나중에 그렇게 하찮은 존재 앞에서 옷 입는 것에 부끄러움을 보이지 않았던 브로브딩나그 궁정의 시녀들 사이에서, 걸리버는 자신을 "공포 와 혐오"에 사로잡히게 한 광경을 목격했다.

　가까이 본 그녀들의 피부는 거칠고 울퉁불퉁했으며, 쟁반만 한 크기의 점들이 여러 개 있고 그 위에는 노끈보다도 더 굵은 털들이 뻗어 나와 있었 다. 피부 이외의 다른 부분에 대해서는 더 이상 설명하지 않겠다. (제5장)

스위프트는 있는 그대로를 훨씬 더 잘 보여주는 현미경의 능력과 현미 경이 피부에 대해 드러내 보이는 것을 예견한다. 백과사전으로의 여행 은 우리에게 벌레나 끈적이는 분비물, 피지선, 털줄기, 피하 지방 조직, 분화구 같은 땀샘의 삽화들을 보여준다. 확대된 단면들은 브로브딩나그 인의 비례적 크기가 걸리버에게 보였던 것과 같은 효과를 우리에게 준 다. 스위프트는 하얀 피부의 아름다움에 대한 환상에서 깨어나기 위해 그런 도움이 필요하지 않았고, 프루프록에게는 램프 불빛만으로 충분했 다.[42] 대형 스크린 영화가 환상을 창조하고 환상을 지속시키는 강력한

42　섹스에 대한 혐오와 그에 따른 깊은 여성 혐오는 스위프트와 엘리엇의 시각에 약간의 도움 이상을 주었다는 것을 언급해야겠다. 스위프트는 이 문제들을 다루면서 엘리엇보다 더 정 직하고 용기 있게 여성에게 멈추지 않고 똑같은 민감한 시선(과 코)을 전 인류에게 돌린다. 걸리버는 릴리풋인들이 자신들의 피부에 혐오를 느꼈다고 회상한다(11.1). 문명화 과정이

형식인 이유 중 하나는 우리에게 릴리풋인들의 피부결을 가진 브로브딩나그인들을 볼 수 있게 해준다는 것이다. 영사(影射)의 확대는 현미경의 확대와 크게 대조를 이룬다. 왜냐하면 영사는 모공, 모낭, 점, 털, 그리고 반점을 더 눈에 잘 띄게 만들지 않으면서 마법처럼 확대하기 때문이다. 피부와 두피의 털은 윤기 있고 깨끗하고 매혹적인 상태를 유지한다. 우리가 영화 스타들을 사랑하는 것은 당연하다.

남성의 털보다 여성의 털이 더 매혹적이라는 사실에 직접적으로 비례해서 남성의 털보다 여성의 털이 더 불결하게 여겨진다는 것은 너무나 명백해서 이제는 거의 언급할 필요가 없다. 털은 단순히 남성보다 여성에게 더 성적으로 긍정적이거나 부정적으로 충전되어 있다. 남성은 팔과 가슴에 털이 많을 수 있고 털이 과도하지 않은 한 털이 있는 것이 더 매력적이라고 생각될 수도 있지만, 램프 불빛에서 식별 가능한 밝은 갈색 털은 프루프록을 불안하게 하기에 충분했다. 미국인들은 여성에게 털이 많은 것을 특히 강박적으로 거부한다. 따라서 다리, 윗입술, 가슴, 겨드랑이의 털을 제거하며, 이제는 수영복을 입으면 지난 10년간 그랬던 방식으로 치골부의 털을 깎는다.[43] 반면에 남성은 훨씬 더 많은 자유를 누린다. 남성은 등과 팔 뒤에 털이 날 때 또는 가슴 털이 적절한 수준을 초과해서 셔츠 칼라 밖 목 위로 삐져나오거나 코와 귀 밖으로 나올 때

그렇게까지 진행되기 전에 과연 스위프트의 민감성이 가능했을지 궁금해 할 수 있다. 몽테뉴(Montaigne)는 황제 막시밀리안 1세(통치 기간 1493~1519년)가 정신없는 정도까지는 아니지만 자신의 용모에 대해 까다로웠다고 전한다. "우리들의 감정은 세상 너머에까지 이른다." *Essays II.*

43 오비디우스는 여성이 털이 많은 것에 대해 못지않게 까다로웠던 것으로 보였다. 그는 여성들에게 이렇게 충고했다. "나는 하마터면 너희들에게 암내를 없애고 뻣뻣한 털을 방치해서 종아리를 보기 흉하게 만들지 말라고 주의를 줄 뻔했다." *The Art of Love,* 3.193~195.

에만 혐오를 유발하는 경향이 있다.[44]

나는 (오염을 덜 시키는) 나의 외부와 (오염을 더 시키는) 나의 내부를 대조시킬 의도로 이 절을 시작했지만, 그 대신에 외부의 표면이 얼마나 다양하게 혐오를 유발하고 매혹하고 오염시키는 능력을 갖고 있는지 보여주었다. 신체 외부의 모든 부분이 동등한 도덕적 또는 의례적 가치를 가지는 것은 아니다. 성기와 같이 어떤 부분은 쉽게 오염되고 오염시킨다. 어깨나 팔꿈치와 같은 다른 부분은 오염시키거나 오염될 힘을 거의 갖고 있지 않다. 따라서 후자는 손의 사용이 유발할 수 있는 혐오의 위험을 무릅쓰지 않고 엘리베이터와 지하철에서 접촉을 하고 접촉을 견딜 수 있게 하는 길의 공간격자(spacers)와 공간 확보 장치(clearers)로 기능할 수 있다.[45] 이와는 대조적으로, 성기는 매우 특별하게 협의된 조건에서만 만지거나 만져질 수 있다. 성기는 바로 공간격자가 보호해야 하는 바로 그것이다. 우리의 일부분이 다른 부분을 보호하는 역할을 하지 못한다면 우리는 사회나 우리 자신을 거의 견딜 수 없을 것이다.

우리 내부에도 다양성이 없는 것은 아니다. 물론 내부는 끈적끈적한 것, 줄줄 흐르는 것, 질척질척한 것, 냄새나는 것으로 뒤범벅되어 있기 때문에 오염시킨다.[46] 금욕적인 전통은 내부 전체를 구별되지 않은 배설물 덩어리로 취급해서, 배설물을 내부에 있는 모든 것의 적절한 상징으

---

44 오비디우스는 여성에게 다리와 겨드랑이 털을 깎으라고 충고했듯이 남성에게는 코털이 보이지 않게 하라고 조언했다. *The Art of Love*, 1, 521. 그러나 남성이 다리의 털을 제거하는 것은 그가 생각하기에 과도한 것이었다(1, 506).

45 이 통찰은 고프먼의 것이다. *Relations in Public*, p. 49를 보라.

46 내 아들 루이는 네 살 때 목욕하는 동안 사람의 내부는 씻을 수 없기 때문에 매우 더럽다는 것을 관찰하게 해주었다. 비우호적인 독자는 아버지를 꼭 닮은 아들을 발견할 수 있을지도 모른다.

로 삼았다. 하지만 내부는 또한 동일한 전통이 영혼과 인격과 미덕을 위치시킨 곳이기도 하다. 그곳은 고동치는 심장 근육의 살이 은유적인 용기의 자리가 되는 곳이며, 두뇌의 주름이 정신과 사고의 자리가 되는 곳이다. 내부는 물질적으로는 역겹지만 거짓된 겉모습으로 우리를 유혹하지 않기에 어쨌든 정직하다. 오직 외부만이 위선자 노릇을 할 수 있다. 내부는 봉인되었을 때 우리에게 비물질적인 것, 영적인 것, 기질적인 것의 자리를 제공한다. 그것은 "깊이"의 긍정적인 가치와 관련된 은유와 이미지가 펼쳐지는 공간이다. 반면에 아름다운 표면은 얕음과 피상성을 지닌 이미지의 고향이다.[47]

몸이 칼로 잘라져서 갈라지거나 몸에 총알이 관통했을 때 생기는 혐오는 단순히 쏟아지는 오물과 함수관계를 지니는 것이 아니라 우선적으로 몸을 감싼 봉인의 온전성을 파괴한 부적절성과 함수관계를 지닌다. 하지만 몸의 봉인은 이미 여러 구멍에서 깨져 있으며, 이 구멍들은 분명 불투명과 무질서의 위험을 지닌 곳이기 때문에 내부와 외부 사이의 대립이 누르는 대부분의 무게를 견뎌야 한다. 그 구멍들은 오염물질을 안으로 들어오게 하여 영혼을 오염시킬 수 있게 하는 구멍이고, 우리 자신과 다른 사람들을 더럽힐 수 있는 물질들이 통과하는 통로이다.

이 구멍들 중 일부 ─ 예를 들어, 눈, 귀, 코, 입 ─ 는 또한 감각 지각의 수신 장소이다. 감각은 ─ 어떤 감각은 다른 감각보다 더욱 그러한데 ─ 혐오의 현상학에 결정적이다. 그리고 바로 촉각, 후각, 그리고 다른 감각의 관용

---

47 진리가 베일이나 어두운 유리에 의해 가려지는 흔한 테마는 낙관론자로 하여금 베일 뒤에 아름다움이 있을 것이라고 의심하게 할 것이며, 비관론자로 하여금 배설물이 있을 것이라고 의심하게 할 것이다. 깨끗한 도시가 감추고 있는 진실이었던 하수구를 다루는 빅토르 위고의 소설 『레미제라블』을 예로 들 수 있다.

어들 속에서 혐오스러운 것의 많은 특성이 발전되고 개념화되었다. 예를 들어, 촉촉한/마른, 점성의/유동성의, 끈끈한/들러붙지 않는, 질척질척한/견고한 등의 대립이 인식되는 것은 바로 촉감의 맥락에서이다. 따라서 우리는 개별 감각이 혐오의 구성에서 수행하는 역할에 대한 논의를 마칠 때까지 위험과 취약점의 구체적인 지점으로서의 구멍들에 대한 논의를 연기할 것이다.

제4장

감각들

다윈 이후, 우리가 이미 관찰한 바와 같이, 혐오에 대한 비프로이트주의 문헌들은 원래부터 그리고 기능적으로 미각과 연결된 정서로서의 혐오에 초점을 맞추어 왔다. 나는 이 초점을 영어 낱말 disgust(혐오)의 어원으로 인한 의도하지 않은 효과 때문이라고 생각해 왔다. 그러나 우리가 혐오를 유발하는 것과 연관 짓는 경향이 있는 특성들을 나열하면, 우리는 미각의 특성이 후각이나 촉각의 특성보다 더 두드러지게 나타나지는 않는다는 것을 알게 된다.

촉각

농도와 느낌이 지닌 특성은 우리가 사용하는 대부분의 혐오 어휘를 제공한다. 그래서 질척질척한 대 단단한, 촉촉한 대 마른, 끈끈한 대 끈끈하지 않은, 들러붙는 대 비고착적인, 두툴두툴한 대 매끄러운, 끈적이는 대 자유로이 흐르는, 꿈틀거리며 기어가는 대 정지한 등의 대립항이 있다. 기름진, 흐릿한, 굳어진, 끈적거리는, 점액질의, 불결한 등과 같이 반대항의 특성이 부재하기 때문에 쉽게 짝을 이루는 대립항이 없는 특정한 특성을 추가해 보라. 이 모든 특성은 특별히 언급할 만한 가치가 있다. 우선, 건조한 것, 자유롭게 흐르는 것, 딱딱할 때보다 습기가 있는 것, 끈 끈한 것, 휘기 쉬운 것에서 혐오스러운 감각을 묘사하는 단어들을 생각해 내는 것이 더 쉽다. 혐오스럽게 두툴두툴하거나 딱딱한 것에 비해, 혐오스럽게 질질 흐르는 것, 거름 같은 것, 들러붙는 것, 끈적끈적한 것, 축축한 것, 끈끈한 것, 덜 마른 것, 눅눅한 것, 질척질척한 것, 또는 흐릿한 것이 수십 배나 더 많다. 두툴두툴하거나 딱딱한 것조차도 그 혐오스러움은 그것들이 끈적거리는 물질의 응고로부터 형성되었다는 사실에서 비롯된다. 이러한 일관성을 묘사하는, 즉 주로 내가 이전에 생명 수프라고 불렀던 것을 특징짓는 것들을 묘사하는 비경멸적인 용어를 찾기가 얼마나 어려운지에 주목하라. 무거운 도덕적·미적 짐을 진 용어를 사용하지 않고서 어떻게 끈적끈적한 것에 이름을 붙이고 스르르 기어가는 것들을 나타낼 수 있겠는가?

점액과 미끄러운 부드러움 및 유사한 점착성을 공유하는 기름의 경우를 생각해 보자. 기름은 점액질만큼 끈적끈적하다. 기름은 투명하며 사물을 빛나게 하는 능력이 있어서 의례적 순수성의 삶을 이끄는 역량을 가지고 있다. 올리브유로 왕들과 호머의 영웅들에게 기름 부었을 때 또는 축복했을 때 기름은 도유(塗油) 성례에 기여했다. 이 역할에서 기름은 단지 깨끗함을 의미할 뿐만 아니라 깨끗하게 하는 것이었다. 하지만 기름은 곧 덜 숭고한 삶을 갖게 된다.[1] 물질세계에서는 애초에 역겹지 않았던 것이 도덕의 세계에서 획득한 의미에 의해 오염되었다. 윤활유로서 유용하게 수행했던 동일한 능력들, 미끄러움, 부드러움, 그리고 접착하는 특징이 도덕적 특성에 적용되면 입이 가벼운, 번지르르한, 간살부리는, 알랑거리는 등 특히 비열한 성격을 묘사하는 데 사용된다. 기름이 끈적끈적한 것으로 전락하는 것은 바로 도덕의 세계에서이며, 일단 도덕적으로 오염되면 기름은 물질의 세계에서 자연 그대로의 특성을 상실한다.[2] 기름은 또한 종교적 가식이 되었다. 인간의 아첨하고 위선적인 능력으로 인해 도유식은 번지르르하고 역겨운 것이 되었다.

촉각적 혐오에 적용되는 어법은 우리가 혐오를 개념화하는 방식에 대한 특정한 가정과 경향을 드러낸다. 그것은 내가 이 절의 초반에 언급한 대립항들에 의해 포착된다. 비록 우리가 낱말들 자체에 수반하는 나쁜 연관성에 대해 무시한다고 해도, 우리는 여전히 끈적끈적한 것, 달라붙는 것, 미끈미끈한 것, 꿈틀거리는 것, 기름진 것, 또는 찐득찐득한 것이 그러한 특징이 없는 것들보다 혐오를 불러일으킬 가능성이 더 높다는 분명한 감각을 가지고 있다. 다시 말해서, 나는 혐오의 범주가 다르게 형성될 수 없다고 말하는 것이 아니라 단지 그 범주가 어떤 경향성과 가능성을 나타낸다고 말하는 것이다. 아마도 오래전부터 쌀 농부들은 가축 분뇨에, 장어 어부들은 점액질의 미끈미끈함에, 간호사와 의사들은 악취나고 부패한 시체에 익숙해져 있을 것이다. 그리고 우리는 가능성과 가

---

1   『일리아드』의 번역판에서 알렉산더 포프는 헤라가 목욕하고 기름을 바르는 장면을 묘사하기 위해 각주를 달아야 할 필요를 느꼈다(14.185ff). "향유를 몸에 바르는 헤라의 습관은 근대의 의상 예술에서는 전적으로 폐기되었지만 고대 화장법에서는 두드러진 부분이었다. 그것은 근대 여성의 매력을 해칠 수도 있지만, 그렇게 인위적으로 바르는 여성은 이 관행이 별 문제없이 청결함과 조화를 이룰 수 있다는 것을 고려해야 한다."

2   사르트르 참조. "'끈적거림'과 어떤 종류의 개인의 끈적끈적한 '불쾌감' 사이에 하나의 상징적인 관계를 의식적으로 분명하게 세우기 위해서는, 우리는 이미 끈적거림 속에서 불쾌감을, 어떤 종류의 불쾌감 속에서 끈적거림을 파악하고 있지 않으면 안 될 것이다." *Being and Nothingness*, p.771[『존재와 무』, 976쪽].

정을 다루고 있기 때문에, 이러한 가정들은 맥락과 맥락이 생성하는 기대의 종류에 의해 무력화될 수 있다. 촉촉해야 하는 것은 건조함에 의해 역겨울 수 있고, 유연해야 하는 것은 단단함에 의해 역겨울 수 있으며, 걸쭉하거나 찐득찐득해야 하는 것은 물기 많음(watery)에 의해 역겨울 수 있다. 물기 많은이라는 바로 그 말은 깨끗한, 유동적인, 맑은, 또는 투명한과 같은 개념의 경멸적인 표현이다.

그러나 그러한 가정들은 존재하며, 그 가정들이 오로지 문화에서 비롯된 것인지 아니면 문화적 선택을 제약하는 작용만 하는지에 대해서는 의구심이 남는다. 제1장에서 언급했듯이, 나는 미끈미끈함을 혐오스러운 것으로 만들기보다 혐오스럽지 않은 것으로 만들기 위해 더 많은 문화적인 작업이 필요하다고 생각한다.[3] 우리는 촉각적 혐오의 두 범주를 구별할 수 있다. 첫 번째 범주는 기대에 부응하지 못함으로써 혐오를 유발하는 것들이다. 파충류의 피부처럼 느껴지는 인간 피부의 혐오스러움이나, 마찬가지로 인간 피부처럼 느껴지는 파충류의 피부가 그런 것들이다. 두 번째 범주에서 혐오는 사랑이나 익숙함이 방지하지 않는 한 예상한 그대로 느껴진다. 그것은 끈적끈적한 것, 줄줄 흐르는 것, 들러붙는 것, 질척질척한 것, 꿈틀거리는 것, 미끈미끈한 것의 영역이다. 무엇이 이러한 특징들에 혐오스러움을 자아내는가? 더글러스의 구조주의는 비환원론적 해답을 주지 않는다.[4] 약간의 창의력을 가지고 각 문화에 대한

---

3   낮은 것을 높은 것보다 더 낮게 만들고 아래에 있는 것을 위에 있는 것보다 더 낮게 만들기 위해 이루어져야 할 문화적 작업의 양도 상상해 보라. Shweder, "Menstrual Pollution," pp. 253, 261을 보라.
4   더글러스는 점착성은 고체도 아니고 액체도 아니기 때문에 이례적이라고 주장한다(38[72]). 더글러스의 설명은 이상하게도 동기부여가 없다고 말해야겠다. 혐오가 거의 나타나지 않는다. 혐오는 모두 차가운 구조와 그 구조의 결과이다. 개인 행위자들의 내면 상태는 그녀의

해답을 제공할 수 있지만, 그렇게 많은 다른 문화가 점액과 분비물, 배설물과 생리혈이 등식의 오염 쪽에 있는 것과 일치해서 수렴하는 경향이 있다는 것은 여전히 설명하지 못한다.

혐오 자체가 문화적 질서에 부과하는 질서를 가지고 있는 것일까? 이것이 터무니없는 제안은 아니다. 문화는 도덕적 질서를 뒷받침하기 위해 혐오를 요청하는 정도에 있어서 분명 다양하지만, 죄책감이나 두려움보다 혐오(또는 혐오와 같은 것)에 기대는 만큼, 특정한 일들이 뒤따라야 한다. 여기서도 문화는 혐오 정서와 동반하는 경향들을 무시할 수 있지만, 그러기 위해서는 더 강하게 작용해야 한다. 일단 문화가 순수/불순 분류를 정립하면, 맑고 자유로운 흐름은 미끈미끈하고 끈적이는 것에 반해 가치 있게 여겨질 것이다. 혐오스러운 것의 범주에 부과되는 또 다른 제약은 순수가 무엇을 의미하는지 폭넓게 공유된 생각에서 비롯될 수 있다. 여기서 영향력은 두 방향으로 작용한다. 혐오는 순수한 것의 가능한 속성을 제한하는 반면, 순수한 것에 대한 관념은 혐오스러운 것에 정확한 내용을 공급한다. 순수성은 반드시 사물의 분별성과 불가침성, 그리고 다른 사물과의 단절성에 대한 특정 감각을 수반하는 것처럼 보인다. 만약 그렇다면 들러붙는 것은 추정컨대 오염시키는 것이 될 것이다. 그렇다면 꽉 붙잡을 수 없는 미끄럽고 매끈매끈한 것은 어떠한가? 이것들은 확실하게 들러붙지는 않지만 얇은 막 같은 것이나 끈적끈적하거나 기름진 물질을 남긴다. 점액은 빨리 흘러가버리지 않기 때문에 점액이다.[5]

관심사가 아니다. 따라서 그 내면 상태는 그녀가 반심리학적인 설명에 전념하고 있어서 단지 감정을 무시할 뿐만 아니라 순수와 오염의 구조를 유지하는 데서도 감정이 아무런 역할을 하지 않는다고 시사하는 듯하다. p.124[198쪽]에서 다룬 그녀의 논의를 참조하라.

5   "끈적끈적한 것은 물의 고민이다. … 물은 한층 더 도피적이다. 그러나 물이 도피적인 한, 우

그러므로 맑고 자유로이 흐르는 것들은 추정컨대 순수할 것이다. 문화는 이러한 가정을 무시하거나 전도시킬 수 있다. 하지만 그렇게 하는 데에는 그 흐름과 함께 가는 것보다 더 많은 작업, 더 긴 이야기가 필요할 것이다.

순수는 불순과 반대로 정의되어야 하며, 불순은 순수와 반대로 정의되어야 한다. 순수는 순수와 반대되는 것을 만들지 않고서는 하나의 개념으로 존재할 수 없다. 문화는 반대와 대조로서만 존재할 수 있는 특정한 정신적 개념들의 본질에 엮여 있다.[6] 검은색은 흰색을 필요로 하고, 선은 악을 필요로 하며, 미덕은 악덕을 필요로 한다. 그렇지 않다면 앞의 용어는 의미가 없다. 그리고 특질이 자신의 반대말을 만들거나 어떤 공통의 기본 개념으로 환원시키는 이상한 방식에서는 깨끗함이라는 단어 자체가 끈적거림에서 비롯된 것일 수도 있다. 어떤 단어의 의미 자체와 그 단어의 반대말을 보여주는 기이한 어원들[7] 중 하나로, 옥스퍼드

리는 물의 도피 그 자체 속에서 물을 소유할 수 있다. 끈적끈적한 것은 둔하고 느린 도피에 의해 도피한다. 그런 도피가 물의 도피와 비슷하다는 것은, 마치 땅을 스치며 서투르게 나는 암탉의 불안한 날아오름이 날아오름이라는 점에서 새매와 비슷하다는 것과 같다. … 물을 아래로 던져보라. 물은 '흐른다.' 끈적끈적한 어떤 실체를 던져보라. 그 실체는 늘어나고, 퍼지고, 평평해진다. 그 실체는 부드럽다. 끈적끈적한 것을 만져보라. 그것은 달아나서 사라지지 않는다. 그것은 물러난다." *Being and Nothingness*, pp.774~775[『존재와 무』, 980, 982쪽]. 끈적끈적함에 대한 사르트르의 절묘한 묘사는 또한 걸쭉한 것에 대한 비평도 포함한다. 끈적끈적함과 걸쭉함은 주체와 객체 사이의 구분을 삭제하기 때문에 반감을 일으킨다(777[984]).

6   나는 앞 장에서 불순한 것을 비정상, 무질서, 부조화의 문제로 만드는 더글러스의 설명에 불만을 표시했다. 혐오스러운 것은 대개 잘 들어맞는다. 혐오스러운 것은 격자의 아래 끝에 딱 들어맞는데, 그 지점으로부터 그 위에 있는 모든 것을 위협한다. 더글러스에 반대해 해체적 주장이 제기될 수 있는데, 그 주장은 비정상은 비정상에 반대된 구조를 질서 짓는 열쇠를 쥐고 있다는 것이다. 그녀가 그 구조라고 부르는 것은 사실 이례적인 것을 들어맞는 것에 대립시키는 더 넓은 구조 안에 덜 포함된 구조이다.

7   Freud, "The Antithetical Meaning of Primal Words"를 보라.

영어 사전은 언어학자들이 "기름과 같이 끈적끈적한 것이 표면을 깨끗하게 하거나 '얼굴을 빛나게 한다'는 의미 연관성을 제시하면서"[8] **깨끗한**(clean)이 '들러붙다(to stick)'를 의미하는 인도-유럽어 줄기에서 기원한다고 믿고 있다고 언급한다. 나는 빛나는 것이 끈적거리는 것보다 윤기가 덜할 수 있다고 생각한다. 물과 맑고 자유로이 흐르는 액체는 씻어냄으로써 깨끗하게 한다. 기름은 물과 다르게 씻어내는 것이 아니라 들러붙고 접착됨으로써 정화하는 것으로 이해되어야 한다. 기름은 엄청난 전염력을 갖고 있어서 어떤 것에 닿아도 달라붙거나 섞일 수 있는 능력을 가진 오염물질처럼 작용한다. 불순한 것과 싸우기 위해서는, 정화제 자체가 기름과 같이 보호막이 될 수 있도록 닿는 것에 들러붙을 수 있어야 하며, 목욕재계를 통해 정화되는 것처럼 기름을 씻어낼 수 있도록 오염물질과 섞일 수 있어야 한다. 물이든 기름이든, 정화제는 일반적인 청결의 목적을 위해 자신을 포기해야 한다. 그래서 깨끗한 것은 불순한 것과 싸우기 위해서 불순한 것으로부터 혐오스러운 특질을 빌린다. 깨끗함이 오염물질만큼이나 전염성이 있다고 믿는 무모할 정도의 희망적 사고가 필요하지만, 오염물질이 너무나 잘 들러붙는다는 것은 당연히 두려운 일이다.[9]

피부는 우리의 주된 촉각 기관이다. 그리고 피부의 기능은 아닐지라

---

8   옥스퍼드 영어 사전에서 형용사 'clean'에 대한 설명이다.
9   성스러운 것과 금기 관념에 결합된 것으로서의 불결한 것 간의 유사성은 19세기 인류학에서 흔한 것이었다. 더글러스는 이러한 견해를 거부하지만, 그것은 어떤 매력을 가지고 있다. Douglas, pp.7~28[더글러스, 29~58쪽]을 보라. 왕의 손길의 힘과 다른 종류의 거룩한 치유 능력에서 보듯이, 신성은 오염처럼 전염에 의해 특징지어진다. 하지만 만약 신성이 오염과 마찬가지로 전염성을 특징으로 한다면, 신성과 오염은 모두 그 역할을 잃었을 것이다. 제1장에서 하수통에 들어간 한 스푼의 와인과 와인통에 들어간 한 스푼의 하수의 비대칭적 효과를 상기해 보라.

도 피부의 형태를 패러디한 것은 이상하게도 우리가 가장 만지고 싶지 않은 것들 중 일부이다. 데운 우유 위에 생긴 막을 예로 들어보자. 어떤 이들은 크리스테바처럼 이것이 저항의 조각(piece de resistance)이라고 여긴다.[10] 부분적으로 그 막이 혐오스러운 이유는 털이 유발하는 혐오와 마찬가지로 입안에서의 느낌 때문이다.[11] 내부 액체를 감싸고 있는 껍질, 외피, 얇은 막은 혐오를 유발하는 특별한 능력을 가지고 있는 듯하다. 응고, 응결 현상은 거품, 비등의 아이디어를 발효, 부패의 아이디어와 결합시킨다. 그것은 흐르지 않는 연못 위의 녹색 막이다. 굳은 응유(凝乳), 우유 거품은 그래서 혐오 유발, 즉 끈적거리는 것, 바글거리는 것, 득실거리는 것의 영원한 순환과 그 순환을 수반하는 부패와 부식이라는 핵심 주제를 재생산한다. 그것은 마치 우유가 가열되었을 때 자연스럽게 혐오스러운 배태(胚胎) 자체의 이미지, 즉 따뜻한 액체를 감싸는 것처럼 보이는 얇은 막을 만들어내는 것과 같다. 생명은 그 생명이 우리를 만질 때 우리가 움츠러들지 않도록 제대로 포장되어 있어야 한다.

촉각의 하위체계는 온도를 처리한다. 차가움은 죽음을 모방하는 축축함과 연결되고, 열은 유황 냄새를 만들어내는 지옥불과 연결된다. 그러나 일반적으로 극한 온도는 혐오를 유발하지 않는다. (혐오가 아니라 고통이 극한의 종류이다.) 죽음의 차가운 축축함은 섭씨 15.5도에 불과하다. 섭씨 0도 아래로 내려가면 우리는 수정 같은 깨끗함의 세계에 있는 것이다. 그리고 섭씨 100도 위로 올라가면 불에 의해 정화된 세계로 들어간

10　Kristeva, pp.2~3[크리스테바, 23~24쪽].
11　우리는 모두 식감이 음식의 구미(口味)에 중요한 요소라는 것을 알고 있다. 기술적으로 맛이 아니라 촉감의 문제이다. 그래서 알단테[al dente, 적당히 씹히는 맛이 있는 정도로 면을 익힌 상태_옮긴이] 파스타와 끈적하고 으깨진 덩어리로 끓인 파스타 사이에는 차이가 있다.

다. 불은 악취가 동반되지 않는 한 혐오를 유발하지 않지만, 미지근함이나 사람의 체온은 혐오를 유발할 수 있다. 우리는 공중화장실 변기에 앉을 때 이전 사용자의 온기로 인해 변기가 따뜻하다는 것을 인지할 때보다 변기가 차가울 때 덜 불쾌할 것이다. 그런 상황에서 체온은 어떤 면에서 물질적인 오염원만큼이나 오염시키는 것이다. 늪지의 축축함에서 정글의 찌는 듯한 무더움에 이르기까지 생명이 넘쳐나는 바로 그 범위 안에서 온도는 혐오를 유발하는 것 같다. 점액질은 단단하게 얼거나 새까맣게 타버리면 사라지기 때문에 끈적함이 존재하는 곳이 바로 이 범위이다. 온도는 오래된 생명 수프를 보글보글 끓게 하고 펄펄 끓게 하고 꿈틀거리게 하고 몸부림치게 하기에 충분해야 하지만, 생명 수프를 소멸시킬 정도로 높아서는 안 된다. 혐오 자체, 즉 생명의 비등, 피의 응고, 곪은 상처의 발진, 구더기의 바글거림은 우리가 안전지대라고 부르는 것 안에서 작동한다.

우리는 오염된 것들을 삼킬 필요는 없다. 미각에 기초한 혐오 개념은 대부분의 오염이 섭취가 아니라 단순히 접촉에 의해서, 피부와의 접촉뿐만 아니라 우리의 의복(심지어 우리가 입고 있지 않지만 입으려고 하는 의복)을 포함하는 확장된 외피와 우리의 직접적인 신체 보호 구역으로 주장하는 공간과의 접촉에 의해서도 일어난다는 사실을 설명할 수 없다. 혐오스러운 것들의 접근은 불쾌한 접촉을 예기하고 우리를 움츠리게 하거나, 전율하게 하거나, 뒤로 물러나게 한다. 우리는 우리의 표면 일부가 다른 부분들보다 더 위험하고 더 성스럽다는 것을, 그리고 모든 구멍이 비록 정도는 다르지만 심각한 취약점이라는 것을 알고 있다. 접촉으로 인해 혐오를 일으킬 가능성이 높은 곳들은 또한 다른 곳을 만지기 위해 사용될 때 혐오를 유발할 가능성이 높다. 어깨나 팔꿈치를 만지거나 어깨나 팔꿈치가 만져지는 것은 손, 혀, 또는 생식기와 관련된 만짐보다 훨씬 문제가 되지 않는다.

어떤 예측 가능한 상황에서 다른 것에 접촉되면 혐오를 유발한다. 먼저 우리의 근위 감각인 시각과 후각, 또는 도덕 감각이 이미 혐오스럽다고 폭로한 사람의 경우를 들어보자. 이 사람이 접촉하는 것은 더 큰 친밀감을 얻기 위한 시도일지라도 혐오를 불러일으킬 것이며, 그 접촉이 친밀감의 요청이 아니라 비성애화된 공격의 형태를 취한다면 혐오와 (그가 한 일에 대한) 분노를 동시에 불러일으킬 것이다. 역겹도록 추한 사람들에게는 여지가 거의 주어지지 않는다. 우리는 의도성을 그들의 혐오스러움에 전가하는 경향이 있기 때문에, 그들의 우발적인 접촉을 사고로 봐줄 가능성이 적다. 그들은 자신들의 천민 지위가 자신들에게 강요하는 접촉을 피해야 하는 특별한 의무를 지키지 않은 것에 대해 비난을 받는다.

처음에는 혐오스럽게 인식되지 않은 사람들도 우리의 허락 없이 너무 가까이 다가오면 금방 혐오스러워질 수 있다. 그들이 함부로 우리를 건드리면, 우리는 천민들을 향해 가졌던 것과 유사한 혐오와 분개가 혼합된 감정으로 그들을 대한다. 차이점은 이 사람들은 자신에게 아무런 의도가 없었다고 주장할 수 있는 기회를 부여받는다는 것이다. 의례적으로 적절하게 '미안하다'고 말할 경우 만약 그 변명이 합리적으로 타당하고 진실하다면 불쾌감을 일으키는 것을 방지할 것이며, 이미 불쾌감을 일으켰더라도 치유할 것이다. 그러한 "우발사고"에 관한 개연성이 성립하려면 대개 사고라는 항변을 한 번 이상 하지 말아야 하거나 양해를 구하는 위반이 상대적으로 사소해야 한다. 매력적인 사람들에게는 또 다른 혜택도 주어진다. 그들은 종종 허락되지 않은 접촉이 마치 접촉이 일어날 것에 대한 허락을 요청하는 것처럼 처리될 수 있는 특권을 부여받는다. 그러한 접촉은 구애 의식의 첫 단계이며, 혐오를 직접적으로 수반한다. 그 접촉은 궁극적인 성적 접촉이 가능한지, 그리고 문제의 그 사람으로부터의 접촉이 혐오스럽지 않을지 고민해 달라는 부탁이기 때문이다. 누군가가 상대의 팔을 가볍게 만지는 그 첫 번째 접촉, 대화 도중의 첫 번째 제스처는 다음과 같은 단 하나의 심각한 질문을 제기하고 있다. 내가 당신을 혐오스럽게 하는가?

후각

촉각은 감각기관의 위치가 분산되어 있다는 점에서 시각, 미각, 후각, 청각 – 감각기관의 위치가 입력을 수신하는 데 할당된 구멍들과 국부 기관들에 집중된 – 과는 근본적으로 다르다. 그러나 촉각은 그 감각기관이 분산되어 있음에도 불구하고, 오염시키는 만지는 자를 대개 식별 가능하며 위치 파악도 가능하다. 후각은 이와 정반대로 작용하는데, 매우 국부적인 감각기관인 코로는 위치 파악이 어렵고 분산된 출처로부터 발산된 것을 지각한다는 점에서 그러하다. 냄새는 널리 퍼지고 보이지 않으며, 독처럼 위협할 우려가 있다. 냄새는 바로 전염의 매개체이다. 따라서 냄새는 특히 전염적이며, 입안에 넣거나 말거나 할 수 있는 국부적인 물질보다 훨씬 더 위험하다. 세균 이론이 존재하기 전에는, 구역질나는 냄새가 질병을 옮긴다는 부담을 짊어지고 있었으며, 좋은 냄새는 치료 효과가 있는 것으로 여겨졌다. 세균 이론은 가정 청소 제품 제조업자들이 잘 알고 있듯이, 이러한 믿음을 바꾸는 데 거의 도움이 되지 못했다. 방부제는 무균 상태의 냄새에 대한 우리의 믿음에 부합하는 냄새가 나야 한다. 그리고 세제는 거품을 내거나 향기가 나야 한다. 그렇지 않으면 팔리지 않을 것이다. 비록 거품과 방취제가 강을 오염시키고 정화 작용을 전혀 하지 않는다 하더라도 말이다.

냄새는 맛과 어우러져 우리가 좋아하고 싫어하는 풍부한 맛을 제공한다. 그러나 냄새는 맛보다 훨씬 먼저 다가오기 때문에, 후각에 문제가 없다면 구역질나는 음식을 왜 입에 넣어야 하는지 의아해할 수 있다. 문제는 냄새가 맛의 강력한 구성 요소임에도 입 밖에 있는 것들의 냄새는 일단 입에 들어오고 난 후의 냄새 효과와는 매우 다르다는 점인 듯하다.[12] 그러므로 냄새는 무엇이 맛있는지 완벽하게 알려주기 위해 구성된 것이 아니다. 냄새 강한 치즈와 비린내 나는 생선을 좋아하는 사람이라면 누구나 이것이 사실임을 안다. 냄새만으로 입으로 들어오는 것을 통제한다면 우리는 치즈를 지나치게 될 뿐만 아니라 향수를 마시거나 꽃을 먹은 후 후회하게 될 것이다. 커피를 좋아하는 사람도 그 매혹적인 향과 맛 사이에서 선택해야 하는 고민의 아픔을 느껴야 한다.

혐오가 생물학적 유기체에 어떠한 방어적인 역할을 하든 간에 미각이 개입될 때까지 기다려야 한다면 혐오는 별 가치가 없어 보일 것이다. 미각은 최후의 방어 수단으로 작용한다. 미각은 외부 감각 방어를 통과한 것들만 잡아내기 위한 것이다. 코가 위선적인 향기에 속듯이, 눈도 기분 좋은 외관에 속아 넘어갈 수 있다. 하지만 미각은 촉각이나 시각에 비해

---

12   Rozin, "'Taste-Smell Confusions' and the Duality of the Olfactory Sense"를 보라.

실패할 염려가 없는 방어 기제가 아니다. 왜냐하면 해로운 것들이 맛이 나쁠 거라는 보장이 없기 때문이다. 미각 역시 속을 수 있다. 독은 맛으로 식별할 수 없을 수 있다. 그렇지 않다면 해롭지 않은 것들은 맛이 너무 좋아서 중독과 과다 섭취의 해를 초래할 것이다. 대부분의 섭취 방어 작업은 맛이 아닌 냄새에 의해 이루어진다. 우리는 몇 가지 주의 깊게 설명된 예외를 인정하면서 섭취에 관한 쉬운 규칙을 따른다. 그 규칙은, 문화와 경험에 의해 냄새는 나쁘지만 그럼에도 불구하고 영양가 높고 맛이 좋은 것으로 증명한 제한된 것들 — 예를 들어, 치즈, 생선, 또는 요리된 양배추과의 야채들 — 에 속하지 않는다면 악취가 나는 것은 입안에 넣지 말아야 한다는 것이다(나중에 일반적이고 추상적인 방식으로 다룰 섹스에서는 예외도 있다).

우리는 촉각이 불쾌한 촉감을 표현하는 풍부한 어휘를 제공하며, 감각의 단계적 변화는 온도, 점성, 질감, 움직임, 밀착력 등의 질적인 축을 따라 측정된다는 것을 보았다. 후각의 어휘는 매우 제한적이며, 보통 냄새나는 것의 형용사를 만들어서 사용되어야 한다. 배설물에서는 배설물 냄새가, 장미꽃에서는 장미꽃 냄새가, 부패한 살에서는 부패한 살의 냄새가 난다. 때때로 우리는 부패한 살에서 배설물 냄새가 난다거나 향수에서 장미 냄새가 난다고 말하면서 묘사를 시도한다.[13] 여기서 빠진 것은 질척질척한, 줄줄 흐르는, 끈적거리는, 끈끈한, 거름 같은, 축축한, 눅눅한 등과 같이 촉감을 구별하는 용어들의 풍부함에 필적하는 냄새에 대

---

13 심리학적 연구는 냄새와 냄새에 대한 언어적 묘사 사이의 연관성이 약하다는 것을 보여주었다. Engen, "Remembering Odors and Their Names"를 보라. 또한 Rindisbacher, pp. 10~20에서의 논의도 보라. 일반적으로 후각 작용에 대해서는 Engen, *The Perception of Odors*, 그리고 *Odor Sensation and Memory*를 보라.

한 특별한 질적 표현이다. 냄새를 발산하는 것들의 이름은 아니더라도, 냄새에 대한 수식어구는 대개 냄새의 유쾌함이나 불쾌함을 표현하는 간단한 형용사이거나 명사이다. 고약한, 구린, 코를 찌르는, 불쾌한, 썩은 내 나는, 지독한, 역겨운, 욕지기나는, 메스꺼운 등 그 수식어구 대부분은 단지 나쁘거나 좋은 냄새를 의미한다. 일상적인 촉각은 언어의 창의력에 박차를 가하는 반면, 후각과 미각은 맛나(yum) 또는 윽(yuck) 이상의 말을 하지 못하게 한다.[14] 한 가지 자격 조건은 다음과 같다. 만약 고통을 인지하는 것이 개별적인 감각 체계가 아닌 촉각 경험의 부분집합으로 여겨진다면, 촉각이 고통을 야기하는 만큼 촉각은 비명, 신음, 한숨, 끙끙대는 소리, 앓는 소리 등을 위한 어휘적 풍부함은 포기할 것이다.[15]

그러나 냄새를 발산하는 것들에 이름을 붙이는 것 외에 냄새를 묘사할 능력이 부족하다는 것이 혐오를 개념화하는 방식에서 후각을 촉각보다 덜 중요하게 만들지는 않는다. 대변, 소변, 부패, 땀이 냄새가 없다면 그것들과 생명 자체 둘 다 그렇게 혐오스럽지는 않을 것이다. 금욕주의 부류의 도덕가에게 그렇게 깊은 인상을 준 것이 정확하게 이런 것들의 냄새이다. 젊음이 꽃피는 시절에도 우리의 몸은 매일 악취 나는 물질을 생산한다. 스위프트는 전형적으로 자기 파괴적인 방식으로 숙녀의 화장실에서 몰래 살펴보면서, 연인을 맞이하는 광경과 냄새들의 목록을 나열한다. 그리고 그 숙녀의 실내 변기를 발견하고 경악한다. 그 시인은 해학적인 영웅체로 이를 요리에 비유하기에 이른다.

---

14 예를 들어, 아직 와인에 입문하지 않은 사람들에게는 와인 감정가들이 냄새와 맛에 대한 질적인 어휘를 제공하려 시도하는 것이 어리석거나 가식적이라는 인상을 준다.
15 고통에 대한 언어 파괴 능력에 대해서는 스캐리(Scarry)를 보라.

요리의 법칙대로 능숙하게

소금을 치고 두드린

최상의 양고기는

가장 순결한 불에 적당히 구워졌겠지.

만약 믿음직스러운 살덩이로부터

숯덩이 위에 지방이라도 떨어져

어느 부위의 살덩이건 오염시키는

악취를 풍기는 연기를 피우며 타오른다면

그리고 기름의 고약한 냄새가 가득 메워진다면

당신은 부주의한 하녀를 저주하겠지.

그렇게 지독한 악취를 내뿜는 상자에

느닷없이 내던져진 그런 것들은

표현되어서는 안 되지.

그것들이 어디에 떨어졌든 간에

배설물의 냄새를 피워

그곳을 오염시켰을 터이니.

패티코트와 가운의 냄새가

모든 방 안 여기저기에 악취를 떠돌게 한다.[16]

스위프트는 냄새에 오염시키는 힘이 있다는 것을 분명히 한다. 스위

---

16 "The Lady's Dressing Room," vv.99~116, *Poetical Works*, p.479[「숙녀의 화장실」, 135~
136쪽]. 스위프트보다 앞서 오비디우스는 『사랑의 치유(Remedia Amoris)』에서 다른 모든
것이 실패했을 때 열정을 죽이는 묘약은 "여자가 볼일을 보는 동안 몰래 숨어서 관습이 금하
고 있는 것을 보는 것"이라고 충고했다(*The Art of Love and other Poems*, vv.437~438).

프트에게 냄새는 되돌릴 수 없게 모든 욕망을 파멸시키고 지나치게 예민한 그의 의식을 오염시킨다. 지방을 태우는 악취에 대한 비유(이것이 바비큐를 하는 사람들이 재평가한 지 오래된 냄새일 수 있다는 데 주목하라)는 우리가 먹는 것이 섭취를 위해 준비되는 동안에도 악취가 나는 배설물로 변하는 과정을 모방하기 시작한다는 것을 암시한다. 남자(와 특히 여자)가 만지는 모든 것은 똥으로 변하고, 그 배설물은 다시 돌아와 자업자득으로 고생하게 한다. 또는 더 정확하게, 그 시선은 우리 자신의 훈제실에서 훈연되는 우리에게로 향하며, 그 안에서 우리는 연기와 훈연되는 고기 모두를 제공한다. 배설물의 냄새는 그 배설물이 떨어진 곳에서부터 그 부분들을 오염시키기 위해 올라오며, 편집증적인 전염의 상상 속에서 모든 방과 모든 생각을 악취로 가득 채운다.

스위프트에게 원초적인 장면은 성교가 아니라 배변이었으며, 배변의 두려움은 악취와 함수관계를 지닌다.[17] 배변에 대한 생각 그리고 배변의 냄새는 다른 어떠한 생각도 저항할 수 없는 힘을 가진 생각이었다. 그 생각은 아름다움을 사기로 만들었으며, 성적 욕망을 지속적이고 끈질긴 자기기만과 함수관계를 지닌 것으로 만들었다. 스위프트에 따르면, 욕망은 실내 변기를 견딜 수 없었다. 스위프트의 집착이 여성 혐오로 끝난다면, 남자도 배변해야 한다는 생각은 그리스도의 신성을 의심하는 이단으로 이어질 수 있다. 예수가 똥을 누는가 하는 생각에 괴로워했던 프로이트의 늑대인간은 학자의 교묘함을 가지고 그 문제를 해결했다. "그리스도는 아무것도 없는 것에서 포도주를 만들어내었으니, 그는 역시 음식을

---

17   아니면 스위프트는 배변과 성교를, 생산과 재생산을, 항문과 질을 혼동하고 있는 것일 수 있다. 아래의 각주23을 보라.

아무것도 아닌 것으로 만들었을 것이다. 이렇게 해서 그는 똥을 눌 필요가 없었을 것이다."[18] 우리는 덩어리들의 역(逆)이 일으킨 기적을 본다. 스위프트는 늑대 인간만큼 수단이 좋지 않았다. 아니, 그러한 손쉬운 자기기만을 자신에게 용납하지 않으려 했을 가능성이 더 높다. 그에게 상실은 단지 욕망을 제거하는 것이 아니라 그에 수반되는 숭고함의 상실이요, 환상의 상실이다. 이러한 상실은 아쉬움이 아니라 자기 자신의 욕망과 자기기만을 돕는 여인의 신비스러운 능력에 속은 바보가 되었다는 느낌을 가져온다. 그래서 잘 알려진 시구에서 그는 이렇게 읊는다. "내가 어찌하여 분별을 잃었는지 놀랍지도 않다. 오! 셀리아, 셀리아, 빌어먹을 셀리아!"[19] 희극적인 절망은 다른 곳에서는 억제되지 않는 진정한 쓰라림을 감춘다. "그녀가 악취가 스며나오는 곳에서 나왔다고 해서 사랑의 여왕을 거절해야만 하는가?"[20]

욕망은 시작과 결말에 대한 생각을 완전히 억누를 것을 요구한다. 잉태와 부패는 모두 배설물의 원초적인 냄새로 응축된다. 그 악취는 성, 욕

---

18 Freud, "History of Infantile Neurosis," p.63[「늑대인간: 유아기 신경증에 관하여」, 269쪽].
   또한 Kundera, *The Unbearable Lightness of Being*, pp.245~246[쿤데라, 『존재의 참을 수
   없는 가벼움』, 394~395쪽]도 보라. "신학적 예비지식은 조금도 없었지만, 어린 나는 순간적
   으로 똥과 신은 양립할 수 없으며 또한 인간이 신의 모습을 본 따 창조되었다는 기독교의 인
   류학적 근본 명제가 지닌 허약성을 일찌감치 깨달았던 것이다. 둘 중 하나이다. 인간은 신의
   모습에 따라 창조되었으므로 신도 창자를 지녔거나, 아니면 신은 창자를 지니지 않았고 인
   간도 신을 닮지 않았거나. 고대 그노시스파 사람들도 다섯 살 적의 나처럼 이를 분명하게 느
   꼈다. 이 저주받은 문제를 단칼에 해결하기 위해 2세기 그노시스파의 대스승 발랑텡은 예수
   는 '먹고 마시지만 절대 똥은 싸지 않는다'라고 단언했다는 것이다. 똥은 악의 문제보다 더욱
   골치 아픈 신학 문제이다. 신은 인간에게 자유를 주었으며 따라서 인류 범죄에 대해 책임이
   없다는 점은 수긍할 수 있다. 그러나 똥에 대한 책임은 전적으로 인간을 창조한 신, 오직 신
   에게만 돌아간다."
19 "Cassinus and Peter," vv.117~118, *Poetical Works*, p.531.
20 "The Lady's Dressing Room," vv.129~130, *Poetical Works*, p.480[「숙녀의 화장실」, 137
   쪽].

망, 출산, 그리고 부패의 냄새들을 포착하기 위해 확장된다. 그것은 밖에서는 우리의 살을 훈제해서 오염시키고, 연기로 흡입됨으로써 내부를 다시 더럽힌다. 곧 등장할 리어는 약간의 사향이 성교의 냄새에 의해 더럽혀진 자신의 상상력을 깨끗하게 할 것이라고 상상할 수 있었다. 그러나 스위프트의 상상력은 그에게 안도감을 주지 않는다. 매일같이 실내 변기의 냄새를 기억해 내는 것은 달콤한 생각을 사라지게 하고, 냄새 자체를 고정시켜 욕망을 창조하는 환상의 복귀를 영구적으로 막는다. "왜냐하면 훌륭한 생각들은 빨리 사라지고 반면에 모든 무식함과 부도덕함은 지속될 것이므로."[21] 배설물 냄새와 그 증기는 돈 못지않게 열정적으로 그레샴의 법칙을 따르는 생각을 만들어낸다. 그래서 스위프트가 항문성격 유형과 돈, 배설물 및 문화적 생산 자체를 연결시킨 프로이트의 공식화를 예견하는 것은 바로 불쾌한 배설물 냄새의 충만함 속에서이다.[22]

후각과 성적인 것 간의 연결은 긴 역사를 가지고 있으며, 나중에 다룰 것이다. 금욕적인 수도사 문학은 욕망을 없애기 위해 나쁜 냄새에 관해서 명상했다. 스위프트와 프로이트는 어떤 면에서 그 전통을 이어가는 것으로 볼 수 있다. 잔혹한 여성 혐오는 여전히 거기에 있다. 남성의 욕망을 죽이는 것은 항상 여성이 발산하는 냄새이다(여성이 항문과 음경을 혼동하는 경우보다 남성이 항문과 질을 혼동하는 경우가 훨씬 더 많은 것으로 보인다).[23] 우리는 남성의 냄새에 대한 여성의 혐오에 대해서는 별로 들

---

21 "Strephon and Chloe," vv. 233~234, *Poetical Works*, p. 525[「스트래폰과 클로에」, 156쪽].
22 스위프트는 *The Mechanical Operation of the Spirit*에서 창조적인 사고와 배변의 증기 사이의 연관성을 분명히 한다. 노먼 브라운(Norman O. Brown)은 그 책에서 스위프트가 프로이트의 승화 이론을 완벽하게 예견한다고 주장했다. Brown, pp. 192~193을 보라.
23 남성이 항문과 질을 혼동하는 것은 프로이트의 구성 개념에서 핵심적인 특징이다. 예를 들어, "History of an Infantile Neurosis," pp. 78~79[「늑대 인간」, 287~289쪽]를 보라. 그러한

어본 적이 없는데, 거의 예외 없이 남성들이 글을 쓴다는 점을 고려하면 별로 놀랄 일도 아니다. 그런데도 이 난해한 남성들은 처녀 성녀들을 다룬 성인 열전(聖人列傳)에서 남성 신체에 대한 여성들의 혐오를 표현하는 데 주저하지 않았다.[24] 그러나 수도사들과 스위프트 및 프로이트 사이의 차이점은 그들의 여성 혐오가 아니다. 수도사들은 욕망을 죽이는 데 전혀 근접하지 못했던 반면, 스위프트 및 프로이트는 욕망이 불결한 것이 되지 않길 바라면서 욕망을 매우 싫은 것으로 만드는 데 훨씬 나았다는 것이다.

프로이트는 스위프트처럼 배설물로부터 코를 뗄 수 없었다. 『문명 속의 불만(Civilization and Its Discontents)』의 길고 유명한 각주에서 그는 인간이 네 발로 직립 보행하게 된 것이 후각에 미친 중대한 영향을 상정한다. 직립은 다른 사람의 생식기에 대한 코의 상대적 위치를 변화시켰지만, 더 정확하게는 남성의 코와 여성의 사타구니 사이의 관계를 변화시킨 것이었다.[25] 그는 그 주제에 대해 꽤 길게 자세히 설명한다.

가족이 형성된 뒤에도 유기체로서의 인간의 성적 과정은 여전히 주기

혼동은 바이킹 세계에서는 흔한 것이다. ch.5, n27을 더 살펴보라.

24 웨일즈의 제럴드는 길버트라는 이름의 늙은 수도사에 대한 젊은 수녀의 욕망에 대해 이야기한다. 그녀는 그에게 자신의 욕망을 고백했다. 그는 자신의 벗은 몸을 채찍질하고 드러냄으로써 간음에 저항했다는 공개적인 설교를 통해 그녀를 치유했다. "털 많고, 마르고, 두툴두툴하고, 거친 … 그 여인은 그 치료법에 의해 육체적 욕망으로부터 완전히 치유되었다"(*Gemma Ecclesiastica*, 11.17).

25 *Civilization and Its Discontents*, pp.99~100 n1[『문명 속의 불만』, 275쪽 각주32]. 프로이트가 당시에 코와 여성 생식기 사이의 관계에 관심을 가졌던 유일한 성 연구자는 아니었다. 그가 편지를 자주 썼던 빌헬름 플리스는 그 주제에 대한 책을 출판했다. *Die Beziehungen zwischen Nase und weiblichen Geschlechtsorganen in ihrer biologischen Bedeutung dargestellt*(생물학적 중요성으로 표현된 코와 여성 생식기 사이의 관계).

성을 유지한 것이 사실이다. 하지만 그 주기성이 심리적 성욕에 미치는 영향은 완전히 바뀌었다. 이 변화는 월경 현상이 남성의 심리에 영향을 미치는 수단이었던 후각적 자극이 쇠퇴한 것과 주로 관련되어 있다. 후각적 자극이 맡고 있던 역할은 시각적 흥분이 대신 떠맡았고, 시각적 자극은 간헐적 성질을 가진 후각적 자극과 달리 항구적인 효과를 유지할 수 있었다. 월경에 대한 터부는 이미 극복된 발달 단계로 돌아가는 것을 막기 위한 "기질성 억압"에서 유래한다. … 문명의 발달 단계에서 과거의 신들이 악마로 변하는 것도 차원은 다르지만 똑같은 과정이라고 생각할 수 있다. 후각적 자극이 쇠퇴한 현상 자체는 인간이 대지에서 몸을 일으켜 직립 보행한 결과인 것 같다. 이렇게 되자 전에는 감추어져 있던 생식기가 눈에 뜨이게 되어 보호할 필요가 생겼으며, 그것은 인간에게 수치심을 불러일으켰다.

따라서 문명의 결정적인 변화는 인간이 직립 보행 자세를 채택한 것과 함께 시작되었다. 그때부터 후각적 자극의 가치가 떨어지고 월경 중인 여자를 격리하는 시대를 거쳐 시각적 자극이 우세해지고 생식기가 눈에 띄는 시대에 이르기까지, 거기서 다시 성적 흥분이 지속되고 가족이 형성되는 시대를 거쳐 인간 문명의 문지방에 도달할 때까지 일련의 사건이 진행되었을 것이다.

이 각주는 계속해서 청결에 대한 문화적 관심이 증가한 데 대해 논의하는데, 그러한 관심은 위생적 고려에서 비롯된 것이 아니라 "감각적 지각에 불쾌감을 주게 된 배설물을 제거하려는 충동에서" 비롯된 것이다. 그럼에도 불구하고 아이들은 배설물에 혐오를 느끼도록 사회화되어야 한다.

교육은 다음 발달 단계를 촉진할 것을 강력히 요구한다. 이 단계에서 배설물은 아무 가치도 없을뿐더러 구역질과 혐오감을 불러일으키는 것이 된다. 몸에서 배출된 물질이 그 강렬한 냄새로 말미암아 인간이 직립 보행 자세를 채택한 후에 후각적 자극을 덮친 것과 똑같은 운명에 놓이지 않았다면, 이런 가치 전도는 거의 일어날 수 없을 것이다.

이 이야기는 일단 인간이 직립하자 후각이 발정기에 주기적으로 섹슈얼리티를 자극하거나 생리 기간에 인간과 함께했던 감각에서 감퇴되고 가치 절하된 감각으로 변화했다는 내용이다. 코가 위로 올라갈수록 후각적 자극은 흥분력이 감소하는데, 이는 후각 민감도가 감소한 것이라기보다는 아래로부터 받는 자극 유발성이 역전된 데 따른 것으로 보인다.[26] 한때 끌렸던 것이 이제 혐오를 느끼게 한다. 그래서 생리 금기는 광범위하게 받아들여진다. 남자(제한된 의미에서의 남자를 의미한다)는 한 달에 한 번만이 아니라 항상 응시하고 흥분할 수 있는 힘을 부여받음으로써 코의 배신을 보상받는다. 멀리 높은 곳의 시야가 아래쪽 주위에서 냄새 맡는 것을 대체한다. 이제 남자는 여자가 항상 주변에 있기를 원한다. 이런 이유로 가족 조직이 시작되고, 거기서부터 가족 모델을 기반으로 한 문명이 시작된다. 그리고 여성은 어찌되는가? 여성은 이제 지속적으로 통제할 성적 대상을 찾고 있는 다른 남성들로부터 자신과 자신의 아이들을 보호하고자 한다면 주기적인 폭력적 접촉에 대비해 때때로 주위를 살

---

26 프로이트는 앞서 1897년 1월 11일과 11월 14일에 플리스에게 보낸 두 통의 편지에서 이 문제를 간단히 논의하면서 다루었다. 또한 1910년에 『성욕에 관한 세 편의 에세이』에 추가된 각주를 보라. *Three Essays* I p. 155 n2[『성욕에 관한 세 편의 에세이』, 45쪽 각주30].

피기보다는 그 남자와 함께 있는 것이 나았다.[27]

직립은 생리 냄새의 가치를 역전시키는 것만으로 끝나지 않는다. 그것은 생식기 부분의 모든 것을 가치절하하는 길을 마련한다. 이 과정의 첫 단계가 "기질성 억압(organic repression)" 가운데 하나이다. 프로이트에 따르면 이러한 억압은 전적으로 직립의 결과이므로 문화나 사회로부터 빚진 것이 없으며, 이는 생리의 냄새를 향해 있다. 후각에 대한 평가절하의 두 번째 단계는 사회적이며, 똥을 향해 있다. 두 번째 단계 뒤에 있는 "단순한" 사회적인 자극은 우리가 생리보다 배설물에 대해 더 양가적인 감정을 유지한다는 것을 의미하며, 프로이트는 생리에 대한 혐오가 우리의 생물학적 구성의 일부라고 상정한다. 아주 어린 아이들은 자신의 배설물을 "제 몸의 일부로 보고 소중히 여긴다." 우리는 결과적으로 우리 자신의 배설물을 강렬하게 혐오하는 법을 결코 배우지 않는다. "항문 성애를 더욱 변화시키는 사회적 요인이 존재한다는 사실은 모든 인간이 성장한 뒤에도 **자기 자신의** 배설물 냄새에는 거의 혐오감을 느끼지 않고 타인의 배설물 냄새만 혐오스럽게 느낀다는 사실이 입증하고 있다."(원문의 강조)

배설물에 대한 혐오를 **사회적으로** 주입한 결과 종의 절반인 남성 전체에서 생리 냄새에 대한 혐오가 **기질적으로** 발달했는데, 이것은 개인 남성의 삶에서 재현된다. 그러나 각각의 경우 — 생리에 대한 기질적 혐오와 사회적으로 비롯된 배설물에 대한 혐오 — 에 성애적인 것의 보다 원시적인 측면들은 억압되고, 이전에 욕망의 원동력이었던 후각은 이제 한때 욕망

---

27 이것은 프로이트가 각주를 첨부한 본문에 제시된 견해이다.

했던 것들에 의해 혐오되는 수용력의 기초를 이룬다. 그래서 혐오는 우리로 하여금 우리 발로 서게 하며 침대에서 일어나게 한다. 하지만 그것은 단순히 똥과 생리에 관한 이야기 그 이상이다. 우리가 프로이트를 다루었던 각주에 뒤따르는 또 다른 각주에서는 인간의 직립 보행 채택과 후각의 가치 절하가 항문 성애뿐만 아니라 "인간의 성생활 전반"을 위협했다고 언급한다. " … 성기도 역시 강렬한 냄새를 풍기는데, 이 냄새는 많은 사람에게 역겨움을 주어 그들의 성교를 망친다."[28]

프로이트의 이야기를 이해할 수 있는지는 궁극적으로 우리가 억압과 승화에 대한 그의 설명을 받아들이는지 여부에 달려 있으며, 그것은 다시 우리가 위에 있는 것에 반해 아래에 있는 것의 가치평가를 절하하는 데 달려 있다. 대부분의 프로이트의 설명처럼, 이 설명도 자신만만한 환원주의와 시사적인 가능성으로 자극하고, 관심을 사로잡고, 유혹한다. 하지만 문제가 없는 것은 아니다. 어떤 이는 생리에 대한 혐오와 배설물에 대한 혐오 사이의 구분에 대해 궁금해 할 수 있다. 생리에 대한 혐오는 기질적으로 연결되어 있는 것이고, 배설물에 대한 혐오는 우리가 혐오스러워해야 한다고 말하는 사회적으로 구성된 실로 겨우 고정시켜 놓은 것이다. 프로이트의 주장이 계통 발생을 반복하는 개체발생의 관념을 다루는 만큼 종의 발달에서 생리혈에 대한 두려움보다 앞서야 하는 것은 배설물에 대한 두려움이다. 우리가 생리에 대한 혐오를 갖고 태어나는 경우는 거의 없으며 아기가 일어서고 걷기를 배울 때 생리 혐오를 획득하지도 않는다는 것을 고려해 보라. 배설물과 달리, 우리들 대부분

---

28   *Civilization and Its Discontents*, pp. 105~107 n3[283~284쪽 각주36].

은 생리를 직면하기는커녕 우리가 배설물을 직면하고 그 배설물을 혐오하도록 배운 뒤 몇 년이 지나서도 생리가 무엇인지 배우지조차 않는다. 두 가지 혐오는 기질적 기원 또는 사회적 기원의 추정에 의해 구별 가능하지 않다고 볼 수 있다.

두 혐오를 다루는 데서 강도와 차이가 다양한 이유는 우리 가운데 절반만이 생리를 하지만, 배설은 우리 모두가 한다는 사실에 있을 것이다. 그리고 생리를 하는 그 절반은 남자가 아니다. 프로이트는 여기서 불공정하게 기회를 만든다. 그는 '자신의' 배설물에 대한 남성의 약한 혐오와 다른 사람의(여성의) 생리에 대한 남성의 확고한 혐오를 비교한다. 남자가 다른 사람의 생리혈만큼 다른 사람의 배설물에 혐오를 느낀다면 그것은 적절한 비교가 될 것이다. 어떤 혐오감이 더 강한가 하는 것은 좋은 경험적 문제일 것이고, 나는 개인과 문화에 따라 큰 차이가 있을 것이라고 상상한다. 그러나 프로이트와 함께 잠시 배설물에 대한 혐오가 생리혈에 대한 혐오만큼 확고하게 자리 잡고 있지 않다고 가정한다면, 이러한 차이는 우리 중 생리에 대한 사회화가 혐오 메커니즘과 배설물 간의 상호작용에 의해 준비되고 마련되고 형성되고 난 한참 뒤의 나중 발달 단계에서 일어난다는 사실에 의해서 더 이상 만족스럽게 설명될 수 있을 것인가? 오늘날에도 변기 훈련은 성교육에 선행된다. 다시 말해, 프로이트의 설명은 오로지 남성의 혐오와 욕망을 묘사하려는 취지에서 비롯되었다.[29]

그 설명은 다른 방식으로 그 설명 자체와 싸우는 것 같다. 이 설명에

---

29   페미니스트 관점에서 같은 텍스트를 사려 깊게 다룬 논의로는 Kahane, "Freud's Sublimation: Disgust, Desire and the Female Body"를 보라.

서 후각은 어떻게 되는가? 점점 약해지는가? 아니면 단순히 기능만 바꾸는가? 프로이트는 후각이 성적 욕구를 자극하는 능력을 상실했음을 분명히 하고, 후각이 일반적으로 약화되어 시각에 대한 힘과 기능을 상실하고 있다고 시사한다. 하지만 곤란하게도 냄새는 이제 불쾌하고 역겨운 것과 연관되었기 때문에, 확실히 욕망의 감각이었을 때보다 훨씬 더 강한 듯 보인다. 프로이트는 형용사를 쓰지 않는 자신의 통상적인 스타일을 버리고, 배설물 앞에서 느낀 우리의(그리고 그의?) 공황 상태를 포착하려는 노력으로 형용사들을 쌓아놓는다. 배설물은 "아무 가치도 없을" 뿐만 아니라 "구역질나고, 끔찍하고, 혐오스럽다." 냄새는 더 이상 시각이 수행했던 영광스러운 역할을 차지하지 못할 수 있지만, 혐오를 유발하는 힘이 될 때, 냄새는 결코 경멸할 만한 약점이 아니다. 사람들은 매력적인 것이 동일한 양의 혐오스러운 것(하수 한 스푼 대 와인 한 스푼)만큼이나 감정을 움직이는지에 의구심이 들 수 있다. 아니면 문화가 매력보다 훨씬 더 많은 혐오를 강화하는지 묻는 것이 더 적절한가? 단지 욕망이 완전히 성취되기 전에 욕망에 반대하는 특정한 혐오를 압도해야 하는 것이 아닐 수도 있다. 오히려 욕망이 그 욕망에 반대하는 혐오를 압도할 경우 욕망이 행위로 이어지기 전에 다른 양심의 가책과 마주해야 하는 것일 수 있다.

프로이트의 각주를 적절하게 주해하는 것은 우리를 너무 멀리 벗어나게 하겠지만, 나는 그 각주에 대해 몇 가지 간단한 관찰을 하고 싶다. 프로이트는 시각에 의해 후각이 전치(轉置)되는 것과 새로운 신들이 옛 신들을 대체하는 과정 사이의 유사성을 말한다. "문명의 발달 단계에서 과거의 신들이 악마로 변하는 것 또한 차원은 다르지만 똑같은 과정이라고 생각할 수 있다."[30] 옛 신들은 사라지지 않는다. 그들은 단지 자신들의 가치를 바꾼다. 한때 신이었던 그들은 이제 마귀와 악마이다. 하늘의 신인 시각은 지옥으로 냄새를 사라지게 하고, 냄새는 그곳에서 지하 세계의 신이 된다. 이것은 전통적인 기독교 우주론 — 빛은 욕망의 적절한 목적인 구원과 연관되고 지옥은 보이는 어둠의 장소인 — 에 잘 부합한다. 지옥에서 불은 빛을 발하지 않고 단지 혐오스러운 사악한 악취만 풍기는데, 그것은 역병의 냄새를 뜻하는 라틴어에서 이름을 따온 메피스토펠레스(Mephistopheles)의 화신인 사탄의 창자에서 쏟아져 나온 유황과 배설물이 혼합된 것이다.[31]

후각은 감각의 서열에서 낮은 순위를 차지한다. 나쁜 광경과 나쁜 소리가 있다는 것은 시각과 청각이 가지고 있는 "높은 감각"의 영광을 결코 훼손하지 못하며, 기분 좋은 향기가 있다는 것은 후각을 개골창으로부터 향상시키는 것과 아무 상관이 없다. 냄새는 낮은 것이므로, 최고의 냄새는 좋은 냄새가 아니라 냄새가 전혀 없는 것이다. 그리고 이러한 정서는 20세기 미국인들의 무취에 대한 집착을 앞선다. 16세기의 몽테뉴는 같은 취지로 고전 작가들을 인용한다. "가장 순결한 입김의 부드러운 냄새도, 우리를 역하게 하는 아무런 냄새가 없는 것보다 조금도 더 나을 것이 없다."[32] 중세의 성인전에서 악마와 저주받은 자들이 나타날 때마다 그들은 악취로 자신들의 상태를 증명한다. 시각과 청각은 높은 데 속하며, 지적이고 관조적인 쾌락의 참된 입구이다. 후각(과 미각)과 통각의 형태

---

30   프로이트는 일찍이 자신의 에세이 「두려운 낯섦(The Uncanny)」에서 "변신(double)"에 대한 논의를 통해 악마가 된 대체된 신들의 이미지를 사용하고 있다. "The Uncanny," p.236[「두려운 낯섦」, 427쪽].
31   라틴어 *mephitis*는 "땅 속에서 나오는 독기, 악취"를 뜻한다.
32   Montaigne, "Of Smells," *Essays*, p.228[몽테뉴, 「냄새에 대하여」, 『몽테뉴 수상록』, 335쪽].

로서 촉각은 지옥의 감각이다. 그것은 아마도 이 감각들이 우리의 중심에 가깝고 우리의 신체적 취약성의 감각이기 때문일 것이다.

높은/낮은 대립은 항상 혐오를 낮은 것의 영역으로 만든다. 여기서 낮은 영역은 생식기와 항문일 수도 있고 어둡고 원시적인 것일 수도 있다. 코가 얼굴에 있다는 것은 자랑거리가 되지 않는다. 사실 코의 위치는 극도로 위험하다. 왜냐하면 거기에 위치한 감각은 우리를 땅으로 눈을 내리깔게 하고 네 발로 낮아지게 만들 위험이 있기 때문이다.[33] 서구 전통에서 냄새는 결국 어두운 것, 축축한 것, 원시적이고 동물적인 것, 습지에서 움직이는 눈먼 땅 밑의 동물들과 연관된다. 우리는 프로이트와 (주로 여성의) 생식기에서 나는 냄새 사이의 연관으로 돌아왔다. 리어왕의 심상은 끈질기게 이 테마 위에서 펼쳐진다. 도덕맹(moral blindness)과 실제맹(real blindness)은 질(膣)의 결과로 이해된다. 에드거는 서자 에드먼드에게 자신들의 아버지의 시력이 상실된 데 대해 말한다. "너를 만든 어둡고 부도덕한 장소가 아버지의 눈을 앗아갔어"(5.3.173~174). 그리고 눈이 없으면 오로지 냄새만 맡을 수 있다. "데려가서 문밖으로 밀어버려. 냄새 맡고 도버로 가라고 해"(3.7.93). 리어의 눈먼 세계는 절망, 무작위, 도덕적 혼돈, 그리고 체념의 세계이다. 오직 냄새만이 번성한데, 그것이 바로 대기가 그렇게 오염되고, 우울할 정도로 무섭고, 삶에 대한 전적인

---

33   프로이트의 코 이야기는 호르크하이머와 아도르노에 의해 매우 이상한 방식으로 (그리고 어떠한 아이러니도 없이) 사용되었다. 그들은 반유대주의가 부분적으로 큰 코가 나타내는 유대인들의 원시적인 것, 짐승 같은 것과의 깊은 연관성에 대한 기독교의 원한에서 비롯되었다고 시사한다. 유대인들이 자신들의 코에 대해 편안하고 아무렇지도 않은 것처럼 보인다는 것은 파시스트들이 무대에 올리는 축제와 함께 고안해야 했던 것을 힘들이지 않고 성취할 수 있다는 것을 의미한다. *Dialectic of Enlightenment*, pp.179~186[『계몽의 변증법』, 269~280쪽]을 보라.

혐오로 가득 차 있는 이유이다. 그래서 냄새는 시각과 벌이는 일종의 도덕적 전쟁 가운데 존재한다. 시각은 빛의 힘을 표상하며 냄새는 어둠의 힘을 표상한다.[34]

후각과의 전쟁에서 시각이 지닌 미덕은 위나 밖을 보거나 은유적으로 안이나 내부를 보는 데 달려 있다. 하지만 아래를 보는 것은 아니다. 리어가 어디서나 성교가 벌어지는 장면의 환각을 보기 시작할 때 — "굴뚝새도 그 짓을 하고 조그만 쉬파리도 눈앞에서 간음한다" — 시각 이미지는 곧 후각 이미지로 변형된다. 리어에게 혐오는 나쁜 냄새를 의미하며, 나쁜 시야를 의미할 때는 그것이 나쁜 냄새를 암시하는 한에서이다. 리어에게 혐오는 주로 출산, 생명 자체 — 자식의 배은망덕과 부친을 살해하는 아이들 — 의 문제이며, 그것은 글로스터의 눈을 잃게 한 어둡고 사악한 곳에 처하게 된다는 것을 의미한다. 이상하지만, 연극에 나오는 어떤 여성도 출산을 하지 않는다. 모든 출산은 연극 이전에 이미 죽은 여성에 의해 이루어졌거나 상상 속에서 벌어진다. 그러나 그것으로 충분하고도 넘친다. 왜냐하면 그 생각만으로도 상상력을 오염시키기 때문이다. 리어는 이 문제에서 프로이트를 예견할 뿐만 아니라 더 나아간다.

> 허리띠까지는 신들이,
>
> 그 아래는 모조리 악마들이 소유했소.
>
> 거기엔 지옥이, 어둠이, 유황불 구덩이가 있소. 타고, 지지고. 악취, 부

---

34 시각(과 청각)은 대개 미학 철학에서 높은 감각으로, 후각(과 미각)은 낮은 감각으로 이해된다. 후각의 문제는 너무 즉각적이고 성찰을 허용하지 않으며 단지 감각만 있다는 데 있다. 촉각은 양면적이다. 촉각에 대해 칸트는 높게 평가하고, 헤겔은 낮게 평가한다. Rindisbacher, pp.17~18의 논의와 인용문들을 참조하라.

패!

   쳇, 쳇, 쳇! 파, 파! 사향 한 숟갈만 주오. 약제사여. 내 상상력을 향기롭
게 하겠소. (4.6.125~130)[35]

   감탄사들은 이것이 결코 약한 혐오가 아님을 말해준다. 리어는 어두
운 곳이라는 생각만으로도 역겨워하고 있다. 기억은 혐오를 낳는다. 냄
새(그리고 맛과 촉감)에 대한 기억은 이른바 더 높은 청각과 시각을 수반
하는 기억과 다르다. 어떤 광경을 기억할 때 우리는 그 광경을 다시 본
다. 소리를 기억할 때 우리는 그 소리를 다시 듣는다. 우리는 또한 그러
한 기억을 원하고 일부러 떠올릴 수도 있다. 또는 특별한 것이 없어도 예
상 밖의 기억을 할 수도 있다. 하지만 냄새, 맛, 또는 촉감을 기억한다는
것은 무엇을 의미하는가? 우리는 냄새의 기억을 얼굴 기억처럼 떠올릴
수 없다.[36] 또한 이전에 경험했던 것들의 맛이나 냄새는 우리의 감각에
의해 실제로 지각된 것의 분자들(molecules)이 없으면 예기치 않게 단순
히 우리에게 떠오르지 않는다. 5년 전 나를 구역질나게 했던 냄새나 식
중독을 일으켰던 그 나쁜 고기의 맛을 떠올리고 싶더라도, 나는 그것을
떠올릴 수 없다. 내가 기억할 수 있는 것은 내가 느꼈던 감정이다. 나는
혐오감을 떠올릴 수 있고, 재생할 수도 있다. 나는 다시는 그 음식을 먹
지 않겠다고 또는 그 냄새를 맡을 수 있는 장소에 다시는 가지 않겠다고
확실히 할 만큼 충분히 강한 구토, 욕지기, 그리고 일반화된 불쾌감을 기
억할 수 있다. 하지만 소리와 광경은 상상적으로 재구성할 수 있지만 냄

---

35   또한 단테의 신곡 『연옥편(Purgatorio)』, 19.33을 보라.
36   Engen, *Odor Memory*, pp.79~80.

새를 상상적으로 다시 맡거나 그 맛을 다시 맛봄으로써 기억해 내지는 않는다. 맛과 냄새에 대한 기억은 오직 같은 냄새나 맛의 실제 경험에 의해서만 촉발될 수 있다. 그 현재의 감각은 후각과 미각에 의해 촉발된 기억에 독특한 생성력을 부여하는 것으로 보인다. 스완(Swann)과 오데트(Odette)의 시각적 기억은 실제로 마들렌 페이스트리 냄새를 맡고 맛보는 것이 프루스트(Proust)에게 미쳤던 환기력을 가졌을까?

리어를 다시 생각해 보자. 그는 웅장한 수사적 제스처의 일부로서 현재 자신이 여성의 성적 흥분의 냄새를 맡고 있다고 우리를 믿게 할 것이다. 하지만 그 앞에 여성은 없다. 그런 냄새를 맡는 것은 분명히 환각일 것이고, 리어는 이 장면에서 꽤 생생하게 환각을 경험하고 있다. 하지만 그의 환각은 후각적인 것이 아니라 시각적인 것이다. 그는 그 정도로 미치지는 않았다. 심지어 그도 자신이 약제사에게 요청한 사향 한 숟갈이 숨 쉬는 공기가 아니라 자신의 상상력을 향기롭게 하는 것임을 알고 있다. 사향은 형상적이며, 그는 그것을 알고 있다. 리어가 자신 안에 재현하고 있는 것은 성적인 냄새를 실제로 재경험하는 것이 아니라 그가 그런 냄새를 맡았을 때 느끼는 혐오감이다. 그것은 그가 재창조할 수 있는 감각이다. 그것이 사실 혐오가 우리로 하여금 이전에 혐오하게 했던 무언가를 다시 혐오하지 못하게 작동하는 방식의 본질이다. 리어는 질과 유황 구덩이의 냄새를 다시 맡지 않을 수는 있지만, 가장 심오한 증오와 혐오를 다시 경험하고 있다. 쳇, 쳇, 파, 파가 보여주는 혐오의 제스처는 가짜가 아니다. 그리고 설령 가짜라 하더라도, 그러한 속임수는 그것이 표현하고 있는 느낌을 생성하는 독특한 방법을 가지고 있다. 구역질을 모방하는 것은 조심하지 않으면 실제 구토로 이어질 수 있다.[37]

리어와 스위프트(그리고 심지어 프로이트도 이런 방식으로 읽힐 수 있다)

는 악취를 도덕적 영역에서 배제하는 것이 거의 불가능하다는 것을 보여준다. 죄와 사악의 언어는 변질된 후각의 언어이다. 시각과 청각, 더 높은 감각들은 우리의 도덕적 감수성의 표현에 이러한 역할을 하지 않는다. "잘못된(fault) 냄새를 맡았소?"[38] 악취는 악이요, 악한 냄새이다. 나쁜 짓은 지옥과 같은 냄새가 나기 때문에 하늘에까지 고약한 냄새를 풍긴다. "아, 내 죄 썩은 냄새가 하늘까지 나는구나"(『햄릿(Hamlet)』, 3.3.36).[39] 나쁜 촉각은 도덕적 용어에 도덕적 행위를 범주화하기 위한 다수의 측정 축을 제공하는 반면, 냄새는 오로지 나쁜 냄새와 좋은 냄새만을 제공한다. 하지만 그것이 필요한 전부인 것 같다.

냄새에 대한 마지막 관찰로서, 냄새 난다(stink)라는 단어는 강제성을 가지고 있으므로 정중한 대화에서는 적절하지 않다는 사실을 언급하고자 한다. 사람들은 대개 "냄새가 나쁘다(smells bad)"와 같은 보다 부드러운 표현을 사용함으로써 그 단어를 회피한다. 또는 우리가 "욕설(swear words)"이라고 표현할 수 있는 어떠한 단어도 그렇게 사용되지 않는데, 사람들은 예법을 어기거나 자신을 저속하다고 분류할 가능성에 대한 약간의 불안감에 시달리면서 냄새 난다(stink)라는 단어를 사용한다. 다른 감각들의 역겨운 느낌에 전용되는 어떤 단어도 이런 힘을 가지고 있지는 않다. 냄새 난다라는 단어가 부적절해질 정도로 그렇게 강력해진 시점을 정확히 가늠하기는 어렵다. 그 단어는 16, 17세기에 공적인 도덕적 비

---

37   Gross and Levenson, Levenson et al., 그리고 Strack et al.을 보라.
38   *Lear*, 1.1.16. 엘리자베스 시대의 영어에서 "fault"는 여성 생식기의 속어이다. Astington, "'Fault' in Shakespeare"를 보라. fault, fall, 그리고 *foutre*에 대한 셰익스피어식 말장난에 대해서는 Adelman, pp.23~26, 105를 보라.
39   조이스의 『젊은 예술가의 초상』 3장에 나오는 불과 유황의 설교를 떠올려보라. 그 설교는 지옥을 하수구로, 죄를 악취로 표현하는 전승의 훌륭한 성과이다.

난의 언어로 흔히 사용되었는데, 그것은 그 단어의 저속함을 입증하는 것이 아니라 그 단어의 힘을 입증하는 것이다. 옥스퍼드 영어 사전은 적어도 19세기 말까지는 그 단어가 적절하지 않은 것으로 여겨졌다는 것을 보여준다.[40]

그 변화를 무엇 때문이라고 볼 수 있을까? 그 단어의 부적절함은 분명히 "문명화 과정"이 행진하는 또 다른 하나의 단계이다. 하지만 어쩌면 그것은 더 구체적인 무언가일 것이다. 19세기의 위대한 성취 중 하나는 지하 하수구의 대규모 공공 건설을 통해 도시에 편재한 배설물과 부패하는 동물성 물질의 악취를 제거한 것이었다. 인간이 직립 보행을 시작했을 때 그 인간은 아래로 내뿜는 악취보다 그렇게 많이 위로 올라간 것은 아니었다. 프로이트가 내놓은 냄새의 최종적인 가치절하 이론은 인간의 코를 위로 올리는 것만큼이나 하수구를 지하에 넣는 것에 달려 있을지도 모른다.[41] 심지어 지하에 하수구를 설치하는 것이 프로이트 이론의 필수 전제조건이자 조력자라고 주장될 수도 있다. 지하 하수구는 억압된 것들의 상징이 아니라 억압된 것 그 자체이며, 위험을 매장한 것이었다. 잘 알려진 존 헨리 뉴먼(John Henry Newman)의 동생 프랜시스 뉴먼(Francis Newman)의 자유시에서 포착된 바와 같이, 하수구는 새로운 지옥이요, 문명이 기초하는 하부 위장(胃腸)의 기반이다.

---

40 옥스퍼드 영어 사전 s.v. stink v.2a. "화자 쪽에 지독한 혐오를 의미하며, 통상적으로 예의바른 용법에서는 불쾌하게 강요하는 것으로 회피된다."

41 *History of Manners*, p.203에서 엘리아스가 후각의 가치 절하를 시각에 반하는 것으로서 문명화 과정에 연결시킨 것을 보라. 이는 후각의 가치 절하를 시각에 반하는 것으로서 직립의 기질적 발달에 연결시킨 프로이트와는 다르다.

따라서 우리 도시 밑에는, 기이하고 부패한 예술에 의해

새로운 도시가 건설된다, 지옥의 혐오로.

벽돌로 만든 창자의 그물망, 그것은 영원히 부패한다.[42]

시각

반(反)성적이고 여성 혐오적인 금욕주의 전통에 따르면, 혐오는 냄새, 즉 섹스와 출산과 부패와 배변이 지닌 냄새와 함수관계를 지녔다. 나는 스위프트와 프로이트가 어떤 식으로든 이 전통과의 연속선상에 있는 것으로 이해될 수 있다고 제안했다. 프로이트에 따르면, 냄새는 섹스, 즉 우리가 직립 보행을 배우고 나서는 눈이 우리를 자극하게 된 바로 그 섹스를 망치는 것이다. 프로이트의 세계에서 시각은 일차적인 욕망의 감각이다. 시각은 냄새가 감춰지고 부끄러운 것들이 매혹적으로 숨겨질 수 있도록 충분히 뒤로 물러나 욕망이 작동하기 위해 필요한 거리를 준다.

시력은 냄새와 달리 제대로 작동하려면 거리가 필요하다. 너무 가까이 다가가면 사물은 흐려지거나 바로 우리가 드리운 그림자 아래에서 어두워진다. 너무 멀리 물러서면 욕망하기에 충분할 만큼 알아보는 데 실패한다. 그러나 그 중간인 욕망의 범위 안에서는 눈은 근시, 소망적 사고, 화장품과 옷 같은 사물의 전략에 의해 속을 수 있다. 냄새의 범위를

---

42   Newman, *Theism* 164, "Cleanliness," vv. 82~88. 존 헨리와 다르게 프랜시스 뉴먼은 유니테리어니즘에서 위안을 찾았다.

벗어나고 초점을 맞출 수 있는 이 중간 거리에서, 시각은 촉각의 쾌락이 시각의 욕망을 정당화하기 위해 작동하기 전에 근접한 냄새들이 유발할 수도 있는 혐오를 극복하기에 충분한 수준으로 욕망을 자극한다. 중간 범위는 또한 브로브딩나그에서 걸리버의 혐오를 유발했던 현미경적 시야의 진리에 맞서는 경쟁적 진리를 구성할 수 있게 한다. 그리고 옷 이면에 있는 냄새의 원천을 감춤으로써 시각이 자극한 욕망에 의해 활성화된 바로 그 장기들을 관찰하지 못하게 한다. 어떤 묘한 속임수가 아름다움이 일으키는 매력을 음경, 음낭, 질처럼 보이는 장기들로 귀착되게 했을까? 수치심이 우리로 하여금 몸을 가리게 하는 것은 과연 우연일까?[43]

또는 예를 들어 성적 결합이 키스나 눈빛 교환으로 이루어진다면, 우리는 입술과 눈을 생식기와 마찬가지로 보기 흉한 것으로 여길 것인가? 밀턴의 아담은 천사 라파엘에게 이런 질문들을 던졌고, 천사의 붉게 타는 미소와 얼버무리는 답변을 받았다. (심지어 영적인 존재들도 당황과 수치로 인한 얼굴 붉힘, 그리고 수치와 함께 혐오의 가능성을 알아야 할 것 같다.)

> 옳거든 참고 들으소서, 하늘의 영들은
> 사랑을 하지 않나요, 사랑을 한다면 그 사랑을 어떻게 표현하나요?
> 단지 표정으로 하나요, 아니면 눈빛을 교환하며
> 직접적으로 또는 간접적으로 접촉하나요?
> 천사는 사랑 본래의 색채인 하늘의 붉은
> 장밋빛으로 붉게 타는 미소를 지으며 대답하네.

---

43 성관계를 가리키는 속어 "bumping uglies"[특히 남성이 엉덩이에 큰 뾰루지가 있는 여성과 후배위로 성관계를 갖는 것을 가리키는 속어_옮긴이]의 낱말 결합을 비교하라.

우리들이 행복하다는 것을 아는 것으로

족하리라, 사랑 없으면 행복도 없는 것이니.

(『실낙원(Paradise Lost)』, 8,614~620)

천사 못지않게 우리도 다른 사람들에게 보일 경우 혐오를 유발할 수 있는 것은 수치심에 의해 보호되어야 한다. 응시 받는 이는 자신의 몸을 가려야 하며, 응시하는 자는 자신의 눈을 가려야 한다. 눈과 노출증과 수치는 프로이트의 세계에서 함께 결합하며 혐오를 내포한다. 왜냐하면 수치스러운 것은 또한 종종 역겹기 때문이다.

세상은 혐오스러운 광경들로 가득 차 있고, 그중 일부만 성교와 관련이 있다. 행위자에게 수치를 유발하는 어떠한 행위도 관찰자에게 혐오를 유발할 수 있다. 겸손, 품위 유지, 자기표현 가능성의 규범을 심각하게 위반할 경우 보기에 혐오스러울 수 있다. 이 영역에서 혐오는 도덕 감정과 규율 및 사회적 통제의 동기 요인으로 작용한다. 모든 시각적 혐오가 이런 종류의 규범 유지 활동에 직접적으로 관련된 것은 아니다. 그중 일부는 냄새와 접촉으로 생성되는 혐오에 편승한다. 공공시설에 물이 안 내려진 변기, 거대한 민달팽이, 뱀장어, 꿈틀거리며 기어가는 구더기들의 모습은 꽤 강렬하게 혐오스러울 수 있다. 이러한 환경에서 우리는 시각이 불안한 접촉, 구역질나는 맛, 악취의 가능성을 암시함으로써 작동하거나, 부패와 출산 같은 오염 과정을 암시함으로써 작동한다는 것을 인식한다. 이런 것들은 그것들의 오염시키는 능력 때문에 불쾌하다. 그것들은 겉모습 때문이 아니라 존재 때문에, 말하자면 도덕적 결함 때문에 불쾌하다. 어떤 경우에 우리는 심지어 애벌레, 도롱뇽, 해파리 등이 지닌 형태와 비율, 색깔과 만곡(彎曲)에서의 추상적인 아름다움을 인정할 준비가 되어 있다. 하지만 그것은 그들의 오염 능력을 더 기이하고 불안하게 만드는 데 기여할 뿐이다.

시각은 많은 공포의 통로가 되는 감각이다. 공포 장르임을 분명히 표방하는 영화들은 (공포와 불안을 일으키는 음악의 힘을 과소평가해서는 안 되겠지만) 맛, 냄새, 또는 촉감 없이도 무서워 떨게 하고 혐오스럽게 한다. 시각은 우리의 공감적 상상력을 활성화시키지만, 공감적 감각은 후각으로는 확장되지 않는다는 것에 주의하라. 후각은 공포 장르에서는 실제로 아무런 역할을 하지 않는다. 촉각에서 혐오스러운 것들은 불쾌한 모습을 보는 것만으로도 우리를 움츠러들게 할 수 있다. 마찬가지로 누군가가 부패한 물질, 인육, 또는 배설물을 먹어야 하는 모습을 보는 것은 강한 동정심을 일으키지만, 사람들이 악취를 맡는 모습을 보는 것은 그에 상응하는 동정적 반응을 우리 안에 재현하지 못한다. 영화에서 나쁜 냄새가 경험되는 것은 나쁜 냄새의 모습이 나빠 보이기 때문이거나 또는 우리가 그 냄새 나는 것을 만지면 혐오스러울 것이라고 생각하기 때문이다.[44]

후각이 시각 매체를 통해 잘 번역되지 않는 이유는 대상의 시각적 현존이 그 대상의 냄새로 혐오를 유발하는 데 필수적이지 않기 때문이다. 사실 우리는 보통 냄새를 어떤 숨겨진 원천에서 몰래 우리에게 스며들어 오거나 제대로 닫혀 있어야 할 구멍을 통해 새어 나오는 것으로 생각한다. 멋지게 보이는 것들이 악취를 내뿜을 수도 있다. 그것이 바로 스위프트를 혼란스럽게 했던 것이다. 맛이 안 좋은 것도 매력적으로 보일 수 있지만, 우리의 공포는 맛이 안 좋은 것을 본다고 해서 유발되는 것이 아니

---

44 헉슬리(Huxley)의 『멋진 신세계(Brave New World)』에서 단지 시각적이고 청각적인 자극 이상을 제공하는 감각 예술작품들과 영화들을 상기해 보라.

라 누군가가 그것을 먹는 것을 볼 때 유발된다. 우리는 그것이 씹혀지고 삼켜지는 것을 본다. 다시 말해서, 우리는 그 광경에 의해 공감적으로 유발될 수 있는 근육 행동을 보고 있는 것이다. 악취는 냄새로 고통 받는 사람과 공감할 수 있는 수단을 주지 않는다. 그리고 촉각에 불쾌감을 일으키는 끈적끈적한 것, 꿈틀거리는 것은 즉각적으로 위험하고 혐오스러운 것으로 처리된다. 그것들이 다른 누군가에게 닿는 것은 몸서리치게 하고 움츠리게 하지만, 그것들은 대개 접촉하기 훨씬 전에 혐오를 유발한다.

시각은 다른 감각들의 기미가 없더라도 그 자체로 공포를 유발할 수 있다. 추악함, 기형, 불구, 그리고 우리가 폭력으로 인식하는 것의 대부분, 즉 선혈, 모욕, 폭행을 처리하는 것은 바로 시각이다. 시각적인 추악함과 기형의 공포에 대해 제기되는 어려운 질문은 이 추악한 것들이나 존재들이 그것들과 친밀한 접촉을 가질 수 있다는 전망과는 별개로 끔찍한가 하는 것이다. 괴기하게 흉측한 사람들은 우리가 그것들을 성적으로 상상하는 정도에서만 또는 우리나 다른 사람들과의 일종의 친밀성 안에서만 혐오스러운 것일까? 현재까지도 다양하게 부활해서 이어져 오고 있는 혐오스러운 할멈에 대한 중세의 풍부한 로맨스 테마에도 불구하고 대답은 '아니오'이다. 우리는 성적 환상이나 친밀감에 대한 두려움과는 무관하게 끔찍하게 추하고 소름끼치는 존재를 알아본다. 시각은 위반되면 공포, 혐오, 연민, 두려움을 불러일으킬 수 있는 자체의 미학적이고 당연한 도덕적 기준을 가지고 있다. 그것은 우리가 그것들과의 친밀감을 두려워하거나 그것들이 다른 사람들과 갖는 친밀함을 두려워한다는 것이 아니다. 우리가 그것들을 어떻게 보는지 알고 있으며, 그렇게 보여지는 것을 참을 수 없다는 것이다. 그렇다면 공포는 그것들과 친밀한 데 있는 것이 아니라(그럴 수도 있지만) 그것들이 **존재한다는** 데 있다.

기형과 추함은 혼란스럽기 때문에 더욱 불안하다. 그것들은 관심 비유발(disattendability)*과 함께 오는 편안함을 무효로 만든다. 기형과 추함은 우리로 하여금 보고 알아차리도록 강제한다. 또는 보지 않음에 대한 또는 보지 않은 것이 아님에 대한 자의식에 시달리게 한다. 그것들은 공포스럽게 하고 혐오스럽게 하는 힘 때문에 공포와 불안을 유발한다. 그러나 추함과 끔찍함 앞에서 우리 스스로 어떻게 처신해야 하는가 하는 사회적 문제와는 무관하게 추함과 끔찍함이 바로 우리 눈앞에 있다는 다루기 힘든 심리적 공포는 여전히 존재하는 듯하다. 선혈과 불구, 신체에 대한 폭력이 특별한 이유 없이 잔인하게 가해졌을 때의 결과들처럼 어떤 광경은 단순히 혐오감을 불러일으킨다. 전(前)사회적인 무언가가 사고에 의해 괴기하게 변형되거나 상해에 의해 파괴되어 온전치 못한 신체가 될지도 모른다는 생각은 우리를 강한 혐오감 및 공포감과 연결시켜 주는 것 같다.

청각

청각은 혐오를 처리하는 데서 가장 작은 역할을 하는 감각이다. 그래

---

* 사회학자 어빙 고프먼의 개념으로, 공공장소에서 사람들은 타인에게 위협적인 존재가 아니라는 의미에서 안전하게 타인의 주목이나 관심을 끌지 말아야 한다는 문화적 규칙을 말한다. 예의 있는 무관심(civil inattention)이 타인에 대해 관심을 보이지 않는 방식으로 행동해야 하는 규칙이라면, 관심 비유발은 타인의 관심과 주목의 대상이 되지 않도록 행동해야 하는 규칙이다._옮긴이

서 주로 나쁜 광경, 메스꺼움, 또는 혐오스러운 촉감과의 사전 연관성 때문에 혐오를 유발한다. 누군가가 구토하거나 욕지기를 하는 소리는 메스꺼움의 공감적 전염을 촉진할 수 있다. 이를 가는 것도 공감적인 턱 조임과 혐오를 유발한다. 배변 소리, 헛기침 소리, 코 푸는 소리, 일부 민감한 영혼에게는 심지어 손톱 깎는 소리까지, 역겨운 신체적 배출을 동반하는 소음들은 그 자체로 오염되어 있다.[45] 다른 사람들이 사랑을 나누는 소리 또한 대부분 터무니없이 웃기고 난처하지만 역겨울 수 있다. 그리고 희극이나 역겨움은 종종 우리 자신이 만드는 소음의 양의 변화를 유도하기에 충분하다. 만약 전염이 그러한 환경에서 작동한다면, 어떤 사람에게는 흥분을 통해서 작동할 것이다. 하지만 다른 사람에게는 겸손과 예의와 절제의 규범을 위반하는 것이 혐오감을 불러일으킬 것이다. 동물들이 "성행위를 한다"는 생각이 그러하듯이, 어떤 사람에게 그러한 소음은 성과 성관계의 초월에 대해 우리가 구성하는 감상주의적 허구를 지속시키는 것을 더 어렵게 만든다.

어떤 소리의 특징은 그 소리가 나타내거나 부분적으로 만들어내는 성격적 특성 때문에 우리를 혐오스럽게 한다. 사람들이 나에게 지적해 왔으나 고치기 힘든 나의 위스콘신 북부의 비모음(鼻母音)처럼 징징대고 구슬리는 어조가 이런 종류이다. 계급과 지역의 억양은 그들의 추악함과 천박함에 대한 판단 때문에 혐오스러울 수 있지만, 그 판단은 항상 소리의 본질적인 혐오스러움이 지닌 문제 그 이상이다. 억양의 아름다움과 말소리에 대한 판단은 계급, 지위, 민족, 국적, 그리고 오랜 경쟁 상대

---

45 흥미롭게도 방귀는 이 목록에 들어가지 않는다. 방귀 소리는 희극적 질서에 거의 완전히 동화되어 있다. 그러나 그 냄새는 여전히 혐오의 세계에 확고하게 속해 있다.

에 대한 이전의 판단과 매우 뒤섞여 있다. 그러나 예를 들어 더블린 영어와 보스턴 아이리시의 영어가 심미적 매력에서 차이가 나는 이유는 그것 때문만은 아니다.[46] 우리는 확실히 사회적 변수들과 무관하게 다른 방식보다 특정한 방식으로 들리는 언어를 선호한다. 특정한 언어 장애와 말 장애는 우리를 당황하게 하고, 혼란스럽게 하며, 심지어 혐오감을 줄 수도 있다. 여기서 계급, 지역, 민족은 관여하지 않는다. 단순히 정상적인 것과 이해 가능한 것의 범위에 포함되지 않는 것은 낙인찍고 주변화시키기에 충분하다.

이런 맥락에서 웃음에 대해 생각해 보자. 어떤 스타일의 웃음소리는 그렇게 웃는 사람들을 혐오스럽다고 비난하게 만든다.[47] 웃음은 분명 그 소리와는 별개로 짜증나게 하고 혐오감을 줄 수 있다. 가장 듣기 좋은 웃음소리도 부적절하게 향하면 반감과 혐오감을 불러일으킬 수 있다. 그 사람은 우리가 사악함이나 냉혹함을 불러일으킨다고 생각하는 것을 향해 웃은 것일 수도 있고, 단순히 웃음 타이밍을 잘못 맞춘 것이거나 너무 오래 웃은 것이거나 아니면 너무 자주 웃은 것일 수도 있다. 웃는 습관은 우리가 한 사람의 도덕적이고 사회적인 능력을 확인하기 위해 사용하는 중요한 단서 중 하나인 것이다.

우리의 판단은 단지 웃음의 동기, 타이밍, 그리고 지속시간만의 문제가 아니다. 그것은 또한 한 사람의 웃음**소리**가 적절한가에 대한 판단과

---

46 독일어가 프랑스어보다 더 추하게 들리는 것은 단지 히틀러의 고함과 무릎을 굽히지 않고 행진하는 병사들의 이미지 때문인가? 나는 히틀러가 그러한 이미지들이 끼어들지 않은 채 독일어 소리에 대해 판단하도록 하는 것을 불가능하게 만들었다고 생각한다.

47 de Sousa, pp. 279~280의 논의를 보라. "습관적인 웃음소리가 낄낄거리거나 키득거리는 것인 사람을 상상해 보라. 당신은 당신의 딸이 그와 결혼하길 원하겠는가?"

도 엮여 있다. 어떤 웃음은 단순히 그 소리에 질리기도 한다. 분명히 웃는 사람이 밉살스럽거나 혐오스럽다고 해서 우리가 항상 그 웃음이 역겹다고 여기는 것은 아니다. 웃음의 스타일 자체가 불쾌감을 촉발하거나 그 사람을 짜증나는 사람으로 여기게 만드는 기질을 촉발할 수도 있다. 짜증(irritation)은 혐오는 아니지만, 계속되는 짜증은 혐오 표현을 사용하게 해서 결국에는 혐오로 변화시키는 일종의 불쾌감을 불러일으킬 수 있다. 혐오는 짜증의 간헐적인 동반자나 그 결과가 아니다.

나는 그런 불쾌감을 유발하는 특정한 웃음소리가 어떤 것인지 정확히 포착할 수 있을지 잘 모르겠다. 하이에나가 내는 소리로 묘사되는 신경질적인 킥킥거림은 웃음이 동물 소리라고 묘사될 수 있을 때 혐오를 유발한다는 것을 시사한다. 결국 웃음은 우리와 동물을 구분해 주는 몇 안되는 것 중의 하나이다. 우리가 저속한 모방 시도라고 인식하는 것에 의해 그 구분이 흐려지는 것, 우리와 동물 모두를 비하하는 것을 우리는 분하게 여기고 있는 것일까? 이것이 동물들의 소리를 이용한 유머가 유치하거나 구제불능일 정도로 천박하다고 여겨지며 대개 재미를 주기보다는 당황스럽게 하는 데 성공하는 이유인가? 나는 그러한 설명이 적절한지에 대해 의구심을 갖고 있지만(예를 들어, 그것은 킥킥거림이 불러일으키는 혐오감은 설명하지 않는다), 혐오가 의미 구조 체계에서 범주 위반과 비정상의 문제라는 더글러스의 이론과 그러한 설명이 상당히 부합한다는 점은 언급되어야 한다.

우리는 분명 젠더에 맞는 웃음 코드를 가지고 있다. 여성은 남성처럼 웃으면 안 되며, 남성도 여성처럼 웃으면 안 된다. 그러나 각 젠더 내에서 과장된 스타일은 혐오감을 불러일으킬 수도 있다. 흔한 남성들의 연대 의례인 것으로 보이는 재미없는 것들에 대해 남자들끼리 떠들썩하게 웃는 것(예를 들어 영화 〈와일드 번치(The Wild Bunch)〉에서 사용된 강인한 웃음의 모티프를 참조하라)은 여자들끼리 킥킥거리거나 키득거리는 것 못지않게 혐오감을 줄 수 있다. 그러나 이러한 예들은 혐오스러운 웃음에 대한 사례라기보다는 그 웃음이 표상하는 남성성이나 여성성의 종류가 혐오스럽다는 것에 대한 사례이다. 이 주제는 내가 여기서 다루는 것보다 더 많은 관심을 기울일 가치가 있지만, 이 정도로 만족하자.

마치 눈으로 보는 광경처럼, 소리는 우리가 폭력적인 행위를 인식할 때 작용하는 혐오를 발생시키는 데 많이 등장한다. 비명과 날카로운 소리는 두렵고 낯선 것들과 함께하며, 혐오를 유발할 것 같지는 않지만 분명 불안하게 만들면서 혐오를 유발할 행위의 망령을 불러일으킬 수 있다. 다리나 팔이 부러지는 소리는 상당히 빠르게 구역질나게 할 수 있다. 내 딸 에바가 전속력으로 달리다가 넘어지면서 뒤뜰 테라스에 머리를 부딪치는 둔탁한 소리는 (비록 매우 강인했던 에바는 형편없이 득점을 올리지 못한 데 격분해 발을 동동 굴렀지만) 내 위장이 목구멍까지 올라오게 했다. 손가락을 꺾는 소리에는 가장 약화된 자기폭력 관념만 있을 뿐이지만, 그렇다고 해서 많은 사람을 혐오스럽게 하는 것을 막을 수는 없다.[48]

혐오에서 청각이 수행하는 작은 역할은 청각이 성가시고 짜증나는 것을 처리하는 (촉각으로부터 받는 건강한 도움과 함께) 기본 감각이라는 사

---

48 음악은 혐오를 유발할 수 있는가? 당신이 가장 좋아하는 음악의 무자크[Muzak, 상점, 식당, 공항, 공공시설 등에서 배경 음악처럼 내보내는 녹음된 음악_옮긴이] 버전은 어떤가? 당신이 싫어하는 음악은 당신을 미치게 할 수도 있고 고문할 수도 있지만, 그게 당신을 혐오스럽게 하는가? 나는 전문가라면 자신이 싫어하는 형식에 의해 정말로 혐오감을 느낄 것이라고 생각한다. 그리고 음악을 혐오하는 것은 말이 되는 일이다. 하지만 당신이 싫어하는 음악에 대한 반감과 혐오스러운 광경과 소리에 의해 유발되는 반감 사이에는 전혀 다른 무언가가 있지 않은가? 불쾌한 음악은 고문이요, 고통이다. 하지만 그것은 혐오감과 동일한 느낌을 가지고 있지 않다.

실로 인해 상쇄된다. 미각, 시각 및 후각은 그 영역에서 더 제한적인 역할을 수행한다. 그것은 각다귀와 모기 소리, 수도꼭지에서 물이 떨어지는 소리, 징징대는 불평 소리, "내가 그렇게 말했잖아"라는 어조로 알리는 자기만족의 소리이다. 그리고 이러한 것들이 결국 혐오로 이어질 수 있지만, 그 소리들은 예의에 대한 우리의 감각을 포함해서 다른 감각들과의 연관성으로부터 도움을 받아야만 혐오로 이어질 수 있다.

미각

나는 혐오의 핵심이 맛과 음식 거부, 입안에 있는 나쁜 것들과 함수관계를 지닌다고 가정하는 심리학적 문헌에 대해 가벼운 논쟁을 벌여왔다. 이런 이유로 나는 혐오가 특히 촉각과 후각뿐만 아니라 시각과도 얼마나 밀접한 관계가 있는지 보여주고 나서 마지막으로 미각을 다루고 있는 것이다. 내가 생각하는 미각의 중요성은 두 가지 혼동을 감수하고 얻은 것이었다. 그 가운데 하나는 앞서 언급한 바와 같이 영어 낱말 혐오의 어원이 언어적 암시에 의해 미각을 전면에 내세운다는 것이다. 다른 하나는 혐오가 종종 입술을 통과한 오염물질을 뱉거나 토해내거나 거부하는 것을 나타내는 얼굴 표정과 감탄사로 나타난다는 사실 때문에 미각이 혐오의 환유로 자리 잡게 되었다는 것이다. 따라서 어원, 얼굴 표정, 그리고 감탄사는 서로 결합해 연구자들이 혐오의 현상학에서 미각을 지나치게 강조하도록 오도해 왔다. 우리는 고약한 맛 때문에만 구역질을 하거나 구토를 하는 것이 아니다. 악취, 소름 끼치는 광경, 불쾌한 감촉도 같은 효과를 낼 수 있다. 이러한 사실 때문에 고약한 맛을 나타내기 위해 사용되는 얼굴 표정들은 감각 근원이 무엇이든지 간에 혐오를 나타내는 데 도움이 된다. 우리는 입안에 맛이 나쁜 무언가가 있을 때 뱉어낸다. 하지만 리어는 악취를 나타내기 위해 뱉는 소리를 모방하는 전방 파열음 "파"를 사용한다. 우리는 악취뿐만 아니라 역겨운 맛과 광경에 코를 찡그리거나 입술을 비죽거린다.

간단히 말해, 혐오의 얼굴 표정들이 모두 미각에 집중되어 있지는 않다. 어떤 표정은 미각을 나타내지만, 다른 표정은 냄새를 나타낸다. 우리가 다윈처럼 손과 온몸의 제스처를 포함시키고 현재의 많은 연구자들처럼 얼굴에만 좁게 초점을 두지 않는다면, 혐오의 신체 어휘(somatic lexicon)는 주춤하고 움찔하는 것으로까지 확대된다.[49] 주춤하고 움찔하는 것은 주로 촉각에 집중되어 있지만, 고약한 맛과 악취의 가능성에 대한 혐오를 표시하기 위해 사용되기도 한다. 혐오는 결코 단순히 맛의 문제가 아니었으며, 호불호, 선과 악, 우리와 남, 우리 것과 남의 것에 대해 다소 광범위하게 판단하는 종(種)의 수단을 포함(체화)했다. 나는 혐오가 그 발달과정에서 오히려 나중에 맛과 연결되었다고 믿는 것이 진화적인 문제로서 더 그럴듯하다고 생각한다. 나는 후각과 촉각이 먼저 혐오와 관련 있었을 것이라고 추측한다. 그리고 이것은 적응으로서 완벽하게 이해된다.[50] 우리는 분명 더러운 것을 입에 넣기 **전에** 그것에

---

49 다윈은 "윽, 저거 치워"라는 제스처로 두 손을 뻗은 채 몸을 움찔하고 있는 한 남자의 사진을 인화해서 싣는다. 도판 V의 사진 2, 3.

50 발달에 대한 다른 이야기가 있을 수도 있다. 혐오의 얼굴 표정은 내 아들 행크가 태어난 지 6주되었을 때 이미 자리 잡고 있었다. 그가 표현하는 불쾌감이 우리가 알고 있는 혐오가 아닐 수 있겠지만, 그는 뚜렷한 혐오 표정으로 자신의 입에 억지로 물린 고무젖꼭지를 거부했다. 그럼에도 불구하고 이 표정은 움츠림에 선행하며, 그 나이의 유아는 단순히 그 표정을 적정하게 이끌어낼 수 있는 조정력과 시각적 기준 및 능력이 부족하다. 그 표정은 불쾌한 것을 입에서 배출하는 방법으로 시작되며, 나중에 다른 감각들에 의해 구별되는 불쾌한 것에 대

대해 경고해 줄 수 있는 어떤 감각이나 감각들을 원할 것이다. 미각에 의한 거부는 최후의 방어 수단이다.

쓴맛, 단맛, 짠맛, 신맛에 대한 일반인들의 이해에서 좁게 해석되는 미감들 중 어느 것도 혐오 반응의 추정적 지표는 아닌 것 같다. 쓴맛과 짠맛은 혐오 복합체에서 실제로 아무런 역할을 하지 않는다. 맥주 애호가라면 누구나 알겠지만 쓴맛은 그 자체로 불쾌하지 않다. 지나치게 쓰거나 짠 음식은 불쾌할 수 있지만 혐오스럽지는 않다. 신맛도 산미의 처리라는 의미에서 혐오스러운 맛과 별 관계가 없다. 신 것은 우리를 주름살지게 만들 수 있다. 그것은 내뱉기보다 빨아들이는 제스처이다. 신맛으로 인한 찌푸림은 종종 설익음, 조숙한 과일의 시큼함에 의해 유발될 수 있으며, 이것은 거의 혐오를 불러일으키지 않는다. 우리가 보았듯이, 혐오를 부르는 것이 성숙이고 과숙이지 조숙은 아니라는 것은 놀랄 일이 아니다.

하지만 신맛은 의미론적으로 이중적인 역할을 한다. 맛의 문제에서 신맛은 익지 않은 것이나 산성의 시큼함을 나타낸다. 이 맥락에서 신맛은 성숙과 미숙을 대비시키면서 단맛의 정반대로 여겨진다. 그러나 익는 과정이 성숙을 지나 부패로 이어지면서, 우리는 그 맛을 묘사하기 위해서도 신맛의 개념을 부활시키지만, 같은 먹을거리라도 익지 않았을 때 묘사하는 신맛은 아니다. 그래서 시큼한 우유와 시큼한 수건과 시큼한 입냄새가 있는 것이다. 여기서 시다는 것은 산패한(rancid)과 동의어이며, 설익음의 신맛과 같은 개념은 명백히 아니다.

한 혐오를 표명하기 위해 일반화된다.

신맛(sour)의 문제는 산성의 것이 무슨 맛인가 하는 문제가 아니라 단맛(sweetness)과의 두운을 맞춘 대조 때문에 영어에서 천 년 이상 방치되어 왔던 문제이다. 결과적으로 신맛은 단맛의 부재를 나타내는 불쾌한 특성들, 곧 성마른 것, 언짢은 것, 시무룩한 것, 신랄한 것을 의미하게 된다. 그리고 익지 않은 과일이나 매우 신 과일을 먹을 때 나타나는 얼굴 표정은, 그 표현으로 이어지는 맛이 사실은 즐길 수 있는 것일지라도, 습관적으로 성마르고 쩨쩨한 사람의 얼굴을 나타내는 것이기 때문에 신맛은 또한 부정적으로 여겨진다.

단맛은 처음에는 매력이 있다가 질리기 시작하면 역겨움을 느끼게 하기 때문에 혐오와 흥미로운 관계가 있다. 이 문제는 제6장에서 과식을 다룰 때 더 자세히 설명할 것이다. 우리는 모두 달콤한 맛이 지닌 매력적이고 유혹적인 힘에 시달려왔다. 단맛은 어린아이들을 포섭 가능하게 만듦으로써 그들의 강력한 의지를 자주 꺾는 유일한 맛이다. 더 정확히 말하면, 어린아이들의 그 엄청난 의지가 단맛의 즐거움을 얻기 위해 동원되며, 단맛을 얻기 위해서 부모의 의지는 깨져야 한다는 것을 아는 묘미가 더해진다. 그러나 어린아이들도 비록 달콤함의 역치가 유난히 높긴 하지만 식상함과 질림을 경험한다. 과한 달콤함만큼 역겨운 것은 거의 없지만, 다음에 사탕통에 덤벼드는 것을 단념하는 일은 드물다. 욕망은 추락으로부터 안타이오스(Antaeus)*처럼 솟아오른다.

일단 달콤함이 미각을 넘어 냄새 묘사라는 작은 어휘 목록으로 넘어가면, 그것은 똑같이 매력적인 냄새, 예를 들어 꽃의 냄새와 어떤 구역질을

---

* 바다의 신 포세이돈과 땅의 신 가이아 사이에서 태어난 거인_옮긴이

유발하는 유형의 고약하고 불쾌한 냄새를 묘사하는 역할을 하는 경향이 있다. 그래서 공중화장실에서 나는 역겨운 오줌 냄새나 우리가 느끼는 많은 종류의 그러한 냄새들에 대해 구역질나게 달콤하다고 묘사하는 것이 가장 적절하겠다. 그러나 성격에 대한 묘사로서, 달콤함은 대부분 긍정적이지만, 단맛의 개념이 몇몇 스타일의 단맛을 역겹게 만들 수 있다는 것은 여기서도 예외이다. 사회 행위자로서 우리는 항상 미덕이자 결코 질리지 않는 성격의 진정한 달콤함과 뒤에 지나친 염려와 참견을 끌어들이는 또 다른 종류의 달콤함을 구별하는 데 꽤 능숙하다.

만약 본연의 미각이 우리의 혐오 구성에서 촉각이나 후각만큼 두드러지게 나타나지 않을지라도, 먹는 과정은 분명 혐오 구성에서 촉각이나 후각만큼 두드러지게 나타난다. 이는 혐오가 미각에 기초한 감정으로 잘못 읽혀져 왔던 또 다른 이유를 제공한다. 순수와 위험, 순수와 불순 사이의 구별이 음식을 놓고 이루어지는 경우가 많기 때문에 음식과 혐오는 밀접한 관련이 있다. 그러나 순수의 문제는 입 외의 구멍들에서도 마찬가지로 강하게 제기된다. 여기서의 쟁점은 맛의 문제가 좁은 의미로 해석된다는 것이 아니라 취약한 구멍인 입을 침해한다는 것이다. 입은 혐오에 대해 각각 고유한 문제를 제기하는 여러 취약한 구멍 중 하나에 불과하다. 다음 장에서는 이러한 것들에 대해 다룬다.

제5장

구멍들과 몸의 분비물들

혐오스러운 것은 놀라울 정도로 무차별적이고 편재하다. 혐오스러운 것은 이상하고 소원한 것이지만 접촉의 위협을 가한다. 또한 혐오스러운 것은 머물거나 곧 다시 돌아오겠다고 위협하는 완전히 친숙한 손님이다. 우리의 내면이 영혼으로 이해될 때, 몸의 구멍들은 외부로부터 불결한 것을 들어오게 할 위험이 있는 매우 취약한 영역이 된다. 그러나 우리의 내부가 눈깔(vile jelly),* 끈적끈적한 점액, 또는 배설물 저장소로 이해될 때, 그 구멍들은 우리뿐 아니라 다른 사람들에게도 위험한 오염물질의 방출 지점처럼 위험해진다. 모든 구멍이 똑같이 오염시키는 힘에서 위험하거나 오염을 받아들이는 능력이 취약한 것은 아니며, 오염시키는 분비물들의 유일한 원천인 것도 아니다. 피부는 결국 혐오를 유발하는 다양한 능력을 가진 땀과 기름을 생산하는 분비선들(glands)이 있는 곳이다.

---

* 셰익스피어의 희곡 『리어왕』에 등장하는 인물 가운데 콘월 공작의 대사 "Out, vile jelly(빠져라, 눈깔아)"에서 눈을 가리키는 표현이다._옮긴이

우리는 구멍들을 혐오에서 수행하는 기능에 따라 두 그룹으로 나눌 수 있다. 첫째 그룹은 프로이트의 성감대 트리오인 생식기, 항문, 입이고, 둘째 그룹은 주요 감각들의 자리인 눈, 귀, 콧구멍이다. 이 구분은 혐오스러운 것이 원재료(액체와 고체)의 침입과 관련된 것으로 이해되는가 아니면 구역질나는 광경, 소리, 냄새, 보다 기체이고 정신적인 침입자로 이루어진 것으로 이해되는가에 따른 것이라는 점에 유의하라. 정신적인 침입에 가장 취약한 구멍인 눈, 귀, 코를 먼저 다루겠다.

눈

내 생각에 우리가 하나의 구멍으로 고려해야 하는 눈은 대개 우리의 모든 장기 중에서 가장 가치 있는 것으로 여겨진다. 오이디푸스는 자신을 거세하지 않고 실명(失明)을 선택했으며, 눈을 멀게 할 때 전혀 사정을 봐주지 않았다는 것을 기억해야 한다. 그는 자신의 잘못을 속죄하기에 충분한 가치가 있었던 유일한 것에 관해서 생각하고 있었다. 그는 분명 자신의 눈을 고환의 상징으로 삼지도 않았고 성기의 잘못에 대한 희생양으로 삼지도 않았다.[1] 그의 눈은 하지 말아야 할 것을 하고 해야 할 것을 하지 않음으로 인해 수난을 겪었다.[2] 눈은 비록 젤리이긴 하지만 우리가

---

1 Freud, "The Uncanny," p. 231[「두려운 낯섦」, 419~420쪽] 참조. 3, 4세기에는 기독교인과 이교도들이 스스로를 거세하거나 거세를 청하는 것이 드문 관행이 아니었다. 그리고 오리게네스(Origen)와 같은 유형의 열정은 우리에게 충격을 주지만, 그들의 행동이 상상조차 못할 일은 아니다. 그러나 그들이 스스로 눈을 멀게 하는 선택을 했다면 그것은 상상하기 힘들 것이다. Peter Brown, *The Body and Society*, pp. 168~169와 Rousselle, *Porneia* pp. 121~128을 보라.

더럽거나 역겨운 것이 아니라 영적인 내면으로 이끄는 것으로 생각하는 유일한 구멍이다. 눈은 영혼의 창이요, 심지어 입구이다. 눈은 또한 혐오스럽지 않은 분비물인 눈물이 흐르는 유일한 구멍이다. 눈물이 특권적 지위를 지니는 것은 눈물의 근원, 맑음, 투명함, 비접착적 특성, 무취, 깨끗한 맛 덕분이다.[3]

그렇다고 해서 눈이 혐오스러워질 수 없다는 뜻은 아니다. 절단 가능한 신체 부위로 간주되는 눈은 콘월 공작의 인상적인 잔인한 이미지에서는 광택 없는 "눈깔"이며, 실제로 눈을 꿰뚫고 들어가 뽑아내는 것을 생각하는 것만큼 무섭도록 혐오스러운 것은 없다. 눈이 제자리에 온전하게 있을 때에도 혐오스럽기 그지없는 햄릿의 이미지에서는 점액질의 "빽빽한 송진과 아교"가 눈으로부터 흘러나올 수 있다(2.2.198). 그리고 눈은 확실히 혐오를 느끼게 할 수 있다. 정확하게 눈은 영혼의 거울이기 때문에 극도로 위험하다. 영혼이 사악하다면 눈도 역시 그럴 수 있다. 눈과 두려운 낯섦의 연관, 죽은 자의 응시, 백치의 멍한 상태, 광기의 홀림, 이 모든 것은 소름끼치는 혐오 ─ 공포와 혐오의 특이한 혼합인 공포 ─ 를 느끼게 하는 능력을 가지고 있다.

우리는 보는 능력 외에 눈으로부터 많은 것을 기대한다. 우리는 눈으로 다른 사람들에게 우리의 의도를 알리고, (훑어보거나, 노려보거나, 빤히

---

2 눈은 인간의 경우 욕망하는 것을 먼저 알아보고 일단 시작된 욕망을 유지하는 데 영향을 주는 정도로 성적 기관으로 인식될 수도 있다. 욕망의 과정에서 시각이 후각을 전치(轉置)한 것에 대한 앞 장의 프로이트의 논의를 참조하라.

3 눈에서 나오는 눈물 같은 배출물이 모두 혐오에 영향을 받지 않는 것은 아니다. 배출물이 그러한 자격을 얻기 위해서는 반드시 눈물이어야 한다. 눈에서 나오는 물과 같은 배출물이 눈물로 묘사될 수 없는 순간, 그 배출물은 건강하지 않은 눈의 징조인 수성 분비물(watery discharge)로 재지명된다. 따라서 추운 날씨나 매운 음식으로 인한 눈물은 깨끗하지만, 특정 독감이나 감기를 동반하는 분비물은 질병과의 연관성에 의해 오염된다.

처다보거나, 곁눈으로 볼 때처럼) 그들을 보는 우리의 시각을 알리며, 심지어 그 이상으로 우리가 누구인지에 대한 신호를 보낸다. 그러나 눈은 우리가 드러나고 싶지 않을 때 우리를 드러내기 때문에 위험하다. 우리는 그 결과로서 우리가 거짓말을 해야 더 유리할 때 눈이 진실을 말해주는 창이 되는 것을 두려워한다. 웃음을 예로 들어보자. 우리는 모두 입으로 웃음을 가장할 수 있다. 저항하는 것은 눈이다. 눈은 엄청난 노력 없이는 가짜 웃음에 설득력 있게 동참하지 않는다. 다시 말해 눈은 보는 것일 뿐만 아니라 보여지는 것이며, 사실 그 시선의 대가만큼 가시성을 견뎌야 한다.[4]

그렇다면 구멍으로서의, 창으로서의 눈은 위험으로 가득 찬 장소이다. 눈은 공포와 기이한 불안의 원천인 타인의 시선에 의해 상징적으로 침범당할 수 있으며, 어떤 구멍의 불의의 물리적 침투처럼 극도의 혐오를 자아내는 물리적 침투의 위험에 처해 있다. 다른 사람들의 외모는 외모라는 낱말이 지닌 두 가지 의미 모두에서 우리를 혐오하게 할 수 있다. 우리는 다른 사람들을 보는 것을 좋아하지 않으며, 그들이 우리를 볼 때 무엇을 보고 있는지 두려워한다. 다른 사람들의 침투적 시선은 그 시선이 불러일으킬 수 있는 수치 및 자기혐오와 함께 우리의 자의식 생성의 일부이다.

---

4   선글라스는 여러 장점 가운데서도 눈 자체는 보이지 않게 하면서 볼 수 있는 능력을 가지고 있다.

귀

눈과 비교했을 때 귀와 코는 덜 위험하다. 통속 심리학과 생리학에서는 귀를 눈만큼 높게 평가하지 않는다. 귀는 웃기게 생겼고, 귀의 아름다움은 부정적인 아름다움이며, 추하지 않음의 아름다움이다. 귀는 머리에 가까이 있다는 것 때문에 특별한 즐거움을 주지 않으며, 단지 주전자의 손잡이처럼 튀어나오지 않는 것에 안도할 뿐이다. 그러나 예법이 우리의 더 많은 부분을 가려야 한다고 규정했을 때, 사람들은 눈에 보이는 몇몇 부분에 더 많은 매력을 느낄 수 있는 능력을 부여했다. 19세기 여주인공들의 조개와 같은 귀가 대표적인 예이다. 게다가 우리는 귀먹음에 대해서는 눈이 머는 것만큼 공포를 느끼지 않는다. 실명은 영혼을 말살하는 것과 같이 여겨지지만, 귀먹음은 그저 둔감하게 만든다.[5] 나이가 들어서 실명 또는 반실명 상태가 되면 우리는 그 사람을 동정한다. 하지만 노인들이 듣는 게 어려워지면, 우리는 그들에게 짜증을 내거나 그들이 웃기다고 생각한다. 귀는 다른 신체 분비물보다 일반적으로 덜 위협적이지만 혐오스러운 물질인 귀지를 생산하는 모욕을 겪는다.[6] 소변, 대변,

---

[5] 나는 물론 이러한 문제에 대한 우리의 일반적인 문화적 견해가 도덕적 정당성을 가지고 있다고 주장하는 것이 아니다. 나는 단지 그 문제들의 존재를 언급하고 있을 뿐이다. 지난 수십 년 동안 시각장애와 청각장애 같은 상태에 오명을 씌우는 낙인을 제거하기 위해 정치운동이 조직되어 왔는데, 이러한 정치운동은 우리가 그 장애들의 오명을 벗기는 작업을 할 수 있게 해주었으므로 찬사를 받아야 한다. 그러나 그러한 견해를 바꾸기 위한 시도와 함께 이루어져야 할 일은 부차적으로 그들의 집념과 강인함에 찬사를 보내는 일이다.

[6] 귀지는 애매모호하다. 콧물과 침은 분명히 체내의 피부 아닌 부위에서 만들어지지만, 귀지는 피부에 의해 생긴다. 귀지는 드러나지 않게 증발하는 양식이 없었던 예의 없는 땀이다. 귀지의 역겨움도 인종에 따라 다르다. 아시아인들은 대부분의 백인과 흑인에게서 만들어지는 습성 귀지가 아니라 건성 귀지를 만드는 경향이 있다. Overfield, *Biologic Variation in Health and Illness*를 보라.

콧물은 안전하게 안에 있으면 상대적으로 무해한 반면, 귀지는 우리가 어디서 어떻게 생각하든 역겹다는 것을 고려해 보라. 왜 그런가? 귀지는 눈물이 아니기 때문인가? 냄새, 색깔, 맛, 또는 촉감과 같은 다른 더 근본적인 특성 때문인가? 눈물을 제외하고 구멍들에서 나오는 모든 분비물과 배출물은 오염되어 있다는 것이 지배적인 원칙인 듯하다. 설명이 필요한 것은 귀지가 아니라 눈물이다.

눈이 그 안을 들여다볼 수 있기 때문에 신성시되지 않는 것처럼 귀도 그 안으로 말을 할 수 있기 때문에 신성시되지 않는다. 그러나 귀는 여전히 입구이며, 입구로서 위험 물질을 받아들일 수 있다. 그와 같은 하나의 사건은 우리의 문화유산에서 도발적인 부분이 되었다.

> 내가 방심하고 있을 시간에 네 삼촌이
> 저주받을 독즙병을 가지고 몰래 들어와,
> 나병증을 일으키는 증류액을 내 귀에
> 쏟아부었는데, 그 효능이 사람의 피와는
> 극도로 상극이라, 수은처럼 재빠르게
> 인체의 정상 통로와 샛길로 번져나가,
> 마치 우유에 떨어뜨린 식초(eager) 방울처럼
> 갑자기 활기 있게, 맑고 건강한 피를
> 뻑뻑하고 엉기게 만든단다(posset).[7]

---

7   Posset은 응고시키다라는 뜻이다. 응고시킨 우유로 만든 음료수를 묘사하는 명사에서 형성되었으며, 아기가 토한 응고유를 가리키는 방언으로도 사용된다. 옥스퍼드 영어 사전 s.v. posset 2를 보라. Eager는 식초를 뜻하며, Tetter barked는 벗겨진 피진(皮疹)을 뜻한다. 싹이 돋아난 나무처럼 껍질이 벗겨진 것으로, 여기서는 매독을 암시한다.

내 피도 그렇게 되었고, 삽시간에 피진이

정말 문둥이처럼 불쾌하고 메스꺼운

딱지들과 함께, 매끈한 내 온몸에

돌아났단다(tetter barked).

(『햄릿(Hamlet)』, 1.5.61~73)

혐오 이론이 이 구절에 포함되어 있다. 우리 내부에서 작용하는 독은 우유의 식초처럼 내부적으로 혈액의 응고를 유발하고, 흐르는 상처와 딱지 껍질들과 함께 원래 부드러웠던 피부를 뚫고 밖으로 분출된다.

코

코는 후각과 관련되어 있는 만큼 혐오, 특히 성적이고 배설적인 혐오에 결정적으로 등장한다. 물질의 진입로로서는 아마도 귀를 빼고는 어떤 구멍보다 위험이 덜해 보인다. 하지만 긴 바늘이 콧구멍 속으로[8] 또는 귀 안으로 삽입되는 것을 생각하면 공포에 떨지만, 근육 조직에 비슷한 삽입이 이루어지는 것을 생각할 때는 그렇지 않다. 우리는 처음 두 사례에서의 고통은 말로 표현할 수 없을 것이며, 수술과 마취라는 정당화된 맥락을 제외하고는 아마도 그러한 삽입이 결코 정당화될 수 없을 것이라고 생각한다.[9]

---

8   삼비아인(Sambian)의 코피 흘리는 의식에 대한 허트(Herdt)의 묘사를 보라.
9   고통스럽게 구멍들을 관통하는 것은 고문 행위, 잔인한 행위, 그릇된 행위를 나타낸다. 심장

하지만 코는 안으로 들어갈 수 있는 것 때문이 아니라 밖으로 나올 수 있는 것 때문에 혐오스럽다. 콧물은 오염시키는 것이다. 나는 독자들이 이 주제에 대한 진지한 토론을 허용할 것 같지 않아서 지나치게 상세하게 다루고 싶지는 않다. 나는 단지 막연한 제안만 하고자 한다. 모든 콧물이 똑같이 역겨운 것은 아니다. 콧물의 상대적 투명성, 점성, 굳기, 그리고 색깔, 이 모든 것이 계산된다. 우리의 콧물은 내부에 머무는 한 우리를 더럽히지 않는다. 일단 밖으로 나온 콧물은 신중히 처리되어야 한다. 우리는 심지어 전혀 주저하지 않고 코를 훌쩍이고 삼키는 것을 생각할 수도 있다. 다른 사람들의 콧물은 다른 문제이며, 그들이 콧물을 훌쩍거림으로써, 심지어는 코를 풂으로써 우리의 주의를 끌 때 우리는 즐겁지 않다.[10] 초기 교회에서 어떤 독신주의의 옹호자들은 아름다운 여성의 외모 안에 있는 콧물의 존재에 대해 명상하는 것이 거슬리는 성적 욕구를 탁월하게 치료하는 방법이라고 생각했다. 그래서 4세기에 요한네스 크리소스토무스(John Chrysostom)는 다음과 같이 썼다.

당신에게 그토록 아름답게 보이는 피부 아래에 무엇이 숨겨져 있는지, 콧구멍과 목구멍과 위장 안에 무엇이 숨겨져 있는지 주의 깊게 생각한다면, (모든 종류의 사악함으로 가득 차 있는) 이 매력적인 외형적 특징들은 이 몸의 아름다움이 회칠한 무덤 외에 아무것도 아니라고 선언할 것이다.

의 말뚝은 귀나 코에 꽂힌 얼음송곳과 별개의 문제이다. 혐오스러운 방식으로 살인을 하는 것은 확실히 부적절한 도덕적 입장을 나타내며, 따라서 법적 처벌과 정당화 및 변명의 주장까지 함축하고 있다.

10 콧물과 침의 배출을 규제하는 규칙에는 상황적 가변성이 많다. 예를 들어 운동선수들은 코를 풀고 침을 뱉는 것이 허용된다. 야구 선수들은 이것을 그들 집단에서 불쾌한 회원 의례로 만들었다.

당신이 그 덮개 아래에 있는 가래를 볼 수 있다면 당신은 혐오를 느낄 것
이다. 아니면 그저 당신의 손가락 끝으로 가래를 만질 수 있다면 당신은
역겨워져서 그것으로부터 도망칠 것이다. 그렇다면 당신은 어떻게 이 가
래의 진저리나는 거처를 사랑하고 원하는가?[11]

콧물은 혐오감뿐만 아니라 당혹감을 주는 물질 중 하나이며, 그만큼
어린 시절의 유머와 재치를 엄청나게 야기한다. 중세 신학자들은 콧물
을 경멸스럽게 여겼고, 그래서 콧물은 땀과 함께 타락한 후에야 우리의
운명이 된 것으로 이론화되었다. 정액과 배설물은 낙원에서 그 자리가
마지못해 인정되었지만, 콧물은 완전히 추방당했다.[12]

입

입은 코에 가까이 있으며, 특정 기능 및 특징을 코와 공유한다. 둘 다
공기를 흡입하는 데 이용되고, 둘 다 비강(鼻腔)에서 콧물을 배출하는 데
이용되며, 둘 다 후각 및 미각과의 시너지를 통해 맛을 형성하는 데 필수
적이다. 하지만 입과 코 사이의 친화성은 입과 그 아래에 있는 구멍들 사
이의 친화성만큼 두드러지지 않았다. 우리는 프로이트가 입과 코를 그
아래로 끌어내렸거나 또는 "그 아래에 있는" 것들을 위로 끌고 왔다고

---

11   Homilia XIV, *De mulieribus et pulchritudine*, 12세기 말에 저술한 제럴드 오브 웨일즈
      (Gerald of Wales)의 *Gemma Ecclesiastica*(tr. Hagen, 140)에서 재인용.
12   Payer, *The Bridling of Desire*, p.29를 보라.

비난할 필요는 없다. 프로이트는 입과 항문, 입과 질, 코와 음경 사이에 상동성을 보았던 다양한 민속 및 학술 전통의 종점에 있다. 질은 입으로 부터 입술의 명칭과 개념을 차용하며, 질은 입처럼 구강 활동을 한다. 중세의 음란한 파블리오(fabliaux)*와 다른 낮은 유머 형식에서는 질이 이 야기하는 것이 일반적이다.[13] 항문도 말을 한다. 방귀가 일종의 말이라 는 관념은 흔한 것이다. "'말해보오, 당신이 어디 있는지 모르겠소.' 이때 니콜라스가 방귀를 뀌었는데"(「방앗간 주인의 이야기(The Miller's Tale)」, A3805~3806).

음경은 항상 아래쪽의 코라고 생각되었다. 코의 길이는 음경의 길이 와 일치하는 것으로 추정되며, 둘 다 유사한 농도를 가진 오염물질을 분 출한다. 그러한 일치는 묘하게 음란한 트리스트램 샌디(Tristram Shandy) 의 선정성을 상당 부분 알려준다.

코라는 단어는, 코를 다루고 있는 이번 장 전체에 걸쳐, 그리고 이 작품 어느 부분이든, **코**라는 단어가 나오는 곳마다, ─ 그 단어가 의미하는 바 는 코를 가리킬 뿐이며, 그 이상도 그 이하도 아닙니다. …

---

* 12~13세기에 프랑스에서 유행한 운문으로 된 짧은 이야기. 8음절의 짧은 시구로 구성되어 있다._옮긴이

13 Hellman and O'Gorman, *Fabliaux*, pp.105~121에 있는 "Du Chevalier qui Fist Parler les Cons"를 보라. 여성 성기는 특정 프랑스 페미니스트들의 비풍자적 설명에서 말하기뿐만 아 니라 글쓰기에도 전력한다. 예를 들어, Luce Irigaray, *The Sex Which Is Not One*[루스 이리 가레, 『하나이지 않은 성』, 이은민 옮김(서울: 동문선, 2001)]을 보라. 중세 프랑스의 파블리 오에서 나타난 입과 질의 관계에 대한 추가적인 논의를 위해서는 Burns, "The Prick Which Is Not One"을 참조하라. 우리는 그 주장을 하기 위해 오래된 프랑스의 파블리오에 의지할 필요 는 없다. 정신분석학자 어니스트 존스(Ernest Jones)에게 의존하는 한 영화 평론가는 미국의 고전 영화는 입뿐만 아니라 여성의 목소리도 질을 상징하게 한다고 주장한다. Silverman, pp.67~71, 또한 Laqueur, pp.36~37을 보라.

넘겨짚지 마십시오, 독자님들! — 도대체 무슨 상상을 하시는 겁니까? — 확실히 말씀드리지만, 중조부의 코가 의미하는 바는, 바깥쪽에 있는 후각 기관, 혹은 사람의 얼굴에 돌출한 부분으로서, — 화가들이 말하는, 잘생긴 코와 균형 잡힌 얼굴은, — 머리털이 난 언저리부터 측정하여, 코가 3분의 1을 차지합니다.

— 작가의 삶이란 얼마나 고달픈지! (vol.3, chs.31, 33)

(정말, 삶이란!) 프로이트 이전의 대칭들은 구강이 항문과 생식기로 동화되기보다 항문과 생식기가 구강으로 동화되는 방향으로 더 많이 이동했다. 문제는 우선순위이다. 먹는 것이 성행위를 하는 것보다 더 중요한가? 각각은 궁극적으로 다른 것으로 이어지지만, 그 과정을 시작하는 곳에는 개념적인 결과가 있다. 중세와 르네상스의 견해는 음식물 섭취와 함께 순환을 시작한다.[14] 입은 먼저 성적인 구멍으로서가 아니라 음식의 탐식자로 출발한다. 그 이야기는 라블레(Rabelais)와 초서의 일부에서와 같이 인생을 축하하는 방식으로 평가될 수 있으며, 또는 출산의 혐오스러움에 대해 우울하고 씁쓸한 사색을 불러일으킬 수 있다. 이런 종류의 사색은 제임스 1세 시대의 비극에 성적인 혐오와 권태의 특별한 아우라를 부여한다. 연회, 음식, 폭식, 그리고 주취(酒醉)는 성행위를 촉발하기에 충분할 정도로 혐오에 대한 민감성을 둔화시키는 것으로 여겨지며, 그것은 먹고 자라는 존재, 비밀스럽고 사치스럽게 술 취한 상태에서 출산하고 쇠약해지고 죽는 비도덕적 존재들을 낳는다. 그리고 다른 돼먹

---

14   Bynum, *Resurrection of the Body*, p.111을 보라.

지 못한 존재들은 그 과정을 지속하도록 내버려둔다.

> 난 어느 과식한 저녁 후에
>
> 생겨났거든. 성욕을 자극하는 요리가
>
> 내 첫 번째 아버지였던 거지 …
>
> 연회의 죄악인 술과 간통!
>
> (Tourneur, *The Revenger's Tragedy*, 1.2[『복수자의 비극』, 1막 2장])

역사적으로 볼 때, 섹스 후 먹고 마시는 것보다 먹고 마시다가 섹스로 이어지는 것이 더 빠르다고 이해되어 왔다. 섹스는 성욕의 빠른 박자에 맞춰 달려가지만, 먹는 것은 더 느린 성장과 발달의 리듬에 따른다. 아담, 이브, 그리고 사과의 이야기처럼 또는 바쓰 부인*의 보다 거친 이미지에서처럼, 음식이 먼저이고 성욕은 다음이다. "추우면 확실히 우박이 떨어지듯이, 음탕한 입에는 음탕한 꼬리가 따르는 법이죠(For al so siker as cold engendreth hayl, / A likerous mouth moste han a likerous tayl)."[15]

우리가 성기를 원동력으로 삼을 것인지 아니면 입과 먹는 것에 우선순

---

* 바쓰 부인의 이야기는 제프리 초서의 『캔터베리 이야기』에서 가장 잘 알려져 있는 이야기 가운데 하나로, 바쓰 부인은 다섯 차례의 결혼 생활을 거치면서 죽은 전 남편들이 남긴 유산으로 경제적인 부를 축적했고, 이를 통해 경제적으로 자립능력을 갖춘 여인이다._옮긴이

15 Siker는 surely, moste는 must, han은 have라는 뜻이다. "Wife of Bath", vv. 465~466. 중세 및 초기 근대 영어는 lickerous(맛좋은, 탐욕스러운, 또한 음란한), lecherous(일부 사례에서는 역시 맛좋은, 탐욕스러운을 뜻하는), 그리고 lick(핥다)의 동음(同音)을 가지고 암시적으로 놀이를 하는 그 부인을 따라 즐거운 말장난의 가능성을 지지했다. 옥스퍼드 영어 사전의 s.v. lickerous와 lecherous를 보라. 이중, 삼중의 의미를 갖는 어구들이 가능했던 것은 중세 영어가 옛 프랑스어 *lecheros*의 두 가지 방언 버전으로부터 왔기 때문이었다. 그중 하나는 게걸스러운의 의미를 갖는 북부 방언으로부터 왔고, 다른 하나는 음란한의 의미를 갖는 중앙 방언으로부터 왔다.

위를 둘 것인지는 상당히 중요한 근본적인 문화적 관심을 시사하는 강조점이다. 통속적인 유물론자는 서구에서는 지난 세기들 동안 기근이 언제나 가능했고, 식량 생산량이 극도로 낮았으며, 그동안에 음식은 음식이 당연하게 여겨지게 되었던 때보다 의식(意識)과 문화에서 더 많은 자리를 차지했었다고 말할지도 모르겠다. 기묘하게도 감자 덕분에 우리가 섹스를 인성과 성격에 그토록 근본적인 것으로 여기는 조건들이 마련된 것일 수도 있다. 더 그럴듯하게는, 우리는 문화가 어떻게 사회적 존재를 개념화하는지에 대해 생각해 봐야 할 것이다. 누구와 함께 먹느냐가 누구와 잠자리를 하느냐보다 더 많은 사회적 및 상징적 무게를 지니고 있는가? 분명 긴 중세시대에 걸쳐서는 그러했다. 누군가는 성격 형성에서 섹슈얼리티의 중심성이 시끄럽지 않고 거친 활기가 없는 사생활 및 사적인 공간이 발달한 것에 좌우되는지 궁금해 할 수도 있다. 확실히 거친 활기는 섹스로 이어졌지만, 당신이 누구인가를 정의하는 것은 당신이 술에 취해 인사불성으로 누구와 누워 있는가보다 당신이 무엇을 얼마나 많이 먹었는가였다.

입과 항문은 부인할 수 없는 연관성을 가지고 있다. 그것들은 말 그대로 연결되어 있고, 각각 몸을 관통하는 관(管)의 한쪽 끝이다. 한쪽 끝으로 들어간 것이 다른 쪽 끝으로 나왔다는 것을 보여주기 위해 대단한 은유화나 문화적 상상력의 솜씨가 필요하지는 않았다. 양쪽 끝은 오염에 매우 취약하고 매우 위험한 오염원이다. 그리고 하나는 종종 다른 하나를 표상한다. 따라서 초서의 면죄부 판매자는 과도한 음주를 하는 사람들이 자신들의 목구멍을 화장실로 만드는 것을 상상할 수 있다.[16]

일단 음식이 입에 들어가면 마법처럼 역겨운 것으로 변한다. 씹힌 음식은 배설물보다 더 역겹게 보이는 능력을 가지고 있다. 평소 자신의 변을 체크하는 사람이라도 자신의 입에서 뱉어낸 잘 씹혀진 음식을 보는 데에는 같은 종류의 관심이 없다. 씹혀진 음식을 배설물을 바라볼 때 느끼는 창조의 자부심을 가지고 바라볼 수 있다는 것은 말이 되지 않는다. 씹혀진 음식이 입에 들어가거나 입에서 배출되는 광경은 극도로 혐오스럽다. 자녀의 기저귀를 갈아주는 데에는 별 어려움을 느끼지 않는 일부 부모도 씹혀진 음식을 만지기 전에는 여전히 마음을 단단히 먹어야 한다. 심지어 규칙에 의해 입에 들어간 후 밖으로 빠져나오거나 용인될 수 있게 혀로 핥은 몇몇 음식도 경계하면서 다뤄진다. 심지어 연인들조차 상대방이 핥은 아이스크림콘을 핥기 위해서는 작은 저항을 이겨내야 한다. 어떤 사람은 자신이 먹고 있는 접시에 올리브 씨를 뱉는 것에 대해 불안감을 느낀다. 이처럼 오염된 찌꺼기를 위해 별도의 접시가 제공되기도 하는데, 접시가 없을 때는 남아 있는 음식에 닿지 않도록 하기 위해 자신의 접시 한구석에 씨를 가지런히 쌓아둔다.

침은 분명 오염시키고 혐오감을 유발하지만, 씹혀진 음식의 오염력은 단지 침과의 접촉 그 이상에서 기인한다. 씹는 행위 자체, 즉 형태가 갖추어진 것을 끈적거리는 것으로 변형시키는 행위는 입안에서 이루어지지만, 물질을 변형시키는 것은 입으로 들어간다는 단순한 사실이다.[17] 뱉어낸 것은 다시는 예전과 같을 수 없다.[18] 진정한 규칙은 일단 음식이

---

16 "The Pardoner's Tale," v. 527.
17 브라만들 중에서 침은, 심지어 자신의 침도, 특히 오염시키는 것이다. 무심코 자신의 입술에 손가락을 댄 브라만은 목욕을 하거나 옷을 갈아입어야 한다. Douglas, p. 33[더글러스, 65쪽]. 먹는 것은 위험으로 가득 차 있기 때문에 혼자 먹거나 소수의 안전한 사람들 사이에서 그리고 아주 조심스럽게 먹는 것이 좋다. "식사는 우리가 알고 있는 즐거운 대화 모임이 아니다. 식사는 제한된 자유의 여지만을 허용하는 기술적인 활동이다"(Dumont, 139).
18 중요한 준비 단계(staging area)로서의 입에 대해서는 Rozin and Fallon, p. 26을 보라.

입으로 들어가면 대변의 형태로만 적절하게 나올 수 있다는 것이다.[19] 이것은 왜 토사가 대변(규칙을 지키는 대변)보다 더 역겨운지를 설명하는 데 도움이 된다. 침을 뱉는 사람들은 확실히 그렇지 않은 사람들의 혐오를 유발하고 아마도 혐오를 유발하려고 의도하지만, 담배 주스(tabacco juice),* 침, 가래 등 뱉을 수 있는 물질은 제한되며, 비객출(鼻喀出)의 일반적인 규칙으로부터 특별한 예외를 구성한다는 것을 인정한다. 우리 중 나머지는 씨와 껍질을 뱉을 수 있지만, 씨와 껍질이 허용되는 이유는 침에 의해 오염되었으나 씹을 수 없고 그로 인해 섭취 전의 온전함을 어느 정도 유지하고 있기 때문이다.[20]

귀지는 있다는 것을 알게 되면 단순히 제거해야 하는데, 귀지를 제외하고 다른 위험스러운 신체 배설물은 신체 내부의 적절한 장소에 있을 경우 해롭지 않다. 입안의 침, 코 속의 콧물, 정맥 안의 피, 결장의 대변, 방광 안의 소변 등은 기본적으로 존재하는 것이 아니며, 주의를 요청하지 않는 한 자신들이 속한 곳에 안전하게 존재하고 있다. 이 물질들 중 어떤 것이라도 자연 영역을 떠날 때 일어나는 마법적인 변화에 대해서는 고든 올포트(Gordon Allport)가 40여 년 전에 제안한 사고 실험을 통해 설명될 수 있다.

먼저 당신의 입안에 있는 침을 삼킨다고 생각해 보거나 아니면 그렇게

---

19   물론 나는 우리의 규칙에 대해 말하고 있다. 어떤 남미 인디언 부족은 여성이 씹어서 통에 뱉어 발효시킨 곤죽이 된 쓴 마니옥 뿌리로 알코올음료를 만든다.

*   담배 때문에 갈색으로 변한 침_옮긴이

20   여성은 남성보다 이런 것들에 대한 규제에 더 신중하며, 남성보다 비성애화된 배설물에 대해 혐오를 느낄 가능성이 더 높다. Templar et al., 또한 Haidt, McCauley, and Rozin을 보라.

해보라. 그러고 나서 침을 텀블러에 뱉고 그것을 마시는 것을 상상해 보라! 자연스럽고 "내 것" 같던 것이 갑자기 역겹고 이질적인 것이 된다. 혹은 손가락의 찔린 상처에서 피를 빨고 있는 자신을 그려보라. 그러고 나서 당신의 손가락을 감싼 붕대에서 피를 빨고 있는 모습을 상상해 보라! 나의 몸과 분리되어 있다고 인식하는 바로 그것은 눈 깜짝할 사이에 차갑고 낯선 것이 된다.[21]

한번 밖으로 나간 것은 영원히 나간 것이다. 하지만 아이를 가진 사람이라면 누구나 다양한 종류의 배설물, 즉 콧물, 귀지, 손톱, 그리고 손톱 밑에 있는 때를 입으로 섭취하지 못하도록 아이에게 혐오를 심어주는 데 많은 사회적 노동이 필요하다는 것을 알고 있다. 이러한 유혹을 억제하기 위해서는 상당히 많은 양의 사회화 및 문명화 에너지가 요구된다. 어떤 도착적 반사 작용은 사람들에게 이러한 것을 일종의 음식으로 은닉하고 싶은 충동을 준다. 카니발리즘과 오토카니발리즘*인가? 아니면 그냥 보기보다는 잇몸으로 씹음으로써 호기심을 나타내는 유아 구강 징후의 잔재인가? 실제로 우리는 성체 안에 그리스도의 실재 현존을 그러한 충동의 인정으로서 볼 수 있다(제7장에서 이것에 대해 다시 다룰 것이다). 아니면, 자기 털을 핥는 고양이처럼 우리는 여전히 본능적으로 입을 사용해서 몸을 단장하는 것일 수도 있다.

눈, 귀, 코는 나쁜 광경, 악담, 악취를 받아들여야 한다는 사실 때문에

---

21 Allport, p.43. 또한 잘린 머리카락, 대변, 침과 같은 분리된 물체들이 지닌 마법적 특성에 대해서는 Leach, "Magic Hair," p.157을 보라.

* 자신의 몸 일부를 음식물로 섭취하는 관행으로, 일반적으로 손톱을 물어뜯거나 상처가 났을 때 피를 빨아내는 것 등의 반사 행동도 포함한다._옮긴이

비난받지 않거나 그로 인해 오염되지 않는다는 것에도 주목하라. 이것은 구멍들과 관련된 오염에 대한 우리의 공포 속에 자리한 뿌리 깊은 물질주의를 말해준다. 구멍을 위험에 처하게 하는 것은 액체 및 고체의 흡수 또는 침투이다. 광경, 소리, 대부분의 가스, 그리고 무형의 정신은 분명 오염시킬 수 있지만, 그것들을 받아들인 것 때문에 그 구멍들을 비난하는 방식으로 오염시킨 것은 아니다. "섭취하는(ingesting)" 기관인 입, 질, 항문은 모두 단지 프로이트주의뿐만 아니라 다양한 상징도식에서도 서로를 표상하며, 정신이 아니라 물질에 의해서 더 위험에 처한다.

혐오감을 유발하는 것은 구강 체내화뿐만이 아니다. 항문 체내화와 질 체내화도 있다. 명백하게 어떤 구멍은 특정 물질에 대해 다른 구멍보다 더 적합하다고 여겨지지만, 섭취는 순수에 대한 믿음에 중요하기 때문에 정확한 섭취의 입구보다 더 중요하다. 지금과 같이 소화관을 다룰 때에는 구강 체내화가 가장 두드러져 보이겠지만, 우리가 곧 보게 될 것처럼 그 관의 다른 끝은 체내화와 혐오를 연결시키는 데서 가차 없다.

올포트는 우리에게 체액의 위험성에 대한 중요한 맥락적 기준에 대해 체액이 자신을 생성하는 몸 안에 안전하게 있는가 아니면 밖에 있는가를 고려하도록 요청했다. 그리고 그는 이러한 물질들이 혐오를 주는 방식은 그 물질을 입으로 다시 섭취하는 것을 생각하는 것이었다고 상정했다. 그러나 올포트의 요점은 그 액체가 우리 것이냐에 달려 있지 않다. 텀블러에 든 자신의 침을 마시는 것이 다른 사람의 침을 마시는 것보다 덜 역겨운 일은 아니다. 그는 단지 배출로 야기된 마법적이고 돌이킬 수 없는 변화에 대해 그 점을 더욱 절실히 느끼게 하기 위해 우리 자신의 액체를 사용했을 뿐이다. 모든 신체 배설물이 동일한 위험을 제기하는 것은 아니다. 배설물들은 상이하게 규제되며, 상이한 강도의 열정에 의해 뒷받침된다. 어떤 것(대변, 생리혈, 오줌, 정액)은 밖으로 나와야 한다. 그러나 그것들이 시기를 지나 내부에 남아 있을 때 그것은 혐오가 아니라 다양하게 불쾌감, 신경질, 기력 상실, 또는 절망감을 유발한다. 어떤 배설물은 광인이나 성인(聖人)에 한정해야만 재섭취될 수 있다. 어떤 배설물은 단지 천박한 사람을 특징짓는다. 혐오는 각각의 경우에 함축되어 있지만, 결과는 상이하다.

항문

항문은 관의 끝이다. 면죄부 판매자는 "양 끝에서 더러운 소리가" 난다는 것을 우리에게 상기시켜 주지만, 입은 출발점이다. 하나는 적절하게 들어가며, 다른 하나는 밖으로 나온다. 입은 단지 입구로서의 역할을 수행함으로써 일상적으로 오염의 위험을 지니고 있다. 입의 역할은 음식물을 받아들이고 삼킬 수 있는지 여부에 대해 최종 판단을 내리는 것이다. 항문은 그렇게 많은 오염원으로부터 위험한 상태에 노출되어 있는 것은 아니다. 많은 금기 사항이 입안으로 들어오는 음식물들의 순위를 매기지만, 그 음식물들은 항문에서 배출될 때쯤이면 모두 평준화된다. 전화(轉化)하는 소화 과정의 끝점으로서 항문은 민주화하는 것(democratizer)이다. 항문은 음식을 평준화시킬 뿐만 아니라 음식의 섭취자로서 우리가 항문의 평준화 능력에 영향을 받지 않는 존재가 아니라는 것을 상기시켜 준다(이것은 스위프트에게 큰 충격을 주었다). 항문에서 나오는 냄새는 시각과 청각, 계급과 지위에 의해 구성된 숭고한 환상을 파괴한다. 요한네스 크리소스토무스가 욕망을 없애기 위해 콧물에 대해 명상했다면, 다른 이들은 아래에 있는 오염시키는 구멍에 대한 명상을 제안했다. 우리는 오줌과 똥 가운데서 태어난다(inter urinas et feces nascimur). 그러나 어떤 이들은 욕망을 죽이는 시각의 파괴력에 대해 그다지 기뻐하지 않았다. 이미 살펴보았듯이, 스위프트는 그 파괴력 때문에 정신적 외상을 입었다.

> 오, 스트레폰, 콜로에가 당신의 심장을 훔쳐간
> 그 운명적인 날에
> 당신이 조그만 틈을 통해
> 당신의 미래의 신부가 용변을 보는 것을 훔쳐보았다면,
> 그러한 경우 자연이 내보이는
> 그녀 얼굴의 모든 모양을,
> 찌푸림, 신음, 악취, 토하기 등등을 엿보았다면.
> 당신의 신부가 부도덕한 배우자가 되어간다는 것을
> 너무 늦게 경험으로 아는 것보다
> 그녀의 오물을 혀로 핥는 것이 당신에게 더 좋았을 것이오. [22]

대변과 항문은 전체 몸을 무너뜨려 항문부에 굴종하게 만든다. 몸은 그 과정에서 단지 수동적인 동반자가 아니다. 심지어 가장 순수한 부분들 ― 얼굴, 목소리 (찌푸림, 신음) ― 도 가담한다. ("그녀의 오물을 혀로 핥는 것이 당신에게 더 좋았을 것이오"라고 가설적으로 제안된) 식분증에 대

---

22   "Strephon and Chloe," vv. 235~244, *Poetical Works*, p. 525.

한 사색은 산산조각 난 환상에 따르는 혐오를 선호할 만하다. 그녀의 오물은 어떤 경우라도 가면을 쓴 속임수가 아니다. 그것들은 사실 있는 그 대로 나타나기 때문에 맛과 냄새, 또는 성질에 대해 자기기만의 근거를 제공하지 못한다. 그러므로 당연히 자기 오욕(자위)에 완전히 탐닉해서 즐거움을 얻는 사람이 아니라면, 자신과 세상을 뒤집는 것을 진정으로 기뻐하는 사람이 아니라면, 결혼과 달리 핥기는 결코 일어나지 않을 것이다.

항문이 얼마나 오염시키고 혐오스러운지 상세히 설명할 필요는 없다. 항문은 비천함과 불가촉성의 본질이다. 그러므로 항문은 금지 규정들로 둘러싸여 있어야 한다. 당연히 항문은 처음에 입을 통해 들어온 식품을 위한 출구일 뿐이다. 물론 항문은 삽입될 수 있고, 거기에는 위험이 따른다. 합의되고 강제되지 않은 삽입도 그렇게 삽입당한 사람의 지위를 낮춘다. 이것은 역설적인 방식으로 작용한다. 대부분의 문화, 그리고 확실히 우리의 문화는 항문이 오염될 수 있는 것만큼 오염시키지는 않는다는 것을 이해한다. 삽입된 자는 자신의 지위를 거의 잃지만, 항문에 삽입한 자는 그 정도로 지위를 잃지 않기 때문이다. 삽입자는 다른 사람을 지배하고 모독하고 굴욕감을 주는 행위를 하는 것이며, 그렇게 하는 데서 비교적 오염되지 않은 상태로 남아 있다.[23] 이것은 항문이 사실 입보다 훨씬 더 신성하다는 것을 시사한다. 입이 받아들이기로 한 것은 상당히 광

---

23   더 흥미로운 질문은 그가 다른 사람이 잃는 만큼의 지위를 획득하는가 하는 것이다. 예를 들어, 아이슬란드의 한 전설에 따르면, 삽입당한 자는 더 나쁜 지위를 얻지만, 삽입한 자가 그 혜택을 받은 것은 아니었다. *Bjarnar saga hítdælakappa*, ch. 17을 보라. 더 나아가 Clover, "Regardless of Sex"와 Gade, "Homosexuality and the Rape of Males," 그리고 Meulengracht Sørensen, *The Unmanly Man*을 보라.

범위하며, 구토와 같이 잘못된 방향으로 입을 통과하는 것은 몇 시간 이상 입을 더럽히지 않는다. 그러나 항문은 어떠한 것도 받아들이지 않으며, 받아들여진다면 그 오점이 평생 동안 지속될 수 있다. 입은 또한 치아로 무장하고 있지만, 항문은 방어를 하는 데서 다소 무기력하다. 에이즈(AIDS)의 출현으로 인해 항문이 효과적으로 항문 치아(anus dentatus)로 변화되긴 했지만 말이다.[24]

그러나 항문은 다른 어떤 구멍보다도 남성의 불가침성과 자율성을 보호하는 관문이자, 간접적으로는 여성의 불가침성과 자율성도 보호하는 관문이다. 항문에는 배설물과 가스만 통과해야 한다. 이 사실은 항문을 대변에 의해 혐오스러워지고 가스에 의해 익살맞고 우스워지는 것으로 만들어 영원히 몸에서 지위가 가장 낮은 장소가 되게 한다. 항문은 맨 아래 바닥(bottom)에 있는데, 바닥이라는 낱말은 영역의 중심을 가리키는 완곡한 표현으로 쓰인다. 더 옛날에도 바닥은 기초(fundament, 항문)이고, 토대(foundation)였다.[25] 기초는 바닥과 마찬가지로 관계적 용어이며, 따라서 용어의 의미가 완성되기 위해서는 그 위에 무언가가 놓여야 한다. 기초는 자신을 지탱하고, 지지하고, 근거를 제공하는 기능을 의미한다. 기초는 가장 낮은 것일 수 있지만, 그 위에 놓여 있는 것에는 토대와 지지가 필요하다. 그렇지 않으면 위에 무언가가 있을 수 없다. 그래서 상위 영역은 하위 영역에 의해 유지될 뿐만 아니라 하위 영역의 수혜자로 간주되지만, 바로 그 높음과 우월함의 가능성을 실현하기 위해서 낮은

---

24   Bersani, "Is the Rectum a Grave?"를 보라.
25   이 낱말은 20세기까지 항문의 의미로 여전히 널리 쓰였으며, 20세기가 되어서야 드디어 박식한 완곡어법으로의 여행을 마친 듯 그런 의미로 사용하는 일이 드물어졌다. 옥스퍼드 영어 사전 s.v. fundament, 3을 보라.

것의 존재를 요구한다. 그 토대는 의미로 과잉충전되어 있다. 이러한 확대된 은유화에 의해 항문은 우리의 존엄성이 의존하는 발판이라고 여겨진다. 그 발판은 안전하게 지켜져야 한다. 그렇지 않으면 그 위에 지어진 모든 것이 허물어진다. 그러나 이러한 이유로 항문은 또한 유혹이다. 항문은 모든 것 중에 가장 사적인, 가장 개인적인 공간으로 가는 관문이라고 볼 수 있다. 항문은 다름의 모든 장벽을 제거한다는 것을 의미한다.

분명 이러한 생각들의 연결은 문화적 문제이며, 이 문제는 문화들 내부에서 젠더에 따라 다르게 나타날 것이다. 여성성을 뒷받침하는 주요 개념 중 하나가 삽입을 통한 접근 가능성이고 남성적인 것에 대해 상응하는 개념이 삽입 불가능성을 통한 불가침성이라면, 여성의 항문은 남성의 항문이 갖고 있는 의미의 과잉을 갖고 있지 않을지도 모른다. 여성은 여성 영토가 지닌 특성으로 인해 어느 정도의 삽입을 기대한다. 삽입은 가장 결정적인 여성적 행위인 분만의 필수조건이다. 여성의 신체는 설계상 삽입 가능하기 때문에 삽입이 어디에서 일어나야 하는가에 관한 문제는 삽입 자체에 대한 것이라기보다는 장소의 적절성에 대한 것이다. 여성의 항문은 결코 그녀의 질일 수 없다. 여성의 항문은 기껏해야 대안이요 차선책이지만, 남성의 항문은 그의 유일한 질로, 프로이트로 인해 생각할 수 있는 의미에서 보면 아기로서의 대변을 낳을 수 있는 삽입 가능한 곳이다.[26]

그러므로 항문은 중심이요 눈이다. 그곳으로부터 젠더벤딩(gender-bending)*의 가능성이 발산된다. 기초(항문)이지만 인간됨의 토대일 뿐

---

26   프로이트의 아기로서의 대변 그리고 대변으로서의 아기에 대한 관점이 성인 인간들을 똥이나 배설물 자루로 보는 금욕적 전통과 어떻게 연관되는지 주목해 보라.

만 아니라 남성됨의 토대이기도 한 것은 무엇인가? 그러나 이것은 반대로도 작동한다. 왜냐하면 여성됨도 여기에 달려 있기 때문이다. 남자의 항문에 삽입하는 것은 그를 여성화하지만, 여자의 항문에 삽입하는 것은 여성으로서 그녀가 지닌 삽입 가능성을 난폭하게 인식시키는 것 이상이다. 그것은 오히려 그녀가 남자처럼 삽입 가능하다는 것을 보여준다. 그는 여성화되었고, 그녀는 어느 정도 남성화되었다. 그의 항문은 상징적인 질이지만, 그녀의 항문은 마치 그녀가 그녀로서 사용되는 그인 것처럼 사용되는 항문이다.[27] 어느 경우이든 젠더가 그토록 철저하게 인간됨에 포함되어 있는 만큼 그도 그녀도 어떤 면에서 격하된다.

생식기

여성과 남성의 생식기도 매우 위험하고 취약하다. 나는 다음 장에서 섹스, 사랑, 그리고 혐오의 주제에 대해 더 자세하게 다룰 것이다. 여기서는 남성과 여성의 생식기 모두 매우 오염시키는 물질인 생리혈과 정액을 생산한다고 말하는 것으로 충분하겠다.[28] 오줌은 오염시키는 것이기

---

* 성별에 따른 기존의 성역할이나 외모의 전형적인 모습을 의도적으로 전환시키거나 드러내지 않는 것. 여남의 구분이 없는 말투, 옷차림, 행동 등을 말한다._옮긴이
27 캐럴 클로버(Carol Clover)는 고대 스칸디나비아어에는 항문에도 사용할 수 없는 질이라는 낱말이 따로 없었다고 언급한다. 그리고 바로 남성에 대한 모욕에서는 질에 해당하는 용어가 가장 흔히 증언된다. 클로버의 주장은 고대 스칸디나비아 세계에서는 남성의 항문이 기본적인 것이었고, 질은 단지 남성 항문의 변종으로 이해되었다는 것이다. 그러므로 사람의 항문의 상태는 도덕적 질서에서 그 사람의 지위와 밀접한 연관이 있었다. Clover, "Regardless of Sex," pp.375~378을 보라.
28 Douglas, p.3[더글러스, 25쪽].

는 하지만 확실히 성 분비물만큼 많이 오염시키는 것은 아니다(오줌은 또한 액체성과 투명성의 도움도 받는다). 비록 문화가 남성 생식기보다 여성 생식기에 더 위험성을 부과하지만, 그 기관들 자체는 오염성이 매우 높다. 질에는 여성에게 성적 접근을 통제하는 처녀성과 여성에 대한 남성의 욕구를 여성의 탓으로 돌리는, 심지어 남성에 대한 남성의 욕구도 여성의 탓으로 돌리는 모든 여성 혐오 전통의 문화적 짐(cultural baggage)이 동반된다. 질은 내부의 관문, 즉 들어가는 행위에 의해 그녀의 몸에 있는 소유물의 권리가 주장되는, 그리하여 여자를 소유하고 안다는 개념이 그녀와 성교한 것을 의미하는 곳으로, 여성의 영혼으로 들어가는 문이다.

남자들은 질에 접근하길 원하지만, 또한 질을 두려워하고 혐오스러워한다. 때로는 남자들은 질을 이빨을 가진, 무서울 정도로 만족할 줄 모르는 쩍 벌어진 구멍으로 본다. 또는 유혹 문학은 여성이 자신의 질을 가용하게 만드는 것에 대해 너무 억제하거나 신중한 것을 비난한다. 장미꽃 봉오리는 챙길 수 있을 때 챙기라는 잘 알려진 주장은 궁극적으로 그러한 신중함을 수반하는 공포 및 혐오의 위협과 아첨 사이를 오간다. 고결한 질(진기한 명예)은 결국 좋든 싫든 벌레 같은 존재를 받아들여야 한다.

그땐 벌레들이
당신이 오래 간직했던 순결을 맛볼 것입니다.
그대의 진기한 명예(quaint Honour)는 먼지로 변하고[29]

---

[29]   Andrew Marvell, "To his Coy Mistress," vv. 27~29. Quaint는 여성 성기에 대한 오래된 완곡 표현이다.

접근하고자 하는 욕구 속에서도, 접근을 위한 주장은 공포와 혐오를 불러일으키는 이미지를 포기할 수 없다. 하지만 혐오는 질에 대한 것이 아니라 부패에 대한 것이다. 질이 그 자체로 혐오와 공포를 불러일으키는 것은 질이 접근 가능할 때이다.[30] 그렇다면 남성의 공포가 질을 괴물 같고 지옥 같으며 극도로 불쾌하고 혐오를 불러일으키는 장소로 만드는 것이다. 리어의 이미지를 회상해 보라.

> 그 아래는 모조리 악마들이 소유했소.
> 거기엔 지옥이, 어둠이, 유황불 구덩이가 있소.
> 타고, 지지고. 악취, 부패! 쳇, 쳇, 쳇! 파, 파!

하지만 나는 질이 혐오를 불러일으킬 수 있는 이유가 "사랑은 배설 장소에 그 둥지를 튼다"라거나 또는 질이 음모에 둘러싸여 있다거나 또는 질이 끈적거리는 물질을 분비한다거나 또는 질이 수세기 동안 여성 혐오의 제물이었다는 것 이상의 무언가에 달려 있다고 생각한다. 질이 혐오를 불러일으킬 수 있는 이유는 질이 분비하는 것이나 질의 모양 때문만이 아니라 질이 남성의 물질들 중 가장 오염시키는 것인 정액의 수용체이기 때문이다.[31] 정액은 다양한 방식으로 오염시킨다. 첫째, 수정에 의

---

30 여성들이 (욕구하는 남성의 시각에서 보면) 처녀성에 대해 지나치게 방어적이어서 남성의 욕구를 거부하고(유혹하고) 동시에 (다시 남성의 시각에서 보면) 여성 자신들의 욕구에 지나치게 탐닉함으로써 혐오를 부추겨 남성의 욕구를 종식시킨다고 비난받는 것을 관찰하는 것은 너무나 진부한 일이다. 셰익스피어의 체계에서는 『자에는 자로(Measure for Measure)』의 이사벨라(Isabella)와 햄릿의 거트루드(Gertrude)가 대조된다. 여성에 대한 이 두 시각이 두 희곡에 대한 비판과 해석의 역사에 어떤 영향을 주는지 정교한 정신분석학적 맥락에서 논의한 데 대해서는 Jacqueline Rose, "Sexuality in the Reading of Shakespeare"를 보라.

31 정액을 오염물질로 믿는 증거를 발견하기 위해 인류학 문헌이나 기독교 서구의 금욕적 문헌

해서 정액은 질을 냄새나는 생식과 출산의 장소로 만든다. 여기서 질은 풍성하고 축축하고 질퍽질퍽한 분비물을 혐오의 원천으로 만드는 이미지들의 성좌와 그 장소를 동질화시킨다. 둘째, 정액은 가부장제에 의해 부여된, 접촉하는 것은 무엇이든 여성화시키는 비범한 힘을 가지고 있다. 어떤 의미에서 정액은 질 자체보다 더 여성화시키는 것이다. 정액을 수용하는 것은 무엇이든 여성이 된다. 여성화시키는 정액의 힘은 남성을 여성으로 — 남성은 생물학적 남성으로서 사회학적 여성이 되지 않을 선택권을 가지고 있었기 때문에 일부 도덕적 순위에서 여성보다 더 낮은 여성으로 — 전락시킬 수 있다. 정액은 타인뿐만 아니라 자신에게도 위험하고, 더럽게 하는 것일 뿐만 아니라 자신을 더럽히는 것이기도 하다. 여성의 오염 능력을 두려워했던 금욕주의 공동체들에도 몽정은 오염시키는 것이었다. 고해 의식서(儀式書)는 종종 몽정에 대한 참회를 요구했다.[32]

오늘날 여전히 남자들은 자신들의 정액에 대한 경쟁적 두려움, 즉 미

을 너무 깊이 탐구할 필요는 없다. 포르노그래피의 값싼 전율은 오염시키는 정액의 본질에 의존한다고, 즉 "포르노그래피에서 사정하는 것은 여성을 **오염시키는 것이라고**" 해석되어 왔다(원문의 강조, Andrea Dworkin, *Intercourse*, p.187).

32 McNeill and Gamer, p.104와 p.192에 실려 있는 The Penitential of Cummean, 2.15~16(7세기), The Penitential of Theodore, 1.8.8(7세기)을 보라. 타락 이전의 낙원에서 정액의 지위는 에덴동산에서의 성교는 어떠했을까 하는 문제가 그랬던 것처럼 신학자들의 창의력에 도전했다. 신학자들은 궁극적으로 성행위의 열정을 감소시킴으로써 정액의 위험성을 억눌렀다. 낙원에서 얻은 출산을 받아들이면서, 그들은 정액의 자리를 마련했다. 정액은 개인의 수준에서는 과다한 것으로 여겨졌지만, 종의 수준에서는 그렇게 여겨지지 않았다. 알베르투스 마그누스(Albertus Magnus, Albert the Great)에 따르면, 땀과 콧물은 무의식적인 사정과 생리처럼 사라진다. 성교는 성교를 하게 하는 적절한 인센티브를 주기에 충분한 쾌락을 제공하지만, 이성을 무효로 할 정도로 많은 쾌락은 아니다. 비록 신학자들은 이성이 이성으로 구성된 요구에 더 잘 준비할 수 있는 곳인 낙원에서 이성을 무효로 만드는 데 얼마나 큰 쾌락이 필요한지에 대해 뚜렷한 차이를 보이고 있지만 말이다. Payer, pp.26~34에서의 논의를 참조하라. 그리고 Kundera, *The Unbearable Lightness of Being*, pp.246~247(쿤데라, 『존재의 참을 수 없는 가벼움』, 396~397쪽)에서는 이 문제에 대해 코믹하게 논의한다.

덕과 악덕의 문헌뿐 아니라 고대 의학 문헌에서도 드러나는 두려움에 갇혀 있다. 정액을 간직하는 것은 뇌와 심장에 독기를 보내는 것이었다(그리고 정액을 간직하는 것은 남성을 여성화하는 것이었다). 정액을 방출하는 것은 기력 상실과 건조의 위험을 무릅쓰는 것이었다. 그리고 둘 다 우울증의 원인으로 보였다.[33] 정액이 혐오를 유발하는 것은 끈적끈적하고 찐득찐득한, 로체스터 백작의 말처럼 "역겨운 점액"[34]이기 때문만이 아니라 정액의 출현이 작은 죽음인 오르가즘에 동반되기 때문이다. 이 오르가즘은 스위프트가 배변하는 여인을 상상했을 때 그에게 혐오감을 주었던 품위 없는 얼굴 표정에 동반되는 자제력의 상실을 의미한다. 아니면 루소가 자신의 욕망에 자극된 한 남자의 얼굴 표정에 대해 언급했듯이, "너무나 짐승 같은 육욕으로 불타는 흉측한 얼굴만큼 더 끔찍한 것은 없다고 본다. … 우리가 여인들 옆에서 그렇게 흥분한다면, 여인들은 우리에게 매료되어 있어야만 우리에게 혐오감을 느끼지 않을 것이다."[35]

나는 모든 성관련 혐오 중에서 정액이 **남자들**에게 가장 역겨움을 주는 물질이라고 생각한다. 그것은 정액이 오줌과 통로를 공유하기 때문도 아니고 심지어 다른 주요한 혐오의 특징(정액은 끈적끈적하고 들러붙고 찐득찐득하다)을 갖고 있기 때문도 아니다.[36] 그것은 정액이 위엄을 파괴하는 조건 아래에서 출현하기 때문이다. 즉, 정액은 사정 후의 불쾌감에 수

---

33 *The Anatomy of Melancholy* I.2.2.4. 또한 지나친 호색은 실명을 유발한다고 여겨졌으며, 리어의 이미지적 제안에 따르면 실명은 남자를 냄새로 세계에 나가야 하는 존재로 만들 것이다. Adelman, pp.295~296에서 이에 대한 논의와 참고문헌을 참조하라.

34 John Wilmot, Earl of Rochester, "A Ramble in St. James Park," v.118, c.1672; *Complete Poems* 40.

35 Rousseau, *Confessions* II, pp.72~73[루소, 『고백 1』, 100쪽].

36 정액과 가래의 유사성은 고대 의학 문헌에서 아주 흔한 일이었다. Laqueur, p.35를 보라.

반되는 짧은 수치심의 전주곡이다. 정액에 대한 남성들의 혐오는 여성 혐오와 적지 않은 관련성을 갖고 있다. 까다로운 도덕주의자는 여성을 비난할 때 종종 정액의 역겨움과 (여성들이 끌어들인 것으로 비난받는) 남성의 성적 접촉의 오염력을 상정하고 있다. "당신은 남성의 오물을 삼켜야 할 하수구요 변소에 불과한 존재인가?"[37] 남성들은 자신들이 정액이 역겹다고 느끼는 만큼 여성들이 정액을 역겹게 여기지 않는다고 결코 믿을 수 없다. 그러한 역겨움의 부재 또는 그러한 역겨움의 극복은 여성이 가진 탐욕의 힘을 보여줄 뿐만 아니라 여성의 순결성에 어떤 대가를 치르더라도 알을 낳고 임신하고 풍성한 삶으로 가득 차오르려는 원초적 욕구의 힘을 보여준다.[38]

서양의 민간신앙에서는 일반적으로 질은 사정을 위해 삽입된 음경에 의해서보다 사정된 물질에 의해 더 오염된다. 이러한 견해의 일부는 성교의 역학에 대한 통상적인 관념을 구성하는 침입, 침입자, 침입당한 자 등의 은유를 반영한 것이다. 심지어 질을 집어삼키고 빨아들이는 입으로 보는 경쟁적이고 덜 의식적인 개념 구성물도 삼켜지도록 받아들여진 사람에 의한 오염의 위험보다 질이 삼킨 것에 의한 오염의 위험을 더 큰 것으로 여긴다. 받아들여지는 사람이 무릅써야 하는 위험은 오염의 위험이 아니라 소멸의 위험이다. 침입의 은유는 어떤 면에서는 빨려들어가는 것에 대한 남성의 공포 — 내 생각에는 통상적인 거세 불안과는 다른 종류의 공포이다 — 에 대한 필사적인 남성적 방어이다. 음경은 침입하기 때

---

37 Thomas Nashe, *Christs Teares Over Jerusalem* (1593), 78v.
38 이 책의 제2장 각주19에 언급된 연구를 상기해 보라. 여성들은 성적 영역에서 혐오에 더 낮은 민감도를 가진 것으로 밝혀졌다(그러나 평가된 다른 모든 영역에서는 혐오에 더 민감했다).

문에 마치 칼처럼 타자에게 가하는 손상보다 자신에게 끼치는 해가 훨씬 적다. 그리고 음경은 더 쉽게 깨끗이 할 수 있다는, 즉 침입당한 "피해자"의 내부보다 침입하는 도구의 외부를 깨끗이 하는 것이 더 쉽다는 믿음을 가지고 있다.[39]

그러한 이미지들이 여전히 우리를 붙잡고 있다는 것은 의약품, 개인 "위생" 제품, 그리고 모든 영역을 깨끗하게 하기 위해 고안된 광고에 대한 막대한 지출로 재확인된다. 남성의 정조와 비교해서 여성의 처녀성에 부과된 중요성에서의 차이도 고려해 보라. 오직 금욕 공동체에서만 남성의 처녀성은 여성의 처녀성과 같은 정도로 소중히 여겨지며, 그 결과 그 세계에서는 질이 음경에 의해 처할 위험보다 음경이 질에 의해 처할 위험이 더 크다. 그러한 공동체 밖에 있는 일상적인 사회 세계에서는 여성의 처녀성이 (해방된 오늘날에도) 남성의 처녀성보다 어마어마하게 더 큰 사회적 및 도덕적 의미를 수반한다. 남성의 처녀성은 남성의 자격을 박탈하는 반면, 여성의 여성성은 처녀성보다 무리 없이 더 오래 존속한다.

음경은 존엄성이 위협받는 의료적 상황에서도 삽입 가능하기는 하지만, 오염시키고 더럽히고 지배하는 침입자라는 것이 원래 이미지이다. 건조하지만 분비물을 방출해야 하고, 위치로 인한 음모의 수치스러움과 음경의 위치가 불러일으키는 일반적인 혐오를 견뎌내야만 한다.[40] 그것은 절개이며, 다른 모든 사람이 다루려는 것으로 보이기 때문에 나는 착

---

39 우리의 젠더 구성은 여전히 남성은 건조하고 여성은 젖은 것으로 보는 고대 갈레노스파의 대립적 시각을 일부 중요한 방식으로 재현하고 있다.
40 나는 아마도 도뇨관 삽입의 공포를 과소평가하고 있는지도 모르겠다. 도뇨관 삽입은 의료 시술과 고문실에서 전문화되어 시행되며, 두 가지 모두에 대한 공포와 환상을 가지고 있다.

수하고 싶지 않는 주제이다. 그것은 라캉과 프로이트의 다양한 관용어를 사용해서 많은 학술 담론에서 기저를 이루고 있는 거세이다. 나는 단지 몇 가지 관찰만 제시하고자 한다.

　나는 정액의 공포가 여성화하는 힘을 가지고 있다고 시사했지만, 메스도 마찬가지이다. 거세하는 칼날은 생리의 패러디로서 남성의 생식기에서 피를 흘리게 만들어 남성을 여성으로 "변형시킨다." 이러한 개념 질서를 이끄는 여성 혐오는 다른 불구화, 절단, 변형 ─ 이런 것들의 기이함과 혐오스러운 특질을 해명하기 위해서는 여성 혐오가 필요 없다 ─ 과 대비할 때 거세에 대한 위험부담을 증가시키는 것이다. 결국 남성들뿐만 아니라 여성들도 눈, 코, 팔다리를 잃을 수 있다. 그러나 거세가 혐오감을 유발하기 위해서는 여성 혐오가 필요하지 않다. 팔, 다리, 코를 잃은 남성이나 여성 또는 음핵절제로 고통당하는 여성보다 거세가 왜 더 혐오스러운지 설명하기 위해서만 여성 혐오가 필요하다. 불구화는 그것이 혐오스러운지 알려주는 성심리적인 이론 없이도 무리 없이 혐오를 유발하고 공포스럽게 한다. 그러나 정액은 성적이고 생식력 있고 재생산적이기 때문에 혐오감을 준다. 정액의 여성화 방식은 거세의 방식과 다소 다르지만, 그렇다 하더라도 덜 가학적일 필요가 전혀 없다.

우리는 제3장에서 다양하게 범주화하는 대립항의 렌즈를 채택함으로써 혐오스러운 것의 지형을 먼저 살펴보았다. 이 대립항들 중의 일부는 (1) 무기물 대 유기물, 식물 대 동물, 동물 대 인간, 우리 대 그들 같은 더 큰 추상성의 근거 위에서, (2) 부드러운 대 단단한, 젖은 대 마른, 요동치는 대 정지한, 끈끈한 대 유동적인 같은 감각 ─ 대부분 촉각 ─ 의 근거 위에서, (3) 위계적으로, 도덕적으로, 사회적으로, 미학적으로 높은 대 낮은 같은 대립으로 분류되었다. 첫째 그룹에서 우리는 무기물 대 유기물의 일반적인 대립항이 혐오에 대해 논란의 여지가 없는 진실을 포착했지만 대립항들의 범위가 좁혀지면서 그 대립항들의 모호성이 증가했다는 것을 발견했다. 식물은 동물보다 확실히 혐오감을 일으킬 가능성이 낮았지만, 식물과 동물 모두 부패하고, 악취가 나며, 두려운 낯섦에 참여할 수 있다. 그리고 더 하위의 문(門)에서는 실제로 구별할 수 없기 때문에 그 대립항은 높거나 낮은 가능성의 확률을 지지하기 위해 의존할 만했다. 동물은 인간과 대조될 때 그 경계가 투과성이 더 높았으며, 우리는 우리 자신과 우리의 내부와 외부 사이의 오염력의 차이로 내려갔을 때 투과성이 가장 높았다.

둘째 유형의 대립항은 맥락적 기대에 무언가를 빚지고는 있지만 맥락을 초월한 것으로 보이거나 그 맥락의 노선을 따라 맥락을 형성하는 것으로 보이는 특질들을 포착했다. 끈적끈적한 것, 들러붙는 것, 질척질척한 것, 점성이 강한 것을 생산했던 둘째 유형의 대립항은 오히려 혐오스러운 것의 강력한 예측 변수였다. 그러한 특질들은 먹고 성교하고 배설하고 죽고 부패하는 불안 유발과 궁극적으로 혐오 생성 과정으로 가득 찬 삶 자체를 찾았던 깊은 구조로부터 추상화되었다. 축축함과 미지근함 속에서 동요하고 들끓고 발산하는 생명 수프가 바로 혐오하게 하는 것이다. 이것은 모든 것이 죽음으로 끝나기 때문이 아니라 고정된 지점이 없기 때문이다. 모든 것이 유동적이고 변화하며, 영원한 반복이다. 아무것도 멈춰 있지 않다. 따라서 기독교는 혐오에서 벗어나기 위해 육체가 정지하고 불변하는 천국을 발명한 것이다. 그리고 지상에서 불변하고 수정같이 맑은 순결은 즉각적인 혐오 생성 능력을 전혀 지니고 있지 않다. 문제는 더글러스가 말한 것처럼 제자리에 있지 않은 것 중의 하나

가 아니다. 문제는 고정된 구조들이 모든 혼란을 파악하기에는 지나치게 유동성이 크다는 것이다.[41]

셋째 대립항 – 높은 대 낮은 – 은 다른 모든 대립항에 우선하며, 우리가 아직 검토하지 않은 바인데, 모든 혐오의 징후를 도덕적 차원으로 가득 채웠다. 혐오는 순수한 것과 불순한 것, 오염시키는 것과 오염될 수 있는 것을 결정하는 것과 밀접하게 연관되어 있기 때문에 도덕적 차원과 무관할 수 없다. 이것은 문화가 무엇이 혐오스러운지를 결정하는 것과 큰 관련이 있음을 의미할 뿐만 아니라 순결이 중요한 가치인 정도에 따라 일반적인 혐오 역치를 설정한다는 것 또한 의미한다. 그러나 문화는 무엇을 제외할 것인가보다 혐오스러운 것의 범주에 무엇을 포함할 것인가를 결정하는 데서 훨씬 더 자유로웠다. 언제 어디서나 질척질척하지 않고 끈적끈적하지 않은 것보다 질척질척하고 끈적끈적한 것을 혐오스럽지 않게 만들기가 더 어렵다. 그래서 혐오, 특히 인간적이고 문화 자체를 가능하게 하는 감정 중 하나인 혐오는 그 양면성과 가치를 세계에 부과한다.

혐오와 순수의 연관성은 그 자체로 복잡하다. 혐오는 불순한 것으로부터 지키고, 우리가 순수해지는 데 실패한 것을 처벌한다. 그러나 모든 혐오 규칙이나 의례가 혐오에 의해 뒷받침되는 것은 아니다. 어떤 것들은 수치심, 죄책감, 의무감, 또는 단순한 습관으로 유지된다. 그래서 혐오가 있는 곳에는 그에 상응하는 오염의 관념이 있을 것이지만, 순수성

---

41 햄릿을 다시 상기해 보라. 생명, 생식, 죽음에 대한 그의 혐오의 일부는 그의 언어적 습성인 말장난이 되는 언어의 불안정성과 유동성에 의해 포착된다. "Letters and Spirits," p. 42에서 사랑과 죽음, 동물성, 시체, 그리고 영혼을 뒤섞고 혼합하는 말장난을 다룬 마거릿 퍼거슨(Margaret Ferguson)의 논의를 보라.

이 있는 곳에서는 그 순수성의 오염 가능성이 언제나 혐오를 생성할 필요가 없다. 그러나 다른 정념들이 순수성의 규칙을 지지할 수 있다는 사실에도 불구하고, 혐오만큼 그 일에 적합한 것은 아무것도 없는 것 같다. 혐오가 순수성을 유지하는 데 절대적으로 필요하지 않을 수도 있지만, 순수성의 지배력은 혐오에 의해 뒷받침되지 않는다면 그만큼 그 위력이 덜할 것이다.

제4장에서 우리는 문법, 어휘, 그리고 특별한 혐오의 성질이 혐오가 인지하는 감각에 따라 다르다는 것을 관찰했다. 혐오에 대한 정확한 개념화가 연관된 감각에 따라 그토록 크게 달라질 수 있다는 것은, 공포는 부분적으로 제외하고, 다른 도덕적 정서들의 특징이 아니다. 다른 감각들은 죄책감, 분개, 화에 특별히 독특한 역할을 하지는 않는다.[42] 그러나 우리는 어떤 감각이 혐오스러운 것에 민감해졌든지 간에, 그리고 혐오를 불러일으켰던 특질이 무엇이든지 간에, 모든 혐오가 공통된 기능(오염으로부터 신체와 영혼을 방어하는 것)과 공통된 느낌 및 반응(혐오, 위반, 오염의 느낌과 불쾌한 감각이 제거되기를 바라는 욕구)에 연결되어 있다고 느꼈다. 우리는 혐오가 미각에 집중된 구강 체내화에 대한 방어 그 이상이라는 것을 보았다. 촉각과 후각은 미각만큼 또는 그 이상으로 단지 미각의 대용으로서가 아니라 첫째 순서로서 자체적으로 혐오를 처리했다. 접촉은 범주 2의 대립항들을 구성했던 촉각에 대해 풍부한 어휘를 제공했다는 것을 관찰했다. 심지어 구강 체내화에 대한 방어로서 촉각과 후각은 미각보다 더 효율적인 순수성의 방어자였다. 미각은 위험하게도 바로

---

42   시각은 수치심의 구성에 특별한 역할을 하지만 다른 감각들은 제외하고 그러하다. Taylor, *Pride, Shame, and Guilt*와 Wurmser, *The Mask of Shame*을 보라.

직전에 판단을 내리거나, 또는 그 판단이 입안에서 이루어졌다면 그 찰나를 넘어서고서야 판단을 내린다.

혐오가 관여된 감각에 따라 그 스타일을 바꿀지라도, 이 장은 혐오가 신체의(그리고 함축적으로는 정신의) 어느 부분이 관여되는지에 따라 서로 다른 사회적·심리적 의미를 띠게 된다는 것을 보여주었다. 구강 체내화에 대한 방어였던 혐오는 항문 체내화에 대한 방어였던 혐오와 같은 문제를 제기하지 않았다. 다른 신체 물질들은 모두 오염시키는 것이긴 하지만 정확하게 동일한 방식으로 오염시키지는 않는다. 정액은 콧물과 다르게 작용했고 나아가 대변과도 다르게 작용했다. 그러나 이러한 차이에도 불구하고 혐오 범주는 이 모든 이질적인 것을 위험한 것으로, 오염시키는 것으로, 마법과 두려운 낯섦의 원천으로 함께 묶는 결정적인 의미를 지니고 있었다.

지금까지의 이야기는 물질에 집중되어 있었다. 우리는 혐오스러운 **것들**을 다루었으며 혐오스러운 행위나 특징에 대해서는 거의 손도 대지 못했다. 도덕적인 것, 역사적인 것, 그리고 사회적인 것이 아직 남아 있다. 이제 혐오의 핵심적인 역설, 곧 혐오의 매력으로 관심을 돌려보자.

제6장

아름다움은 더럽고 더러움은 아름답다

혐오스러운 것의 영역은 놀라울 정도로 포괄적이다. 그 영역은 모든 종류의 불쾌함에서, 그 불쾌함의 근원이 주로 촉각이든, 후각이든, 미각이든 상관없이, 또는 그 불쾌함이 더 복잡하게 도덕적이고 미학적인 것으로 이해될 수 있는지와 상관없이 혐오를 예상한다. 우리는 그렇게 상이하게 기원하는 혐오를 동일한 증상에 속하는 것으로 인식한다. 그 혐오들은 모두 우리가 너무나 잘 아는 감정 상태로 끝난다. 그럼에도 불구하고 나는 크게 두 종류의 혐오를 구별하고 싶다. 두 가지 유형 모두 매우 익숙하지만, 우리 사고의 매우 많은 부분을 보증하는 프로이트주의의 뒷받침 때문에 오직 하나만 진지한 관심을 끌고 있다. 다른 하나는 다이어트 책을 제외하고는 실제로 거의 관심을 받지 못하고 있다.

혐오의 두 가지 유형

첫 번째 유형인 프로이트류는 무의식적인 욕망을 만족시키는 것에 대한 장벽으로서의 역할을 한다. 이것은 앞서 언급했듯이, 프로이트가 반동 형성이라고 불렀던 혐오이다. 반동 형성의 역할 속에서 혐오는 수치심 및 도덕성과 함께 성적 본능을 억제하기 위한 댐(프로이트의 이미지)[1]으로 작용한다. 혐오는 다른 사람의 생식기를 냄새 고약하고 보기 추한 것으로 만들며, 자신의 생식기를 수치심의 원천으로 보이게 한다. 혐오는 무의식적인 욕망의 활성화를 막기 위해 존재하며, 더 정확히 말하면 혐오는 그러한 욕망을 무의식적으로 만드는 억압 과정의 일부이다.[2] 어쨌든 그렇게 인식되는 혐오는 혐오를 유발하는 행위나 사물에 대한 탐닉을 막는 작용을 한다. 혐오는 우리가 너무 가까이 가지 않도록 코를 잡고 돌아서게 만든다. 이러한 욕망이 얼마나 무의식적인가 하는 것은 우리가 더 깊이 있는 것에 대해 우리 자신을 이해할 수 없게 만드는 무언가이다. 하지만 욕망이 혐오스러운 것들이 우리를 사로잡고 있는 매력에 대해 갖는 지나치게 강한 관념이라면, 혐오스러운 것에 대한 호기심이나 매력은 우리가 혐오하며 돌아설 때도 선명하게 의식하는 무언가이다.

무의식적인 욕망에 대한 장벽으로서 작동하는 혐오, 간신히 인정되는 매력, 또는 은밀한 호기심은 혐오 이야기의 일부에 불과하다. 또한 내가

---

1   "바로 이러한 전체적 잠복기 또는 부분적 잠복기 동안, 나중에 댐처럼 성 본능을 가로막고 그 흐름을 방해하게 될 정신적인 힘들 ─ 역겨움, 수치심, 그리고 심미적, 도덕적 이상에 대한 요구 ─ 이 형성된다." Freud, *Three Essays* II, p.177[『성욕에 관한 세 편의 에세이』, 71쪽]. 또한 Freud, "Character and Anal Erotism," p.171[프로이트, 「성격과 항문 성애」, 191쪽]을 보라. 반동 형성은 "성감대에서 나오는 흥분을 억누르면서 형성되며, 마치 성적 본능의 활동을 가로막는 댐처럼 불쑥 솟아난다."

2   플리스에게 보낸 중요한 편지를 보라. Letter to Fliess of Nov. 14, 1897[『정신분석학의 탄생』, 174쪽]. "더 노골적으로 표현한다면, 지금의[직립과 함께 포기된 성적 지대, 즉 입과 항문의 자극의] 기억은 현재의 대상과 같은 악취를 풍긴다. 악취가 나는 대상에 대해 혐오감을 느끼면, 우리는 우리의 감각기관(머리와 코)를 [다른 데로] 돌려버리듯이, 우리의 전의식과 의식적 이해는 기억으로부터 몸을 돌린다. 그것이 바로 억압이라고 불리는 것이다."

제3장에서 시사했던 과잉의 관념에서 비롯되는 혐오도 있다. 거기에는 무의식적인 욕망이나 은밀한 매력은 없다. 숫자에 관계없이 음식, 음료, 그리고 활동에 지나치게 탐닉하면 그 욕구가 성적인 것이든 아니면 다른 것이든 간에 완전히 의식적이며 그에 따라 행동하기 때문에 역겨움, 즉 메스꺼움이나 구역질이 생긴다. 여기서 혐오는 섭취에 대한 장벽이 아니라, 섭취한 것에 대한 처벌이거나 덜 예지적으로 단순히 멈춰야 할 때를 (대개는 너무 느리게) 판단하는 시간에 따라 작동하는 장벽이다.

두 유형의 혐오는 아름다운 것이 더럽고 더러운 것이 아름답다는 것을 시사하지만, 다소 상이한 방식으로 대립항들의 혼란을 구조화한다. 첫째 유형의 혐오는 더러움이 환상이라는 것을 시사하며, 둘째 유형의 혐오는 아름다움이 환상이라는 것을 시사한다. 과잉에서 비롯되는 이 둘째 유형의 혐오에서는 처음에는 아름답게 보이는 것이 그리 오래가지 못하는 아름다움이었음이 드러난다. 애초의 아름다움은 여러 종류의 하향 재평가의 가능성을 안고 있다. 하나는 아름다움이 중독으로 인해 감소된 쾌락의 고통과 괴로움을 초래할 수 있다는 것이다. 섭취는 단순히 욕망하는 행위주체의 불가피한 질병과 자기 파괴로 이어지는 더 많은 섭취의 욕구를 증가시킨다. 다른 재평가는 만족 자체에 수반되는 것으로, 한때 욕망했던 것을 이제 혐오스러운 것으로 변화시킨다.

> 사랑의 불길 속엔 그것을 약화시키는
>
> 일종의 심지나 검댕이 자라는 법이며
>
> 언제나 똑같이 좋은 것도 없는 법이다.
>
> 왜냐하면 좋은 것도 넘치면 화병처럼
>
> 제풀에 죽기 때문에. (『햄릿(Hamlet)』, 4.7.113~117)

클라우디우스는 햄릿의 세계를 특징짓는 과잉, 부패, 질병이라는 관용어를 통해 좋은 것의 과잉으로 인한 질식감 — 좋은 것, 바람직한 것을 혐오스러운 것으로 바꾸는 — 을 포착한다. 지나침으로 인해 죽어버리는 욕망은, 이러한 욕망이 공공연히 인정되든 아니면 받아들여지지 못해 곪아버리든 간에, 욕망의 만족과 일종의 불가피한 연관성을 지니고 있다.

최초의 장벽으로 작동하는 혐오는, 그 혐오의 이면에 있는 것이 결코 더러움이 아니라 아름다움이라는 것을 필연적으로 인정하기 때문에, 그런 방식으로 작동해야 한다. 이 견해에 따르면, 혐오는 원하는 대상의 특징이 아니라 그 대상에서 분리된다. 그리고 그 대상과 호기심 많은 주체 사이에 삽입되거나 일종의 베니어처럼 그 위에 겹쳐진다.[3] 댐, 장벽, 베니어의 이미지는 하나의 좋은 결과를 낳는다. 그 이미지들은 혐오스러운 매력이라고 부르는 정의적(定義的) 불합리로부터 우리를 구해준다. 이 이미지들은 매력적인 것을 그 뒤나 아래에 존재하는 역겨운 혐오의 장벽으로부터 구별되게 한다. 하지만 장벽과 베니어의 이미지를 없애면 어떨까? 대신에 혐오스러운 것 자체가 매혹하는 힘을 가지고 있다는 관념을 우리에게 강요하는, "아름다운 것이 더럽고 더러운 것이 아름답다"라는 혼란과 혼동을 심각하게 받아들인다고 가정해 보자. 이 견해에 따르면, 아름다운 것은 혐오의 벽 뒤에 숨어 있지 않다. 혐오스러운 것은 바로 아름다운 것이다.

---

3   때때로 프로이트는 그러한 댐은 교육과 문화의 산물이 아니라 기질적이고 발전적인 것이라고 명시적으로 말한다. *Three Essays* II, p. 177[「성욕에 관한 세 편의 에세이」, 71~72쪽]. 야생 아동이 이러한 댐을 가지고 있지 않다는 증거는 이것을 반증하지 못한다. 왜냐하면 잠재된 기질적 능력을 준비시키기 위해서는 여전히 문화적인 촉발과 사회화된 투입이 필요할 것이라는 발달 이야기를 구성할 수 있기 때문이다. 다른 곳에서 프로이트는 그러한 댐에 대한 관습적 제약을 인정한다. *Three Essays* I, p. 151[「성욕에 관한 세 편의 에세이」, 40쪽].

만약 역겨운 것이 매력적이라면, 그것은 제대로 역겨운 것인가? 불쾌한 것이 매력적인 것을 의미한다면 이해하기 어렵지만, 우리가 혐오라고 부르는 감정이 기피 행위를 낳지 않는다는 것을 이해하는 데에는 문제가 없다.[4] 혐오에 포함된 판단들의 복합체, 혐오가 실제로 작동하는 방식은 자기 손을 더럽혀야 하는 방식과 같다. 어떻게 그러지 않을 수 있겠는가?[5] 혐오가 우리를 오염으로부터 보호하는 만큼 혐오는 오염시키는 것을 경계하고 있어야 한다. 혐오는 오염시키는 것을 연구해야 하고 잘 알아야 한다. 그 일을 잘하기 위해서는 심지어 오염시키는 것에 대해 호기심을 갖거나 매료되어야 할 수도 있고, 그것과 어느 정도 어울려야 할 수도 있다.

혐오는 항상 어떤 의미에서 거부감을 주어야 한다. 그렇지 않으면 혐오가 아니다.[6] 그러나 거부감은 결과적으로 방금 피해서 물러섰던 것에 다시 가까이 가게 하는 정서를 유발할 수 있다. 이러한 정서는 호기심에서부터 매혹, 어울리고 싶은 욕망에 이르기까지 다양할 수 있다. 거부감

---

4   우리가 감정을 감정이 발생시키는 행위에 의해 정의한다면 이는 프리다(Frijda)가 그런 것처럼 몇 가지 문제를 제기한다. 혐오는 거부감을 유발하지만, 그다음에 혐오의 혐기적 측면들에 반해 작동하는 바로 그 척력(斥力)의 사실에 대한 관심을 촉발한다.

5   쾌락과 혐오가 밀접하게 연결되어 있다는 관념은 오히려 흔하며, 어떤 개념이든 숙고하도록 하면서 심지어 그 관념의 반대의 경험을 하게 하는 것 같다. 흄의 진술은 수백 가지 사례를 나타낼 것이다. "선이 아름다울수록 선과 연관된 악은 더 혹독한 것이며 이 같은 자연의 한결같은 법칙에는 거의 예외가 없다. 가장 쾌활한 재치는 광기와 접해 있고, 최고조에 이른 즐거움의 발산은 가장 심한 권태와 혐오를 가져오며, 가장 들뜬 희망은 가장 혹독한 실망으로 이어진다." 흄, 『종교의 자연사』, 153쪽.

6   칸트는 혐오에서 어떠한 양면성도 발견하지 못한다. 혐오는 어떠한 기교도 참을 수 있게 할 수 없는 것이다. "미적 예술은 자연에 있어서는 추하거나 또는 불쾌한 사물들을 아름답게 묘사한다는 점에 그 특징이 있다. … 그러나 단 한 가지의 추만은 자연 그대로 표현하면, 반드시 일절의 미감적 만족, 따라서 예술미가 무너지고 마는데, 즉 **구토(혐오)**를 일으키는 추가 그것이다"(원문의 강조). *Critique of Judgment* § 48, p.180『판단력 비판』, 176쪽].

은 또한 거절당한 것에 대한 분노와 그로 인해 잃어버린 영토를 되찾고
자 하는 욕구를 불러일으킬 수 있다. 그리고 그것 또한 다시 끌어당긴다.

그러나 궁극적으로 혐오스러운 것이 혐오하게 하는 장벽 뒤에 숨은 아
름다움인지 아니면 혐오스러운 것 자체가 유혹하는 것인지는 그렇게 큰
차이가 아니다. 어느 경우이든 혐오스러운 것은 여전히 거부감을 주는
것으로 이해되어야 하며, 혐오스러운 것을 극복하는 것은 그 이야기의
큰 부분이다. 어떤 경우에는 장벽이 구체적으로 장애물로 파악될 수 있
고, 다른 경우에는 그 장벽이 더 추상적인 것일 뿐일 수도 있다. 우리는
어느 쪽이든 장벽(또는 저항)을 가지고 있다. 변하는 것은 우리가 그 장애
물 뒤에 있는 것을 어떻게 인식하는가이다. 그것은 무의식적이면서 전
(前)사회적이고 전(前)문화적인 욕망의 대상들이거나 또는 완전히 무의
식적이지는 않으며 문화가 금지를 선언하는 그 사실만으로도 바람직한
것이 된다는 지식으로부터 힘을 얻는 더 지저분한 욕망의 대상들이다.[7]

최초의 장벽을 제공하는 혐오감이 프로이트식 반동 형성의 방식으로
작용하든, 아니면 단순히 더 복잡하게 생각되는 혐오의 감정 안에 불쾌
감을 일으키는 요소로 작용하든 간에, 그것은 과잉의 결과로서의 혐오와
구별될 수 있다. 혐오의 두 가지 주요 스타일 — 접근을 거부하려는 스타일
과 폭식 후에 시작되는 스타일 — 은 중요한 방식으로 서로를 강화한다. 그
리고 이 두 가지 스타일은 결합해서 혐오스러운 것의 깊은 구조가 먹는
것(그리고 먹는 것의 결과) 그리고 섹스하는 것(그리고 섹스하는 것의 결과)

---

[7] 프로이트는 이것이 어떻게 단지 장벽으로 여겨지는지 정식화하지 않고 자신의 혐오를 두 가
지 방식으로 가지려고 한다. 그의 혐오는 반동 형성일 뿐만 아니라 자체적으로 매혹하는 기
능도 한다.

처럼 주요 삶의 과정에 집중되어 있다는 것을 재확인한다.

크리스테바의 표현처럼 우리를 "충동과 혐오의 소용돌이"[8]에 연루시키지 않는, 끌림, 욕망, 매혹을 포함하지 않는, 또는 반동 형성으로서의 혐오에서처럼 무의식적으로 또는 과잉의 결과로서의 혐오에서처럼 의식적으로 유인하는 단순하고 순전히 혐오스러운 것은 없을까? 우리는 분명히 있다고 스스로에게 말한다. 그러한 것들은 거의 너무 상스러워서 이름을 붙일 수 없다. 공중화장실 칸에 들어가는 것은 어떤 생각 없는 무뢰한이 변기 물을 내리지 않아 변기에 남아 있는 것을 봐야 할 것이라는 불안감을 항상 수반한다. 우리는 환경의 위험을 모니터링하는 필수 작업으로서 점검을 해야 한다. 그러나 그러한 의식적인 모니터링 작업을 넘어서는 무의식적인 욕망이 존재하는가? 심지어 여기에도 욕망이 아니라 불신의 매혹인 더블테이크 반사(double-take reflex)*라는 작은 섬뜩함이 있지 않은가? 무언가는 우리에게 피투성이의 자동차 사고를 보게 하고, 공포 영화, 잔혹 영화, 폭력 영화에 스릴을 느끼게 한다. 무언가는 포르노를 큰 사업으로 만들어서 여전히 사람들을 서커스의 사이드쇼에 끌어들인다. 그러한 도착적인 것이 유발하는 공포, 기이함, 당혹스러움 외에 다른 방법이 없을지라도, 어떤 어두운 과정에 의해 매력을 끌어내지 않는 도덕적 위반은 없는가? 배설하는 것, 방출하는 것, 풍부한 것 안에서 희극적인 것, 라블레식(Rabelaisian)**의 즐거움에 연관된 혐오는

---

8   Kristeva, p.1[크리스테바, 21쪽].
*   무언가 이상하거나 놀랄 만한 것을 보거나 들었을 때 정말로 그것을 보거나 들었는지 확신하지 못하며 반응하기 전에 잠시 망설이는 것_옮긴이
**   프랑수아 라블레(François Rabelais; 1483년경~1553년)는 르네상스 시대 프랑스의 인문주의 작가로, 당시 유행하던 작자 미상의 대중소설 『가르강튀아 대연대기』에 착안해서 쓴 『팡타그뤼엘(Pantagruel)』로 유명하다. 그는 매우 외설스럽고 과장되며, 거침없이 묘사하는 특

욕망을 방지하는 혐오를 극복하는 스릴의 일부이거나 폭식의 욕망에 의해 혐오를 자초하는 위험의 일부인가? 혐오는 (고통을 반감시키는 것이 흔히 결코 쉬운 심리적 문제가 아닐지라도) 고통이 야기하는 것보다 더 복잡한 반감을 유발한다. 왜냐하면 혐오는 고통보다 더 복잡한 사회적이고 도덕적인 판단을 함축하고 있기 때문이다.[9]

욕망과 혐오의 이상한 연관성을 어떻게 이해해야 하는가? 여기서는 주로 섹스에 초점을 맞추겠지만, 우리는 폭력, 잔혹, 또는 공포를 선택할 수도 있다. 이것들은 섹스와 겹쳐질 수 있지만, 그 어느 것도 섹스와 일치하지도 않고 섹스의 박동에 맞춰 나아가지도 않는다. 폭력, 잔혹, 그리고 공포의 매력은 항상 그런 것은 아니지만 대개 복제나 허구를 통해 탐닉하게 되는 매력이다. 우리는 직접 하기보다 볼 가능성이 더 많다. 보는 것보다 하는 것을 더 기대하게 되는 섹스에서는 정반대일 것이다. 실제로 우리는 섹스를 지켜보거나 우리 자신이 비정상인 사람으로 낙인찍힌 것을 깨닫게 되기보다 섹스를 할 것으로 예상된다. 폭력과 대조해 보면 가장 극명하다. 그 정도면 충분하다. 우리는 이 주제에 대해 프로이트를 벗어나고 싶어도 피할 수 없다. 그렇기 때문에 그의 장기를 우리의 것으로 만들어야 한다. 그것은 섹스이다.

첫째, 우리는 이른바 무의식적 욕망과 혐오를 대립시키기를 전혀 원하지 않지만(그리고 나는 여기서 욕망을 호기심과 매력 같은 동기 부여 상태를

징을 보였으며, 중세 사회, 특별히 가톨릭교회의 가치관과 종교관을 신랄하게 비판했다. 그의 『제3서(Tiers Livre)』는 이전에 쓴 책들과 마찬가지로 그 내용의 외설성과 주제의 이단성이 문제되어 금서 처분을 받았다. '라블레식'은 '거친 유머와 대담한 풍자로 특징지어지는'이라는 뜻으로 쓰인다._옮긴이

9   예를 들어, 치통의 사회적 역학을 다룬 논의에 대해서는 도스토예프스키의 『지하로부터의 수기(Notes from Underground)』 I, iv를 보라.

포함하기 위해 사용한다), 그것들을 각각 복잡한 증후군의 일부로서 서로에게 필요한 것으로 볼 수 있다. 예를 들어, 프로이트는 혐오와 다른 반동 형성이 쾌락을 억제하기 위해서뿐만 아니라 쾌락을 고조시키기 위해서도, 심지어 쾌락을 위한 조건을 창조하기 위해서도 필요하다는 것을 인정했다. 즉, 댐과 같은 장벽은 욕망된 대상에 대한 접근을 방해하기 위해서뿐만 아니라 그 장벽을 극복하기에 충분한 양의 욕망을 저장하는 수단을 제공하기 위해서도 작동한다.

말하자면 리비도를 한층 더 고양시키기 위해서는 장애물이 필요하다는 얘기이다. 따라서 성적 만족에 대한 자연스러운 거부감이 충분하지 않은 경우 남성들은 항상 사랑을 즐기기 위해서 관습적인 장애물들을 세워 왔던 것이다. 이것은 개인뿐만 아니라 국가도 마찬가지이다. 고대 문명의 쇠퇴기처럼 성적 만족을 방해하는 어려움이 없었던 시대에는 사랑이 무가치한 것으로 여겨졌으며, 인생은 공허한 것이 되어버렸다. 그러므로 인간의 삶에 필수 불가결한 그런 정서적 가치를 회복하기 위해서는 시대 흐름에 대한 강력한 반동이 요구되는 것이다.[10]

성적 쾌락은 단순히 본능적 욕구를 만족시키는 기능이었던 만큼 혐오를 극복하는 기능이기도 했다. "왕성한 성 본능은 이러한 역겨움을 무시하는 데서 즐거움을 얻는다."[11]

---

10   "The Most Prevalent Form of Degradation in Erotic Life," p.213[「사랑의 영역에서 일어나는 가치 저하의 보편적 경향에 관하여: 사랑의 심리2」, 232쪽].
11   *Three Essays* I, p.152[「성욕에 관한 세 편의 에세이」, 41쪽]. 1897년 11월 14일 플리스에게 보낸 편지에서 혐오와 리비도의 관계를 정식화한 것을 비교하라.

욕망되는 것을 드물게 만들고 접근할 수 없게 함으로써 욕망을 가능케 하는 작용을 하는 혐오는 과잉이 초래하는 혐오와는 매우 다르다. 과잉의 혐오는 한때 매력적이었던 것을 혐오스럽게 만드는 반면, 반동 형성의 혐오는 욕망을 일으키기 위해 혐오를 사용하거나 정확하게 혐오를 일으키는 것은 아닐지라도 댐을 무너뜨릴 수준으로까지 욕망을 증가시키기 위해 혐오를 사용한다. 한때 역겨웠던 것을 현재 매력적인 것으로 만드는 것 이상으로, 그것은 현재 역겨운 것을 현재 매력적인 것으로 만든다. 그 주장은 대체로 경제적이다. 혐오는 수요를 증가시키고 가치를 높이는 결핍의 조건을 창조하는 데 도움을 준다.

하지만 모든 쾌락이 공급과 수요의 법칙을 따르는 것은 아니다. 또한 쾌락에 대한 높은 평가를 유발하는 것이 단순히 결핍인 것도 아니다. 단지 그 결핍이 어떻게 만들어지느냐가 중요하다. 어떤 것이 단순히 부족하게 생산되는 것과 금지의 개입으로 결핍이 생기는 것은 다른 문제이다. 왜냐하면 금지를 극복함으로써 얻는 쾌락은 그 자체로 그렇게 금지된 대상을 획득함으로써 얻는 쾌락과는 별개이기 때문이다. 한 재치 있는 12세기의 주교는 남편의 발기불능에 대해 조언을 구하는 여인에게 이렇게 제안할 수 있었다. "그를 성직자로 만듭시다. 그러면 그의 능력이 즉시 회복될 것입니다."[12] 규칙을 어기는 것에는 거부할 수 없는 매력이

---

12 Gerald of Wales, *Gemma Ecclesiastica*, II, p.18. 금지가 욕망을 낳는다는 관념은 자주 관찰된다. 에덴동산에서 추방된 이야기는 바로 이러한 관념을 함축하고 있으며, 도덕주의자들은 그것을 인간의 심리적인 구조의 소여(所與)로 언급한다. 예를 들어, 흄의 『논고(Treatise)』를 보라. "따라서 우리는 자연히 금지된 것을 욕구하며 행동으로 수행하는 데서 쾌락을 얻는데, 이것은 그런 행동이 불법적이기 때문일 뿐이다"(II.iii.4, p.421[흄, 『인간 본성에 관한 논고 2: 정념에 관하여』, 166쪽]). 프로이트는 특정 유형의 금욕주의를 특징지었던 성에 대한 강박적인 사고에 주목한다. 기독교 초기 금욕주의에 대해 깊은 공감을 나타내고 풍부한 정보를 담고 있는 설명과 그 설명의 몸에 대한 특정한 견해를 위해서는 Brown, *The Body and*

있지만, 이것은 기껏해야 복합적 쾌락이고 종종 처벌로 보복당하는 쾌락이다. 우리는 난처한 상황에 처해 있다. 그렇게나 많은 쾌락이 우리가 준수하는 규칙의 위반과 연결되어 있으며, 바로 규칙에의 충실성을 위반하는 것이 쾌락의 기초를 제공한다. 그리고 나서 우리는 때로는 외부의 권위에 의해, 그러나 대부분은 내적으로 수치심, 죄책감, 또는 혐오와 같은 불쾌한 정서에 의해 처벌을 받는다.

의심할 여지없이 여기에도 어느 정도 경제화가 작용한다. 우리는 규칙을 위반하고 그 위반이 주는 것을 획득할 가능성과 처벌의 고통이 부여할 가능성을 저울질한다. 경제학자 이외의 모든 사람은 그러한 순수하게 합리적이고 비감정적인 해명에 반대할 것이다. 일부 사회 문화적 규범은 우리가 도저히 계산할 수 없을 정도로 우리를 강하게 지배하고 있다. 우리는 매우 드물고 특별한 조건 아래서가 아니면 계산하는 것, 심지어 계산하는 것에 대해 상상하는 것조차 규범에 의해 금지되어 있다. 어떤 규칙의 경우 우리는 그냥 위반하지 않으며, 위반으로부터 어떠한 쾌락도 얻지 못한다. 그러면 그러한 규칙들은 무엇인가? 바로 죄책감, 수치심, 그리고 혐오와 같은 가장 도덕적인 종류의 강한 부정적인 감정들에 의해 뒷받침되는 규칙들이다.

그러나 우리는 그러한 제약들을 극복하는 사람들에 대해 거부하기 힘든 호기심과 매력을 느낀다. 이처럼 깊이 뿌리내린 규범의 위반자들은 신으로서 또는 범죄자로서 우리의 신화, 책, 그리고 영화를 가득 채우고 있다. 신과 범죄자 모두를 정의하는 특성은 우리를 성공적으로 중간 정

---

*Society*를 보라. 보다 풍자적인 관찰로는 Kundera, *The Incredible Lightness of Being*, pp.247[쿤데라, 『존재의 참을 수 없는 가벼움』, 396~397쪽]을 보라.

도의 정상적인 존재로 유지하는 도덕적이고 사회적인 품위의 규범을 위반할 수 있는 것으로 보인다. 신은 (자신이 피해자가 될 뿐만 아니라 저버리기도 하는) 더 심각한 규범을 위반할 수 있기 때문에 그리고 대부분의 입증 기준에 어긋나는 방식으로 오래 전부터 그렇게 해왔기 때문에 자신과 유사한 범죄자보다 더 높은 지위를 부여받는다. 우리를 움켜쥐고 있는 규범을 위반하는 자들은 공포와 혐오와 경외, 정확하게는 비극, 공포, 긴장감, 그리고 종교적 헌신을 추동하는 감정들의 대상이다.

우리는 얼마나 이상한 존재인가? 우리는 질서를 제공하고 우리 삶에 의미를 부여하기 위해 사회적이고 문화적인 규칙을 요청하지만, 우리의 번영을 가능하게 하는 조건 아래서는 마찰을 일으키도록 구성되어 있다. 이런 기이한 일에는 그 마찰이 야기하는 무질서를 상쇄시켜 주는 적응적인 장점이 있다는 것을 어렵지 않게 이해할 수 있다. 우리의 속박과 한계를 밀어 붙이고자 하는 욕망은 우리를 노력하게 하고 개선하게 하고 창조하게 만드는 것이다. 우리는 우리 자신에 대해 이 사실을 인식하며, 한편으로는 이것을 이브, 사탄, 프로메테우스, 파우스트, 심지어 오이디푸스의 행위에 대해, 다른 한편으로는 돈 후안의 절망에 대해 설명하는 기초적인 내러티브의 주제로 삼는다. 만족은 불만족과 실망을 안겨주며, 그래서 우리를 더 노력하고 더 욕망하도록 압박을 가한다. 우리는 만족 획득 불가능성이라는 모든 비극적 문제를 덜 위협적으로 만드는 속언(俗諺)에서 그러한 생각을 요약한다. 따라서 울타리 반대편의 잔디가 더 푸르다. 그 동일한 생각은 보들레르의 표현의 암울함 속에서 무한히 더 절망적인 것이 될 수 있다. "이곳의 삶은 병원. 여기서 환자들은 제가끔 잠자리를 바꾸고 싶은 욕망에 빠져 있다. … 나에겐 내가 현재 있는 곳이 아닌 다른 곳에 가면 언제나 편안할 것처럼 생각된다."[13]

민중의 지혜는 불가해한 방식으로 우리에게 결코 한 가지 견해를 제공하지는 않지만, 정반대되는 견해를 똑같이 설득력 있게 보이게 만든다. 파우스트의 설명에 따라 노력해야 한다면, 돈 후안의 설명에 따라 울타리의 반대편에 도달하자마자 우리를 피해나가는 만족을 추구하기 위해 절망 가운데 내몰린다면, 우리는 여우와 포도 같은 덜 웅장한 반대 이야기를 가지게 될 것이다. 우리가 원하는 것을 가질 수 없을 때, 우리는 멋진 자기기만으로 가질 수 없는 것을 혐오스러운 것으로 재정의함으로써 더 이상 욕망하기를 멈춘다. 가질 수 있다는 가능성을 마음에 품고 있을 때는 그렇게 좋아 보였던 포도가 이제 신 것이 되고, 생각만 해도 신경을 건드린다.

신포도는 불쾌감과 혐오를 함축하고 있다.[14] 프로이트의 혐오처럼 반감은 그 활동 범위를 허용 가능한 것이나 실현 가능한 것으로[15] 제한함으로써 자아를 방어한다. 하지만 신포도는 프로이트의 설명이 아니다. 신포도는 욕망을 억압하지 않으며, 궁극적으로 성취의 쾌락을 증가시키기 위해 욕망을 혐오의 장벽 뒤에 놓는다. 신포도는 탐나는 것을 그 자체로 혐오스러운 것으로 만든다. 신포도는 욕망을 완전히 없앤다. 신포도는

---

13 "Cette vie est un hôpital où chaque malade est possédé du désir de changer de lit ⋯ Il me semble que je serais toujours bien là où je ne suis pas," *Petits Poïfmes en Prose* 48 [『파리의 우울』, 265쪽]: "N'importe ou or du monde (Anywhere out of the world[이 세상 밖이라면 어느 곳이라도])."

14 앞서 주장했듯이, 신맛은 혐오를 유발하지 않는다. 이 비유는 욕망을 물리칠 만큼 불쾌한 느낌을 나타내기 위해 신맛을 사용한다. 이 비유에서 반감을 일으키는 어떤 것도 신맛에 의존하지 않는다. 실제로 혐오를 불러일으키는 것은 부패일 수도 있다. 여우에게 신맛은 욕망을 없앨 만큼 불쾌한 생각이었다. 다른 사람들에게는 부패의 생각이 필수적인 작업을 하는 데 요구될 것이다.

15 방어로서의 혐오에 대해서는 S. Miller, "Disgust: Conceptualization, Development and Dynamics," p.295를 보라.

적어도 의식적으로 포도를 생각하려는 욕망을 제거하면서 가능성의 세계를 위축시킨다. 여기서 우리는 욕망이 무의식적이게 되는 메커니즘의 일부를 우연히 발견한 것으로 보인다. 그래서 결국 우리는 프로이트의 이야기를 위해서 작은 기여를 할 수 있다. 그러나 신포도의 메커니즘은 거세에 대한 두려움보다는 체념을 통해 억압을 성취한다. 신포도는 신중함의 미덕을 가능하게 하는 것이고, 우리가 과도하게 노력하는 것을 막아주는 것이다. 그래서 우리는 사랑하기 위해 살 수 있다. 손안의 새가 수풀에 있는 두 마리의 새만큼 가치가 있다는 것은 오이디푸스 못지않게 욕망의 억압에 대해 설명해 준다.

나는 여기서 나를 당황스럽게 하는 바이런의 스타일 — 파우스트들, 돈 후안들 — 로 일종의 낭만적 감상주의에 빠져 있었다. 그것은 나를 당황스럽게 한다. 모든 것이 그렇게 비극적이지는 않다. 왜냐하면 우리를 혐오에 노출시키는 규범의 위반에서 쾌락과 매력을 찾는 모든 과정은 희극의 상당한 부분을 가능하게 만들기도 하기 때문이다. 많은 희극이 관습을 거스르는 불경(不敬)에 의존한다는 것, 즉 위반은 아니더라도 적어도 특정 규범에 대한 조롱이 특권으로 주어져 있는 일종의 실정(失政)의 축제(feast of misrule)*에 의존한다는 것은 흔히 관찰할 수 있는 일이다. 혐오 능력의 한 측면이 획득되자마자 바로 그 혐오의 실체가 농담의 재료

---

* 카니발과 같이 사회적 서열이 도치되는, 곧 종이 주인이 되고 주인이 종이 되는 축제를 뜻한다. 예를 들어, 중세기에 크리스마스는 전통적인 겨울 동지의 축제로서 카니발의 성격을 띠었다. 이것은 바보제(Feast of Fools)와 연계되어 있던 관습으로서, 매년 하층 계급에서 '실정을 펼치는 군주(lord of misrule)'가 선출되어 축제의 사회를 봤고, 축제에 열정적인 사람들은 정치를 망치는 군주의 모습을 표현했다. 소년들이 주교가 쓰는 모자를 썼고, 바보들이 하루 동안 왕이 되기도 했으며, 일상적으로 존중되었던 것은 조롱당했고, 사람들은 다양한 형태의 과격한 행동을 하기도 했다._옮긴이

가 된다. 내 아이들은 화장실 훈련을 받기 전까지는 대변이 결코 우습다고 생각하지 않았으며, 콧물이 그들을 역겹게 하기 전까지, 더 정확하게 말해서 그들이 콧물 때문에 부모에게 혐오감을 주는 것이 어떤 의미인지 느끼기 전까지는 콧물을 결코 웃기다고 생각하지 않았다.[16] "똥" 농담보다 훨씬 늦게 나타나는 성적인 농담은 성적인 혐오와 성적인 욕망을 획득하는 데 달려 있다. 그리고 진짜 역겨운 농담, 즉 인간 삶의 신성함이나 인간의 불행 앞에서 드러내야 할 우려에 대한 규범들을 어긴 죄악은 어기면 혐오를 유발하는 도덕규범에 동의하는 데 달려 있다. 혐오는 단지 라블레식의 기괴한 신체에 만족하는 희극의 스타일보다 많은 것과 관련되어 있다. 죄책감, 분개, 그리고 수치심과 함께 혐오는 또한 더 고상하고 덜 육체적인 도덕 질서를 유지하는 데 기여한다.

혐오와 수치의 중요한 대조를 한 가지 살펴본다면 혐오가 뒷받침하는 규범들이 왜 희극적 위반에 잘 어울리는지 어느 정도 통찰할 수 있다. 프로이트의 설명에서 수치와 혐오는 모두 욕망을 억누르고 욕망을 무의식 상태로 만들어 리비도를 억제하는 작용을 한다. 하지만 수치와 혐오가 촉발되면 다른 위험을 수반한다. 우리 자신의 수치 경험은 결코 우리를 즐겁게 하지 않는다. 그러나 혐오 경험은 특히 희극에서 흔히 볼 수 있듯이 **상대의** 뻔뻔스러움이나 서투름에 의해 유발될 경우 즐거울 수 있다. 혐오는 우리로 하여금 특정한 제한적 상황에서 재미삼아 규범을 위반할

---

16   그러한 농담이 아이들에게 주는 위반적 즐거움이 콧물 캔디와 씹는 검부거[gumboogers, booger는 속어로 코딱지를 뜻하는데, gumbooger는 코딱지 모양의 젤리 제품을 말한다_옮긴이]의 마케팅 맹공에도 살아남을 수 있을지 의문이다. 이러한 제품들에 대한 짧은 소개로는 Don Oldenburg, "Great Expectorations: 'Boogerman' Rides a Yucky Tide of Gross-Out Marketing for Kids," *Washington Post* (April 4, 1995), E5를 보라.

수 있게 해준다. 수치는 그렇지 않다. 분명 일부 피학대 성애자는 그런 불쾌함을 추구할 수 있지만, 수치는 우리의 도덕적 또는 사회적 실패에 대한 매우 불쾌한 인정으로[17] 느껴질 뿐이다. 반대로 혐오는 다소 적은 부담 때문에 장난스럽게 빠져들 수 있다. 그리고 이것은 희극적 위반에만 해당하는 것이 아니라 폭력과 공포를 클로즈업하는 장르들에서 유래하는 오락물에도 해당한다.

혐오 규범을 위반하는 것은 어떤 의미에서 인정되는 한 즐거움을 준다.[18] 초기에 허용된 위반은 대개 공식적으로 시작된 실정의 축제에 국한되거나, 허가받은 궁정 광대의 일상적인 임무였다. 우리에게 승인된 위반은 덜 공식적으로 제도화되어 있다. 대신 그러한 위반은 재미나고 우스꽝스러운 영역의 경계를 분명히 하는 다른 규범들에 의해 허용된다. 이 규범들은 조롱이 그러한 형식을 취해서 그 경계를 드러낼 것을, 그럼으로써 조롱당한 것에게 경의를 표할 것을 요구한다. 위반이 승인되지 않았을 때, 위반은 반란이나 광기의 행위이다. 하지만 왜 그런 허락된 위장 놀이는 즐거운 것이어야 하는가? 만약 위반이 웃음과 희극적 쾌락을 낳는 에너지를 방출한다면, 실제로 그러한 위반이 우리에게 허용될 때 우리는 어떻게 우리 자신을 속여서 우리가 위반하고 있다고 생각하게 하는가?

나는 우리가 조롱하는 규범들이 우리를 강하게 지배하고 있어서 심지

---

17 남을 대신해서 수치를 경험하는 일부 예외적인 사례가 있지만, 이러한 경험조차도 대개 자신이 대신해서 수치를 경험하는 사람과의 관계 때문에 자신의 지위를 상실하는 일차적 경험으로 해석된다. *Humiliation*, pp.155~156에서의 나의 논의를 참조하라.

18 린다 허천(Linda Hutcheon)은 『풍자 이론(A Theory of Parody)』의 "승인된 규범 위반"에서 바흐친에 대해 논평하면서 카니발적인 풍자에 내재해 있는 역설에 대해 언급한다. *A Theory of Parody*, p.74. 또한 Stallybrass and White, pp.12~19도 참조하라.

어 재미삼아 위반하는 것조차 우리에게 활력을 불어넣기에 충분하며, 올리비아(Olivia)가 "세상이 다 알아주는 어릿광대가 험구를 하는 것은 욕이 되지 않아요"라고 말할 때 그녀의 말은 절반도 옳지 않다고 생각한다(『십이야(Twelfth Night)』, 1.5.89). 혐오 유머가 얼마나 재미없는지에 주목하라. 사람들은 농담으로, 심지어 역겨운 농담으로라도 대변을 먹지는 않는다. 사람들이 하는 것은 대변을 먹는 것에 대해 이야기하거나 대변을 먹는 사람들을 조롱하는 것이다. 위반은 그러한 것들에 대해 **이야기하는** 것과 관련된 예절 규칙을 중지시키는 데 한정된다.[19] 식분을 금지하는 규범은 우리를 강력하게 지배하고 있기 때문에 그러한 행위를 상상하는 것만으로도 충분히 위반적인 방출이 된다. 그리하여 우리는 배설물을 먹는 어린아이나 미치광이에 대해 들을 때 믿을 수 없다는 듯이 웃음으로써 혐오감을 회피한다.[20]

욕망은 아닐지라도 우리가 혐오스러운 것을 향해 나타내는 매혹과 호기심은 수치심이나 디오니소스적인 폭력의 스펙터클에서뿐만 아니라

---

19   존 워터스(John Waters)는 영화 〈핑크 플라밍고(Pink Flamingoes)〉에서 식분증을 단순한 대화와 아마도 희극 이상으로 받아들인다. 워터스는 희극적이며, 개똥을 먹는 배우 디바인(Divine)은 정신병적이다.

20   그린블랫(Greenblatt)은 바흐친에 반대해 라블레를 대중적 구속에서 순전히 해방된 사례가 아니라 새로이 등장하는 결벽에 이미 기생하는 유머를 가진 사람이라고 이해하는 것이 더 낫다고 언급한다. "Filthy Rites," p.68. 바흐친의 설명은 기괴한 신체를 칭송한다는 점에서 이상하게도 경건하며, 혐오감을 줄 여지가 거의 없다. 라블레의 에너지는 혐오의 댐 뒤에 수용되어 있던 에너지를 방출하는 것에서 나올 필요가 없다. 그 에너지는 영향력 있고 종교적인 것에 대한 존중의 규범을 위반하는 데서 나올 수도 있다. 그렇다면 그의 설명에서 실정의 많은 부분이 배설물과 배설의 칭송이라는 형식을 취한다는 사실을 어떻게 설명할 수 있는가? 라블레는 바흐친의 소망적 사고가 바흐친을 혐오 규범에 사로잡히게 했던 것보다 훨씬 더 많이 혐오 규범에 사로잡혀 있다. 라블레의 유머는 종종 혐오 규범에 의존한다. 그렇지 않다면 라블레의 신체 칭송은 "건장한 신체"인 미국식에서와 같이 또는 최근의 "신체"에 대한 학문적 집착에서와 같이 진부한 것이 된다.

종종 매우 가까이에서도 일어난다. 우리의 콧물, 대변, 그리고 소변이 오염시키는 것이고 우리에게 혐오스러운 것이라는 점에는 의심의 여지가 없다. 그렇지 않다면, 우리는 그것들에게 그렇게 매력을 느끼거나 호기심이 생기지 않았을 것이다. 특별히 많은 양이 한 번의 노력으로 방출된다면 우리는 우리의 생산물에 대해 자랑스러워하고 꽤 기뻐한다. 그 이후의 세정 과정이 우리의 이전 순수성을 빨리 회복시켜 준다면 우리는 더 기뻐한다. 우리는 우리가 인식하는 것보다 더 자주 우리의 창조물을 보며, 보지 않더라도 우리의 놀라운 생산 능력을 즐겁게 상상한다. 우리는 농도, 냄새, 색깔, 양에 대한 은밀한 분류 체계를 가지고 있다. 나는 사람들이 코를 풀고 나서 짧게라도 휴지나 손수건을 확인하는 게 얼마나 흔한 일인가에 항상 놀란다. 즉 우리는 우리의 배설물 때문에 고생하기만 하는 것이 아니라, 성공적인 생산물에 적극적인 관심과 자부심을 갖고 있으며, 덜 성공적인 생산물이나 많은 양의 조짐을 보였지만 덜 생산된 것에 대해 분함과 불안과 실망을 겪는다. 이러한 것들은 어린 시절과 청소년기에 흔한 대화의 주제이다. 그 이후에는 덜 적절하고 더 사적인 관심사가 되지만, 우리가 일반적으로 인식하는 것보다 우리의 사적인 명상에서 중심이며, 우리 자신에게도 더 중심이다.

우리 자신의 배설물에 대한 이 모든 관심, 심지어 사랑에도 불구하고, 배설물의 오염력에 대해서는 의심의 여지가 없다. 다른 사람들의 배설물은 해롭고 우리의 것은 안전하다는 것이 아니다. 제5장에서 보았듯이, 우리의 배설물은 다른 사람들에게뿐만 아니라 우리 자신에게도 매우 위험하다. 나의 배설물과 당신의 배설물을 구별해 주는 것은 내 것에 대한 자부심이지, 배설물이 묻는 것에 대한 나의 혐오가 아니다. 프로이트와 다른 이들이 우리 자신의 배설물은 냄새가 나지 않는다고 말했다는 것도 사실이 아니다.[21] 만약 그렇지 않았다면 우리는 지금처럼 배설물에 관심을 가질 수 없었을 것이다. 우리의 배설물이 혐오를 유발한다는 바로 그 사실이 우리의 배설물에 매혹하는 힘을 부여한다는 것을 기억하라. 사실, 우리는 그 냄새가 다른 사람의 배설물 냄새처럼 위험하다고 생각하지 않지만, 이것은 대체로 친숙함과 함수관계에 있는 것이지 어떤 무의식적인 유아적 욕망의 기억과 함수관계를 가진 것은 아니다. 비록 냄새가 혐오를 유발하지는 않지만, 우리는 혐오스러운 것이 존재하는 가운데 우리 자신도 존재한다는 것을 이해하며, 위험에 대해 방심하지 않아야 하고 당면한 일에 각별히 주의해야 한다는 것을 인지하고 있다. 식단을 바꾸면 우리는 냄새로부터 다소 멀어질 수 있는데, 이것은 아주 혐오스럽지는 않을지라도 당황스러울 수 있다.

나는 성적인 것과 생식적인 것에 자동적으로 우선성을 부여하는 데 대해 의혹을 갖고는 있지만, 배설물은 다양한 방식으로 아기와 음경을 상징한다는 프로이트의 설명은 배설물에 대한 매혹을 설명하는 데 도움이 된다.[22] 재생산뿐만 아니라 생산도 우리에게 깊은 인상을 준다. 우리는 우리가 먹었던 위험한 것들에 우리 자신의 도장을 찍어 변형시키고 인상을 남겼다. 난교 축제에서처럼 먹기는 섹스에 앞선다. 캐롤라인 바이넘(Caroline Bynum)은 중세 신앙에서 성적이고 생식적인 것보다 영양적이고 생산적인 것이 지닌 우선성을 보여주는 뛰어난 설명을 구축한다. 우

---

21   *Civilization and Its Discontents*, p.100 n1[『문명 속의 불만』, 275쪽 각주32]을 보라. 몽테뉴는 배설물을 우리의 잘못이라는 이미지로 만든다. 그리고 모든 사람은 자신의 똥 냄새를 좋아한다는 에라스무스의 주장을 뒤집는다. "우리 코가 멀쩡하다면 우리 똥은 그 똥이 우리 것인 만큼 더 구려야 할 일이다." "Of the Art of Discussion," *Essays*, p.710.
22   Freud, "History of an Infantile Neurosis," p.84[프로이트, 「늑대인간」, 295쪽].

리가 그 모델로 돌아갔다고 (또는 결코 떠난 적이 없다고) 주장될 수 없을까? 섭취된 질량과 배설되고 분비된 질량을 비교하기 위해 반(半)무의식적으로 계산하는 것을 고려해 보라. 체중을 의식하는 사람들에게 그 계산은 실로 상당히 의식적일 것이다. 재생산이 아니라 생산이다.

우리는 지금까지 욕망의 시원적 장벽으로 작용하거나 무의식적으로 욕망된 것을 혐오스러운 것으로 만듦으로써 우리를 멀어지게 하고 어떠한 시도도 하지 못하게 작용하는 혐오의 유형을 다루었다. 나는 또한 다른 방식으로 기능하는 혐오, 즉 과잉의 혐오를 상정했다. 그것은 우리가 원한다고 생각했던 것을 얻은 것에 대한 대가를 치르게 하는 혐오이다. 혐오의 두 가지 유형은 의식적인 또는 무의식적인 욕망의 상태를 수반하는 방식에서 대조를 이룬다. 첫째 유형은 인정된다 하더라도 가까스로 인정되는 욕망에 대한 장벽을 다룬다. 둘째 유형은 의식적인 욕망의 결과이다. 첫째 유형은 섭취 전에 느껴지며 섭취를 막기 위해 작동한다. 둘째 유형은 섭취 후에 느껴지며 더 탐닉하는 것을 막기 위해 작동한다. 장벽 자체를 넘어설 때 장벽에 대한 혐오와 수치뿐만 아니라 쾌락도 제공하는 ― 일종의 황홀감 속에서 서로를 증강시키는 쾌락과 반감이 묘한 동시성 속에 느껴지는 ― 과도한 감각이 생길 때처럼 이 두 유형은 손을 맞잡는다. 혐오의 두 가지 기본적인 유형은 기능의 유사성을 가지고 있다. 즉, 둘 다 식욕을 억제하는 작용을 하는 것이다.[23] 그리고 일단 과잉의 혐오가 느껴지면 그것은 미래의 소비나 탐닉에 대한 시원적 장벽으로 작용할 수

---

23   혐오와 식욕 억제에 대해서는 Knapp, "Purging and Curbing"을 보라.

있는 능력을 갖는다. 그런 경우에 혐오 2(과잉)는 혐오 1(시원적 금지 장벽)과 수렴한다. 그러나 이 두 혐오가 때로 수렴할 수 있다는 것이 각각의 독특성을 상쇄하지는 않는다.

우리는 금지의 혐오가 욕망과 역설적인 관계에 있다는 것을 보았다. 금지함으로써 금지의 혐오는 방지하고자 하는 욕망을 실제로 증가시키며 심지어 그런 욕망을 창조하는 데 도움을 준다. 혐오 2, 즉 과잉의 혐오도 욕망과 역설적인 관계에 있지만, 그 역설은 아이러니컬한 매력이 아니라 잔인한 농담이다. 과잉의 혐오는 쾌락이 종종 고통으로 끝난다 — 욕망 자체가 결코 충족될 수 없고 좌절이나 중독으로 이어지기 때문이든, 아니면 만족 자체가 부정적인 면을 갖고 있기 때문이든 간에 — 는 암울한 깨달음을 우리에게 선사한다. 과잉의 혐오는 목적 없이 우리를 떠날 수도 있고, 우리의 이전의 욕망에 의해 당황할 수도 있으며, 그 욕망의 결론에 슬퍼할 수도 있다. 또는 만족의 황홀함이 짧은 지속시간보다 길어진다면 우리를 과잉으로 인한 구역질로 이끌 것이라는 느낌에 의해 단순히 역겨워질 수도 있다. 나는 어두운 면을 과장하고 있다. 그러나 과장은 발명이 아니다. 우리는 과장이 기반으로 하고 있는 불행한 진실을 인정한다. 그러나 우리는 종종 미각적이든 성적이든 간에 수면의 망각으로 이어지는 어두운 면이 없는 복잡하지 않은 만족감을 발견한다. 우리는 그 만족감이 소진의 쾌락 때문인지 만족이 암흑으로 사라지면서 초래된 낙담으로부터 탈출했기 때문인지 궁금해 한다.

과잉의 혐오는 욕망을 촉발하는 금지에 의해서가 아니라 처벌에 의해 작용하기 때문에, 즉 실제 고통을 안겨줌으로써 작용하기 때문에 욕망을 완전히 죽이는 데 성공한다. 두 가지 혐오를 법적 과정에 비유한다면, 시원적인 금지의 혐오는 법령이 될 것이고 과잉에 의한 혐오는 판결과 처벌이 될 것이다. 앞서 언급한 바와 같이 처벌의 기억이 다음 위반에 대한 장벽, 즉 혐오 1에 의해 부과된 장벽과 크게 달라 보이지 않는 장벽으로 작용하면 그 구분은 무너지기 시작한다. 그러나 두 혐오는 동일한 역량 범위를 가지고 있지 않다. 과잉은 음식, 음료, 그리고 술과 더 명확하게 연관되어 있어 더 좁은 작용 범위를 가지고 있으며, 혐오 1은 전체 신체적·도덕적 질서와 관련되어 있다. 또한 과잉으로 유발된 혐오의 기억들은 모든 과잉 경험의 범위를 통틀어서 동일한 방식으로 작동하지 않는다. 과잉은 그 자체의 복잡한 특징들을 가지고 있다.

두 가지의 넓은 종류의 과잉을 구분해 보자. 한 유형은 한 자리에서 너무 많은 양을 섭취해서 숙취, 메스꺼움, 또는 기타 혐오 관련 감각으로 이어지는 것이다. 다른 유형은 단지 감각적인 쾌락으로 인식되는 것, 일종의 반복의 과잉을 습관적으로 탐닉하는 것이다. 이러한 종류의 것은 과잉 섭취이기는 하지만 한 번에 특별히 과도하게 빠지지는 않는 것으로, 사람들이 이해하는 방식으로 같은 감각을 재경험하려는 강박 충동이다. 이 두 번째 의미는 탐닉이 정당하게 불승인으로 보일 때에만 과잉으로 여겨진다.[24] 그러나 두 가지 과잉에 대해 도덕주의자들은 맹비난을 퍼붓는다. 둘 다 중용과 절제라는 관념을 거스른다. 전자는 우리가 대식의 악덕과 연결시키는 열정적인 소비와 관련되며, 후자는 우리가 (대개 나쁜) 습관의 관념과 연결시키는 다소 다른 의지의 박약과 관련된다. 이것은 육체의 쾌락을 거부하지 못한 악덕으로, 게으름, 나태와 매우 가깝다.

---

24 불승인을 유발하고 과잉 탐닉에 대한 거부감을 불러일으키는 만족에는 습관적인 탐닉만 있는 것이 아니다. 행위자를 의무나 다른 가치 있는 활동에 집중하지 못하게 하는 거의 모든 식욕의 만족은 주장컨대 그 행위자를 "너무 많은(too much)" 것의 영역으로 몰아넣는다.

첫째 종류의 과잉에서 우리는 모든 과잉 탐닉이 동일한 결과를 초래하지는 않으며, 어떤 것은 다른 것보다 오래 계속되는 반감을 유발할 확률이 훨씬 더 높다는 것에 주목해야 한다. 좋은 와인이나 맥주를 마시고 나서 숙취를 느끼는 것은 와인이나 맥주 탓이 아니라 우리가 절제와 건강의 규범을 지키지 못한 탓이다. 맥주나 와인에 질리게 될 때, 우리는 메스꺼움과 자기혐오를 경험하지만, 오염의 감각은 매우 짧은 반감기를 가진다. 알코올은 유동성과 순수성, 혐오스럽지 않은 농도의 이점을 갖는다. 다음 날 맥주병을 보는 것은 괜찮을지 몰라도 이틀 후에는 그렇지 않을 것이다. 어느 수준에서 우리는 우리의 시스템이 알코올인 독물에 대해 효율적으로 자정하고 있으며, 정화 과정은 숙취의 메스꺼움과 두통이라고 믿는다.

기름진 음식과 단 것을 과식함으로써 생기는 혐오와 대조해 보라. 알코올과 달리 이 물질들은 우리가 그 맛을 참아내지 못할 때도 농도에 의해서 오염시킨다. 지방, 기름, 그리고 시럽 같은 단맛은 질림이라는 개념을 구성한다. 알코올도 달콤하거나 끈적거리지 않다면 질리지 않을 것이다. 우리는 우리의 시스템이 어떤 것들을 제거하기 힘들게 하는 "밀착됨(clinging)"과 "달라붙음(cleaving into)"의 자매 개념과 두운이 맞음으로 인해서 끌리는 단어인 질리는(cloy) 것들에 대한 자정제로서 특별히 효율적이지 않다고 믿는다. 지방과 단맛은 접착제처럼, 우리가 기름지고 달다고 생각하는 많은 다른 역겨운 것처럼 들러붙는다. 햄릿의 암울한 상상 속에서는 이것이 기름진 침대 위에서 "아양 떠는(honeying)"이라고 표현되었다. 기름과 지방은 게으름, 한가로움, 의지가 약한 무기력, 끈적끈적함, 번지르르함의 이미지를 떠올리게 한다. 매우 단맛이 더 나은 것은 아니다. 미국인들을 술을 입에도 대지 않는 상태로 몰아갔던 도덕적

에너지에도 불구하고, 사실은 알코올보다 기름짐과 달콤함이 우리를 도덕적으로 더 훼손시킨다.[25]

하지만 기름진 것과 달콤한 것은 맛으로 계속 유혹한다. 그것들은 우리가 원하는 것보다 더 많이 먹게 하는 능력을 가지고 있다. 그것들은 의지를 약화시키거나 의지의 방향을 바꾼다. 그 맛은 왜 그런지 모르겠지만 혐오가 들어와서 멈추게 할 때까지, 즉 질림이 마침내 기쁨을 능가할 때까지 우리의 욕구를 넘어서 먹도록 만든다. 예를 들어, 신선한 산딸기와 같은 특정한 다른 맛도 과잉 탐닉을 촉발할 수 있지만 질리지 않으며, 그래서 혐오를 유발하지 않는다. 산딸기에 대한 과잉 탐닉은 감자튀김이나 초콜릿에 대한 과잉 탐닉과는 다른 것을 의미한다. 후자는 과잉 탐닉을 알려주는 느낌, 즉 혐오의 감각을 수반한다. 그러나 산딸기에 대한 과잉 탐닉은 당신의 몫보다 더 많이 먹음, 또는 지출 비용을 고려할 때 분별해야 하는 것보다 상당히 많이 먹음, 또는 단순히 품위 있게 먹어야 하는 것보다 많이 먹음 등의 관념에 더 잘 나타나 있다. 산딸기에 대한 과잉 탐닉의 표시는 순전히 사회적이다. 반면 지방과 단것에 대한 과잉 탐닉의 표시는 생리학적이기도 하고 도덕적이기도 하다.

우리는 그 사실에 더해 한 가지 혐오를 더 구별할 필요가 있다. 그것은 과잉 관념을 관대하게 확장함으로써 여기에 속한다고 이해될 수 있는 것으로, 우리가 구토를 유발한다고 믿는 음식에 대한 혐오이다. 우리를 식

---

[25] 음식이 어느 정도까지 질릴 수 있는지에 대한 우리의 관념은 변할 수 있다. 내가 자랄 때 베이컨과 달걀로 구성된 아침 식사는 칼로리가 다소 높더라도 푸짐한 것으로 여겨졌다. 지금 누군가는 같은 음식을 먹고 오염되었다고 느낀다. 기름이 질리기 시작했던 역치는 그때가 더 높았다. 그러나 건강에 좋지 않다고 생각되는 모든 것이 질리게 하는 능력을 갖고 있다는 뜻은 아니다. 그것은 풍부하고 기름지고 달콤한 음식이 지닌 독특한 함수이다. 단지 그러한 음식들의 건강 가치에 대한 우리의 감각의 함수인 것만은 아니다.

중독에 걸리게 했던 음식을 같은 풍미로 다시 먹을 수 있는 경우는 드물다. 독감이 발병하면서 유발된 구토도 음식에 의한 것이라고 잘못 믿고 있다면 그 믿음이 거짓으로 밝혀지고 나서 한참 지난 후에도 우리는 그 음식을 섭취하는 데 어려움을 겪을 것이다. 이 경우 무의식적이든 아니든 간에 어떤 욕망도 새로이 금지된 쾌락을 다시 경험하도록 강제하지 않는다. 왜냐하면 금지하는 즐거움이 없기 때문이다. 즐거움의 결과가 아니었던 혐오의 경험이 이제 와서 결코 경험하지 못했던 쾌락을 금지하는 장벽의 기초를 제공할 수는 없다. 이것은 순수하고 단순한 혐오의 예이다. 마침내 우리는 호기심도, 매력도, 유혹도 없는 혐오의 예를 발견한 셈이다. 이전의 압도적인 구토의 기억은 현재의 혐오와 함께 욕망을 완전히 멈추게 한다.

과잉의 둘째 의미, 즉 개인적인 탐닉의 사례가 숙취나 질병으로 이어질 필요가 없는 감각들의 반복적인 탐닉이라는 의미에서의 과잉은 사회학과 심리학에서 서로 다르지만 그럼에도 불구하고 혐오의 해부학의 부분이다. 예를 들어 한 사람이 습관적으로 같은 파트너와 성관계를 가진다면, 그 성관계가 배타적일 때 우리는 그것을 미덕이라고 부른다. 하지만 그것은 자기 탐닉적 악덕으로 보일 수 있는 것을 미덕으로 만드는 그런 종류의 미덕이다. 다른 이들의 충실한 성교는 불충실한 성교만큼이나 혐오를 유발할 수 있다. 이전 장에서 인용했던 유명한 구절에서 리어가 만연했던 성교에 대해 생각하며 드러냈던 것이 바로 혐오이다. 제임스 1세 시대를 배경으로 한 드라마는 색욕, 심지어 결혼 생활의 테두리 안에서 벌어지는 충실한 색욕에 의해 역겨워진 우울증으로 가득 차 있으며, 그러한 혐오 속에서 그 드라마들은 중세시대 내내 신학자들이 발전시켜 왔던 것을 단지 계속 이어갈 뿐이다.[26] 3막의 유명한 장에서 햄릿이 자신의 어머니를 비난하는 핵심을 상기해 보라. 그것은 단지 그녀가 강탈자 클로디어스(Claudius)와 함께 "타락에 푹 절어, 역한 돼지우리 속에서 아양 떨며 구애하고, 추한 땀 기름 묻은 침대에서"(3.4.93) 살고 있다는 생각 때문만이 아니었다. 햄릿이 자신의 어머니를 비난하는 이유는 햄릿은 그녀와 그의 아버지가 함께했던 욕정을 생각할 때 단지 덜 역겨웠기 때문이다.

> 기억해야만 하는가? 아니, 그녀는
> 먹을수록 식욕이 더 늘어나는 것처럼
> 아버님께 매달렸지. (1.2.143)[27]

우려되는 것은 그러한 욕정이 상대방에 대한 사랑의 표명이라기보다는 어딘가에서 배출구를 찾아야 하는 맹목적인 욕구라는 것이다. 그 사랑은 사람에 대한 것이 아니라 감각에 대한 것이다. 그 유령은 자기만족적 언급 속에서 자신의 사람에 대한 거투르드의 욕정이 정말로 더 일반적이었다는 것을 발견한다.

> 욕정은 빛나는 천사와 맞붙어 있다 해도
> 천상의 침대에서 물리도록 만족한 후

---

26 출발점은 바울이 고린도 교회에게 보낸 첫 번째 편지이다. 순결한 결혼에 관한 성직자의 태도를 대표하는 이 기본적인 텍스트를 민감하게 맥락적으로 읽어낸 Brown, *The Body and Society*, pp.44~57을 보라.
27 이 이미지가 제3장에서 『말피의 공작부인』으로부터 가져와 논의했던 구절의 느낌을 얼마나 잘 재현하고 있는지 주목하라. 거기서는 무성한 자두나무로서의 인간이 스스로 욕구를 채우고 나서 떨어지는 말거머리들을 끌어들인다.

쓰레기를 포식하리. (1.5.55)

섹스의 아름다움과 매력에 관한 우리의 낭만화만큼이나 심란한 햄릿의 섹스에 대한 혐오는 리어와 같이 성교가 결코 사라지지 않아서 심지어 해골들도 갈 수 있는 세계를 상상하는 터너의 『복수자의 비극(The Revenger's Tragedy)』에 나오는 영웅의 혐오 앞에서 무색해진다. 그 음침하고 역겨운 세계에서 포주들은 뼈를 맞추는 "접골사"이며, 그래서 "늙은 호색한"은 마치 살아 있는 것처럼 보이게 만든 두개골의 독 묻은 "예쁘게 매달려 있는 입술"에 입을 맞춤으로써 죽는다.[28] 이렇게 성교가 널리 퍼지게 된 것은 많은 부분 음식과 술, 폭식의 과잉에서 비롯되지만, 이러한 호사는 등장인물 자신들 사이에서는 혐오를 일으키는 것으로 묘사되지 않으며, 지나친 탐닉에 대한 생각에 질린 관찰자들 사이에서만 혐오를 일으킨다는 사실에 의해 구별된다.

미래의 탐닉을 억제하지 못하는 다른 이들의 과잉의 실패는 우울한 관찰자에게 혐오 1, 즉 무의식적 욕망에 따라 행동하지 못하도록 작용하는 혐오로서 기능하는 혐오를 일으킨다. 그래서 혐오 1과 2는 다른 사람들의 욕망을 제한하려는 상상된 과잉의 실패가 이제 급속히 확산되는 부적절한 섹스의 이미지에 의해 오염된 자신의 욕망을 보아야 하는 우울한 관찰자에게 금지의 장벽을 만들기 위해 작용하는 일종의 도덕 경제로 나타난다. 근친상간, 늙은이와 젊은이의 어울리지 않는 조합, "역겨운 키스 두어 번에 불어터진 왕",[29] "백발의 간통을 저지른 자", "저주받은 욕망으

---

28 Tourneur, *Revenger's Tragedy* 1.3[『복수자의 비극』, 1막 3장].
29 *Hamlet* 3.4.185.

로 채워진 텅 빈 뼈"[30]는 그 관찰자의 생각에 해독을 끼치며, 그의 환상을 오염시킨다. 그의 금지적 혐오가 그로 하여금 타인들의 탐닉을 혐오스럽다고 느끼기 쉽게 만드는 것도 사실이다. 즉, 그 관찰자는 투사하고 있는 것이다. 그것은 그러한 비난을 일축하기 위해 우리가 흔히 하는 이야기이다. 타자의 과잉을 혐오스럽게 만드는 것이 단지 투사일 뿐인가? 그렇지 않다. 열정과 욕망은 우리가 성교하고 흥청거릴 때는 우리의 비판적 능력을 정지시킨다. 하지만 우리가 제3의 관찰자의 냉철한 시선으로 볼 때는 포르노그래피의 성공에도 불구하고 우리의 판단을 가리는 그러한 베일이 없다.

습관의 과잉과 중독은 서로 다른 영역에서 서로 다른 방식으로 작용한다. 프로이트는 욕망과 욕망의 좌절 사이의 공생적 관계에 대해, 그리고 "본능의 만족과 더불어 그 만족의 심리적 가치가 항상 그만큼 떨어진다는 것이 사실인지"에 대해 논의한다.

예를 들어 음주자와 포도주의 관계를 고려해 보자. 포도주가 항상 음주자에게 동일한 수준의 중독성 만족 — 시에서는 이런 만족이 종종 성애의 만족과 비교되곤 하는데, 이는 과학적인 관점에서는 받아들일 만한 비교이다 — 을 제공한다는 것이 사실일까? 술을 마시는 사람들은 같은 술을 마시는 것이 지겨워서 술의 종류를 계속해서 바꾼다는 얘기를 들어본 적이 있는가? 사실은 그 반대로, 계속되는 음주 습관은 음주자와 그가 마시는 술 사이의 유대를 더욱 공고히 한다. 우리는 음주자가 이런 장애물로 인해 점점 줄어드는 만족감을 더욱 확실한 만족감으로 채우기 위해 자신

---

30   *Revenger's Tragedy* 1.1[『복수자의 비극』, 1막 1장]을 보라.

이 마시는 포도주를 비싸게 파는 곳으로, 아니면 음주 자체가 금지되어 있는 곳으로 간다는 얘기를 들어본 적이 있는가? 전혀 들어본 적이 없을 것이다. ⋯ 그런데 왜 사랑하는 사람과 그의 성적 대상의 관계는 그렇게 다른가?[31]

희소성은 생산지와 가격에 따라 귀한 대접을 받는 와인과 맥주의 쾌락을 증진시킬 수 있는데, 프로이트는 이 정도를 과소평가하고 있다. 그러나 그것이 그가 와인과 여성의 차이에 대해 언급하고 있는 더 큰 주장을 묵살하지는 않는다. 프로이트의 대답은 남자들이 자신이 좋아하는 와인에 충성스러운 이유는 그것이 진짜이며 바로 그것이 그들이 원하는 것이기 때문이라는 것이다. 어떠한 금기도 그들이 원하는 바로 그것을 얻는 것을 막지 못한다. 하지만 성적 대상에 대해서는 다르다. 같은 성적 대상에 대한 만족은 그 대상이 단지 근친상간 금기에 의해 접근이 금지된 진정한 사랑의 대상의 대리인이기 때문에 얻을 수 없다. 그 밖의 것은 누구든 또는 무엇이든 간에 실망스럽게도 진정한 욕망의 대상에 대한 부적절한 대리인일 뿐이다.

얻을 수 없는 것에 대한 추구가 동일한 와인에 대한 만족 및 동일한 여성에 대한 불만족을 적절하게 설명하는 것일까? 왜 사랑의 과잉은 돈 후안증(Don Juanism)*을 의미하지만, 술의 과잉은 동일한 것을 너무 많이 즐기는 것을 의미하는가?[32] 음주와 혐오의 관계는 섹스와 혐오의 관계와

---

31 "The Most Prevalent Form of Degradation in Erotic Life," p.214[「사랑의 영역에서 일어나는 가치 저하의 보편적 경향에 관하여」, 233~234쪽].

* 돈 후안증 또는 돈 후안 신드롬은 많은 다른 여성들과 성관계를 가지려는 남성의 욕망을 뜻한다._옮긴이

는 상당히 다르다. 우리에게 와인에 충성하라고 말하는 강한 규범은 없다. 또한 우리는 와인을 유혹하는 데서 즐거움을 얻는 습관도 없다. 바로 그 생각은 터무니없다. 와인의 즐거움은 주로 마시고 맛보고 냄새 맡는 육체적 즐거움에 있고 그에 수반되는 해방적인 취함에 있다. 그 즐거움은 감각적이다. 그렇다. 와인 애호가들은 와인 음주에 따르는 주흥의 즐거움에 전문성을 주장하는 즐거움을 더하는 섬세한 의례를 행하지만, 나의 개략적인 요점은 여전히 유효하다. 일단 성인이 되면, 와인 음주는 섹슈얼리티가 변함없이 제공하는 금지 위반의 쾌락을 위한 진정한 기회를 더 이상 제공하지 않는다.

게다가 와인에 걸린 위험부담은 여성에게 걸린 위험부담보다 도덕적으로, 사회적으로, 심리학적으로 훨씬 낮기 때문에 와인에서 얻는 즐거움과 여성에게서 얻는 즐거움은 대체로 비교 불가능하다. 섹스의 즐거움은 단지 부분적으로 감각적이다. 왜냐하면 그 즐거움은 성적인 문제를 규제하는 촘촘한 규범과 금지로부터 결코 벗어날 수 없기 때문이다. 많은 이들은 섹스의 목적인 서투른 신체의 섞임보다 게임즈맨십(gamesmanship),* 유혹의 위험과 흥분, 주어진 호의에 뒤따르는 자존감에 대한 칭찬(여기서 프로이트를 설명한 이후로 나는 남성을 유혹자로 가정한다)에서 훨씬 더 즐거움을 찾는다.

사랑이 개입하지 않는 한 섹스의 단순한 관능적 쾌락은 와인과는 달리

---

32 나는 여성적인 바쓰 부인[정신분석학에서 사용되는 돈 후안증과 달리 저자가 만든 말로 보이는데, 성적으로 개방적인 여성의 욕망을 가리킨다_옮긴이]보다는 남성적인 돈 후안증에 초점을 맞추고 있다. 왜냐하면 돈 후안증이 내가 해설하고 있는 과잉, 와인, 그리고 여성에 대한 프로이트의 해석이기 때문이다. 나는 여기서의 욕망에 대한 다소 편파적인 설명이 나의 편견이 아니라 프로이트의 편견을 반영하고 있기를 바란다.

* 규칙을 어기지 않으면서 게임을 자기에게 유리하게 이끄는 능력을 말한다._옮긴이

질리는 경향이 있다. 그리고 그 섹스는 사랑받지 못하는 한 사람과 하는 것이든 사랑받지 못하는 많은 사람과 하는 것이든 아무런 차이가 없어 보인다. 어느 경우이든 절망은 그 행위를 반복할 때 수반되는 위험이다. 돈 후안은 여전히 유혹으로부터 쾌락을 얻을 수 있기 때문에 계속 할 수 있지만, 그것도 그를 지루하게 만들기 시작한다. 그는 바이런의 돈 후안과 마찬가지로 자신이 자신의 표적인 여성에게는 유사한 능력이 부재하다는 철저한 자기기만에 의해 유지되는 전략적 능력과 유혹하는 힘을 자부하는 사냥꾼인 것 못지않게 사냥도 많이 당한다는 것을 발견할 수도 있다. 아니면 사실 그는 능수능란한 유혹자이기 때문에 n번째 유혹은 놀라움도 없고 단지 육체적인 것 이상의 즐거움도 없을 수도 있다. 이미 결론이 나 있는 게임은 결과가 정말 불확실한 게임만큼 흥미로울 수 없다. 그러나 "사랑이 개입하지 않는 한"이라는 것이 중요하다. 왜냐하면 사랑이 개입하면 단지 육체적인 것에 무언가가 더해지며, 유혹에 내재하는 전략과 감언의 즐거움을 제공하지는 않지만 더 큰 무언가가 되기 때문이다. 어머니와 자는 것도 사랑이 개입되지 않는 한 그보다 더 좋을 수는 없다. 그리고 프로이트는 사랑이 어머니와 와인 둘 다에 개입하지만 다른 여자에게는 아니라고 가정한다.

다른 중요한 차이점이 있다. 예를 들어 와인의 쾌락 곡선은 섹스의 쾌락 곡선보다 감퇴율이 덜 급격하다. 와인은 우리가 적당히 마시면 매우 서서히 우리를 실망시킨다. 섹스에는 오르가즘이 있지만, 와인에는 오르가즘과 비교할 만한 것이 없다. 상승 국면과 하강 국면 모두에서 완만한 와인의 쾌락 곡선은 적당한 쾌락의 가능성을 유지한다. 와인은 과잉과 중독의 위험이 있기는 하지만 과음 없는 쾌락의 가능성을 제공한다.[33] 그러나 성적 만족의 독특한 특징들 중 하나는 탐닉을 과잉 및 지나친 탐닉으로부터 구분할 수 없다는 것이다. 오르가즘은 정의상 과도한 것이다. 그리고 이것이 부분적으로 성적 만족의 감퇴율이 그렇게 급격한 이유이다.

그래서 사람들이 와인과 함께 섹스를 하는 것은 두 가지 이유로 드문 일이 아니다. 와인은 우리의 혐오 감지기의 민감성을 경감시키고, 우리의 자기비판 능력을 약화시키며, 우리의 예절 규범에 대한 구속과 수치 감각을 무효화할 수 있게 해준다. 그래서 우리는 성적인 탐닉을 막는 금지적 혐오를 극복할 수 있다. 그리고 와인은 관계 후의 감퇴의 과정을 부드럽게 해주고, 당황하고 공허하고 자신이 욕망을 가졌었다는 것에 대해 역겨워진 그래서 무엇을 해야 할지 모르는 상태에 있게 만드는 오르가즘, 즉 과잉과 함께 오는 혐오를 완화시켜 준다. 와인은 우리로 하여금 피로와 행복감을 혼동하게 한다. 개입할 사랑이 없을 때 우리는 섹스를 덜 힘들게 만들고 그 결과가 절망스러운 사건이 되지 않도록 하기 위해 사랑이 해야 할 일을 와인이 하도록 요청한다.

와인의 즐거움은 우리가 과잉 탐닉으로 질리지 않는 한 우리를 이런 종류의 혼란에 빠뜨리지 않는다. 와인은 적당히 즐길 수 있는 선택권을 우리에게 준다. 왜 동일한 와인은 만족시켜 주는데 동일한 사랑은 그렇지 않은지에 대한 프로이트의 설명은 각각 서로 매우 다른 쾌락 곡선과 뒤따르는 결과를 무시하지 않는다. 와인은 혐오와 관계없이 즐겁게 빠져들 수 있으며, 우리가 과음을 하는 경우에만 혐오의 위협을 갖게 된다.

---

33   중독성 물질과 성적인 사랑 사이를 구분하는 엘스터(Elster)의 *Sour Grapes*, p.121을 보라. 중독성 물질은 훨씬 더 큰 소비의 요구로 이어지지만, 성적인 사랑은 덜하다. 그는 일부일처제 관계를 가정하고 있는 것으로 보이며, 돈 후안중을 다루고 있지는 않다.

섹스는 반대로 오르가즘적 쾌락의 필수적인 측면으로서 올라갈 때와 내려올 때 모두 혐오감을 다루어야 한다. 만약 와인이 오르가즘을 초래한다면, 또는 오르가즘이 중세 신학자들이 타락 이전의 아담과 이브가 가졌던[34] 점잖은 이성적 섹스를 상상했던 방식으로 완만하게 내려가는 와인의 적당한 쾌락을 가진다면, 아담은 프로이트가 자신의 보르도 와인에 대해 그러했던 것처럼 날이면 날마다 이브에게 만족했을 것이다.

그렇게 많은 (남성의) 섹슈얼리티가 혐오에 빠지는 욕망을 중심으로, 말하자면 진흙탕에서 뒹굴고 싶은 욕망을 중심으로 구성된다는 사실로 우리는 무엇을 할 수 있는가?[35] 섹스는 더러운 것, 짐승 같은 것, 냄새나는 것, 지저분한 것, 들러붙는 것, 끈적거리는 것, 질척질척한 것으로 인식되는데, 많은 사람에게 그것은 정확하게 섹스의 매력이다. 나는 성적인 만족이 과도함을 의미하며, 그래서 과잉이 수반하는 혐오를 포함한다고 제안했다. 또한 일찍이 언급했던 프로이트의 반동 형성을 어떻게 이해할 것인가의 문제도 있다. 반동 형성은 아름다운 대상의 뒤에 있는 장벽인가, 아니면 아름다운 대상은 사실은 추한 것이고 그것이 매력을 구성하는가?

『성욕에 관한 세 편의 에세이(Three Essays)』(1905)에서 프로이트는 반동 형성을 금지된 대상에 대한 욕망을 억누르는 작용을 하는 혐오, 수치, 도덕성의 댐으로 상상했다. 「사랑의 영역에서 일어나는 가치 저하의 보편적 경향에 관하여: 사랑의 심리2(The Most Prevalent Form of Degradation

---

34   제5장의 각주32를 보라.
35   Haidt, McCauley, and Rozin을 보라.

in Erotic Life)」(1912)에 이르면, 혐오스러운 것 자체가 욕망의 대상이 된다.[36] 프로이트는 왜 남성들이 종종 자신이 존경하고 흠모하는 여성과는 심인성 발기불능이지만, "그들 생각에 타락하고 가치 없는 성적 대상"과의 관계에서는 성공적인지 의아해한다. 남성들은 쾌락을 찾기 위해 타락한 성적 대상을 필요로 한다. 그래서 그들은 "윤리적인 측면에서 저속한" 그리고 "어떤 심미적인 가책을 느끼지 않을" 여성들 가운데서 정부(情婦)를 찾는다(210[229]). 다시 말해, 남성들은 성기의 추함에 의해 혐오를 느끼지 않는 듯 보이는 분별없는 여성들을 찾는다. 프로이트가 덤덤하게 절제된 표현으로 쓰듯이, "생식기 자체가 아름다움으로 향한 인간 신체 발달의 한 부분을 차지하지는 않는다"(215[234]).[37]

프로이트의 설명은 비엔나 부르주아 남성의 성적 욕구에 대한 지역적 문화기술지로 보일 수 있는데, 그것은 그 남성들에게 섹슈얼리티가 자신들을 키웠던 하층 계급 하녀, 간호사, 가정부, 유모의 이미지로부터 결코 분리할 수 없는 것이었기 때문이다.[38] 그러나 프로이트는 자신의 관찰을 폭넓게 적용할 수 있다고 주장했다. 성적 대상의 보편적인 가치 저하 경향은 지역적인 병리학이 아니라 "문명인의 사랑"이 가진 특징이었다(209[228]). 프로이트가 말하기를, 이러한 가치 저하 충동의 기원은

---

36 나는 이 에세이의 번역을 논문 모음집(Collected Papers)에 실린 것을 사용했다. 나는 표준판 (Standard Edition)의 "On the Universal Tendency to Debasement in the Sphere of Love"보다 그 버전을 선호한다.
37 다시 한번 저속한 완곡어법 "bumping uglies"를 상기하라.
38 프로이트가 간호사와 하녀를 어머니의 대체자로 삼으면서 그 반대로는 하지 않는 것에 대해 질문하기 위해서는 스완(Swan)의 "Mater and Nannie"에 기대는 Stallybrass and White, pp. 156~169를 참조하라. 오이디푸스 콤플렉스는 근친상간 금기에 도전하는 대가를 치르더라도 하위계급에서 원하는 대상을 찾도록 내버려두지 않고 적절한 계급에서 욕망의 대상을 유지하는 방법이다.

"두 가지 성향", 즉 "애정적(affectionate) 성향과 육욕적(sensual) 성향"이 분리된 데서 찾을 수 있으며, 육욕적 성향은 특별히 부드럽지 않은 것이다(204[223]). 애정적 성향은 가족 구성원들, 즉 어머니와 누이에게 애착을 갖는 것이지만, 육욕적 성향은 근친상간 금기의 장벽과 그 금기에 제재를 가하는 혐오, 수치, 도덕성에 의해 그들이 욕망하는 대상 선택(다시 어머니와 누이)을 다른 데로 돌리게 한다.[39] 그 결과는 "아직 살아 있는 육욕적 성향은 금지된 근친상간의 인물을 전혀 떠올리지 않게 하는 대상만을 구하게 된다"라는 것이다(207[225~226]). 어머니와 누이를 떠올리게 하는 이들, 즉 자신의 (훌륭한) 사회적 계급의 여성들은 부드럽게 사랑받을 것이지만, 관능적으로 사랑받지는 않을 것이다. 전혀 어머니와 같지 않은 이들로부터는 부드러움이 없는 육욕을 얻을 것이다. 성적 쾌락은 그래서 애정 어린 감정과 분리되어 있고, 애정 어린 감정은 성적 욕망을 죽인다(207[226]).

따라서 육욕은 가치 저하된 대상, 즉 만족할 수 있게 가치 저하할 수 있는 대상을 추구한다. 그러나 그것은 어느 쪽인가? 쾌락은 그 대상이 지닌

---

39 근친상간에 대한 프로이트의 설명과 다른 것을 비교해 보면 유익할 것이다. 토머스 아퀴나스가 근친상간 금지를 정당화하는 네 가지 이유 가운데 두 가지를 고려해 보라. "두 번째 이유는 혈족은 밀접하게 함께 살아야 한다는 것이다. 혈족 사이의 성관계를 금지하지 않는다면, 주어진 기회들이 성관계를 너무 쉽게 만들 것이고 그들의 영혼은 욕정에 의해 쇠약해질 것이다. ⋯ 네 번째 이유는 ⋯ 남자는 자신의 친족에 대한 자연스러운 애정을 갖고 있기 때문에 이 애정이 성욕으로 충만해진다면 그것은 순결을 거스르는 육욕 가운데 불타오르고 거세질 것이다." Summa Theologica 2a2ae. 154.9(trans. vol.43, p.239). 이것이 프로이트가 가정했던 무의식의 가장 깊은 곳에만 묻혀 있을 수 있었던 것을 얼마나 순진하게 재현하는지 놀라울 따름이다. 그리고 아마도 이러한 생각의 개방성은 토머스의 독신주의 덕분일 것이다. 왜냐하면 성적으로 순수한 사람만이 근친상간 금기의 억압적인 힘으로부터 자유로우므로 자신의 누이가 길거리의 더 신비롭고 알려지지 않은 여성들만큼 매력적일 것이라고 생각할 수 있기 때문이다.

이전의 가치가 저하된 것에 의존하는가 아니면 섹스를 통해 그 대상을 가치 저하시키는 것에 의존하는가? 프로이트는 이 점에 대해 결코 명확하게 밝히지 않으며, 양쪽 다 원하는 듯 보인다. 성적 행위는 그 대상을 가치 저하시키고 오염시키는 것으로 느껴진다. 하지만 그 대상에 대한 욕망은 이미 그 대상의 낮은 지위와 함수관계에 있다.[40] 그 대상은 이미 가치 저하되어 있다. 성교의 가치 저하는 계급, 민족, 교육 수준과 같은 사회학적 결정 요인에 의해 이미 정해진 순위를 승인하고 확정하는 작용을 하는 것으로 이해될 수 있다. 그러나 그것은 그 문제를 설명하기에 충분히 설득력 있어 보이지 않는다. 어떻게 이미 훼손된 것을 훼손하는 데 만족을 느낄 수 있는가? 이 에세이에서 프로이트는 쾌락은 남성이 자신을 비하하는 데 있는 것이 아니라 다른 사람의 가치를 저하시키는 데 있다고 제안한다.[41] 프로이트가 말하듯이, 이러한 저급한 여성들이 제공하는 "완전한 성적 만족감"은 그 여성들이 남성들을 사랑하지 않는다는 사실, 즉 그녀는 "그를 평가할 수 없기" 때문에 자신의 영혼을 전혀 다치지 않고 만족한 채로 떠날 수 있다는 사실과 무관하지 않다(210[229]).

프로이트가 하층 계급 여성들이 단지 자신들이 혐오스럽기 때문에 유혹하고 있다고 제안하는 것으로 이해할 수는 없다. 오히려 그들은 혐오의 문턱이 높기 때문에 격이 높은 여성들은 하지 않을 일들을 하거나 겪

---

40 제5장에서 다룬 정액의 오염력에 대한 논의를 참조하라.
41 자기 비하는 그럼에도 불구하고 일어난다. 왜냐하면 성행위 자체가 일반적으로 가치를 저하시키는 것으로 느껴지기 때문이다. "성행위를 근본적으로 육체를 더럽히고 오염시키는 것 이상의 타락한 그 무엇으로 간주하고 있다"(211[230]). 그러나 여기서는 성행위에서 자신의 육체를 더럽히는 것은 그에게 즐거움의 원천이 아니라 그가 애정 어린 감정을 가지고 있는 여성들에게 위험한 이유로 다루어진다. 섹스는 가치를 저하시키는 것이기 때문에, 진정한 욕망의 대상은 아껴두고, 계급적 지위에 의해 가치를 떨어뜨리는 육욕적 감정에 적합한 대상으로 보이는 이들의 가치를 저하시키는 데서 쾌락을 찾는다.

는다고 봐야 할 것이다. 유혹하는 저급함이 있으며, 그리고 욕망을 저해하는 저급함이 있다. 프로이트는 젊은 하녀와의 관계와 역겨운 노파와의 관계 사이의 차이를 인정할 것이다. 그의 설명은 여전히 이 저급한 여성들을 범할 수 있다는 전통적으로 성차별주의적인 관념이라고 간주할 수 있는 것에 의존한다. 아니면 그 쾌락의 바탕이 되는 가치 저하의 가능성은 없을 것이다.

혹자는 상류층 남성들을 위해 이러한 역할을 하는 하층 계급 여성들이 그들의 저속함과 관계없이 매력적인지에 대해 의심한다. 다시 말해, 제3의 관찰자는 무엇이 그 남성을 끌어당기고 있는지 이해할 것이다. 이것은 성욕 분출을 위해 추하고 기형적이고 병들고 늙은 이들을 찾는 남자들에게서 발견하는 종류의 혐오에의 탐닉이 아니다. 미학은 여전히 중요하다. "사랑의 영역에서 일어나는 가치 저하의 보편적 경향"은 한센병 환자와 잠을 자는 것에 관한 것이 아니다. 그것은 여전히 오염될 수 있는 일종의 순수성, 즉 순결(젊음, 아름다움, 연약함)을 가지고 있다고 여겨지는 사람, 하지만 자신을 그렇게 오염시키지 않는 것의 중요성을 보지 못하는 열등한 윤리적 성향을 가진 사람을 더럽히는 것에 대한 것이다. 즉, 그녀의 열등한 윤리적 본성이 그녀를 관능적으로 만드는 것이다.

프로이트의 이야기는 육체적으로는 혐오스럽지 않지만 도덕적으로 그리고 사회적으로 경멸할 만한 여성을 찾는 남성에 관한 것이다. 실제로 성적인 쾌락을 위해 추하고 병들고 기형적인 이들을 찾는 영혼이 없다는 것이 아니다. 그러나 그것은 프로이트가 말하는 바가 아니다.[42] 프

---

42   72명의 피실험자의 성적인 관행 및 환상과 관련된 한 연구는 오직 한 사람만 다른 대상의 외모 손상에 의해 흥분되었다고 보고했다. Eve and Renslow, "Private Sexual Behaviors,"

로이트와 우리는 하층 계급 취향 및 저속함의 "사회적 기형"과 신체적 추함 — 계급이 신체 건강에 미치는 영향을 무시하고 나면 계급과는 특별한 연관이 없는 — 사이의 차이를 인정한다. 그리고 혹자는 일반적으로 건강하지 못하고 기형인 사람들에 대한 도착적 선호라고 여겨지는 것을 탐닉하는 사람들은 진정한 사랑이 지닌 변화시키는 힘으로 이를 탐닉하거나 또는 덜 고귀하게 그러한 강력한 금기의 위반에 빠져든 것에 대해 피할 수 없는 거의 아방가르드적인 아이러니를 갖고 이를 탐닉한다고 의심할 수도 있다.

자신의 파트너를 가치 저하시키는 행동이 스릴이라면, 아마도 남성들은 자신의 아내, 어머니, 그리고 누이의 계급에 있는 여성들을 비하하는 데서 더 큰 재미를 느꼈을 것이다. 프로이트는 사랑과 애정 어린 감정이 그 행동을 막기 위해 끼어든다고 말한다. 그것이 자기 자신의 아내, 누이 그리고 어머니를 아껴두는 것을 설명해 줄 수 있지만, 왜 애정은 자신의 사회적 동급인 아내와 누이와 어머니를 아껴두어야 하는가? 이 여성들을 가치 저하로부터 구하는 것은 근친상간 금기도 아니고 사랑도 아니다. 프로이트는 간접적으로 여성들이 대개 불감증에 빠짐으로써 스스로를 구하든가(211[231]), 아니면 처음에 자신의 남편을 데리고 프로이트 박사를 방문하게 했던 동일한 발기부전이 여성들을 구한다고 시사한다. 사실 여성들은 계급에 의해서만 구원을 받은 듯 보이는데, 계급은 너무나 지배적인 것이어서 어머니의 사회 계급에 있는 모든 여성은 오로지

---

p.100. 성욕을 분출하기 위해 기형적이고 추한 사람을 찾는 사람들의 도덕 수준을 향한 우리의 태도와 심하게 외모가 손상된 파트너에게 계속 충실하거나 애초에 사랑을 위해 그러한 외모 손상을 무시할 수 있는 사람들에 대한 우리의 태도를 비교해 보라.

그 기초 위에서만 그녀를 충분히 닮는다. 그러나 하위 계급 여성들의 여성스러움만으로는 자신을 아껴둘 만큼 어머니와 유사한 존재로 여기게 하지 않는다. 계급은 이 이야기를 오이디푸스 이상으로 몰아가는데, 이것은 프로이트적이지 않은 방식으로 사회학이 심리학을 따라잡은 것이라 하겠다.

가치를 저하시키는 욕망이 문명화된 모든 남성의 성생활의 일부라는 프로이트의 견해를 지지하기 위해 사회 경제가 어떻게 작동하는지 궁금해 할 수 있다. 노동계급의 남성들은 자신의 어머니도 아니고 누이도 아닌 원하는 여성을 어디에서 찾는가? 아마도 그들은 문명화되지 않아서 이러한 보편적인 성적 관행 형식이 적용되는 것으로부터 면제될 수 있다. 아니면 일단 그러한 수준 아래에서는 여성됨이 한 남성이 그녀가 제공하는 도덕적 진흙탕에서 뒹구는 데서 기쁨을 찾기 위해 필요한 모든 비천함인가? 프로이트가 논의하고 있는 보편적 가치 저하는 그것의 특별함에 대해서 계급 위계에 의존한다. 그 점에 대해서는 젠더 위계에 의존하는 것도 아니고 오이디푸스에 의존하는 것도 아니다. 하층 계급의 남성들은 다르게 구조화되어 있는 자신들의 성적 대상을 가치 저하하려는 욕망을 가지든가 아니면 더 높은 계급의 남성들이 누릴 수 있는 성애적 만족을 완전히 포기해야 하는 것으로 보인다.

이 하류층 남성들은 가치 저하할 하층 여성을 찾는 대신 단지 위를 올려다볼 수는 없었을까? 사실 상층 계급 남성들은 하층 계급 남성들이 바로 그런 짓을 할까 봐 두려워했다. 12세기 궁정의 사랑에서부터 17, 18세기의 큰 성기를 가진 하인들을 거쳐 채털리 부인을 훨씬 넘어서까지 이어지는 오랜 문학 전통은 상층 남성들은 너무 소중히 여겨서 함께 더러워지지 못했던 상층 계급 여성들에게 이러한 하층 남성들이 쾌락을 선사한 것으로 믿어졌다고 시사한다. 그러면 누가 누구를 가치 저하시키고 있었던 것인가? 그 이야기는 (19세기까지) 가치 저하시키려는 욕망에 따라 행동한 하류층 남성들을 묘사하는 방식으로 전해진 것이 아니었다.[43] 궁정의 사랑에서 하류층 남성들은 여성을 가치 저하시키려 하지 않았고 여성에 의해 품위가 올라가길 원했다. 그리고 그 이야기는 그 문제에서 하류층 남성에게 어떠한 진정한 발언권도 주지 않는 방식으로는 전해지지 않는다. 하류층 남성은 그저 자신의 무기력한 남편보다 자신이 더 열성적일 거라고 느꼈던 여주인의 명령을 실행한 것뿐이었다. 이것이 상층 계급 남성들이 자신의 여인들과 관련되었다고 믿었던 가치 저하이다. 상층 계급의 아내들은 경멸할 만하고 혐오스러운 것에 매료되어 하인들과 잠을 잠으로써 자신의 남편들을 가치 저하시켰던 반면, 상층 계급 아내들의 남편들은 하녀들을 가치 저하시켰는데, 그 하녀들의 비천함은 결과적으로 그 아내들을 가치 저하시켰다. 경멸과 혐오가 서로 투쟁하는 세상이로세!

프로이트는 여성들에 대해 다른 이야기를 한다. "여성들", 즉 그가 대했던 부르주아 여성들 또는 그가 대했던 전문가나 부르주아 남성들의 어머니, 아내, 누이들은 "그들의 성적 대상을 격하시킬 필요가 없다"(211 [230]). 그들에게 애정적인 것과 육욕적인 것 사이의 분리는 육욕적인 것을 억압함으로써 해소된다. 따라서 불감증은 남편들의 심인성 발기부전에 해당한다. 이것은 정말로 암울한 그림이다. 하인이나 하녀를 이용할수 없다면, 섹스는 참여하기에 너무 혐오스럽거나, 아니면 일단 참여했

---

43   스탕달(Stendhal)의 『적과 흑(The Red and the Black)』에 나오는 줄리앙 소렐(Julien Sorel)
    이 첫 번째 사례일 수 있다.

을 때 만족시키기에 충분할 정도로 혐오스럽지는 않다. 혐오는 세 가지 의무를 다한다. 첫째, 혐오는 결합을 막으려 시도하지만, 그렇게 함으로써 혐오는 감히 시도할 만한 것이 된다. 혐오는 일단 극복하면 즐거움에 동참하게 되며, 혐오는 정복당함으로써 그리고 성애 과정을 순간적으로 해방적인 것으로 만드는 끈적끈적한 배설물을 제공해서 자체적으로 그 진행 과정의 참여자가 됨으로써 강화된다. 그리고 나서 그런 과도한 탐닉을 처벌하는 수치심을 동반한 사후의 동요가 찾아온다. 혐오는 성적인 세계에서 바쁜 삶을 갖고 있다.

이것은 위험성이 높고 감퇴율이 급격한 특정한 섹스의 쾌락 곡선이 문제를 복잡하게 만드는 섹스의 맥락 가운데 강력한 하나의 사례를 언급하는 것으로, 단순화한 요약이다. 음식과 같이 위험성이 더 낮은 맥락에서 위반이 일어날 때, 또는 도덕적 이슈들이 단순히 다를 때 상황은 다소 다르게 전개될 것이다. 이것도 섹스에 관한 모든 이야기가 아니다. 나는 이 논의에 종종 "사랑이 개입하지 않는 한"이라는 중요한 수식어구를 덧붙여야만 했다. 사랑은 전체 성적 혐오의 경제를 변화시킨다. 그리고 또한 볼품 있고 오염시키지 않는 공적인 현존 유지의 실패로부터 나오는 많은 혐오도 변화시킨다. 사랑은 거의 모든 것을 정복한다.

사랑과 혐오 규칙의 중지

나는 이제 좀 더 밝은 이야기를 하고 싶다. 이것은 섹스보다는 사랑의 이야기이고, 기저귀를 갈고 아픈 가족 구성원을 돌보는 이야기이며, 성적인 사랑의 이야기일 뿐만 아니라 정절의 이야기이기도 하다. 그것은 육체에 대한 관용 중 하나로, 육체의 위험스럽고 오염시키는 특질들에 빠져들 뿐만 아니라 육체의 약점들까지 참아주려는 기꺼운 마음이다. 이 이야기는 사회적으로 작동하는 만큼 심리적으로도 작동하는데, 섹스는 문제가 되는 많은 행동 영역 가운데 하나일 뿐이다.

친밀성(그리고/또는 사랑)을 묘사하는 한 가지 방법은 다양한 혐오 규칙이 완화되거나 중지되는 상태로 말하는 것이다. 타인의 혐오시키는 능력을 향해 나타나는 다음과 같은 거칠고 때로는 겹치는 태도들을 고려해 보라. 먼저 우리는 여전히 혐오스럽다고 느껴지는 것들이나 행위들을 용서하거나 겪어낸다. 둘째로 우리는 다른 방법으로는 혐오를 유발하지 않았을 것들에 대해서는 혐오를 느끼지 않게 된다. 그러나 이러한 것들은 혐오스럽지 않기 때문에 특별한 즐거움이나 매력을 허용하지 않으며, 여전히 혐오스러운 것의 영역에 속하는 것으로 인식된다. 그리고 셋째로 우리는 혐오스러운 행동이나 물질이 친밀성의 특권이라고 이해하는데, 그것이 특권이라는 것이 이해되지 않는다면 그것은 심각한 위반이 될 것이다. 이 마지막은 종종 혐오와 성적 쾌락의 교차를 수반한다(그러나 그럴 필요는 없다).

용서되거나 참아야 하는, 하지만 여전히 혐오스러운 첫째 종류의 것으로 입냄새를 고려해 보자. 낯선 사람의 입냄새는 일종의 저급한 수준의 도덕적 결함으로 처리된다. 입냄새는 많은 미덕을 능가할 수 있으며, 냄새나는 범위 안으로 우리를 데리고 갈 지속적인 관계에 대한 욕구를 멸절시킨다. 사랑하는 사람의 입냄새는 용서되거나 참거나 또는 협상될 것이다. 이를 위해 사람들은 거리 두기가 일시적이라는 인식, 그리고 거리를 둔 사람을 포함해서 어느 누구도 참을 것이라고 기대할 수 없는 불쾌함을 일시적으로 회피하는 것 외에는 전혀 중요하지 않다는 인식을 가지고 그에게 접근하는 것을 미룰 것이다. 만약 입냄새가 용서되지 않거나 협상될 수 없다면, 나는 사랑은 끝에 가 있거나 곧 끝날 것이라고 생각한다. 입냄새는 지위 관계를 표시하는 것으로서는 특별한 비중이 없는 혐오스러운 문제들 가운데 하나이다. 제3자들은 볼 수 없고 당사자는 종종 자신에게서 입냄새가 나는지 알지 못한다. 그래서 커플에게 또는 관찰자들에게 그 지위 관계의 특별함을 알리는 힘은 영으로 줄어든다. 예를 들어, 입냄새는 허용된 접촉이 알리는 힘을 가지고 있지 않다. 입냄새는 제2자가 침묵의 고귀함 속에 고통 받고 있다는, 그래서 그 묵인에 대한 선물을 주고 있다는 은밀한 인식 속에 짠한 작은 만족감 외에는 아무런 유익도 없이 짊어져야 할 십자가이다. 경쟁이 친밀한 관계의 일부인 만큼 입냄새는 신성화된 사랑과 헌신의 짐을 순간적으로 경감시켜 주는 작은 경멸의 기회를 허용한다.

특별한 지위로 인해 극복되어야 할 특별한 즐거움이나 매력을 주지 않고 혐오스러운 면을 잃게 되는 둘째 유형 가운데 주요 사례로는 기저귀를 갈고 뱉은 음식을 치우고 병약한 친척을 돌보는 등 세대 간 돌봄과 헌신의 행위들이 있다. 입냄새를 참는 것과 달리 기저귀를 가는 것은 부분적으로 지위, 즉 부모의 지위를 규정한다. 하지만 기저귀를 가는 것은 부모의 영역 가운데 일부 그 이상의 무언가이다. 기저귀를 가는 것은 하나의 행위로서, 근본적으로 관계에 관련된 헌신의 유형을 표상하기 때문에 상징적이고 구성적인 중요성을 갖는다. 부모는 무슨 일이 있어도 돌보고, 배설물을 치우고, 손과 옷에 배설물이 묻을 위험을 감수하고, 똥 싼 것을 견딜 사람들이다. 따라서 부모는 겸손하면서 동시에 지위를 향상시키는 행위에 참여한다. 즉, 그러한 행위들에 의해 부모는 돌봐야 하는 의무의 짐과 더불어 돌보는 권리를 주장하고 획득한다.

부모로서 사랑한다는 것은 (의심할 바 없이 자녀들의 사춘기에 수반하는 부모의 의지의 최종적 파멸에 대한 준비로서) 아기에 불과한 존재 앞에서 자신을 겸손하게 하는 것을 의미한다. 사랑 안에서 강한 자의 의례적인 (종종 진정한) 겸손함은 특별한 종류의 헌신의 모델로 쉽게 인식 가능하다. 기독교는 이런 식으로 인간을 사랑하도록 신 자신을 구속했다. 굴욕과 십자가에 못 박힘이라는 궁극적인 겸손 이전에 신은 낮은 자들의 발을 씻겨줌으로써 자기-망각과 자기-비하의 작은 행위들에 참여했다. 우리 대부분은 그러한 겸손을 우월성을 주장하는 현명한 전략으로 인식한다. 간디와 예수는 이것을 잘 알고 있었다. 숭배할 만한 자들은 지배권을 인정하는 척하면서 지배권의 요구를 주장하는 동일한 행동을 하는가? 이 관점에서 크리스마스 때 **아기** 예수에게 바쳐지는 경의를 생각해 보라. 아니면 그러한 경배는 자율성에 대한 우리의 의지와 주장은 우리의 자녀들에 의해 억제되는 만큼 우리의 부모들에 의해서도 억제되고 있다는 것을 우리가 알고 있다는 표지이지 않을까?

약한 자들을 향한 강한 자들의 모든 사랑이 자기 비하의 형태를 띠는 것은 아니며, 약한 자들의 오물과 스스로 더럽힌 것들을 씻어줌으로써 낮은 자들을 섬기는 형태를 띠는 것도 아니다. 사람은 냉정한 거리를 두고 사랑하며, 궂은일은 위임할 수도 있다. 사실 이것은 최근까지 부성애를 모성애로부터 구별하는 방식이었다.[44] 기저귀를 가는 것은 분명히 정상적인 혐오를 극복한 것으로 보인다 — 이는 모성애를 모든 이타적인 사랑의 모델로 만든다 — . 반면, 아버지들이 일반적으로 같은 일을 꺼리는 것

---

44 이 설명에 의하면 예수의 사랑은 모성애이며, 이것은 일부 중세의 기도문에서 인정되었다. Bynum, "Jesus as Mother"를 보라.

은 부성애를 아이에게 없어도 아무 문제가 없는 모호한 것으로 만드는 데 일조하는 것으로 보인다.[45]

오염물질에 내재된 혐오를 극복하는 기저귀를 가는 일은 양육하는 부모 사랑의 무조건적인 특성을 상징한다. 그러한 극복이 없다면, 그 행위는 그러한 상징적 중요성을 갖지 못할 것이다. 사랑은 이 맥락에서 일종의 자기 극복, 강력한 혐오의 극복, 그리고 당신을 사로잡고 있는 청결 규칙의 중지를 의미한다. 그것은 당신의 까다로움, 당신 존재의 순수함이 다음 세대의 행복에 종속되어야 한다는 것을 의미한다.

독자들은 내가 그 행위에 중요성을 부여한 것으로부터 내가 기저귀를 가는 것에 대한 혐오를 극복하기 위해 대단한 노력을 하지 않은 것이 아닌지 의심할 수 있다. 인정하건대, 이러한 것들은 어떤 이들에게는 다른 이들보다 더 쉽게 다가오고, 집안일의 일상화와 반복 속에 행위자들은 그 일들이 지닌 더 큰 의미를 잃게 된다. (그러나 사람의 민감성은 매일 배설물과 일전하다 보면 둔해지지만, 아픈 아이의 토사물을 치워야 하는 더 드문 요구에 직면해서는 놀랍게도 그대로 남아 있다.) 하지만 아이의 신체 배설물을

---

45 다시 여성이 성적인 영역을 제외한 모든 검사 영역에서 남성보다 더 혐오에 민감하다는 것을 보여주었던 Haidt, McCauley, and Rozin을 참조하라(제2장의 각주19를 보라). 그러나 아이를 키우는 혐오스러운 일들에 관한 한, 여성은 남성에게 남성보다 더 강하고 남성보다 혐오에 덜 민감하다는 인상을 준다. 그러나 모성애의 힘은 혐오를 극복하는 여성의 더 위대한 능력을 상정함으로써 더 잘 설명될 수 있지 않을까? 처음에는 여성의 혐오에 대한 민감성이 관련 영역에 걸쳐 남성보다 더 높을 가능성이 인정되더라도 여성은 사랑과 헌신의 관심사에서는 혐오를 극복할 수 있는 능력이 남성보다 훨씬 더 높아 보인다. 이 연구는 처음의 수준에 상관없이 혐오를 극복할 수 있는 역량이 아니라 현재의 혐오를 측정하기 위한 것으로 알려졌다. 이 검사는 전통적으로 모성과 연관된 특정한 불쾌한 집안일들이 남성보다 여성에게 더 익숙해지기 어려울 수 있다는 추측을 가능하게 한다. 그러나 조사된 여성이 모두 중산층 대학 2학년생이 아니라 어머니였다면 그 조사 결과에 어느 정도 영향을 미쳤을지 궁금하다.

다루는 것이 지닌 더 큰 의미는, 비록 일상 때문에 가려지긴 하지만, 여전히 존재한다. 그것은 종종 무감각해진 주요 행위자들보다 그러한 혐오를 극복하는 헌신의 상징적인 힘에 대해 자신도 모르게 경의를 표하는 제3자들에 의해 더 확인된다. 자녀가 없는 이들은 흔히 경외, 공포, 그리고/또는 혐오에 사로잡혀 바라보는데, 많은 사람들은 그런 대가를 치르는 부모 노릇을 상상하기 힘들다. 이미 부모인 관찰자들에게 그 행위는 일상적인 것으로 코드화되어 있다. 따라서 다른 사람의 아이의 배설물을 처리해야 하는 상황에서 자기 자식과는 극복했던 혐오를 예기치 않게 상기할 때를 제외하고는 그러한 중요성을 갖고 있지 않다. 당신의 아이에 관해서는 무조건적이기는 하지만, 자기 극복은 당신의 아이에 대해서도 여전히 대체로 조건적이다. 사랑과 헌신이 없으면 혐오는 계속해서 존재하며, 사랑의 노동은 그저 힘들기만 하고 보상은 받지 못하는 과업이 된다.

자연은 신생아의 배설물을 상대적으로 오염력이 없고, 끈적거리지 않고 특별히 악취도 나지 않으며, 심지어 색깔과 모양 자체로는 배설물로 인식되지 않게 만듦으로써 새 부모의 까다로움에 적응시킨다. 영아의 대변이 가지는 독특한 특성이 그들이 영아로서 지닌 특별한 지위를 확인시켜 주며, 아마도 부분적으로 그 지위를 구성하는 것일 수 있다. 인간의 대변이 모두 똑같이 불쾌하다는 사실이 우리들 사이의 구분을 제거함으로써 민주화하는 것이라면, 영아들의 대변이 지닌 특별한 성질은 그 대변을 불쾌한 인간 물질로부터 구분해 준다. 여기에 흥미로운 진화 이야기가 있을 수 있지만, 그것을 어떻게 말해야 할지 모르겠다. 그것은 특정한 종류의 우유를 선택하는 데 대한 것인가 아니면 특정한 종류의 혐오 메커니즘을 선택하는 데 대한 것인가? 혐오가 이미 자리를 잡고 있다면,

대변 구성에 변화가 일어날 것이고, 이는 격렬한 혐오를 촉발하지 않는 대변을 생산해 내는 모유를 가진 어머니들에게 유리할 것이다. 아니면 혐오 반사(disgust reflex)가 발달해서 영아들의 대변에 부분적인 예외를 두게 된 것인가?

자녀들을 향한 부모의 세대 간 사랑과 늙어가는 부모를 향한 자녀들의 세대 간 사랑은 혐오를 무시하거나 극복하는 것과 밀접한 관계가 있으며, 무시함 자체가 돌봄과 보살핌을 규정하는 것이다. 혐오와 직면하면 혐오스러운 것 안에 숨어 있는 어떠한 특별한 쾌락도 드러나지 않는다. 어떤 세대 내 사랑은 같은 형태를 띤다. 어려움에 처한 친구는 때때로 연인들처럼 이런 종류의 요구를 한다. 어떤 사람이 식중독으로 식당 화장실 바닥에 쓰러져 있을 때, 그 아픔의 고통과 메스꺼움이 자신의 친구에게 그런 모습으로 보여야 하고 돌봄을 받아야 한다는 굴욕감을 능가하기 시작하는가? 우리가 두려워하는 것은 다른 이들이 우리를 존엄한 존재로 다시 생각하게 될 수 있을까 하는 것이다. 그리고 그들이 아무리 많이 배려한다 해도, 우리가 다시 그들이 우리를 바라보는 방식을 믿을 수 있을까? 그들이 우리를 사랑한다면 이미 이것은 사랑을 시험대에 놓는 것이다. 그들이 우리를 사랑하지 않는다면 우리는 그들이 전과 같은 방식으로 우리를 보지 않을 것이라고 두려워하게 된다. 이것이 우리가 스스로 기어나가 상처를 핥거나 죽는 품위를 가진 동물들을 존경하는 이유이다. 아이들만이 우리에게 혐오를 생략하라고 요구할 수 있는 절대적 권리를 가지고 있다. 다른 이들은 이러한 권리를 획득해야 하거나 관계의 호혜성을 인정함으로써 어떤 식으로든 대가를 치러야 한다. 나는 너를 돌봤으니, 이제는 네가 나를 돌봐야 해. 나는 네가 보여주지 말았어야 하는 모습을 보았으니, 이제는 네가 그것을 겪어야 해.

사랑이 혐오의 중지라는 주장은 여러 가지를 의미할 수 있다. 이미 말했듯이, 사랑은 입냄새나 사춘기와 노화에 수반되는 추함과 같은 상대의 신체의 정상적인 결함을 기꺼이 용서하는 마음을 의미한다. 사랑은 또한 돌봄과 배려를 위해 혐오를 극복하는 것을 의미한다. 여기서 나는 다른 사람에게 당신을 보거나 만지거나 다른 방법으로 경험할 수 있는 특권을 부여한다는 관념에서 시작하고자 한다. 이것은 그 사람이 그러한 특권을 부여받지 않았다면 당신에게 혐오스럽거나 수치스럽거나 굴욕적일 수 있는 방식이다. 문제가 되는 것은 섹슈얼리티의 친밀성뿐만 아니라 대략 동등한 사람들 사이의 친밀성까지 규정하는 행동과 실천의 전체 범위이다. 더 나은 이름이 없기 때문에 나는 이것을 사랑이라고 부르겠다.

사랑의 친밀성은 단지 룸메이트의 역겨운 습관과 정상적인 신체적 기능에 익숙해지는 단순한 근접성 및 공동생활의 친밀성과는 다르다. 룸메이트의 관용으로 이어지는 혐오에 익숙해지는 것은 친밀성의 특권이 아니라 종종 상대방에 대한 경멸로 여겨지며 때로는 심지어 증오로 끝나는 짐으로 여겨진다. 이러한 경멸적인 익숙해짐은 의사와 간호사들이 자신들이 다루는 병들고 노화하는 신체들이 보통 유발하는 혐오를 관리하기 위해 획득하는 종류와 유사하다. 이 익숙해짐은 분명히 적극적인 헌신이 아니라 경멸을 낳는 친숙함에 의해 발생한다. 관계 유지를 위해 혐오를 극복하는 일이 필수적인 (그러나 충분하지는 않은) 곳에서, 그리고 어떤 종류의 혐오스러운 것에 대한 상호 탐닉이 특권을 나타내며 사랑을 보여주고 증명하는 중요한 수단을 제공하는 곳에서는 그 익숙해짐이 사랑과는 상당히 다른 문제이다.

우리는 이미 성적 욕망이 금지된 혐오스러운 것의 영역이라는 관념에 따라 달라지는 방식을 다루었다. 당신의 입 안에 있는 한 사람의 혀는 쾌락으로 경험될 수도 있고, 당신과 그 사람 사이에 존재하거나 협상되고 있는 관계의 상태에 따라 불쾌하고 역겨운 침입으로 경험될 수도 있다. 그러나 당신 입안에 있는 다른 사람의 혀는 그것이 혐오스러운 공격일 수도 있기 **때문에** 친밀성의 표시일 수 있다. 친밀성의 표지는 고프먼이 말한 "자아의 영토(territories of the self)"를 침범하는지 여부에 달려 있다. 당신이 그 경계를 순찰하는 그러한 영토가 없다면, 그 영토에 대한 접근권을 허용하거나 획득하는 것이 특별한 의미를 전혀 갖지 못한다.

이것은 우리로 하여금 새로운 걱정거리를 가지고 허용된 위반의 역설로 되돌아가게 한다. 자아의 경계가 혐오에 의해 가장 중요하고 취약한 지점에 자리 잡고 있다는 것을 생각해 보라. 합의된 섹스는 혐오로 방어되는 경계를 서로 위반한다는 것을 의미한다. 그러나 이러한 모든 허용 가운데 어디에 위반의 스릴이 있는가? 앞서 다른 맥락에서 나는 혐오가 우리를 사로잡고 있어서 허용된 위반일지라도 여전히 한 방을 보유하고 있다고 제안했다. 이제 나는 승인받은 위반자를 볼 것이 아니라 허가권자를 볼 것을 제안한다. 남의 경계를 침범하는 스릴에다가 그렇게 침범당할 허가권을 부여하는 스릴이 더해진다. 다소 이상하게도, 침범을 승인하는 것보다 더 위반적일 수 있는 것은 허가권을 부여하는 것이다. 왜냐하면 혐오 규칙을 중지시키는 것은 그 허가이며, 그렇게 허용된 경계 넘기가 아니기 때문이다.

따라서 허용된 침범의 스릴은 허가권자와 공모자가 되는 것으로 끝난다. 그 허용된 침범은 승인자가 가장 강력하게 붙들고 있었던 것을 위반함으로써 그 승인자를 지원하고 부추긴다. 하지만 가장 강력한 혐오 규칙의 진정한 위반자는 허가권자이다. 혐오를 변형시키는 경험 속에서 그(녀)의 위반을 재정의함으로써 혐오 규칙의 위반을 승인하는 것은 바로 그 사람이다. 일반적으로 섹스에서 경계 넘기와 허가 부여는 상호적이기 때문에 두 파트너 모두 같은 혐오와 관련된 스릴을 느끼고 순수의 신들을 똑같이 불쾌하게 한다. 이는 순수한 실정(失政)의 축제이다. 우리는 단지 모든 규범을 위반하는 ― 그 규범의 위반은 만약 특권을 부여받지 못했거나 강제되었거나 또는 목격되었다면 혐오를 촉발했을 것이다 ― 사랑과 섹스 안에서 무언가를 하거나 우리 자신에게 무슨 일이 벌어지게 할 것이다.[46] 그리고 그런 일을 하는 것, 그리고 그러한 일이 우리에게 벌어지게 하는 것은 성적 친밀성의 많은 부분을 차지한다.

하지만 나는 이 문제를 섹스의 문제로 만들고 싶지 않다. 나는 섹스뿐만 아니라 **사랑**도 혐오 규칙의 중지를 의미한다고 주장하고 있는 것이다. 반대로, 우리가 본 것처럼 섹스는 혐오를 멈추지 않는다. 섹스는 혐오를 충족시킨다. 사랑은 덜 극적인 무언가이다. 내가 사랑은 혐오 규칙의 중지를 의미한다고 말할 때, 나는 친숙함의 지형과 친숙함이 낳는 간헐적인 경멸을 분명히 드러내는 훨씬 더 일상적인 친밀성에 대해 말하고 있는 것이다. 우리의 공적인 자아 및 우리가 자기 모니터링과 주변 환경 모니터링에 바치는 에너지를 홀로 있을 때 또는 공식적으로 가족으로 분류되든 친구로 분류되든 간에 친밀한 자들과 함께 있을 때의 자아 및 자기 자신의 행동 모니터링과 대조해 보라. 우리의 가족과 특별히 우리의 배우자나 파트너가 우리를 보는 것처럼 공공장소에서도 우리 자신이 보일 수 있는지 상상해 보라. 다른 이들을 그런 식으로 본다고 상상해 보

---

46 물론 섹스를 목격하는 것은 혐오뿐만 아니라 흥분도 불러일으킬 수 있다. 또는 보다 정확하게, 목격은 단순히 우리가 쭉 다뤄왔던 매력과 혐오 사이의 모호성을 재현할 수 있다.

라. 그렇게 보이는 것은 수치스러울 것이며, 특권을 부여받지 못한 채 다른 사람들을 그렇게 봐야 하는 것은 역겨울 것이다.

섹스는 일종의 벌거벗음을 포함하는 일종의 경계 넘기일 뿐이다. 강렬한 친밀성, 지속되고 가까우며 사랑스러운 접촉의 친밀성이 바탕이 되는 벗김, 노출, 그리고 앎이 있다. 사람은 의심, 걱정, 우려를 공유하고 드러내는 것, 열망을 인정하고 결점과 실패를 고백하는 것, 단순히 결점, 약점, 그리고 욕구를 가진 존재로 보이는 것을 생각한다. 그것은 감동적인 그림이다. 우리는 그 그림을 개작할 수 있다. 우리는 친구나 친밀한 자를 우리에게 투덜댈 수 있게 만듦으로써 우리도 그들에게 투덜댈 수 있는 사람들로 정의할 수 있다. 이것은 양 당사자가 그러한 투덜댐이 친밀성의 특권이며, 그 특권이 부재할 때는 우리의 존엄성과 혐오감이 투덜대지 못하게 하리라는 것을 이해하는 것을 기반으로 한다.

이러한 특권은 친밀한 헌신을 의미하는 정도를 제외하고는 그 자체로 즐거운 경우가 별로 없다. 친밀성에는 유익뿐만 아니라 비용도 있다. 어떤 비용은 상대를 추한 것, 볼품없는 것, 비겁한 것, 지루한 것, 신경질적인 것, 성마른 것, 무정한 것, 무서운 것, 아픈 것, 실패한 것 그리고 실패했던 것, 뽐내는 것, 어리석은 것으로 보고 자신도 그렇게 보이는 것을 포함한다. 그것은 우리가 그저 낯선 사람들에게 부여한 특정한 예절의 완화를 겪는다는 것을 의미하며, 이것은 스위프트를 다시 소환한다. 그것은 신체의 가스, 배설물, 냄새, 분비물, 그리고 여러 가지 나쁜 것을 부정할 수 없다는 것을 의미한다.

우리는 너무 멀리 가서는 안 된다. 어느 지점에서는 겸손, 자제, 청결, 관심 비유발, 그리고 단순한 예의범절의 공적 규범에 대한 구속을 사적으로 완화하는 것이 친밀한 자들에게 과도하고 실례되는 것으로 여겨질 것이다. 만약 우리가 자기 모니터링을 전혀 하지 않는다면, 사랑은 상대방의 "당연하게 받아들여짐"에 대한 그러한 암묵적 판단을 견뎌낼 수 없을 것이다. 어떤 매너는 완화될 수 있지만, 모든 매너가 생략될 수는 없다. 우리는 서빙용 그릇의 음식을 바로 먹을 수는 있지만, 입을 벌리고 씹거나 소리를 억누르려는 시도도 하지 않고 트림을 할 권리를 얻지는 못할 수 있다. 어떤 예절 규범은 사랑하는 사람 앞에서는 고사하고 혼자 있을 때도 우리를 사로잡고 있어서 긴장을 풀 수 없게 한다.

사랑은 모든 혐오 규칙의 중지가 아니라는 것을 알 수 있다. 어떤 종류의 친밀성이 반드시 포함하는 것은 방어의 완화라기보다는 강박적 행동이 일어나지 않는 접근전에서 그 규칙들을 지속적인 감시 아래 유지하는 것이 거의 불가능에 가깝다는 사실이다. 우리의 공적 자아를 생산하는 데 들어가는 작업은 대중 관객에게는 비가시적인 무대 밖에서 일어난다. 접근전은 선택된 다른 사람들이 무대 뒤에서 리허설과 준비 과정을 지켜보고 있다는 것을 뜻한다.[47] 이런 종류의 특권적인 무대 뒤 접근 권한은 실제로 부여될 때 영광으로 이해될 수 있다. 그러나 다른 사람의 존재는 존엄성을 유지하기 매우 어려운 조건 아래서 어느 정도 존엄성을 유지해야 한다는 최소한의 요구를 부과한다. 친밀한 사람들은 여전히 존중을 요구하며 존중받을 권리가 있다. 그래서 모든 혐오 장벽이 친밀성과 함께 잊히는 것은 아니다. 어떤 역겨운 행동은 허용되고(우리는 그 행동들이 무엇인지 대충 알고 있다) 친밀한 지위를 확증하는 기능을 하는 반면, 다른 행동은 상대방에 대한 경멸적인 무관심을 나타내는 것처럼

---

47 고프먼은 『자아 연출의 사회학(The Presentation of Self in Everyday Life)』에서 언제나 그렇듯 통찰력을 가지고 연극적 은유에 입각한 공공행위의 사회이론을 제시한다.

보일 것이며, 여전히 또 다른 행동은 우리가 내뿜는 대부분의 악취처럼 항상 어쩔 수가 없다. 이 마지막 행동들은 회피할 수 없는 친밀성의 대가로, 친밀성의 확증도 아니고 특권으로 의미 있게 해석할 수 있는 것도 아니다.

경계를 풀고 있는 누군가를 보는 것, 그리고 약하고 상처받기 쉽고 병들고 두려워하고 추한 누군가를 보는 것은 특권일 수 있지만 입냄새를 참는 것은 친밀성의 특권이 아니다. 입냄새는 공개적으로 드러낸다면 보는 사람에게 경멸과 혐오를 유발할 조건들이다. 입냄새는 혐오를 유발하는 것들과 관심, 사랑, 연민, 애정을 이끌어내는 것들을 분리하는 매우 좁은 선이다. 이러한 특권의 일부는 고백과 공언에 의해 자발적으로 부여된다. 어떤 것들은 우리 자신도 모르게 드러난다.

자신이 사랑하는 사람이 스스로를 모욕하고 다른 사람들의 혐오를 유발하기 위해 행동하는 것을 봐야 하는 아픔을, 그리고 그 다른 사람들이 자신들의 혐오에 정당성을 갖고 있다는 것을 수긍해야 하는 아픔을 생각해 보라. 그러면 그는 자신이 어리석은 사람을 사랑하고 있음을 알게 된다. 사랑이 그러한 통찰을 견뎌낼 수 있을까? 제8장에서 보게 되듯이, 흄은 오로지 부모의 사랑만이 그러한 앎을 견뎌낼 수 있으며, 다른 모든 형태의 사랑은 그러한 앎에 의해 소멸된다고 말한다.[48] 자신의 부모도 자

---

48 또한 Vlastos(52)를 보라. "사랑할 만한 가치의 가변성에도 불구하고 애정의 불변성은 부모가 자녀를 사랑하는지 여부를 판단하는 가장 확실한 시험 중 하나이다. 아이가 잘할 때만 애정을 느끼고 아이의 성과가 부진할 때는 냉담하거나 적대적으로 변한다면 아이에 대한 부모의 감정을 **사랑**이라고 부를 수 없다." 이런 종류의 무조건성이 부모의 사랑이 아닌 사랑의 필수적인 특징인가? 그것이 부모의 사랑의 필수적인 특징이기나 한 것인가? 부모의 사랑은 확실히 너그럽고 관대하지만, 사랑할 만한 가치가 없이는 그 자체가 이용당하고 검증 당하는 경험을 하는 것이기 때문에 부모의 사랑도 여전히 사랑할 만한 가치의 부재에 의해 테스트된다.

신도 천박한 바보가 아닌 사람들에게 사랑받는 천박한 바보는 없는가? 맞다. 자신이 사랑하는 사람이 다른 사람들에게 정당한 혐오를 유발하는 것을 목격하는 것은 헌신에 대한 큰 대가를 감수하도록 강요하지만, 사람들은 그럼에도 불구하고 그러한 헌신을 유지한다. 고통스러운 어리석음을 목격하는 것은 사랑하는 사람에게 그가 바로잡을 수 있도록 바보라는 것을 알리는 짐을 지워주는 것인가? 그것은 이러한 종류의 사람을 사랑하는 것이 요구하는 어떤 맹목성을 재확립하기 위해 그 광경을 참도록 요구하는가, 아니면 이런 종류의 사람을 사랑하는 것은 그가 어리석은 사람이기에 이 사람을 사랑하게 되었다는 것을 의미하는가? 사람들은 품위 있는 여성들이 자신을 사랑하는 것으로 보이는 어리석은 남성들에게 애착을 느끼는 경우가 그 젠더 관계가 반대인 경우보다 훨씬 많다는 것을 본다. 사람들은 이것이 여성들이 느끼는 경멸을 즐기기 위해 모든 면에서 자신보다 아래에 있는 남성들을 사랑하려는 어두운 욕망을 갖고 있기 때문이라고 설명하려는 유혹을 느낀다. 이런 경멸은 특별히 보편적인 여성형 사랑 대상의 가치 저하인가? 그러나 경멸은 어울리지 않는 조합을 간절히 설명하고자 하는 관찰자의 설명이다. 사실 그 여성은 그 역겨운 천박한 사람에게 헌신적일 수 있다. 이것이 사랑은 모든 것을 정복한다는 의미여야 한다.

　요약하자면, 사랑은 우리가 알고 있듯이, 사랑의 개입 없이는 우리를 부끄럽게 하고 다른 사람들에게 혐오를 유발하는 방식으로 다른 사람이 우리를 볼 수 있는 특권을 부여한다. 혐오의 제재에 의해 뒷받침되는 모든 규범을 사랑 안에서 발견할 수 있는 것은 아니다. 그럼에도 불구하고, 우리는 사랑은 종종 혐오스러운 것에 대한 특별한 태도에 의해 발현된다는, 그리고 특정한 범위의 활동을 통해 혐오에 대한 민감성을 낮추거나 섹스에서처럼 혐오스러운 것 자체에서 쾌락의 원천을 발견하는 특별한 작업에 의해 발현된다는 약한 주장을 받아들일 수 있다.

더 강한 주장은 혐오를 중지하는 것이 사랑에 그토록 핵심적이기 때문에 사랑은 이전의 혐오스러운 것의 영역에 기생하며 부차적이라는 것이다. 이것은 특정 종류의 사랑은 문명화 과정을 성취하는 데 달려 있었다는 것을 시사할 것이다. (앞서 나는 우리의 섹스에 대한 집착이 일부 감자 덕분일 수 있다는 견해를 제시했다. 그것을 또한 감자가 그 집착을 뒷받침하기 위해 포크와 냅킨과 함께 섭취될 필요가 있었던 경우라고 간주할 수 있을까?) 당연히 의심할 만하고 다음 장에서 보게 되겠지만, 그보다 더 강한 주장은 궁극적으로 입증하기 어렵다.[49] 그러나 혐오의 높은 문턱은 우리의 개별화 감각에 따라서 또한 우리가 사랑이라고 생각하는 것에 어떤 뚜렷한 결과를 가져올 것 같다.

나는 아마도 친밀성과 사랑의 성취된 상태를 반영하는 다소 다른 기대와 준비를 취하는 대신에 친밀성과 사랑을 성취하는 과정과 의미를 취하면서 사랑의 경계 파괴적 측면을 과장했던 것 같다. 예를 들어, 우리는 핵심적인 혐오 규칙의 중지가 시간이 지남에 따라 사랑 안에서 또는 친밀성의 조건 아래서 개인 정체성과 자율성에 무슨 의미가 있는지 자문할 수 있다. 내가 사용해 온 권리, 특권, 승인 등의 법적 어휘는 승인자와 승인받는 자가 구별되고 자율적인 존재로 남기를 요구한다. 왜냐하면 이러한 승인과 특권은 취소될 수 있으며 자주 재확인되어야 하기 때문이

---

49   전반적으로 거의 그러한 공변이를 시사하는 주장을 하는 엘리아스의 『문명화 과정 I』을 참조하라. 나는 우리의 가족사랑 스타일의 기원을 17세기로 돌리는 Ariès, *Centuries of Childhood* 와 Stone, *Family, Sex, and Marriage*에서 크게 신빙성이 떨어지는 주장들과는 다른 무언가를 시사하고자 한다.

다. 이러한 관점에서 사랑은 자아의 경계를 동시에 해체하고 확인한다. 그래서 사랑은 한 사람이 다른 사람에게 인정해 주는 개별화를 훨씬 넘어서 사랑받은 사람을 개인화한다.

그러나 우리가 혐오의 중지를 각 개인의 자아감의 약화로 이해하면서 다른 조직적 이미지를 사용했다고 가정해 보자. 그래서 두 육체가 하나가 되는 바울의 이미지처럼 그들이 하나의 존재로 합쳐진다고 가정해 보자. 이러한 구조에서 혐오는 특권의 승인과 재승인을 통해서가 아니라 자아와 타자의 분리 약화를 통해서 자아의 경계를 해체한다. 그리하여 특권을 승인한다는 전체 관념이 타당성을 잃는다. 바울의 체계에서 이혼이 금지된 것은 당연하다. 두 육체가 하나가 된다는 관념은 이혼을 개념적으로 불가능하게 만들었다.

어떤 이는 초기 단계에서는 친밀성과 사랑의 관계가 권리와 승인의 체계에 의해 지배되지만 시간이 경과하고 허용된 경계 위반이 일상화됨에 따라 사랑받는 사람은 결국 친밀한 자율적 타자에서 자신의 생체 장기와 유사한 무언가로 변한다는 — 말장난이 허용된다면 사랑하는 사람(lover)에서 간(liver)으로 변한다는 — 아이디어를 제안할 수도 있다. 그래서 결국 두 육체가 하나가 된다. 이것은 함께 오래 살았던 부부 가운데 한 배우자가 죽으면 얼마 되지 않아 다른 배우자도 죽음에 이르는 현상을 설명하는 데 도움을 줄 수 있다.

제7장

전사, 성인, 그리고 섬세함

　　말할 수 없는 가난, 높은 사망률, 만연한 질병의 세계에서, 프라이버시가 가능하다 하더라도 어렵게 얻을 수 있었던 곳에서, 사랑, 섹스, 죽음, 배변 등이 다른 사람들이 볼 수는 없더라도 거의 항상 들을 수 있고 냄새 맡을 수 있는 범위 안에서 일어났던 곳에서 혐오는 어떻게 구성되어 왔을까? 부자들만 옷을 갈아입는 세상에서, 손과 얼굴 이상을 씻는 일은 흔치 않았고 치아는 썩고 소독제는 대개 알려져 있지 않았던 세상에서는 어떠했을까? 우리는 세 갈래의 탐구의 길을 추구할 것이다. 첫째는 악취, 혐오스러운 광경, 질병, 기형이 불가피하게 현재와는 다른 방식으로 존재했던 세계에서 혐오가 어떻게 들어맞을 수 있는지를 분간하는 출발점을 제공할 중세와 르네상스 시대의 여러 텍스트를 세밀하게 살펴보는 것이다. 둘째는 혐오(disgust)라는 영어의 어휘에 집중할 것이다. 혐오라는 단어가 있기 이전에는(즉, 이전에는 그런 말장난이 가능했는가?) 혐오가 어떻게 논의되었을까? 셋째, 우리는 혐오의 해부학과 관련된, 문명화 과정의 이론가인 노르베르트 엘리아스(Norbert Elias)의 중요하고 풍부한 저작과 만날 것이다.

혐오를 역사화하기

내가 가장 잘 아는 영웅 문화에서부터 시작해 보자. 영웅 문화는 불가
피하게 이론적인 기원 문화, 즉 실제로 있었던 것이 아니라 회상된 무언
가로 제시된다. 성서의 영웅서들, 즉 창세기, 사사기, 사무엘상하는 **구약**
성서에 수록되어 있는데, 명백하게 영웅적인 배역들이 전반부와 연대표
의 초기 부분에 속하도록 구성되어 있다. 영웅 문화는 명예의 문화, 피비
린내 나는 복수의 문화, 또는 중앙의 권위는 존재하지 않는 문화이다. 따
라서 이러한 문화들이 마침내 자신들의 공적에 대한 이야기를 쓸 수 있
는 수단을 획득할 때, 글쓰기의 기술은 대개 싸움의 종식과 영웅적 스타
일을 의미하는 정치적·문화적 발전과 일치한다. 그래서 일리아드, 아이
슬란드의 영웅 전설(Saga), 베어울프(Beowulf), 롤랑의 노래(The Song of
Roland)*의 이야기들은 이미 고풍스러운 분위기를 가지고 있었던 세계
에서 최종적으로 기록 형태로 되기 전에 한동안은 구전되었었다.[1] 영웅
적 스타일로 쓰인 우리의 최고 작품들은 종종 강한 정신력을 가지고 있
으며, 영웅 문화의 역기능을 규명하고 비판하는 데 놀랍게도 기민하지
만, 향수의 감각, 그 이후 잃어버린 더 고귀한 세계에 대한 감각으로부터
결코 분리되지 않는다.

---

* 중세 프랑스의 작자 미상 무훈시. 11세기 말 또는 12세기 초의 작품으로 추정되며, 프랑스
봉건 제도의 이상인 기사의 영웅적인 행위를 예찬하기 위해 쓰인 서사시이다._옮긴이

[1] 영웅적 전설의 문제가 그 전설들이 쓰인 것과 거의 동시대에 일어난 사건들을 연대순으로 기
록하기 위해 사용되었다는 점에서, 내가 주장하고 있는 것은 언급된 다른 텍스트들에 비해
영웅 전설에 좀 더 문제적이다. 그러나 영웅 전설의 기록이 그러한 싸움과 명예의 문제를 가
능하게 했던 정치적·사회적 문화의 종식과 일치하기 때문에 그 기록은 그 주장을 약화시키
지 않는다. 내가 쓴 *Bloodtaking and Peacemaking*과 Andersson, *The Problem of Icelandic
Saga Origins*를 참조하라.

우리는 영웅 문화를 더 무례한 예절을 가진 더 무례한 시대에 속하는 것으로 생각한다. 즉, 사람들이 자신들의 시간을 사용할 물질적인 것들을 상대적으로 적게 가졌고 그래서 다른 사람들에게 자신이 어떻게 보일지 — 사람들이 자신을 두려워하는지 존중하는지 존경하는지 — 걱정하는 데 시간을 사용했던 문화로 생각한다.[2] 명예를 위해 다투는 사람들 사이에서는 한 사람이 다른 사람과 비교해서 어디에 서 있는가 하는 관심이 온통 마음을 사로잡았다. 질투하고 부러워하는 사람들의 판단하는 눈길에서 벗어나 긴장을 풀 수 있는 공간은 거의 없었다. 사람들은 날이 서 있었고 예민했다. 대화는 모욕의 언저리를 맴돌았다. 사람의 명예는 손상되기 쉬웠고, 쉽게 침범 당했다. 건강 상태는 그의 (그리고 심지어 그녀의) 수치심에 의해, 그리고 그가 다른 사람들을 부러워하기보다 다른 사람들이 그를 부러워하는지 분간하는 예리한 능력에 의해 면밀하게 관찰되었다. 이러한 문화에서 핵심적인 감정은 수치와 질투이다. 수치는 자기 감시의 감정이며, "얼굴"과 용기의 윤리를 유지한다. 질투는 바로 부족한 명예를 위해 경쟁하는 경쟁심을 북돋운다. 이 설명에 의하면 공적이지 않은 삶이 거의 없었던 문화에서 혐오는 공적인 삶을 거의 갖고 있지 않았다. 하지만 우리는 그것을 그렇게 쉽게 무시할 수 없다.

심리학적으로 그리고 사회학적으로 복잡한 도덕적 레짐에 대한 그와 같은 성급한 묘사와 함께, 중세 아이슬란드의 가문 영웅 전설에 기록된 두

---

2 우리는 영웅적 윤리가 우리 가운데 있을 때에는 그것을 칭송할 명분을 좀처럼 찾지 못하는데, 영웅적 윤리가 범죄 하위문화나 도시 내 게토에서 펼쳐질 때에는 원시적이고 무법적이고 이기적이라고 비난한다. 거리에서 삶을 서사적으로 재현하는 것은 비록 여전히 우리가 가장 암담한 명예의 요구를 받아들이는 사람들에게 주는 불안한 경외감을 끌어내지만 향수를 불러일으키지는 않는다.

개의 짧은 이야기를 소개하고자 한다. 먼저 락스델라 사가(Laxdæla saga)에서, 샤르탄(Kjartan)과 그의 추종자들은 분쟁에서 격화된 조치로서 라가르(Laugar) 사람들의 농가를 포위하고 3일 동안 옥외변소 출입을 금했다. 사가는 "그 당시 변소는 집에서 상당히 떨어진 곳에 있는 것이 관례였다. … 샤르탄은 모든 출입문을 봉쇄하고 누구도 나가지 못하게 했으며, 그들은 3일 동안 안에서 용변을 봐야 했다"(ch.47)라고 말한다. 그러고 나서 샤르탄은 집으로 돌아왔다. 라가르의 사람들은 좋을 수가 없었고, 그들은 "그것이 훨씬 더 큰 불명예라고 생각했고, 샤르탄이 차라리 그들 중에 한두 명을 죽였다면 더 나았을 것"이라고 말했다.

둘째 이야기는 좀 더 자세한 설명을 요구한다. 에길(Egil)과 그의 일행은 얼어붙는 추위와 엄청난 눈보라를 이겨낸 후 아르모드 베어드(Armod Beard)라는 이름의 부유한 남자의 농장에 지친 상태로 도착하는데, 그는 그들을 하룻밤 머물도록 초대하고 스카이르(skyr)라는 요거트 같은 음식을 많이 대접한다. 아르모드는 그들에게 줄 에일(ale)이 없는 것에 실망감을 표현한다. 에길과 그의 일행이 상당한 양의 스카이르를 먹고 난 후, 아르모드의 아내는 그녀의 열한 살짜리 딸을 보내어 에길에게 더 좋은 음식을 먹을 여유를 마련하라고 말한다. 에길은 스카이르를 한 입도 더 못 먹겠다고 거부한다. 아르모드는 딸을 찰싹 때리며 질책한 후, 에길과 그의 일행에게 더 좋은 음식과 그들이 마실 수 있는 만큼 독한 에일을 대접한다. 술 마시기는 바이킹 세계에서 전형적으로 경쟁적이다. 일단 마시기 시작해서 계속 마시지 않으면 체면을 잃는다. 에길은 자신의 차례마다 마시고, 일행이 도중에 쓰러지면 그들 것도 마신다. 마침내 에길도 계속 마실 수 없게 된다. 그러고 나서 그는 일어나서 플로어를 가로질러 아르모드에게 간다. 그는 아르모드의 어깨에 손을 얹고 기둥으로 그를 밀어부쳤다. 그러고 나서 에길은 엄청나게 많은 양의 구토를 해서 아르모드의 얼굴과 눈과 콧구멍과 그리고 그의 입안에까지 쏟아냈다. 구토가 그의 가슴으로 흘러내려서 아르모드는 숨을 쉴 수가 없었다. 그가 다시 숨을 고르자, 다시 구토를 하기 시작했다. 거기 있는 아르모드의 모든 하인은 에길이 극도로 불쾌한 사람이라고 말했다. 밖으로 나가서 토하는 것이 아니라 술 마시는 홀에서 그런 끔찍한 짓을 하다니 오직 최악의 사람만이 이와 같은 짓을 저지를 것이다.

에길은 "이 일로 나를 욕하지 말게. 나는 너희 주인이 하는 것과 똑같이 하고 있는 것이오. 네 주인도 나 못지않게 죽을힘을 다해 토하고 있소"라고 말했다. 그러고 나서 에길은 자기 자리로 돌아가서 술을 더 달라고 했다. (ch.71)

믿기 어렵지만, 에길의 행동에도 불구하고, 사가 자체는 오늘날 우리가 당황케 하거나 혐오하게 하는 육체적 기능으로 여길 것에 대해 예의 바르거나 조심스럽다는 데 주목할 만하다. 놀라울 정도로 저속함이나 상스러움이 거의 없다. 저속함이 들어올 때면, 명예 획득, 검증, 회복에 대한 주고받기의 일부인 의식적인 모욕을 통해 들어온다. 따라서 남자와 여자는 남성의 성적 지향을, 드문 경우에는 여성의 성적 지향을 비난한다. 때때로 남자는 다른 남자의 아내와 잤다고 주장하며 그 남자를 조롱하지만, 이러한 모욕은 일반적으로 이해하기 힘든 시로 제기되며 이해 가능한 산문으로는 거의 나타나지 않는다.[3]

일상적인 사가 이야기는 예의바른 신중함으로 특징지어지는데, 육체적 기능은 한 등장인물이 모욕을 통해 그 주제를 활성화시킬 때에만 언급된다. 예를 들어, 수천 쪽에 달하는 아이슬란드 사가는 오염시키는 체액에 대해서는 거의 관심을 보이지 않는다. 냄새, 맛, 그리고 불쾌한 접촉에 대한 언급은 드물며, 그러한 언급이 나올 때는 모욕의 교환에 다시 흡수되어서 한 사람의 입냄새는 그의 상태에 대해 모욕하는 구절의 명분이 된다.[4] 방귀가 몇 번 언급되지만 이것도 방귀에서 흔히 볼 수 있듯이 혐오의 문제라기보다는 희극의 문제이다.[5] 심지어 고통도 영웅 문학에 나오는 살인과 전투의 양에도 불구하고 사실상 언급되지 않는다. 시체가 쌓이고 사지가 절단되지만, 고통에 대한 어떠한 언급도 없다. 폭력의 아수라장은 거의 만화적인 방식으로 미화되거나 단지 하나의 삶의 사실로, 즉 명예의 수호가 원동력인 세계에서 기정사실로 거기에 있다. 영웅적인 세계는 감각의 세계 이상인 행위의 세계이며, 그 안에서 가장 두드러지게 나타나는 감정은 공적인 행위와 그 행위의 성공과 실패에 의해 유발되는 것들이다.[6]

혐오와 일반적인 혐오스러운 것의 영역이 이 스타일에서 그다지 하는 역할이 없다는 것은 무엇을 뜻하는가? 그것은 혐오의 문턱이 그렇게 높아서 실제로 몸에서 비롯되는 혐오를 감정 경제에서 사라지게 한다는 것을 나타내는가? 또는 혐오가 수치의 메커니즘과 구조에 흡수되어 수치

---

3   이러한 모욕의 성적인 본질에 대해서는 Meulengracht Sørensen, *The Unmanly Man*, Gade, "Penile Puns," 그리고 Clover, "Regardless of Sex"를 참조하라.
4   *Þorgils saga ok Hafliða*, ch. 10.
5   방귀에 대해서는 "Einarr Þambarskelfir's Last Shot"에서의 가데(Gade)의 논의와 Andersson and Miller, *Law and Literature in Medieval Iceland*, p. 184 n110을 참조하라.
6   한 가지 자격 조건이 있다. 감정에 연연하지 않는 영웅적 스타일이라고 해서 그 설명이 간신히 억압된 감정으로 가득 차 있지 않다거나 이 사람들이 상당히 복잡한 내면의 삶을 가지고 있지 않다는 것을 의미하지는 않는다. 내가 쓴 *Humiliation*, ch. 3과 "Deep Inner Lives"를 참조하라.

와 별개로 존재하지 않는다는 것인가? 또는 단순히 악취와 나쁜 맛에 대한 혐오, 혐오와 욕망의 연관성이 표현되기 위해서 최소한의 사회의 평정(pacification)과 신뢰할 만한 음식과 옷과 온기의 공급에 의존하는 사치품이라는 것인가? 이 기민한 개인적 상호작용의 전략가들은 지나치게 압박을 받아 스위프트, 프루스트, 프로이트, 그리고 욕망과 실내 변기에 대한 사색을 생산한 특별한 종류의 고통에 탐닉할 수 없었을지도 모른다는 것인가?

나는 전체 사가에서 사람들을 안에 가둬서 집안에서 배변을 하도록 강제한 사례를 단 두 번만 발견했다. 그러나 이 사례들 중 하나는 영어에서 문자 그대로 실내에서 대변을 보는 것을 의미하는 'dreita inni'라는 단어 자체만으로도 더 이상의 세부사항 없이 그 행위를 묘사하기에 충분하다는 것을 나타낸다. "그리고 그들은 마르쿠스로 하여금 실내에서 대변을 보게 했다." 이것은 그 용어가 전문 용어, 즉 자주 입증되지는 않더라도 싸움에서 가능한 행동을 가리키는 알려진 내용의 유사 법적 용어라는 것을 의미한다. 그 싸움의 규칙은 전체 락스델라의 이야기에 나와 있다. 락스델라의 이야기에서는 사람들을 집안에서 자신들의 배설물 속에 살게 한 다음 그들을 조롱의 대상으로 남겨두고 떠날 목적으로 문을 막고 3일 동안만 포위한다. 그 의례에는 별난 재치가 있다. 그 의례는 3일 동안 지속하는데, 그 3일은 바로 아이슬란드의 관습에 따라 초대받지 않은 손님에게 머물도록 허락하는 날수이다.[7] 공격자들은 친구 또는 원수로, 즐거움 또는 부담으로 초대받지 않은 손님인 체하면서 손님 속에 잠재해 있

---

7   *Egils saga*, ch.78.

는 양면성을 이용한다. 손님(guest)이라는 단어의 양면성은 적(enemy)이라는 단어는 물론 손님(guest)/주인(host)/적대적인(hostile)이라는 단어의 어원이기도 한 인도 유럽어의 뿌리로부터 유래했다.[8]

이 전술은 혐오가 거기에 있지만, 그 혐오가 수치심으로부터 구분되는 실제 관용어가 없을 정도로 수치심의 정치와 얽혀 있다는 것을 암시한다. 분명히 배변은 가치를 저하시키고 오염시킨다. 그것은 장소의 적절성에 대한 규칙에 구속되어 있다.[9] 그리고 이 규칙들을 어기는 것은 불명예와 수치의 원인이며, 너무 수치스러워서 그러한 모욕을 당하기보다는 소란 가운데 집단 구성원 몇 명을 잃는 것이 더 낫다. 그들은 "그것이 훨씬 더 큰 불명예이고, 샤르탄이 차라리 그들 중 한두 명을 죽였더라면 더 좋았을 것이라고 생각했다." 우리는 도대체 누가 3일 동안 집안에서 배변하기보다는 기꺼이 목숨을 버리고자 할지에 대해 의문을 가질 것이다. 그 정서는 집단에서 기인한다. 그 집단의 어떤 개인도 자원하지 않을 것이라고 생각할 수 있다. 수치심을 계산해 보면, 그들 모두에게 생기는 불명예가 다른 사건보다는 특정한 사건의 과정 아래서 더 심각하다는 것뿐이다. 그럼에도 불구하고 그 과장법은 라가르의 남자들이 얼마나 분개하고 굴욕을 느꼈는지를 잘 포착한다.

---

8 손님은 적만큼이나 역겨운 의무를 부과할 능력이 있다. 'dreita inni' 언급이 드문 것을 보면 약간의 추측적 설명이 가능하겠다. 우선 그 설명은 용변을 보기 위해 밖으로 나가야만 하는 변소가 있다는 데 의존하는데, 그것은 락스델라는 점점 드물어지고 있다고 시사하는 구조이다. 다른 언급은 락스델라가 쓰이기 불과 40년 전인 1198년에 이뤄진다. *Íslendinga saga*, ch.7을 보라. 어쨌든 락스델라의 저자는 사가에서 이야기되는 그 사건들이 일어나던 "그 때"(c. 1005)에는 집들이 락스델라가 쓰였던 1240년 당시와는 다른 구조를 가지고 있었다는 것을 설명할 필요가 있다고 생각했다.

9 *Eyrbyggja saga*, ch.4, 9 참조. 신성한 장소에서 배변은 금지되어 있다. 성역을 관장하는 가족에 반대하는 사람들은 그 제약을 위반함으로써 공식적으로 적대행위를 시작했다.

여기서 혐오와 수치는 동시에 작용한다. 집안에서 배변하는 것은 수치스럽다. 왜냐하면 그것은 혐오 규범을 위반하면 사람들을 수치스럽게 만들도록 설정된 상황에서 그들로 하여금 그 규범을 어기도록 강제하기 때문이다. 수치심에는 두 가지 종류가 있다. 하나는 치고받는 싸움에서 제압되고 얻어맞는 수치심이고, 다른 하나는 혐오스러운 일을 하도록 강제되는 수치심이다. 후자는 단순히 싸움에서 통상적으로 겪는 수치심인 한두 사람을 잃는 것보다 더 나쁜 경우이다. 하지만 그들의 혐오는 우리의 혐오가 아니라는 점에 주목하라. 금기는 견고하게 자리 잡고 있지 않아서 금기의 위반은 생각할 수 없는 것의 영역으로 들어간다. 이것은 싸움에서 수용할 만한 전략이다. 샤르탄은 다른 누군가로 하여금 이러한 혐오 규범을 어기게 한 것에 대해 수치심을 느낄 필요가 없다. 그는 다른 사람들에게 정정당당하게 수치를 준 공로를 인정받는다. 그 행동은 거칠고, 비열하고, 우스꽝스럽다. 그래서 그의 적들에게는 특히 굴욕적일 수 있다. 하지만 우리 세계에서 누군가가 다른 사람들에게 스스로를 모욕하도록 강제한다면 도착적이고 가학적일 테지만, 그 행동은 분명히 그러한 것으로 여겨지지는 않는다. 샤르탄은 비열하고 천박한 장난을 하고 있지만, 그 장난의 대가는 오직 라가르 사람들만 부담한다.

에길의 에피소드는 그 스케치 안에 좀 더 채워 넣는다. 에길은 심지어 바이킹의 음주 공간에도 아주 미미하긴 했지만 배려의 규칙이 있었다는 것을 보여준다. 술 마시기 내기에서 속이지 말 것, 실내에서 특히 주인에게 토하지 말 것 등이다. 그 에피소드는 또한 구토는 역겨운 것이라는 것을 드러낸다. 왜냐하면 누군가에게 토하면 그것은 아주 역겨운 것이어서 상대의 구토를 유발하기 때문이다. 혐오는 존재하지만, 그 문턱은 상당히 높다. 에길은 철저하게 아르모드의 혐오를 유발하고 그의 하인들에게서도 혐오를 유발할 수 있도록 그 높이를 조정할 수 있지만 말이다. 그들은 에길이 역겹고, 비열하고, 짐승 같으며, 제대로 된 남자가 아니라고 생각한다. 그들은 에길을 이 상황에서는 가장 끔찍할 정도로 역겨운 남자를 뜻하는 원더(undr)라고 부른다. 따라서 혐오는 오염물질과의 접촉에 의해서, 더 중요하게는 수치스럽고 혐오스러운 행동을 목격함으로써 유발된다. 우리의 경우도 그렇지만, 혐오는 적절한 행동의 규범을 강요하는 사회적이고 도덕적인 감정이다. 다시 수치스러운 것과 혐오스러운 것은 밀접하게 연관되어 있다.

앞의 이야기에서와 같이, 혐오는 또한 명예와 모욕의 주고받기에 포함된다. 아르모드는 자신의 손님들이 마땅히 받아야 할 존엄성을 가지고 손님들을 대하지 않기 때문에 손님들도 품위 있는 주인이 마땅히 받아야 할 존엄성을 가지고 그를 대하지 않는다. 에길은 환대의 규범을 대부분의 사람들보다 조금 더 심각하게 받아들인다. 그의 반응은 지나치다. 그러나 역시 극단적인 반응을 보이는 스위프트와 마찬가지로 기본적인 대응 방향은 이해할 수 있으며 매우 인정할 수 있다. 그런데 에길은 여전히 에일 대신 스카이르를 대접받았던 것에 대한 복수를 충분히 했다고 생각하지 않았다. 그는 다음 날 아침 떠나기 전에 아르모드의 눈을 도려냈다. 우리에게는 정말로 혐오스럽다. 에길에게는 혐오스러운가? 이 장면에는 더 많은 것이 있지만, 그러면 너무 멀리까지 나가게 된다. 환대의 규범이 아르모드의 아내와 딸의 마음에서는 가장 중요하다는, 즉 자신들의 남편과 아버지에게 복종해야 할 의무보다 중요하다는 것만 언급할 수 있겠다.

고대 북유럽 세계에서 구토와 대변은 우리 세계에서보다 더 현존적이고 덜 숨겨져 있더라도 위험하고 오염시키는 것이다. 친숙함은 우리를 역겨운 것에 익숙하도록 보장하지 않는다. 소변도 또한 더럽히는 것인데, 이것이 구드문트 주교에 반대한 사람들이 그가 축복한 우물에 소변을 보았던 이유이다.[10] 구드문트와 함께 우리는 고대 북유럽 세계를 벗어나서 영웅적인 자들의 예절이 영적이고 육체적인 질병의 음울함에 자리를 내어주는 더 "문명화되고" 기독교화된 대륙으로 돌아온다. 성인(聖人)다움과 혐오스러움의 교차는 짧게 들여다볼 가치가 있다. 자신의 연구 주제에 대해 직접 경험을 통해 알고 있었던 수도사 이드머(Eadmer)가 쓴 『성 안셀무스의 삶(Life of St. Anselm)』에서 우리는 다음과 같은 설명을 발견한다(c. 1090).

퐁티외(Ponthieu)와 플랑드르(Flanders) 사이의 지역에 활동적이고 중요한 한 귀족이 있었다. 그의 몸은 한센병을 앓았고, 그의 가문의 위엄에도 불구하고 멸시당하고 자신의 아랫사람들에게도 멸시와 버림을 받은 자신을 보면서 그는 더 큰 슬픔을 겪었다. … 그런데 어느 날 밤, 한 남자가 환상 가운데 그에게 나타나서, 예전의 건강을 되찾고 싶으면 베크(Bec)로 가서 안셀무스 수도원장에게 그가 미사 때 손을 씻었던 물을 마실 수 있도록 간청하라고 권고했다. 그는 그 환상을 믿었고, 지체하지 않고 권고 받은 대로 갔다. 그는 안셀무스에게 자기가 온 이유를 은밀히 말했다. 안셀무스는 그의 말에 놀라서 그에게 그런 계획을 그만두라고 강력하게 충고했다. 그러나 그는 계속 간청했고, 신이 자비를 베풀어 자신에게 빨리 낫게 해주겠다고 약속하신 것을 믿었던 곳에서 약을 빼앗겨 고통당하지 않게 해달라고 애원했다. 그 결과는 어떠했는가? 동정심이 수치심을 이겼으며, 아침에 안

---

10   *Prests saga Guðmundar góða*, ch. 18.

셀무스는 병든 자를 위해 신에게 기도를 드리는 비공개 미사를 올렸다. 그는 그 미사에 참석했고 안셀무스의 손에서 자신이 찾았던 물을 받았다. 그는 그 자리에서 그 물을 마셨고, 그것은 그를 질병에서 가장 완전한 건강상태로 회복시켰다.[11]

우리가 충분히 이해할 만한 한센병자들이 유발하는 혐오는 잠시 제쳐두고, 대신에 우리 현대인들을 잠시 멈추게 하는 한 가지 세부사항을 살펴보자. 그 한센병자는 환상을 통해 안셀무스에게 가서 미사가 진행되는 동안 자신이 손을 씻었던 물을 마시라는 말을 듣는다. 안셀무스는 그러한 요청에 깜짝 놀라며 당황한다. 비록 그것이 응답의 일부일 수도 있다는 암시가 있지만, 그다지 혐오스럽지는 않더라도, 누군가가 그렇게 품위를 떨어뜨리는 무언가를 하도록 돕는 것을 상상할 수 없기 때문이 아니라, 그의 요청이 안셀무스의 미덕에 대한 일관되지 않은 요구로서 당혹감을 불러일으키기 때문이다. 동정심은 수치심과 싸우고 있다. 그 가련한 사람의 처지는 동정심을 불러일으킨다. 그런데 안셀무스는 어떻게 스스로 거룩함을 주장하지 않고, 즉 그 요청에 담긴 아첨에 굴복하지 않고 그 요청에 응하는가? 겸손의 규범, 그의 특별한 종류의 거룩함을 추동하는 겸손에의 헌신은 안셀무스로 하여금 그 요청을 거절하게 한다. 그 요청을 받아들이는 것은 너무 성인인 체 하는 것이다. 당신의 몸이 오로지 당신 자신의 영혼의 미덕의 힘에 의해서 마법적 힘을 가지고 있다고 생각하는 주제넘음을 상상해 보라.

---

11   Southern, *The Life of St. Anselm*, pp.57~58.

거룩함의 치유력은 영혼의 세계에서만 작용하는 것이 아니다. 그 치유력은 물질, 몸의 악취, 실제 접촉, 실제 섭취를 필요로 한다. 치료와 정화는 하나는 치유되고 다른 하나는 파괴한다는 것을 제외하고는 혐오를 유발하는 오염과 더럽힘의 과정을 정확하게 모방한다. 중세의 사람들은 자신을 씻기 위해 다른 사람들이 씻었던 물을 사용하는 데 주저함을 보이지 않았다.[12] 그러나 그들은 다른 사람들이 씻은 물을 마시는 습관은 없었다. 다시 말해서, 그 한센병자는 자신을 가치 저하시킬 무언가를 하기를, 그래서 실제로 그것이 치유력을 발휘하기를 요청하고 있다. 의례에서의 마법은 안셀무스의 것만 제공할 수 있는 것이 아니다. 그 한센병자는 안셀무스와 자신이 요청하는 기적에 대해 적절한 태도를 가지고 있다는 것을 보여주기 위해 자신을 저하시켜야 하고, (아무리 최소한도라 하더라도) 혐오스러운 무언가를 해야 한다. 따라서 여기서 혐오가 아무런 역할을 하지 않는 것이 아니다. 반대로 혐오는 그 마법의 일부이다. 두 가지 믿음에는 연관성이 있다. 즉, 혐오스러운 것이 오염을 시킬 수 있기 때문에 거룩한 것이 치유를 할 수 있는 것이다. 둘 다 그러한 능력을 일으키는 전염력과 감정(혐오, 두려움, 경외)이 고조되는 데 빚을 지고 있다.

거룩해지기 위해 성자는 자신의 겸손에 대해 염려해야 하며, 자신의 동정심이 겸손의 지배를 허용하기 전에 적당히 겸손할 수 있도록 해야 한다. 그 한센병자는 그 성자에게 완벽한 출구를 제공한다. 한센병자는 혐오스러우며, 성자에게 그 성자가 다소 당혹스러워할 의례에 참여하기를 요청한다. 그 요청에 어떠한 아첨이 있든지 간에, 그 아첨은 단지 이

---

12   엘리아스의 『문명화 과정 I』에 인용된 에라스무스가 여인숙에서 한 행동 묘사를 참조하라. *History of Manners*, p.72[『문명화 과정 I』, 202쪽].

혐오스러운 가련한 자를 상대해야 하는 겸손하게 만드는 경험에 의해 상쇄된다. 하지만 한센병자의 환상은 안셀무스가 그 병자를 만지도록 요구하지는 않는다. 그 환상은 안셀무스의 동정심이 져야 하는 부담의 정도에 대한 일정한 한계를 인정한다. 한센병자는 그 물을 마심으로써 자기 비하의 양식을 모방하며, 그래서 안셀무스는 그 한센병자에게 손을 대어 자신을 더럽히는 일을 회피할 수 있다. 여기에 안수(按手)는 없다.

안셀무스의 거룩함은 어느 정도의 적절함을 유지한다. 그것은 우리가 성 프란시스와 고름을 마신 익명의 성인들에게서 연상하는 혐오를 기꺼이 받아들이고 자신을 비하하는 방식들의 스타일로는 나타나지 않는다. 안셀무스는 기적의 장관을 만들지도 않는다. 그는 한센병자를 위해 개인적인 미사를 집전한다. 심지어 한센병자의 자기 비하도 품위가 있으며, 이것은 2세기 후에는 더 일반적인 것이 될 공연의 그림자에 불과하다. 그는 썩은 웅덩이에 뜬 푸른 찌꺼기를 마신 것이 아니라 미사에서 한 거룩한 사람의 손을 씻는 데 사용된 물을 마신 것이다.

노르베르트 엘리아스는 예의는 최소한도였고 신체 기능에 대한 수치와 혐오가 거의 존재하지 않았던 중세의 모습을 희화화해서 그리고 있다. 우리가 살펴보았던 이야기들은 그 그림이 완전히 정확하지는 않다는 것을 보여준다. 배설물은 어디에나 있었지만 여전히 불결한 것이었다. 그리고 배설물과 부식물의 악취는 어디에나 존재해서 사람들로 하여금 어느 정도 익숙하게 만들었겠지만, 익숙함이 결코 악취, 특히 배설물과 부식물의 악취가 결정적인 죄의 본질이 되는 것을 막아줄 만큼 완벽하지는 않았다. 죄는 악취를 풍긴다. 그러므로 지옥은 거대한 변소로 상상되었다. "냄새나고 부패하고 더럽고 혐오스러운(abhominacioun) 것은 [지옥에] 있다."[13] 대변은 그 냄새가 오싹하게 하는 것을 멈출 정도로 친숙해지지는 않는다. 친숙하다고 해서 대변이 우리에게 덜 역겨운 것이 되지는 못하며, 우리는 대변이 완전히 친숙해지기를 기대하지 말아야 한다. 대변은 여전히 불결함과 비열함의 상징이었다. 이 교양 없는 시대에 배설한 것에 대한 수치심이 없었다는 것은 전적으로 사실이 아니다. 욕망, 죄, 그리고 육체의 죄악에 대한 치명적이고 거의 공포스러운 공격은 혐오의 언어가 제공했던 격렬함과 열정을 거의 없앨 수 없었다. 악취에 호소하지 않는다면 설교는 정말로 싱거운 음식과 같았을 것이다. 그리고 배설물을 욕설의 일부로 사용하는 것은 배설물이 극도로 불쾌하고 강력하게 마법적인 비하 능력을 가지고 있을 때에만 이해 가능하다. 14세기 후반의 악명 높은 사례는 악담에 배설물과 성체(sacrament)가 교묘하게 혼합되어 있음을 알려주는 에너지를 포착한다.

> 그리고 네 놈 엉덩이의 더러움이 묻어 있는 그것을
> 성인의 유물이라고 거짓말을 해가며
> 나더러 네 놈의 오래된 그 바지에 키스를 하라고,
> 헬레나 성인이 찾아낸 참 십자가를 두고 맹세하건대,
> 성궤에 있는 유물보다는
> 네 놈의 고환을 내 손으로 잡고 싶구나,
> 그리고 그것을 잘라내어, 네 놈이
> 들고 다니도록 만들 것이며,

---

13 『중세 영어 사전(Middle English Dictionary)』에 인용된 s.v. abhominacioun, n. 이 인용구는 15세기 초의 영어 텍스트에서 가져온 것이지만, 여러 세기 전 라틴어 전통에서 흔했던 표현을 반영한다.

그것을 돼지 똥 속에 모셔지게 만들 거야.[14]

배설물은 정확하게 불쾌한 것이기 때문에 그리고 수치스러운 것이기 때문에 죄와 벌과 관련되어 있었다. 고백하지 않은 죄에 대한 벌로 치명적인 이질을 앓았던 수도사에 대한 노장의 귀베르(Guibert of Nogent)의 묘사를 생각해 보자(1085년경). "그러나 수도원장이 온 순간 그 수도사는 생리적 요구(the call of nature)에 굴복하고 말았다. 그는 걸을 수 없었기 때문에 그에게 통을 가져다주었고 수도원장은 혐오스러운 자세로 고통스럽게 통 위에 앉아 있는 그를 보았다. 그들이 서로 쳐다본 후, 수도원장은 그러한 상황 가운데 있는 사람을 만나는 것을 창피해 했다."[15] 귀베르는 또한 배설물과 배설의 편재성에도 불구하고, 생리적 요구에 응하는 누군가와 마주쳤을 때 프라이버시가 불가능했던 것을 경멸하고 시선을 돌려야 한다고 지적했다. 섬세함(delicacy)은 이러한 적당한 수준의 싫어함과 신중함을 묘사하는 낱말이 아닐 수 있지만, 수도원장은 귀베르 자신이 "생리적 요구"[16]라는 완곡한 표현에 의지해서 보여주는 것처럼 다소 사소한 사회적으로 적절한 까다로움을 보여준다. 완곡한 표현은 우리가 금기와 금기에 수반하는 위험과 혐오의 존재 가운데에 있음을 보여준다. 하지만 귀베르가 느끼지 못한 것은 이 작은 이야기 자체가 확실한 섬세함의 결여를 보여준다는 것이다. 우리는 단지 배설물에 대해 이야기하는 것이 부적절하다고 여겨질 때로부터 아직 먼 길에 있다.

---

14 "Pardoner's Tale," vv.948~955[「면죄부 판매자의 이야기」, 412~413쪽].
15 Benton, *Self and Society*, p.104.
16 "ad requisita naturæ consesserat," *Guibert de Nogent*, p.83.

아니, 그들은 이 문제들에 대해 우리와 같지 않았다. 사람들은 분명히 배설에 대해 우리만큼 조심성이 없었다. 이러한 설명 후에 500년이 지나고 우리는 배설에 대한 섬세함이 다소 불균등한 진보를 보였다는 것을 알게 된다. 엘리아스는 예절에 관한 안내서들로부터 인용하면서 16세기 사람들조차 그러한 문제들에 대해 크게 신경 쓰지 않으려는 유혹을 받았다는 것을 보여준다. 1589년에는

> 누구를 막론하고 식사 중에, 식사 전후에, 밤늦게 또는 이른 아침에, 나선형 계단, 층계, 복도나 방을 소변이나 다른 오물로 더럽혀서는 안 된다. 그런 용무를 위해서는 지정된 적합한 장소로 가라.[17]

가장 놀랍게도 1558년에는

> 그 밖에도 다른 사람들 앞에서 용변을 보거나 또는 용변을 마친 후 그들 앞에서 다시 옷을 입는 것은 예의 바르고 존경할 만한 사람들이 하는 짓이 아니다. 마찬가지로 으슥한 곳에서 용변을 보고 점잖은 사람들이 많은 곳으로 와서 손을 씻어서도 안 된다. 왜냐하면 손을 씻는 이유가 사람들에게 불쾌한 생각을 불러일으키기 때문이다. 마찬가지 이유로 길거리에서 불쾌한 일과 마주칠 때 ─ 이런 일은 종종 일어난다 ─ 갑자기 동행자에게 몸을 돌려 그 일을 가리키는 행동 또한 고상한 습관은 아니다.
> 냄새가 나는 물건을 다른 사람에게 맡아보라고 내미는 행동도 ─ 어떤 사람들은 그렇게 하는 버릇을 가지고 있다 ─ 예의 바르지 못하다. 그들은

---

17   Elias, p.131에서 인용된 *Brunswick Court Regulations* [엘리아스, 『문명화 과정 I』, 281쪽].

악취가 나는 물건을 코에 대고 "냄새가 얼마나 심한지 알고 싶어"라고 말하면서 다른 사람들도 냄새를 맡으라고 재촉하기까지 한다. 이 경우 "냄새가 고약하므로 차라리 맡지 말라"라고 말하는 게 더 나을 것이다.[18]

이것은 11세기 고트족의 무지몽매한 행동이 아니라, 이탈리아 르네상스 후기의 찬란한 조명 속에서 일어난 행동이다. 안셀무스와 귀베르는 훨씬 더 품위 있었다. 16세기의 사례들은 자신의 본분을 다하기 위해 가야 할 적절한 장소들이 있었다는 것을 보여준다. 비록 사람들이 그 장소들을 찾고 그 장소들을 그 일을 위해 허용된 유일한 실내 장소로 받아들이는 불편함을 감수하도록 강요되었지만 말이다. 두 번째 구절은 놀랄 만한 감성들의 전쟁을 드러낸다. 여기에는 아주 까다로워서 배변 후에 자신의 손을 씻지 않는 것이 손을 씻음으로써 자신이 방금 무엇을 했는지 사람들에게 상기시키는 것보다 더 나았던 사람들이 있다.[19] 하지만 또한 실제로 거리에서 혐오스러운 것들, 아마도 똥을 집어서 친구의 코 아래 들이미는 사람들도 있다. 이러한 행동은 이미 사회적 불수용성이라는 이전의 관념에 기생하는, 학습된 풍자적 천박함의 분위기를 가지고 있다. 이러한 일을 하는 사람은 충격을 주려고 하며, 그는 그 소책자의 저자에게 그리고 그러한 사실이 소설이나 영화에서 우리에게 낭만화된 시대에 대한 환상을 깨뜨린다는 것을 발견하는 우리에게도 충격을 주는 데 성공한다.[20]

---

18 Elias, p.131[엘리아스, 『문명화 과정 I』, 280쪽]에서 인용된 Della Casa의 *Galateo*.
19 혐오의 규범이 위생과 질병 회피의 문제라는 옹호하기 힘든 견해에 여전히 집착하는 사람들은 씻음으로써 동반자에게 무언가가 그들을 더럽혔다는 것을 상기시키는 것보다 더러운 손을 참는 것이 더 낫다고 여긴다는 것에 주목해야 한다.

우리에게 주목할 만한 것은 충격을 주려는 못된 장난질 하는 사람의 욕구가 이 구절에서 묘사된 광범위한 육체적 희극에 빠져 머무는 대신 언어적 농담으로 더 이상 승화되지 않았다는 것이다. 대변은 그것의 현재성에도 불구하고 여전히 거리에서는 주목받을 가치가 있다. 대변은 매혹하고 주목을 끈다. 아무도 그것을 그렇게까지 당연하게 여기지 않는다. 귀베르는 이미 대변을 묘사하기 위해 완곡한 표현을 사용할 필요가 있다는 것을 느꼈다. 거의 300년 후 초서의 시대에는 privy(변소)라는 낱말이 latrine(변소)을 의미하는데, 이것은 이 문제에서 일종의 프라이버시와 사려 분별을 얻으려고 노력했다는 것을 시사하는 효과적인 완곡 표현이다. 그러나 어떠한 섬세함이 있든지 간에, 그 섬세함은 예루살렘으로 가는 항해하는 15세기 후반의 순례자들이 수다를 떨어서 자신들이 밤에 잠을 이루지 못하게 한 동료들의 촛불을 향해 오줌이 그득한 요강을 던지는 것을 막지는 못한다.[21]

안셀무스로 돌아가 보자. 최소한의 편의 시설만을 갖춘 이전 시대에도 배설물, 토사물, 그리고 소변은, 비록 어디에나 있긴 했지만, 오염시키는 물질이었다. 대변 그리고 배설과 관련된 악취는 죄의 악취와 연관되어 있지만, 우리는 또한 사람들이 우리처럼 그것들로부터 움찔해서 뒷걸음치지 않았다는 것을 보았다. 그것들은 오염시키는 것이지만, 불가피한 것이어서 그것들을 향해 너무 예민한 태도를 유지하기가 불가능하다.[22] 신체 물질과 관계된 것으로서 혐오의 사회적 구성은 대개 수치와

---

20 우리는 이제 계몽 시대 이전의 모든 행동이 극단적으로 저속하다고 생각하는 역(逆)의 낭만화을 갖게 된다.
21 Fabri, p.155를 보라.
22 인도인들의 증거를 가지고 논의하는 메리 더글러스는 공적이고 위계질서를 표현하는 의례

명예의 도덕 및 사회 경제학에 포함되어 있었지만, 우리는 혐오가 자체의 생명력을 가지고 있는 것을 파악하기 시작할 수 있다. 안셀무스의 기적은 성인으로 우쭐해질 때 성인다운 겸손을 유지하는 어려움 이상의 것을 포함했으며, 그것은 또한 한센병자가 되는 것이 무엇을 의미하는지에 대한 것이었다. 중세 성기(盛期)의 세계에서 혐오는 어떤 맥락에서는 보다 일상적인 배경에서 혐오를 구성했던 수치심에서 벗어나기에 충분히 커졌었다. 이 시기의 강렬한 혐오는 배설물과 같은 더러운 물질에 초점이 맞추어져 있는 것이 아니라 공포, 두려움, 증오를 유발하는 사람에게, 즉 한센병자, 유대인, 이단자, 그리고 수도사와 사제에게, 많은 공식적인 담론에서는 여성에게 초점이 맞추어져 있다. 복잡한 주제에 대해서는 터무니없어 보일 정도로 짧게만 논의하고, 한센병자와 유대인에 관한 몇 가지 문제를 다루고자 한다.[23]

한센병자들은 가장 오염시키는 존재였다. 특별한 표지와 의복으로 식별되지 않으면 그냥 지나칠 수 있었던 유대인들과 달리, 그들은 첫눈에 혐오를 유발했다. 높은 지위도 친구와 친척들에게 버림받고 안셀무스를 찾아 나선 한센병자를 구하지 못했다. 규정상 한센병자들은 자신들과 말을 하는 사람들로부터 바람이 불어가는 쪽으로 서 있어야 했다. 그들은 다른 사람들이 자신들 가까이에서 지나가야 하는 일이 없도록 좁은 길로 들어가는 것은 금지되었다. 그들에게는 아이들을 만지거나 아이들

적 순수성이 유지되는 한 개인 수준에서는 오염물질이 몸에 묻어 있는 것에 대해 무관심하기 쉽다는 것을 시사한다. Douglas, p.124[더글러스, 198쪽].

23 나의 설명은 중세사학자들이 12세기를 다룰 때 보이는 경외심을 참신하게 가로지르는 도발적 에세이인 Moore, *The Formation of a Persecuting Society*에서 광범위하게 가져온 것이다.

에게 무언가를 주는 것이 허용되지 않았다. 그들은 다른 한센병자들을 제외하고는 누구와도 동행하는 것이 금지되었다. 13세기에 글을 썼던 영국의 법률가 브랙턴(Bracton)은 "만약 한센병자가 너무 기형적이어서 그를 쳐다보는 것이 참을 수 없는 일이라면"[24] 그의 상속 청구는 거부될 수 있다고 시사한다. 그들의 괴상한 외모와 썩어가는 살의 악취는 한센병자들을 혐오스럽고 소름끼치는 존재로, 시체처럼 두렵고 낯선 존재로 만들었다. 이들은 살아 있는 시체였고 사실상 죽은 자를 위한 의례를 모방한 의식에 의해 공동체로부터 의례적으로 분리되었다. 그러나 그들은 여전히 걸어 다녔기 때문에 규정된 종이나 딱딱이로 자신들의 접근을 알려야 했다.

배설물이 아니라면 한센병자였으며, 한센병자들이 불순한 것으로부터 순수한 것을 구별하기 위한 대조를 제공하기에 필요한 양의 혐오를 줄 수 없다면 한센병은 확대되어 유대인과 이단자들을 포함할 수 있었다. "유대인들은 또한 오물, 악취, 부패와 연관되어 있다는 점에서, 그리고 예외적인 탐욕에서 … 그리고 그들이 정직한 기독교인들의 아내들과 자녀들에게 … 가한 위협에서 한센병자들을 … 닮았다고 주장되었다."[25] 1321년 프랑스에서 유대인들은 한센병자들과 함께 우물에 독을 풀려는 음모를 꾸몄다는 혐의를 받았다.[26] 유대인들과 한센병자들의 연관성은 여전히 생생하게 남아 있었기에 18세기에 볼테르는 "유대인들은 리넨(linen)도 없고 집안에 목욕탕도 없기 때문에 더운 기후에 사는 어떤 다른

---

24 Moore, p.60.
25 Moore, p.64. 유대인들의 악취(foetor judaicus)에 유일하게 효과적인 탈취제는 침례였다. Richards, *Sex, Dissidence and Damnation*, p.102.
26 Barber, "Lepers, Jews, and Moslems"를 보라.

사람들보다 한센병에 더 걸리기 쉽다. 이 사람들은 청결과 삶의 품위에 너무 소홀해서 그들의 입법자들은 심지어 손을 씻도록 강제하는 법을 만들 수밖에 없었다"[27]라고 쓸 수 있었다.

그러나 유대인들에 의해 유발된 혐오와 증오의 스타일과 한센병자들에 의해 유발된 혐오와 증오의 스타일 사이에 강조점의 차이를 구별할 수 있을 것이다. 썩어가는 살 및 시체와 연관되었던 한센병자들과 달리, 유대인들은 배설물 및 생리혈과 연관되어 있었다. 유대인들에 대한 기독교적 악마화와 할례에 대한 기독교인들의 이해할 수 없는 공포로 유대인 남성들은 생리를 하는 것으로 믿어졌다.[28] 따라서 유대인 남성들은 여성화되고 모든 여성은 유대화되어 이전보다 더 혐오스럽고 더 위험한 존재가 되었다. 그 구분을 과도하게 강조하지 않더라도, 한센병자들의 끔찍한 모습과 냄새에 대한 육체적 혐오는 그들의 도덕적 혐오스러움에 대한 믿음으로 이어졌다는 것을 알아차릴 수 있을 것이다. 반면에 유대인의 가정된 도덕적 혐오는 그의 몸이 그의 영혼만큼 손상되었다는 믿음으로 이어졌다. 그래서 유대인들은 악취가 난다고 믿어졌다.[29] 유대인에게서는 유대인이 빌려준 돈의 진짜 실체인 배설물의 냄새가 났다.[30] 유대인은 기독교인의 살과 피에 대한 사악한 욕망을 갖고 있어서 유대인에게서는 섹스와 여성의 냄새가 났다. 유대인은 매부리코의 동유럽인이

---

27   *Philosophical Dictionary* 7:114(Gilman, *Sexuality*, p.87에서 인용).
28   Gilman, pp.41~42와 거기에 인용된 출처들을 보라.
29   제10장에서 유대인들의 악취에 대한 파브리의 설명을 다룬 나의 논의를 참조하라.
30   Little, *Religious Poverty and the Profit Economy in Medieval Europe*, pp.52~53에 기록된 기독교 성물에 대한 이른바 유대인의 배설물 모독 사례를 보라. 초서의 "수녀원장의 이야기" 는 동정녀 마리아의 기도에서 유대인들, 돈, 그리고 기독교인의 피를 비열한 이야기로 연결시킨다. 프라덴부르크(Fradenburg)의 명쾌한 논의를 보라.

서구의 상상 속에서 구현했던 드라큘라 백작 이전의 드라큘라였다.

혐오는 교묘한 방식으로 유대인들의 증오에 나타난다. 1215년에 교회는 화체설(化體說), 즉 성만찬의 빵과 포도주가 그리스도의 실제 존재로 변화된다는 믿음을 도그마로 선언한다. 이 교리는 중세 내내 지속적으로 저항을 받았고, 종교 개혁의 핵심적인 쟁점이었다. 그 교리와 함께 유대인들을 공격할 새로운 근거가 생겼다. 유대인들은 이제 성체, 곧 그리스도의 몸과 피를 더럽힌다는 이유로 비난을 받았다. 다른 무엇보다도 그들은 성체 위에 똥을 싸고, 침을 뱉고, 불태우며, 못을 박았다고 비난받았다. 레스터 리틀(Lester Little)은 기독교인들이 그 교리에 대한 자신들의 의구심을 유대인들에게 투사했다고 지적한다.[31] 의구심은 거의 환각 유발성 혐오를 형성했기 때문에 이 의구심은 단순한 의구심 이상이었다. 혐오는 식인풍습, 즉 훌륭한 기독교인이 되기 위해서는 인간의 살과 피를 먹고 마셔야 한다는 데 대한 것이다.[32] 이것은 그 문제에 대한 나의 투사가 아니라 그들의 생각이다. "너희가 축성(祝聖)된 성체가 살과 피와 같다는 것을 보게 된다면, 너희는 그 살과 피를 입으로 받아먹고 마시는 것을 싫어하거나 꺼려서는 안 된다."[33] 화체설이 기독교인들로 하여금 한 유대인을 먹고 그의 피를 마시도록 강요했다면, 기독교인들은 유대인들이 기독교인들에게 똑같이 행하고 있다고 상상함으로써 보답했다.[34]

---

31 Little, pp.52~55.
32 식인풍습에 대한 두려움은 부패의 혐오와 밀접하게 관련된 교리인 몸의 부활 교리에도 함축되어 있었다. Bynum, *The Resurrection of the Body*를 보라. 그것은 또한 일부 보다 잔인한 식민주의 스타일에 복합적으로 나타났다. Taussig, "Culture of Terror," pp.489~497, 특히 n77을 보라.
33 sige; Wycliffe, *Elucidarium* 25: (c. 1400) 『중세 영어 사전』의 표제어 abhorren에서 인용.
34 중세 후기의 "어린아이 성체"라는 기적 연극을 보라. 그 연극에서는 성찬식의 제병 대신에 아기 예수의 실제 몸을 먹는다. 이것은 롤라드(Lollard)의 공격에 직면해 그리스도가 영성체

그 교리는 영성체를 받는 각 사람을 이드머의 안셀무스 이야기에 나오는 한센병자의 자기 비하적 상태에 놓이게 한다. 사람은 치유되고 구원받기 위해 거룩한 오염물질인 피와 살을 섭취해야 한다. 제정신이나 올바른 건강 상태에서는 아무도 먹지 않을 것을 먹어야 한다. 그 교리의 물질주의는 순전히 영적인 치유의 의심스러움을 암묵적으로 인정한다는 점에서 주목할 만하다.

겸손이 미덕이고 고통이 그 자체로 도덕적 가치를 갖는 도덕적·영적 체계에서는 한센병자가 실제로 선망될 수 있었다. 정확하게 그가 당신을 역겹게 했기 때문에, 그가 당신의 불쾌감을 일으켰기 때문에, 그가 냄새나고 기괴하게 추했기 때문에, 그는 미래의 지복(至福)을 위한 경주에서 당신보다 훨씬 앞서 있다고 두려워했다. 그의 지옥, 아니 적어도 그의 연옥은 이생에 있었다. 행운이 한센병자를 저하시켰듯이 당신이 스스로를 저하시킬 수 없다면 당신의 지옥은 오히려 다가올 미래이다. 그는 당신의 감성에 너무 거슬리는 것이었기 때문에 그의 상태는 고군분투해야할 목표였다. 한 수도사는 자신의 죄를 속죄하기 위해 한센병에 걸리게 해달라고 기도했다. 그의 기도는 응답되었다.[35] 필연적으로 신은 긍정적인 제비뽑기보다는 부정적인 제비뽑기에서 승리를 요청하는 기도를 더 기꺼이 들어주는 것 같다. 그리고 신이 당신에게 그 병을 주지 않았다면, 당신은 한센병자를 돌봄으로써, 그들에게 키스를 하고 고름이 흐르는 상

에 실재한다는 믿음을 강화하기 위한 캠페인의 일부였다. Sinanoglou, "The Christ child as Sacrifice"를 참조하라. 나는 화체와 유대인들을 겨냥한 피의 비방을 연관 짓는 공통된 연결선을 보는 것이 무리라고 생각하지 않는다. 유대인들은 그리스도가 무교병(matzah)에 자신을 체화했던 바로 그 유월절의 무교병을 위해 기독교인의 피가 필요했다고 상정된다.

35   Moore, p.61에 인용된 오더릭 비탈리스(Orderic Vitalis).

처를 씻고 싸매줌으로써 혐오스러운 것의 공포에 스스로 빠져들 수 있을 것이다. 그러나 아무도 유대인들을 선망하거나 유대인이 되고자 기도하지 않았다. 유대인의 혐오스러움은 유대인에게 학살과 죽음만을 가져다주었고, 한센병자의 혐오스러움은 한센병자에게 영원한 삶을 가져다주었다.

겸손은 항상 그 안에 존재하는 심리적 역설로부터 벗어날 수 없는 미덕이다. 보상을 주는 것이 당신이 얼마나 겸손한가에 기초한다면, 당신은 겸손의 성취가 다른 사람들로부터 존경받고 당신을 존경하는 사람들보다 당신 자신이 더 우월하다는 것을 아는 수단을 제공하는 시스템 안에 있다는 것을 알게 된다. 당신은 당신의 겸손에 자부심을 갖게 되고 겸손 경쟁에서 승리하는 성과를 즐기게 된다. 안셀무스는 이미 성스러움이 겸손을 위험에 처하게 한다는 것, 그리고 성스러움을 불러일으키는 것이 바로 겸손이라는 것을 고통스럽게 인식하고 있었다. 그러나 안셀무스는 절제되고 품위가 있었다. 수도원과 결국에는 주교좌(episcopal sees)를 관리해야 했던 한 사람으로서, 그는 미덕들이 때로는 서로를 위태롭게 한다는 것을 알았다.

그러나 쉬운 겸손은 미덕을 시험하기에 충분하지 않다고 의심될 수밖에 없기 때문에 겸손의 추구는 결국 고조되는 더 큰 겸손을 위한 경쟁으로 이어졌다. 당신이 혐오의 시선으로 한센병자들을 볼 수 있을 때, 당신은 당신이 그들처럼 멸시당하지 않았다는 것, 그들처럼 구경거리가 되지 않았다는 것, 당신이 그들을 바라보는 시선 그대로 보이는 것보다 더 수치스러운 일은 없다는 것을 마음속으로 알고 있었다. 겸손의 추구, 자신의 부와 미와 지위에 대한 절대적인 자부심 없이 자기 자신을 보여주기 위한 몸부림은 이상한 행동과 왜곡된 유인을 조장한다. 무엇보다도, 그 몸부림은 혐오스러운 것을 양성해서, 성공한다면 당신의 겸손함에 감탄하고 싶은 유혹에 빠질 수 있는 사람들을 불쾌하게 해서 손으로 입을 막고 도망가게 할 행동으로 이어졌다. 혐오스러운 것에 대한 관념이 확고히 자리 잡고 있지 않다면, 우리가 논의하려는 겸손과 자기 비하를 위한 전략들은 말이 되지 않을 것이다.

나는 안셀무스 이후 250년 정도 지난 1370년에 시에나의 성인 카타리나(St. Catherine of Siena)의 삶에서 일어난 한 사건을 꽤 자세하게 묘사해 보고자 한다. 한 수녀는 지독한 악취를 풍기는 유방암에 걸리자 아무도 그녀의 병을 돌보지 않았다. 카타리나는 그녀를 돌보겠다고 자원했지만, 어느 날 "상처를 치료하기 위해 상처를 열려고 했을 때 너무 지독한 악취가 나서 참을 수가 없었고 구토를 해야만 했다."[36] 카타리나는 메스꺼움에 속이 뒤집어졌고, 그것을 극복하기로 결심했다. "카타리나는 허리를 굽히고, 배가 편안해지고 전에 느꼈던 메스꺼움을 꽤 극복한 듯 보일 때까지 한동안 입과 코를 상처 위로 대고 있었다." 그 병든 여인은 이 행동에 매우 당황했고 카타리나에게 "전염되는 냄새"를 들이마시지 말라고 간청했다. 이때부터 그 병든 여인은 카타리나를 싫어하기 시작했다. 처음에는 그저 화가 났던 그녀는 카타리나를 싫어하게 되었고, 카타리나를 비방했으며, "거룩한 종이 카타리나의 시야 밖에 있을 때마다 … 카타리나는 육체적 쾌락의 더러운 행위를 하려 했다"라고 믿었다. 환자

---

36 라틴어로 쓰인 *Vita*의 1609년 영어 번역본에서 철자를 현대화해서 인용한다. Raymundus de Vineis, *The Life of Saint Catharine of Siena*, pt. II, ch.11, pp.152~167. 카타리나와 그녀가 예시하는 거룩한 자기 비하의 스타일은 지난 15년 동안 많은 관심을 받아왔다. 예를 들어 Bell, *Holy Anorexia*와 Bynum, *Holy Feast and Holy Fast*를 보라.

의 고름의 혐오스러움은 어떤 의미로는 카타리나를 시험했고, 또 다른 의미로는 비방자들을 시험했다. 즉, 하나는 카타리나의 혐오를 극복하려는 것이고, 다른 하나는 그러한 배은망덕과 거짓 비난에 대한 분개를 극복하려는 것이다.

카타리나는 인내했다. 그리고 그 병든 여인은 문자 그대로 빛을 보았고 용서를 빌었다. 하지만 악마는 아직 끝난 것이 아니었다. 악마는 여전히 카타리나의 위장(胃臟)의 반응에 대해 발언권을 갖고 있었다. 다른 기회에 카타리나가 그 늙은 여인의 상처를 치료하고 있을 때, 악취는 다시 카타리나를 압도했고 카타리나는 구토를 했다. 그것이 뱀의 짓이라고 여겨졌던 카타리나는 그럼에도 불구하고 "그 늙은 여인의 살에 대해 심각한 불쾌감을" 느꼈다. 그 늙은 여인은 다음과 같이 말했다. "나는 당신으로 하여금 그 냄새를 견디게 할 뿐만 아니라 당신 안에 그 냄새를 받아들이게 할 것입니다. 그러고는 바로 카타리나는 부패물과 오물과 함께 상처에서 씻어낸 모든 것을 가져갔습니다. 그리고 옆으로 가서 그 모든 것을 컵에 담아서 벌컥벌컥 다 마셔버렸습니다. 그렇게 함으로써, 카타리나는 자신의 위장의 메스꺼움과 악마의 악의를 모두 단번에 극복했습니다." 그날 밤 그리스도가 꿈속에 카타리나에게 나타나서, 고름을 마신 데 대한 상으로 — 카타리나는 그로 인해 "육체의 쾌락을 멸시했고, 세상의 생각을 뒤로 던져버렸고, 자신의 본성을 억눌렀다" — 자신의 옆구리의 상처를 카타리나의 입을 가져가서 그녀로 하여금 마음껏 마시게 했다.[37]

---

37 바이넘은 카타리나가 예수의 옆구리에서 빨아 마신 것을, 내 생각에는 정확하게, 성심리적인(psychosexual) 방식이 아니라 그것이 의미하는 바 그대로, 즉 영양분의 섭취로 읽는다. Bynum, "The Body of Christ in the Later Middle Ages"를 참조하라. 그리고 그녀가 돌보고 있는 암에 걸린 여인의 가슴에 초점을 두는 것이 아니라 그리스도의 상처에서 마신 것에 초

이런 종류의 헌신적인 실천을 어떻게 설명할 수 있는가? 그중 일부는 마치 군비 경쟁을 하듯이 겸손 경쟁에서 행동을 점증시키는 것이다. "당신이 그렇게 했나요? 그렇다면 이것과 겨뤄보세요!" 그중 일부는 더 엄숙한 화체설의 제안의 부자연스러운 결말, 즉 육체를 마시고 먹는 것을 충족시킬 때 육체적인 굴욕에 대한 집착의 부자연스러운 결말이다.[38] 그리고 그중 일부는 겸손의 미덕에 내재된 속박을 극복하려는 필사적인 노력의 결과이다. 역겨움에 빠지는 것은 굴욕스럽고 수치스럽게 모멸적이어서, 겸손을 성취한다는 자부심은 겸손을 성취하기 위해 견뎌낸 불행에 대해 합리적으로 보상될 수 없다. 그래서 그녀는 "세상의 생각을 뒤로 던져버렸다."

카타리나는 혐오스러운 것을 적극적으로 얻으려고 했다. 왜냐하면 혐오스러운 것은 겸손을 추구하는 데서 자신의 헌신의 수준을 시험하는, 즉 가장 깊숙이 간직되어 있는 가장 근본적인 신체적 품위의 규범, 불가침성, 자존감을 포기하는 데서 어디까지 갈 수 있는가를 시험하는 마지막 장벽이었기 때문이다. 짐작건대 혐오의 문턱이 높았던 중세에도, 혐오에 의해 지지되는 규범들은 위반하기가 가장 어려웠다. 그 당시에도 사람들은 단순히 고름을 마시지 않았다.[39] 사람은 혐오와 수치의 제약에

점을 둠으로써 바이넘은 중세 후기에는 육체를 악이 아니라 인간화하는 것으로, 죄와 타락의 장소가 아니라 생명을 유지시켜 주는 원천으로 보는 강력한 전통이 있다고 주장할 수 있다. 같은 글, pp.116~117.

38   주목해야 할 것은 벨(Bell)이 거룩한 거식증과 연관 짓는 특별한 스타일의 헌신은 실재적 현존이 도그마가 된 13세기 초에 시작된다는 것이다. Bell, p.215와 그다음을 보라.

39   그러나 Cooper, *Dictionary of Practical Surgery* II, p.316을 비교해 보라. "고름은 약간 달고 역겨운 맛이 난다." 고름을 맛보는 것은 성인들의 영역에서 의학 연구원의 영역으로 옮겨졌다. 고름의 맛에 대한 이러한 설명에서 우리가 미각이 우리가 맛보는 메스껍고 역겨운 것에 대한 지식에 의해 크게 영향 받는다는 것을 이해하지 못한다는 의문을 가질 수 있다. ≪뉴스위크(Newsweek)≫(Aug. 21, 1995, p. 8)에 따르면, 소변을 마시는 것은 결코 고름을 마시

도 불구하고 성교를 할 수 있다. 왜냐하면 쾌락은 유인물이기 때문이다. 그리고 모든 사람은 쾌락과 혐오가 서로 싸우고, 번갈아 가면서 서로 우위에 서며, 합작해서 결탁하기도 한다는 것을 알고 있기 때문이다. 그러나 곪은 상처를 핥는 것은 어떠한가?

육체의 요구를 극복하기 원한다면 진정으로 무엇을 해야 하는가? 독신주의는 일반적인 전략이었지만, 너무나 많은 사람이 독신이었고 그들은 그 미덕의 통화가치를 하락시켰다. 사실 독신주의는 카타리나를 유인했던 육체적 위반의 부담을 높였다. 독신주의는 육체의 순수성에 집착하며, 육체의 순수성을 매우 높게 가치 평가하기 때문에 오염시키는 섹스의 신체 배설물과의 접촉을 허용하지 않는다. 게다가 자신의 이익에 대한 합리적인 계산기는 영원한 생명은 섹스를 부정하는 삶의 가치가 있었고 서약의 기둥에 묶어두는 공동체 안에서 지원을 요청했다는 것을 판단할 수 있었다. 그러나 성적 충동은 고름을 마시는 것에 대한 회피적 반사 작용에 비하면 아무것도 아니었다. 그리고 누가 그러한 방책을 합리적으로 추구했다고 주장할 수 있었을까? 누구도 합리적인 계산에 따라 그러한 일을 하지는 않는다.[40] 그러려면 영감을 받아야 하거나 머리에 총이 겨누어져 있어야 한다. 그리고 카타리나의 행동이 사심 없었다 할지라도 혐오 규칙을 그렇게 터무니없이 위반하는 것은 고름 찌꺼기에 대한 관심을 제거하는 것처럼 보였다. 카타리나는 오로지 선택받은 소

는 것만큼 상상할 수도 없는 것이 아니다. 그것은 자연 치유(holistic healing)의 헌신적인 추종자들 사이에서는 일종의 트렌드가 되고 있다.

[40] 비이성적인 행동은 전략적으로 이치에 맞을 수 있지만, 그 행동의 효과는 그것이 전략적 이점을 가지고 있기 때문에 수행되지 않는다고 생각하는 다른 사람들에게 달려 있다. 이러한 이점은 의도하지 않은 결과로 나타나야 한다. 미쳤다는 평판은 미친 척한다는 평판이 도움이 되지 않는 협상 상황에서 도움이 될 수 있다. Schelling, pp.21~42[셸링, 43~68쪽].

수만이 헌신해서 지킬 수 있는 전략을 고안했다. 적어도 당분간은 그 헌신의 통화가치가 저하되지 않기 때문이었다(결국 그렇다 할지라도 이런 종류의 헌신은 구식이다).[41] 우리와 중세의 차이점은 혐오를 느끼는 능력에 있지 않다. 카타리나의 행동은 혐오가 그녀와 다른 모든 이의 삶에서 매우 실제적인 부분일 때에만 이해 가능하다. 그녀는 쾌락의 원천이라고는 생각조차 하지 못했던 한 체액과 부딪쳤다. 하지만 역설적이게도 그것은 기쁨이었다. 그 체액은 그녀가 원했던 것을 주었고, 그녀는 그 사실을 알았다. "그녀는 그렇게 기분 좋고 맛있는 고기나 음료를 먹거나 마신 적이 있었는지 기억할 수 없었다."

카타리나는 성스러움을 위해 매진했고, 그것은 실로 적지 않은 명예였다. 그리고 그녀는 일생을 통해 관심과 명예를 얻는 데 성공적이었다. 카타리나는 제자들을 모았고 성직자들을 가르쳤다. 다시 말해서, 모든 사람이 그녀의 행위에 경악한 것은 아니었으며, 보다 정확히 말하면 경악했던 모든 이들이 그것이 그녀를 비난할 이유라고 생각하지는 않았다. 많은 이들은 그것이 칭송할 근거라고 생각했다. 그러나 그녀가 돌보았던 혐오스러운 병으로 죽어가는 병든 여인들은 카타리나의 돌봄을 받으면서 짜증내고 그녀를 원망하는 악마의 유혹을 꽤 자주 받았다. 비록 보살핌이라는 혜택을 받았지만, 그들은 분명히 카타리나의 마음에는 자신들을 돌보는 것 이상의 것이 있다는 것을, 즉 자신들이 사실은 그녀의 연극에서 소품이 되었다는 것을 알아차릴 수 있었다. 그들은 또한 혐오

---

41 "The Refuges of Intimacy," pp. 241~242에서 마담 몽동빌(Mondonville)에 대한 래넘(Ranum)의 설명을 보라. 그녀는 자신이 돌보던 부상병의 해충이 득실거리는 머리카락을 자르는 동안 역겨워져서 짜증이 나자 예수께 헌신하는 마음으로 그 머리카락을 입에 넣기로 결심했다. 이것은 17세기 중반의 일이다.

를 극복할 수 있는 사람이 과연 카타리나가 주장하는 만큼 성적으로 순결할 수 있을지 의심했다. 카타리나가 환자의 썩어가는 살과 병든 육체의 냄새를 맡으며 느꼈던 분명한 쾌락을 생각하면, 카타리나의 환자가 그녀의 시야에서 사라질 때마다 "거룩한 종은 … 육체적 쾌락의 사악한 행위를 하려고 했다"라고 생각하는 것이 그리 터무니없지는 않았다. 매우 잘난 체하는 성인 전기도 카타리나의 적들이 카타리나의 동기에 대해 가졌던 의혹들의 근거를 완전히 제거할 수는 없다. 카타리나의 적들은 자기-극화(self-dramatization)를 감지했고, 카타리나가 행한 육체의 파괴가 가장 의지에 찬 육체에 대한 집착을 의미했다는 것을 알았다.

예수도 카타리나의 의지에 대해 말씀하시면서, 그녀를 이렇게 칭찬했다. "네가 … 너의 본성을 완전히 복종시켰도다." 예수는 혐오스러운 것에 직면할 때 인간의 구역질 반사와 본능적인 반동 속에 본성이 존재한다는 것을 분명히 이해하고 있다. 그 본성을 극복하기 위해 천한 의지의 행동은 필요치 않다. 그리고 카타리나의 환상은 그녀의 행위가 예수의 수난보다 더 힘든 일이었다는 것을 예수가 인정하고 있음을 암시하는 것처럼 보인다. 그것은 그녀 자신의 아이디어였고, 그녀는 자신이 고통과 인내를 과시하고 있을 때 자신이 구토를 한 것에 대한 분노와 혐오로 그렇게 했다. 예수는 카타리나의 행동을 나중에 가서야 승인했다.

카타리나는 그녀가 살던 시대에 주목할 만했고, 그녀의 이야기는 우리 시대에도 주목할 만하지만, 같은 이유로 그런 것은 아니다. 우리와 그녀의 동시대인들에게 그녀의 이야기는 예리한 혐오 감각 없이는 이해가 되지 않는다. 그 점에 관해서는 우리와 그녀의 동시대인들도 동의한다. 차이점은 그 규범들의 적절한 위반과 극복에 대한 우리의 규칙이 다르다는 것이다. 두 문화 모두 고름이 역겹고 구역질을 유발한다고 여긴다. 그러나 한 문화만이 신성함에 대한 이론을 가지고 있었거나 고름을 마시는 것을 조금이나마 이해할 수 있었던 겸손의 개념에 구속되어 있었다. 우리는 카타리나를 정신병원에 보냈을 것이다. 카타리나의 시대에 많은 이들이 여기에 동의할 것이며, 다른 사람들은 그녀의 동기를 강하게 의심했다. 그러나 여기에는 카타리나의 행위를 이해할 수 있게 해주는 공식적인 이데올로기가 있었다. 그리고 이 이데올로기는 보다 주류이거나 신실한 자들에게서 경외감을 불러일으키도록 되어 있었던 다른 시대와 다른 장소에서 설정된 잘 알려진 거룩한 서사들의 일부인 다른 행동들, 즉 자기 학대, 자기 부정, 자기 비하 — 비록 그 행동들이 기계적인 모방의 패턴을 제공하고자 했던 것은 아니지만 — 와 그녀의 행동을 연결시킨다. 고름을 마시는 것은 사랑이라는 이름으로도 할 준비가 되어 있지 않은 것이지만, 대부분의 다른 체액은 사랑 가운데 다양하게 존중받는 자리를 가지고 있다. 사랑은 우리로 하여금 병든 사람들을 돌보게 할 것이며, 전문적인 직업조차도 그렇게 할 것이다. 그러나 어떤 것들은 제정신인 사람들에게 극복할 수 있는 범위를 넘어서 있다. 우리는 카타리나가 단순히 신의 사랑으로 고름을 마시는 것이며, 따라서 그녀의 행동은 사랑은 혐오의 중지요 어떤 경우에는 혐오의 극복이라는 우리의 견해를 확인시켜 준다고 말할 수 있다.

한센병자들, 유대인들, 그리고 카타리나의 자기 비하와 함께, 혐오는 비록 여전히 수치심과 결부되어 있지만, 영웅 문화에서 담당했던 단역을 크게 확대하면서 그 자체의 삶의 논리를 갖게 된다. 수치심은 전과 마찬가지로 공개되어 있으며 존경할 만한 사람들 사이에서 관계들을 조직한다. 그것은 공적인 삶에서 명예에 대한 것이다. 혐오는 공적 무대에서는 수치심을 지원하기 위해 작용하지만, 더 어두운 곳에서 작용하는 보다 개인적이고 은밀한 삶을 가지고 있다. 혐오는 사실상 사적인 것을 가능하게 하기 시작한다. 혐오는 사회적 지위와 공적인 자아 표현의 무대를 넘어 확대되어 삶, 죽음, 자신의 육체, 남녀 사이의 관계, 그리고 신에 대한 태도를 포함하기에 이른다. 체화되고 본능적인 열정으로서 혐오는 수치심이 여성의 섹슈얼리티 및 신체적 예절과 관련이 있음에도 불구하고 수치심과는 다른 방식으로 신체적인 것의 형이상학을 지지하게 된다. 혐오는 오염과 순수의 정치와 함께한다. 그렇기 때문에 강박적인 반(反)섹슈얼리티와 육체에 대해 엄청난 양면성을 가진 기독교가 성만찬에서 실재적 현존의 교리를 채택함으로써 혐오를 그 신앙에 핵심적인 것으로 만들었어야 한다는 것은 놀라운 일이 아니다. 또는 헌신이 침묵과 예절에서 벗어났어야 한다는 것 그리고 그럼에도 불구하고 자신의 헌신을 경외감을 불러일으키는 대중적인 스펙터클로 만들고 싶을 정도로 충분히 명예와 수치의 세계에 빠져 있었던 카타리나를 창조했어야 한다는 것은 놀라운 일이 아니다.

카타리나는 세 마녀가 자신들만의 특별한 레시피를 세상에 발표하기 두 세기 더 이전에 가장 역겹고 구역질나게 하는 재료들로 자신들의 비약을 조제했다. 우리의 텍스트는 맥베스보다 웹스터의『말피의 공작부인(The Duchess of Malfi)』을 변형한 것인데, 여기서 우울한 등장인물은 늙은 여인을 늙었다고 질책하는 한편, 늙음을 위장하기 위해 자신을 꾸몄다고 질책한다.

보솔라   화장하다 온 겁니까?
늙은 부인   뭘 하고 왔다고?

보솔라	아, 그 천박한 얼굴 화장 말입니다. 화장하지 않은 당신을 보는 것은 거의 기적에 가깝죠. …
늙은 부인	마치 내 방을 잘 아는 것처럼 말하는군.
보솔라	사람들은 거기에서 뱀의 기름, 뱀의 알, 유대인의 침, 그리고 어린아이들의 배설물을 발견하고, 당신 방을 마녀의 가게일지도 모른다고 생각하겠지요. 그런데 이 모든 것이 다 얼굴에 바르는 것이란 말입니다. 난 단식 중인 여자와 키스하느니 차라리 흑사병에 걸린 사람의 발바닥에서 잡은 죽은 비둘기 고기를 먹겠어요. 여기 두 분이 계시지만, 두 분의 젊은 시절 방탕의 죄악은 바로 의사의 재산이 되어 … 난 당신들이 스스로에게 진저리를 내지 않는 것이 정말 이상해요. (2.1)[42]

혐오스러운 여인이라는 테마는 여기서 마녀, 유대인, 허물, 해충, 배설물, 한센병, 매독, 섹스와 결합한다. 얼굴 화장은 모든 의미의 도치와 함께 카타리나의 자기 비하가 뒤틀리게 재연된 것으로 밝혀진다. 카타리나는 보다 세속적인 여인들이 성형 치유와 위장으로 덧칠하는 것에 의지하는 것을 자신을 수치스럽게 하는 오염물질로서 삼켜버리고자 했다.[43] 중세와 르네상스의 혐오는 무자비한 여성 혐오에 의해 완전히 추동된 것

---

42 남에게 뒤지지 않으려고 스위프트는 혐오를 유발하는 비열한 여성 혐오의 승리인 "안티 페인팅" 장르에서 여러 실적을 가지고 있다. 예를 들어, "The Progress of Beauty," *Poetical Works*, p.172를 참조하라.

43 한 가지 변화를 더해, 피부색을 좋게 하기 위해 얼굴에 정액을 바르라고 충고하는 여성 잡지들에 대해서는 Dworkin, p.187을 참조하라.

은 아니지만 확실히 여성 혐오와 그리 멀지 않다. 한센병은 매독에 자리를 내어주었고, 두 질병은 성적 탐욕과 관련된 것으로, 그래서 여성 및 유대인과 관련된 것으로 여겨졌다.[44] 거기에는 혐오, 증오, 자기-증오라는 진정한 전염병이 창궐한다. 섹스, 성장, 성숙, 노화에 대한 증오, 삶 자체에 대한 증오, 이 모든 것은 노쇠, 부패, 그리고 죽음과 상대해야 하기 때문에 불결하고 역겹다. 섹스와 번식은 이 침울한 혐오 경제의 핵심에 있기 때문에 여성들이 가장 큰 타격을 받는다.

여성들이 이러한 독이 가득 찬 분위기 안에서 자신들의 생산적이고 긍정적인 공간을 개척하는 것을 보기 위해서는 많은 희망적인 사고가 필요하다. 카타리나는 특별히 여성적인 헌신의 유형에 참여하고 있을 수 있지만, 도대체 그 비용은 얼마일까? 그 대가는 그녀의 몸을 파괴하는 것이다. 그녀는 너무 조금 먹어서 배란 장애를 겪고(그녀는 결국 스스로 굶어 죽는다), 쇠사슬을 엉덩이에 단단히 감아서 자신의 피부에 자국을 내고 염증을 일으키며,[45] 혐오의 탐닉을 병들고 죽어가는 자를 돌보는 피할 수 없는 비용이 아닌 욕망된 목적으로 만듦으로써 모성애를 패러디한다. 보다 세속적인 여인들이 칠하는 마녀의 비약은 여성 혐오적인 설교를 하기 좋아하는 우울한 도덕주의자의 눈에도 결코 목적을 위한 수단 그 이상일 수 없다. 세속적인 여인들이 혐오스러운 것의 영역으로 침범하는 것은 그들이 속이려고 하는 남자들의 얕음을 고려할 때 순전히 합리적이다. 그러나 카타리나와 세속적인 여인들은 모두 각자의 방식으로 혐오스러운 것으로 인식된 물질들을 일종의 해독제로 탐닉함으로써 자연의

---

44   유대인과 한센병 및 매독과의 관련에 대해서는 Gilman, pp.85~87을 보라.
45   Bell, p.43.

판결을 벗어나고자 한다. 영웅 문화의 공격성은 얼마나 더 신선한가.

혐오 어휘 사전

셰익스피어는 혐오(disgust)라는 낱말을 사용하지 않는다. 그러나 그의 비극들은 매우 강한 혐오 관념 없이는 이해할 수 없다. 햄릿의 자기책망 및 비난, 리어의 분노, 불쌍한 톰, 마녀들, 요릭(Yorick)의 해골, 그리고 리어와 햄릿과 이아고(Iago)의 여성 혐오와 성적 증오는 모두 혐오로 유발되고 혐오를 생산하는 것이지만, 그것을 가리키는 낱말은 없다. 혐오의 공포와 기괴한 것에 지독히 우습게 탐닉하는 마녀의 비약은 당시에 촉발했던 정서를 우리에게도 촉발하기 위해 번역이 거의 필요 없는 혐오스러운 것들의 레시피를 혼합한 것이다. 그것은 우리에게 유력한 용의자들인 것, 즉 이방인, 타자, 탄생과 죽음과 성장과 부패의 섬뜩한 이미지들을 모은다. 이러한 이미지는 성관계 과잉의 암시, 고인 물, 하수구, 끈적끈적함, 절단과 기형, 신체의 구멍들, 심지어 성체를 더럽히는 유대인의 이미지이다.

> 저주하는 유대인의 간덩이,
> 양의 쓸개, 월식 때 절취한
> 주목의 실가지, 터키인의 코,
> 타타르 사람들의 입술과
> 창녀가 개천에 내지른
> 목 졸린 아기의 손가락이. (『맥베스(Macbeth)』, 4.I.26~31)

혐오라는 낱말이 없는 혐오는 혐오와 완전히 같지는 않다. 우리가 가진 낱말들과 우리가 사물들을 묘사하기 위해 선택하는 낱말들은 우리의 세계를 조직하는 데 도움을 주고 말해진 바로 그 세계를 구성하는 데 도움을 준다. 따라서 문제의 개념이 더러운 것, 역겨운 것, 또는 끔찍한 것으로 지시되기보다는 혐오스러운 것으로 지시되는지 여부에 따라 약간의 차이가 있다. 한 가지 주의할 것은, 나는 혐오 이전의 혐오와 우리의 혐오 사이에 차이점을 찾고 있으며, 사실 몇 가지 차이점이 있다는 것이다. 하지만 이러한 차이점들은 서구에서 지난 천 년 동안 발달된 것과 같은 혐오스러운 것의 광범위한 범주에서 관찰할 수 있는 연속성 앞에서는 무색해질 수 있다. 성 카타리나와 안셀무스는 우리가 혐오스러워할 것들에 대해 무감각하지 않았으며, 상대적으로 뒤늦은 마녀의 비약은 현대의 공포영화 제작자에게 가르칠 것이 거의 없다.

우선 혐오 낱말 이전의 구체적인 혐오의 어휘를 간단히 고려해 보자. 혐오스러운 것에 대한 반응을 묘사하기 위해 사용된 단어들은 두 개의 주요 그룹으로 나뉜다. 그 그룹들은 내가 앞서 묘사한 두 가지 광범위한 유형의 혐오를 반영한다. 하나는 욕망을 감추고 탐닉을 막기 위해 작동하는 혐오를 포함하는 프로이트의 반동 형성 유형이고, 다른 하나는 완전히 탐닉된 욕망에 따르는 혐오를 포함하는 과잉 유형이다. 첫째 그룹에는 가증스러움(abomination), 증오(abhorrence), 까다로움(fastidiousness), 메스꺼움(squeamishness), 역겨움(loathsomeness), 끔찍함(odiousness), 짜증남(irksomeness)의 개념들이 있다. 또한 나는 이 그룹에 허(pah), 쳇(fie), 훗(fut)과 같은 초기의 감탄사들도 포함할 것이다. 둘째 그룹에는 다른 것들 중에서 무성함(rankness), 과도함(surfeit), 역겨울 정도로 지나침(fulsomeness), 싫증남(cloyingness), 그리고 최근의 구역질남(mawkishness)이 있다.

이 단어들 각각에 대한 전체적인 그림을 제공하는 것은 독자들의 인내심에 지나친 부담을 주겠지만, 대강의 설명은 괜찮을 것이다. 가증스러움(abomination)을 예로 들어보자. 우리에게 이 단어는 그 유명한 구약 성서의 분노하는 신을 화나게 하고 역겹게 했던 남색(sodomy)과 다른 것들에 대한 성서적인 격렬한 비난을 상기시킨다. 중세 영어에서 가증스러움은 메스꺼움을 뜻하는 의학 용어로 사용된다. "환자가 메스꺼움을 느끼고 … 식도에 통증이 있다."[46] 그런 다음 그러한 반응을 촉발하는 역겹고 끔찍하고 혐오스러운 행위를 지칭하기 위해 일반화된다.

종종 그렇듯, 어원은 이야기할 만한 가치가 있다. 가증스러움(abom-ination)은 불길한 징후에 대한 공포를 나타내는 라틴어 ab + omen에서 온 것인데, 그 단어는 중세 영어에서와 같이 h와 함께 abhominable로 표기될 때 비인간적인을 뜻하는 "인간으로부터 멀리 떨어진"에서 그 의미가 유래한 것으로 부정확하게 이해되었다. 그 오해는 그 단어가 지시하는 강렬한 반발과 싫음의 느낌을 강조한다.[47] 그 철자는 『사랑의 헛수고(Love's Labour's Lost)』에서 셰익스피어에 의해 문제로 제기되었다. "나는 철자법이나 왜곡하는 그런 사람을 … 혐오하는 편이오. d, e, b, t, '뎁트'라고 발음할 것을 '데트(det)'라고 한단 말이오. '혐오스러운'의 뜻 a, b, h, o, m, i, n, a, b, l, e, 이것도 '업호미너블'이라고 할 것을 그 자는 '어보미너블(abominable)' 이런단 말이오"(5.1.17~21). 가증스러움(abomination)과 마찬가지로, 증오하다(abhor)도 우리가 혐오의 육체적 비굴함 및 위

---

46   Trevisa Barth. 81b/b(c. 1398), 중세 영어 사전의 명사 abhominacioun에 대한 서술에서 인용.
47   옥스퍼드 영어 사전 표제어 abominable을 보라.

축됨과 연관 짓는 강한 반감의 유형을 나타내기 위해 사용되었다. 앞서 화체설에 대해 위클리프로부터 인용한 구절을 상기해 보라. "너희가 축성(祝聖)된 성체가 살과 피와 같다는 것을 보게 된다면, 너희는 그 살과 피를 입으로 받아먹고 마시는 것을 싫어하거나 꺼려서는 안 된다."

몹시 싫어하다(loathe)와 증오하다(abhor)를 보면, 첫 번째 것은 일반적인 단어이고, 두 번째 것은 혐오에 대한 좀 더 유식한 단어이다. 혐오의 개념은 주로 몹시 싫어함과 역겨움을 중심으로 공식화되었다. 몹시 싫어함의 개념은 혐오라는 낱말이 그 영역을 일부 차지하자 그 범위가 좁아졌다. 하지만 13세기에서 16세기 사이의 영어 사용자에게 그 단어는 우리에게 윽(yucks)을 이끌어내는 모든 것을 포착했다. 그러나 혐오와 다르게, 몹시 싫어함은 어느 한 가지 의미에만 국한된 어원적 문제가 아니었다. 사실 맛은 불쾌함보다 싫어함을 촉발할 가능성이 더 적었다. 심지어 소리도 역겨울 수 있다.[48] 역겨움(loathsomeness)은 추하고 더럽고 꺼림칙하고 흉측한 모든 것을 결합했으며, 위축되고 비굴하고 토해내는 본능적 감각에 집중되었다.

증오하다(abhor), 가증스럽다(abominate), 몹시 싫어하다(loathe)는 모두 우리에게 그렇게 의외는 아니다. 그 단어들의 사용역이나 범위는 변화해 왔지만, 오늘날까지도 여전히 중요한 혐오의 영역에 영향을 미치고 있다. 다른 단어들은 다른 길을 걸어왔다. 어떤 단어는 그저 망각 속으로 사라졌다. 15세기 말까지 wlate라는 단어가 무엇을 의미하는지 이해하는 사람은 거의 없었지만, 그 단어 역시 메스꺼움을 가리키거나 보다 일

---

48   "그리고 듣기에 끔찍한(and lothly for to here[hear])." 중세 영어 사전 표제어 loth, 형용사 2a를 보라.

반적으로 혐오와 증오를 생성하는 도덕적 결함에 적용될 수 있었다.[49] irk라는 단어는 14세기에 그 핵심 의미로서 오늘날과 마찬가지로 귀찮음, 지루함, 성가심의 개념을 갖고 있었다. 하지만 그 단어는 또한 메스꺼움을 뜻하는 라틴어 fastidium을 해설하기 위해 사용되었다. 16세기 후반의 한 요리책은 모과 배를 과식하면 "당신을 극도로 싫증나게 하고 메스껍게(irck and loath) 할 것이다"[50]라고 하는데, 여기서 irk와 loath는 모두 메스꺼움을 뜻한다. irk의 범위가 줄어든 반면, fastidious는 실제로 정반대를 의미하기 시작했다. 16세기에 fastidious는 메스꺼움과 혐오의 감각을 가리켰지만, 18세기에 이르러서는 역겹고 메스꺼운 것을 피하는 데 지나치게 신경을 쓰는 특성을 나타내게 되었다.[51]

리어의 '허'와 '쳇', 그리고 요릭의 해골 냄새를 맡으며 내뱉은 햄릿의 '허' 같은 감탄사들은 우리에게 심지어 감각에 대한 풍부한 논의가 없을 때에도 혐오의 본능적인 측면의 존재를 인식시키는 좋은 방법을 제공한다. 한 번의 '허'는 천 마디 말의 가치가 있으며, 우리에게 요릭의 해골에 대한 햄릿의 관찰이 얼마나 심각한지를 말해준다. "그걸 생각하니 얼마나 몸서리쳐지는지. 구역질이 나는구만"(5.1.175). 그러나 솟아나는 혐오에도 불구하고 햄릿은 여전히 그 해골을 자신의 코로 들어 올리려고 애쓴다! 여기서 우리는 혐오스러운 것에 대한 양면성의 또 다른 예, 반감과

---

49 (13세기 초) *The Owl and the Nightingale*, v. 354는 wlate를 과잉으로 인한 메스꺼움을 나타내기 위해 사용한다. "과식은 메스꺼움을 일으킨다(Overfulle maketh wlatie)." 다른 곳에서 그 단어는 죄에 대한 적절한 반응을 가리킨다. 옥스퍼드 영어 사전의 표제어 wlate를 보라.
50 H. Buttes, *Dyets dry dinner,* London, 1599. 옥스퍼드 영어 사전 표제어 loathe v. 3에서 인용.
51 시간이 지남에 따라 심지어는 관계된 형식들에서 공시적으로도 단어들이 본래 의미와 함께 정반대 의미를 갖는 것은 드문 일이 아니다. Freud, "The Antithetical Meaning of Primal Words"를 보라.

매력의 또 다른 이야기를 가지고 있는가? 또는 혐오하는 것은 분명히 싫기는 하지만 여전히 인간 존재의 무의미함에 대한 장황한 연설을 위해 감수될 수 있었던 이전 시대의 문화적으로 조건 지어진 더 높은 혐오 문턱의 증거를 가지고 있는가? 햄릿은 요릭의 해골 냄새를 맡을 때 의식적으로 외설적인 저속한 희극에 참여하고 있는데, 그것은 우리가 앞에서 만났던, "악취가 나는 것을 친구의 코에 들이밀며 '얼마나 냄새가 고약한지 알고 싶어'라고 말하는" 이름 없는 거리의 남자의 것과 다르지 않은 저속한 희극이다. 햄릿은 여전히 자신이 조롱하는 지점을 계속해서 말하면서, 자신의 독선을 조롱하고 있다. 오늘날과 마찬가지로 중세에도 썩어가는 살의 냄새가 사람들을 소름끼치게 했다는 데에는 의심의 여지가 없다. 그러나 동물들과 동물 도축자의 냄새는 말할 것도 없고 묘지의 위치와 유지 방식을 고려할 때 이러한 악취 또한 쉽게 피할 수 없었다.[52]

감탄사는 의미를 지니고 있다. 혹자는 후유(phew)나 어이쿠(ach) 또는 간편한 철자 표기가 없는 다른 다양한 표현 대신에 윽(yuck)을 사용하는 이면에 있는 사회-심리 언어학을 알고 싶을 것이다.[53] 셰익스피어에게서 '파(pah)'는 덜 배운 것, 더 본능적인 것, 거의 무의식적으로 혐오스러운 것에 의해 강요된 듯 보인다. 반대로 '쳇(fie)'은 반감을 나타낼 뿐만 아니라 책망하는 역할도 한다. '쳇'은 보다 의식적으로 통제되며, 따라서 '파'보다는 덜 감탄사적이다. '쳇'은 먼저 수치심의 제단에서 봉사하지만, 수치심과 같은 방식으로 혐오도 알고 있다. '파'와 '쳇'을 두 배로 늘림으로써, 그리고 두 배로 늘린 것을 다시 두 배로 늘림으로써 리어는 말할 수

---

52   Ariès, *The Hour of our Death*, pp. 29~92[아리에스, 『죽음 앞의 인간』, 83~185쪽]를 보라.
53   Wierzbicka, "The Semantics of Interjection"을 참조하라.

없을 정도로 역겹다는 태도를 취할 수 있다. 그 감탄사들은 리어의 말을 되찾기 위해 시간을 벌어주는 역할을 한다. "쳇, 쳇, 쳇, 파, 파."

과잉에서 오는 혐오는 항상 탐닉과 사치를 맹비난하고 다른 이들의 쾌락에 격분한 도덕주의자들로부터 또는 쾌락의 대가에 억울해진 우울한 영혼들로부터 풍부한 언어를 촉발해 왔다. 의학과 도덕률은 과잉이라는 단어를 지나치게 빠져든 결과인 과도한 탐닉과 병적인 상태를 나타내는 것으로 혼합한다. 성장기의 힘과 활력을 나타냄으로써 비경멸적으로 시작하는 무성함(rankness)은 이내 과도한 성장을 나타낸다. 그런 다음 그러한 과잉의 냄새와 그 결과인 부패와 부식을 나타낸다. '무성한(rank)'이라는 단어의 역사는 결국 더럽고 역겨워지는 생물학적 과정을 모방한다. 생명 그 자체와 마찬가지로 그 단어의 의미는 활력, 건강, 힘참 속에서 태어나서 번성하고, 그런 다음 부패와 부식의 냄새 속에서 병들기 전에 만족감 속에 질식하기 시작한다.[54] fulsome의 역사는 rank의 역사와 다소 다르다. fulsome은 풍부함에서 시작해서 매우 짧은 시간이 흐른 뒤 과잉과 무성함으로 인한 모든 고통, 즉 메스꺼움, 질림, 악취 남, 혐오스러움, 역겨움을 표시하게 된다. 그러나 이 불행한 의미들은 다시 제거되고, fulsome은 특정한 스타일의 나쁜 취향, 즉 좋은 것을 과하게 한다는 것을 표시하는 덜 불쾌한 의미로 살아남는다.

맛은 더 오래된 혐오의 어휘 목록에서 우리의 어휘 목록과는 상당히 다르게 나타난다. 그들의 세계에서 음식을 혐오의 문제로 만드는 것은 음식의 나쁜 맛이 아니라 좋은 맛이었다. 그리고 혐오를 유발한 것이 감

54　1400년경까지 rank는 역겨움을 의미할 수도 있었지만, 16세기에 이르러서야 경멸적인 의미가 확실히 자리를 잡았다.

각의 불쾌감이 아니라 즐거움이었던 촉각에 대해서도 같은 도치(倒置)를 말할 수 있다.[55] 촉각은 먹기와 마찬가지로 좋은 것이 너무 많음으로 인한 결과로서, 혐오스러운 것에 휘말려 있다. 과잉으로 인해 항상 지체되는 혐오로 인한 육체적 괴로움에 치명적인 죄악으로 인한 영적인 괴로움이 더해진다. 우리가 보았듯이, 전자, 즉 과식과 욕정의 악덕은 후자, 즉 아퀴나스가 과식을 "촉각의 쾌감"에 대한 것이라고 이해할 수 있었던 것과 매우 밀접하게 연관되어 있었다.[56]

중세인과 전근대인의 강조점은 우리의 강조점과는 다소 다르다. 분명 음식과 섹스의 과잉은 중세인과 전근대인에게 그랬던 것처럼 우리에게도 혐오를 불러일으키지만, 그들의 혐오는 육체의 쾌락 앞에서 영혼이 실패한 데 대한 것이다. 우리의 혐오는 공시된 대로 만족되어야 하는 육체의 실패에 대한 것이다. 중세인과 전근대인은 대개 신의 사랑이나 구원으로 이해되는, 적절한 삶의 목적을 가지고 생명을 유지하는 데 필수적인 수단 ― 음식과 성교 ― 을 혼동하는 것에 대해 염려했다. 우리는 더 많은 음식 섭취와 성교를 방해할 수 있는 혐오스러운 비만의 외모와 느낌에 대해 더 염려한다. 중세인과 전근대인이 우리의 것과는 다르게 개념화된 미각과 촉각에 대한 혐오를 가지고 있기 때문에 그들이 더 심오했다고 말하려는 것은 아니다. 예를 들어, 우리는 그들의 구원에 대한 관

---

55 중세 프랑스 로맨스의 특별한 종류의 관능성을 밝히려는 시도에서 교정되지 않은 나쁜 시력의 결과로서 중세 후기 문학에서 시각적 이미지가 더 낮은 위치를 차지하고 있다고 주장하는 Braunstein, "Toward Intimacy," pp.610~615를 참조하라. 그는 냄새, 소리, 맛에 더 유쾌한 이미지가 부여되어 있음을 발견한다. 그의 초점은 충분히 좁아서 보다 가르치려 드는 문헌에서는 두드러지게 나타나지만, 또한 육체를 덜 미워하는 로맨스의 세계로 슬며시 들어오는 과식과 욕정의 위험성을 무시할 수도 있다.

56 *Summa*, 2a2re.148.5: "delectationes tactus."

심이 구원의 길을 방해하는 육체의 죄악보다 훨씬 덜 자기 탐닉적이지는 않다고 의심할 만한 충분한 이유가 있을 것이다.

구강 체내화가 전근대 혐오의 중요한 특징이었음은 부정할 수 없지만, 다윈을 따르는 혐오 이론가들이 택할 수 있는 방식은 아니었다. 구강 체내화는 악취 나는 물질을 거부하는 신체 보호 문제를 제기하기보다 탐식이라는 도덕적 문제를 제기했다. 나는 그 사례를 과장하고 싶지 않다. 중세인들은 특정한 것을 입안에 넣는다는 생각에 예민한 반감을 표현했다. 섭취되는 것의 양뿐만 아니라 질도 혐오스러운 것의 중요한 부분이었다. 그렇지 않다면 시에나의 카타리나도 화체설에 대한 저항도 이해하기 어렵다. 전근대인들이 보는 것에서뿐만 아니라 먹는 것에서나 냄새 맡는 것에서도 다양한 물질의 혐오 유발 능력을 인식하지 못했던 것은 아니다. 그들은 단지 나쁜 맛에만 치중하지 않고 혐오를 개념화했다.

그러나 17세기에 맛에 대한 관심의 증가가 감지되기 시작한다는 것에 주목하지 않을 수 없다. 혐오(disgust)라는 낱말이 새로 인정된 일반적인 세련됨의 능력, 스타일에 대한 안목을 가리키는 취향(taste)이라는 낱말의 의미의 확장과 거의 동시에 나타난 것은 우연일 수 있을까? 그리고 이러한 새로운 좋은 취향과 나쁜 취향의 감각은 진정한 "취향" 그 자체로 판명되는 상관적인 혐오 개념에 의존하지 않을까? 그러한 견해는 "순수 취향," 즉 미학적 능력이 "그 본질에서 순수하게 부정적인" 것이라고 주장하는 부르디외의 칸트 독해를 충실히 따르는 것이다. 그것은 거부되고 회피되는 것을 분별한다. 그것은 무엇보다 '뱃속으로부터(visceral)'라고 불리는('소름 끼치'거나 '구역질나는' 등의) 모든 '안이한(facile)' 것에 대한 혐오"이다.[57] 그러므로 혐오는 순수 미학적 취향, 즉 비속한 것, 값싼 것, 지나쳐서 불쾌한 것을 판단하고 인식하는 능력이다. 혐오는 감각의 손쉬운 쾌락, 혀의 맛을 거부하고 대신에 더 까다로운 것을 선호한다.

그리하여 반성의 취향과 감각의 취향이 구분되는데, 전자는 드물고 재능이고 교양인 경향이 있고, 후자는 손쉽고 초과하고 과도한 경향이 있다. 통속적인 사람들은 과도한 것, 싫증나는 것, 지나치고 안이한 것에 빠진 자들이며, 세련된 사람들은 좋은 취향의 메커니즘에 따라 통속적인 것, 즉 혐오를 식별해 내고 그것을 미리 거부할 수 있는 자들이다. 따라서 취향은 거부함으로써, 혐오감으로 외면함으로써 통속적인 것, 쉬운 것, 질리는 것, 값싼 표식이 있는 것으로부터 뒷걸음침으로써 나타난다. 혐오한다는 것은 아무런 저항도 하지 않는 것이다. 그것은 쉬운 일이다. 즉, 우리가 그것을 회피하거나 거부하도록 교양을 쌓고 훈련하지 않으면 그냥 일어나는 일이다. 그것은 가장 저항이 적은 길이며, 뱃속으로 다시 돌아가려는 유혹이다. 더 정확히 말하자면, 세련된 자들의 혐오, 즉 그들의 좋은 취향은 다른 사람들의 취향 부족에 대한 반감이다. 다시 말해, 탐닉하고도 혐오를 경험하지 않을 수 있는 세련되지 않은 사람들을 향한 반감이다. 이것은 제임스 1세 시대의 우울한 사람이 자신의 눈앞에서 일어난 성교의 유행에 대해 가졌던 과잉의 공포와 유사하다.

이것을 좀 더 설명해 보자. 혐오라는 단어는 16세기 중반 프랑스어에 등장한 뒤 곧이어 17세기에 영어로 들어왔다.[58] 우리가 방금 본 것처럼, 당시 다양한 혐오의 징후에 할애된 단어들은 결코 부족하지 않았다. 셰익스피어는 그러한 용어가 없어서 아쉬워한 것 같지는 않다. 그러나 혐오 단어를 수입한 것은 16세기에 무성한(rank), 신물 나는(fulsome), 과도

---

57   Bourdieu, *Distinction*, pp.486~491[부르디외, 『구별짓기』, 871~883쪽].
58   옥스퍼드 영어 사전의 표제어 명사 disgust와 *Robert*의 표제어 dégoût를 보라.

한(surfeit)과 같은 단어들의 의미가 과잉(excessiveness)과 같은 더 유순한 의미를 넘어 메스꺼움, 질림, 역겨움 등의 더 악의적인 의미로 확대되었던 일반적인 추세의 일부인 것 같다. 16세기 동안 혐오스러운 것은 점점 더 세련된 표현의 문제가 되었고 따라서 17세기 중반에 이르면 영어는 특별한 종류의 불쾌감과 혐오감을 가리키는 용어들의 과잉을 겪었던 것으로 보인다.

세련된 분별 능력으로서의 취향 개념이 취향의 "부정적 본질", 즉 혐오를 묘사하는 미각 기반의 단어를 만들어냈다는 주장에는 분명 매력이 있다. 혐오(disgust)에서 맛(gust)은 아주 일찍부터 영어와 프랑스어 모두에서 음식과 음료의 감각에서처럼 좁은 미각과 관련된 것이 아니라 더 광범위하고 새로이 등장하는 "좋은 취향"이라는 관념을 존중한 것이었다.[59] 새로이 확장된 취향은 구별, 계급, 교육, 부, 재능에 대한 것이었다. 그것은 예술, 건축, 담화, 드레스에서 추한 것을 거부하고 경박한 음악과 시를 비난할 수 있는 능력이었다. 간단히 말해서, 새로운 취향은 그 취향이 모든 감각과 관계되는 능력에 관한 한 혐오를 개념화하는 오랜 방식에 못지 않게 문란했다.[60] 좋은 취향의 등장과 함께 문명화 과정이 교양, 예절, 사

---

59 그 주장은 매력적이지만, 어쩌면 너무 깔끔하다. 사전들은 (영어와 프랑스어 모두에서) 취향이라는 단어가 혐오라는 단어의 등장보다 50년 정도 뒤처진 적절한 것, 조화로운 것, 아름다운 것의 감각으로 묘사한다. 그 자체는 여기서 제기된 주장을 되돌리기에 충분하지 않다. 왜냐하면 두 언어 모두에서 혐오가 사전에 들어오기 전에 이미 '맛(taste)'이 어떤 선호에 대한 정신적 인식을 묘사하기 위해 확장되었기 때문이다. 따라서 혐오는 단지 음식에 대한 반감뿐만 아니라 자신의 선호에 맞지 않는 어떤 것에 대한 반감도 나타냈을 것이다.

60 사회역사가 플랑드랭(J. -L. Flandrin)은 "좋고 나쁜 취향의 관념이 요리 영역에서 먼저 발달했는지 예술과 문학 영역에서 먼저 발달했는지" 궁금해 한다("Distinction through Taste," p.300). 그는 두 가지 길을 모두 가리키는 확정적이지 못한 증거를 발견하지만, 맛을 요리 외의 영역으로 은유적으로 확장할 수 있도록 먼저 요리를 미학화했던 것은 요리사였을지도 모른다고 시사한다.

생활의 문제들에 대한 새로운 세력권을 주장하게 되자 혐오는 훨씬 더 세련된 구별짓기를 규제하기 위해 요청되었다.

문명화 과정

위대한 작품들의 특징은 세부사항에서는 틀린 것으로 판명될 수도 있지만 모든 세부사항이 옳았다면 성취할 수 없었을 더 큰 그림에 대한 진실을 제공할 수 있다는 것이다. 많은 이들이 프로이트와 푸코가 그러한 경우라고 느끼고 있으며, 노르베르트 엘리아스의 『문명화 과정(The Civilizing Process)』도 정말로 그러한 경우이다. 중세 연구자들은 엘리아스가 출발점으로 삼고 있는 통속적이고 제약받지 않고 어린아이 같은 중세 사람들의 희화화된 상(像)을 불쾌하게 여긴다. 그리고 그들은 그러한 상이 부분적이며 잘못된 설명임을 증명할 수 있다.[61] 이 장의 첫째 절에 나온 모든 사례는 엘리아스가 허용할 수 있는 것보다 더 많은 중세의 혐오, 완곡한 표현, 그리고 섬세함을 보여주며, 이러한 사례는 14세기의 카타리나보다 11세기의 안셀무스에게서 더 많이 나타난다. 다른 문화사가들은 엘리아스의 책 두 권 전체가 문명화 과정에서 교회나 종교가 미친 영향을 무시하기만 할 뿐 거의 언급하지 않는 것에 의아해 한다.[62] 그러나 이러한 간극과

---

61 Jaeger, *The Origins of Courtliness*를 보라. 또한 "Violence, Self-Discipline"에서 반 크리켄 (van Krieken)의 비판도 참조하라.

62 "종교, 즉 화복의 전지전능한 신에 대한 의식은 결코 그 자체로 '문명화'나 감정순화의 효과가 없다. 오히려 그 반대로 종교는, 그때그때의 사회 및 종교를 지탱하는 계층이 문명화되는 정도만큼만 '문명화'된다." *History of Manners*, p.200[『문명화 과정』, 382쪽]. 혹자는 엘리아스가 종교를 제도화된 체제가 아니라 믿음의 문제로 한정지었다고 언급한다. 그는 일부

결점에도 불구하고 엘리아스의 작품은 감정 경제가 600년에 걸쳐 변화한 과정 - 당혹감과 혐오감이 작은 역할을 하던 것에서 궁정 계급과 상류 부르주아 계급의 내면생활을 지배하는 것으로 - 에 대한 강력한 설명으로 남아 있다.

엘리아스의 이야기는 사회 구조의 변화, 주로 사람들 사이의 의존 및 관계 구조의 변화가 감정생활에 필연적인 결과를 가져온다는 이야기이다. 엘리아스는 중세의 전사들이 르네상스와 17세기의 궁정 신하들로 개조됨으로써 덜 불안해졌으며, 감정 표현에서 크게 동요하는 경향이 덜해지고, 더 온건해지고, 절제되고, "문명화"되었다고 주장한다. 엘리아스는 사회 역사적 과정 위에 개인 정신에 대한 프로이트적인 발달 이야기를 쓴다. 그 이야기 속에서 어린아이 같은 중세인의 넘치는 활력은 현대 부르주아 성인의 예의 바르고 억압된 스타일로 탈바꿈된다. 한때 대중의 조롱과 비난하는 타자들의 실제 존재에 의존했던 제재들은 내면화되어, 사회적인 것이 심리적인 것으로 변화된다. 외적 제약은 내적인 제약이 되며, 그 결과로 관습으로 인식되기를 그치고 자연 자체의 작동으로 느껴진다. 신체의 노출과 자연적 기능의 수행에 대해 엘리아스는 이렇게 쓴다. 우선

어떤 식으로든 높은 지위나 동등한 지위의 사람에게 벗은 모습을 보이는 일은 미풍양속에 어긋나는 불쾌한 위반이었다. 그러나 똑같은 행위가 낮은 지위의 사람들 앞에서는 오히려 선의의 표현으로 해석되었다. 그러다가 모든 사람이 사회적으로 동등해지면, 그것도 점차 일반적인 위반이

이전 사회로 종교가 완전히 종속된다고 상정한다. 종교는 그 사회의 구성에 어떤 식으로든 기여한 바가 없으며, 단지 그 사회를 반영한다.

된다. 그와 함께 수치감과 불쾌감의 사회적 연관성은 사람들의 의식에서 사라져버린다. 벗은 모습과 생리적 용무를 남에게 보이지 말라는 사회적 명령이 이제 모든 사람들에게 적용되고 이런 형태로 어린아이들에게 주입되기 때문에, 그것은 어른들에게 자기 내면의 명령으로 보이게 되며 또 자동적으로 작용하는 총체적인 자기강제의 형태를 갖게 된다(139[292]).

이러한 발전은 광범위한 결과를 낳는다. 그중 하나를 들면, 사회 통제 교육의 많은 부분이 공개된 공간에서 가정으로 옮겨간다. 전체 문명화 과정은 위축시킴, 주입식으로 밀어넣음을 나타내는 것이어서 이전에는 공개적으로 수행 가능하고 공개적으로 제재 가능했던 것이 사적으로만 수행 가능해졌고, 양심에 의해 그리고 죄책감과 당혹감과 혐오감에 의해 내적으로만 제재 가능해졌다. 엘리아스가 인식하는 이 과정의 한 가지 흥미로운 효과는 유년기가 성년기와 심리적으로 구별 가능해진다는 것이다. 왜냐하면 성년기는 정확하게 어린아이들에게만 허용 가능하다고 이해되는 행동들의 억압으로 특징지어지기 때문이다. 혹자는 엘리아스의 이론에서 흥미로운 함의를 볼 수 있다. 엘리아스의 도식에 따르면, 발명된 것은 유아기가 아니라, 즉 속설에 따라 18세기의 창안물인 어린아이 숭배가 아니라 성년기이다. 성년기는 새로운 억압된 행동들에 의해 특징지어지는 새로운 상태이다. 중세인들은 제약이 부재했다는 점에서 모두 분별되지 않는 어린이들이었다.

엘리아스는 자신의 이야기가 사회 구조에 의해 영향 받는 감정들에 대한 것이라고 강조한다. 문명화 과정은 궁정 사회의 감정 경제에 거대한 변화가 일어나고 있음을 목격한다. 문명은 혐오감과 당혹감의 문턱을 낮출 것을 요구한다. 즉, 이러한 감정들은 쉽게 촉발될 필요가 있다. 그러나 문명은 단지 엄청난 양의 혐오감과 당혹감 그 이상을 요구한다. 문명은 이러한 감정들이 지금까지 지배하지 못했던 특정한 영역들을 지배할 것을 요구한다. 먹기, 코풀기, 방귀 뀌기, 배설하기는 당혹감과 혐오감에 종속되는 영역이 된다. 복잡한 규칙지배적 행동들이 먹기와 코 관리를 중심으로 등장하기 시작한다.

코에 대해 생각해 보자. 15세기의 행동지침서에는 "식탁보에 코를 푸는 행위는 적절하지 않다"(144[298])라고 되어 있다. 16세기에 이르면, 행동 규칙은 손수건의 적절한 처리에 대해 규정한다. "코를 닦은 다음 마치 네 머리로부터 진주나 루비 같은 보석이 떨어지지 않았나 확인하듯이 손수건을 펼쳐 들여다보지 말라"(145[300]). 17세기 말에는, 행동지침서들을 통해 이제는 생생하고 상세하게 논의하기에는 너무 난처해진 주제에 대해 말하는 것조차 어려워진다. "'코를 푼다'는 표현은 불쾌한 인상을 주기 때문에 숙녀들은 이를 코 푸는 손수건이라 하지 말고 더 정중한 표현인 네커치프(neckerchief, 주머니 손수건)라고 불러야 한다"(146[302]). 18세기 후반에는 상세한 언급들이 모두 빠져버린다. "코를 풀 때는 모든 예의와 청결의 준칙을 준수해야 한다"(148[304]). 그 과정은 중단되지 않았다. 손수건은 이제 크리넥스로 대체되었다. 이전에 주머니에 넣고 세탁하고 재사용했던 것이 어떤 이들에게는 견디기에 너무 역겨워졌으며, 그래서 사용 후 버릴 수 있는 손수건, 즉 마케팅의 성공이 의존했던 청결 규범과 관련된 크리넥스가 등장했다.

상이한 감정들은 규범 내면화 과정의 상이한 단계에서 각각의 역할을 한다. 먼저 사회 통제는 공개적인 창피 주기와 당황할 가능성의 주입에 의존한다. 예를 들면 식탁보에 코를 풀지 말라, 그것은 농부들이나 하는 짓이다 같은 식이다. 그다음은 당혹감을 피하기 위한 보다 세련된 관행 규칙이다. 그리고 그 과정의 마지막에 행동 규칙이 자리를 잡는데, 이는 당황할 가능성에 의해서도 아니고 혐오에 의해서도 아니다. 이 행동 규칙은 전체 주제가 너무 전복적이어서 이야기조차 할 수 없게 만든다. 그 과정은 수치심에서 죄책감으로 이동한 것이라기보다는 내면화된 혐오 규칙에 의해 수치심을 유발하는 제재들이 대체되는 것이다. 수치심은 분출하는 것을 안으로 다시 밀어넣고, 혐오는 그것을 그곳에 단단히 가둬둔다. 수치심은 다음 영역을 획득하는 데 중요하며, 혐오는 수치심을 억누른 채로 유지하며 지킨다. 수치심에서 혐오감으로의 이동은 정확하게 공개된 것에서 사적인 것으로의 이동, 외부에서 내부로의 이동, 아이에서 성인으로의 이동, 분출하는 것에서 억압적인 것으로의 이동을 따라간다. 그것은 또한 우리가 보았듯이 다른 사람들의 행동 및 선호에 대한 세련되고 관대한 혐오 반응을 적용하는 함수인 좋은 취향의 발전을 뒷받침하는 이야기이다. 일단 혐오 메커니즘이 확고히 자리를 잡으면 사람들은 자신들이 관습적이라고 인식하는 관행들이 현명하게 위생적이라고 이해하게 된다는 것에 주목하라. "위생 주장"은 이러한 관행들의 기원이나 선택을 명백하게 설명하지 않는다. 그 주장은 단지 그 관행들을 유지하는 심리적이고 사회적인 메커니즘의 성공을 반영한 것일 뿐이다.[63]

엘리아스의 설명을 특징짓는 몇 가지 아이러니가 있다. 첫 번째는 어쨌든 그가 그 이야기를 할 수 있다는 것이다. 16세기에는 토론할 수 있었던 신체 행동들에 대해 상세하게 토론하는 것을 불가능하게 만든 억압적

---

63 엘리아스는 메리 더글러스가 위생을 근거로 그 주장을 일축할 것이라고 예견한다. 제3장 각주26을 보라. 위생은 포크보다 스푼을 선호하는 것과는 상관없으며, 내장육이나 달팽이 등을 먹는 것에 반대하는 것과도 상관이 없다.

인 메커니즘은 노르베르트 엘리아스의 책을 막을 정도는 아니었다. 억압적인 레짐의 규칙들 안에는 억압된 자들이 돌아와 햇빛을 볼 수 있도록 혐오가 유지하는 방법들이 있다. 한 가지 방법은 저속한 희극과 더러운 농담을 통하는 것인데, 이 방법은 어느 정도 방출을 허용하지만 엘리아스와 같은 취향의 사람들에게는 수용되지 않는다. 그에게 방출의 형식은 인용 부호이다. 이것은 세련된 학자의 안전밸브이다. 그리고 단호함이 근엄한 재치의 모습을 띠지는 않으면서, 단순히 단호하고 권위적이고 객관적인 어조를 추구하는 학자적인 스타일의 냉정한 어조가 있다. 엘리아스는 우리가 특정한 기준이 충족되는 한 특정한 하위문화에서는 이러한 것들에 대해 말할 수 있도록 허용하는 억압 속에서도 규칙을 가지고 있다는 것을 보여주는 예의를 결코 버리지 않는다.

그럼에도 불구하고 어떤 주제는 여전히 금기로 남아 있다. 예를 들어, 여성은 초기에 문명화된 스타일의 수호자로 등장한 것을 제외하고는 엘리아스의 설명 가운데 거의 존재하지 않는다. 그는 단순히 여성이 식탁보로 코를 풀거나 바닥에 침을 뱉고 신발로 그 침을 비벼대는 것을 상상할 수 없다. 생리 처리가 사사화(私事化)된 과정에 대한 언급도 없다. 아니면 여성은 남성이 자신의 신체 행동을 제약하기 훨씬 전에 이미 그 문제에 관해 문명화 과정을 겪었던 것인가? 엘리아스는 이러한 문제들을 다루는 것이 너무 당혹스러웠던 것 같다.[64] 여성을 이런 식으로 생각하

---

64 17세기 말에는 남성의 혐오를 유발해서 남성 안에 있는 에로스를 소멸시키지 않도록 여성에게 충고하고 청결을 유지하라고 강요하는 남성들의 매우 노골적인 시작(詩作) 활동이 ― 오비디우스 전통에서는 의식적으로 ― 전개되었다. 1680년에 로체스터 백작 존 윌모트는 특히 저속한 시를 썼는데, 한 구절만 인용해 보자.

아름답고 고약한 님프여, 깨끗하고 친절하게 굴어라

는 것은 너무 혐오스럽다. 그러므로 여성은, 문명화 과정이 남성을 충분히 여성화해서 남성과 여성을 위한 행실의 일반적인 수준이 여성의 식사 예절과 코 관리가 당혹감 없이 이야기될 수 있을 정도가 되어야, 그 설명에 들어갈 수 있다. 따라서 여성은 17세기에 이르러서 비로소 나타난다.

우리가 보아온 바와 같이, 좋은 취향과 나쁜 취향의 개념은 특정한 방

그러면 나의 모든 기쁨은 회복되리라
아직 뒤에 있는 종이를 사용해서
그리고 그 전에 스펀지로

"Song," vv. 5~8, *Complete Poems*, p. 139. 화장지에 대한 초기의 언급에 주목하라. 콘그레브(Congreve)는 오비디우스의 『사랑의 기술(The Art of Love)』 3권의 구절 번역에 착수했다. 그리고 우리는 고전적인 모델들이 엘리아스는 주목하지 않았던 방식으로 유럽인들에게 신체 청결에 대해 재교육시키는 데 기여할 수 있었다는 것을 발견하게 된다. 앞서 언급했던 다른 무엇보다도 콘그레브가 여성들에게 다리의 털을 깎으라고 했던 오비디우스의 충고를 표현하는 직접성에 주목하라(제3장 각주44).

나는 하마터면 너희들에게 암내를 없애고
뻣뻣한 털을 방치해서
종아리를 보기 흉하게 만들지 말라고
주의를 줄 뻔했다.

William Congreve, *Ovid's Third Book of the Art of Love*, vv. 248~251[오비디우스, 200쪽]. 또한 제4장 각주1에 인용된 도유(塗油)에 대한 주석에서 포프가 여성들에게 투덜거리며 한 충고를 보라.
1790년대에 글을 썼던 메리 울스턴크래프트(Mary Wollstonecraft)는 배변과 생리 문제에서 적절한 청결에 대해 여성들에게 조언한다. 예절이 요구되자 그녀는 돌려 말하기, 애매한 표현, 모호한 표현, 절박한 완곡어법의 비범한 솜씨를 사용했다. 배변은 예상대로 "남 앞에서 하면 안 되는 일"이다. 하지만 그녀가 단순히 여성들에게 생리에 대해 말하지 말라고 충고하기 위해 사용한 단어의 숫자를 헤아려보라. "비슷한 이야기이지만, 남자들은 절대 범하지 않는 여자들만의 더 나쁜 습관에 대해 좀 더 살펴보려고 한다. 여자들은 침묵해야 할 때 비밀을 누설하고, 유대족의 일파인 에세네인처럼 지나치게 청결에 집착하여 인간에 대한 무례에 지나지 않는 불결함을 신에 대한 모독으로 간주한 이들도 있다. 하지만 정말 어떤 여성은 청결에 너무 무관심하다. 정숙한 여자가 어떻게 그처럼 혐오스러운 동물적 기능을 남한테 보여줄수 있는가? 이런 문제에서 다른 여성의 인격을 존중하도록 교육받지 못한 여성은 머지않아 남편의 인격도 무시하게 될 것이다. 내가 본 바로는, 이들은 처녀 때 가졌던 수줍음이 사라지면 전에 가졌던 습관이 되살아나, 자매나 여자친구 앞에서 하던 일을 남편 앞에서도 하게 될 것이다"(*Vindication of the Rights of Woman*, pp. 235~236[『여권의 옹호』, 220~221쪽]).

식으로 구성된 혐오의 상관 개념, 즉 가장 세련된 분별 능력으로 인식되는 혐오를 필요로 한다. 그러나 혐오는 좋은 취향과 나쁜 취향의 개념을 반드시 필요로 하는 것은 아니다. 하지만 문화들과 시간을 가로질러 지속되는 청결과 순수의 개념에 필수적인 관계를 가지고 있다. 엘리아스의 이론에 따르면, 혐오 문턱이 낮아지고 그리하여 혐오가 더 쉽게 촉발될 때, 우리는 순수와 청결 관념의 적용 가능성에 상응하는 움직임을 기대해야 한다. 순수와 청결은 전에는 불순함의 망령을 불러일으키지 않았던 영역들로 범위를 넓혀가고 있었다. 엘리아스의 설명에 따르면, 이 영역들은 식사 예절 및 신체의 공개 가능성과 관련이 있었던 영역이다.

그러나 나는 혐오감과 당혹감의 **확대** 및 이와 필연적으로 상관관계가 있는 청결과 순수 관념의 확대에 대한 엘리아스의 생각을 검토하고자 한다. 여기에 일종의 청결 관리가 작동하고 있는가? 신체적 청결의 영역들로 새로 확대되는 것은 이제는 의례적으로 중요하지 않게 된 다른 영역들을 포기하는 것을 의미하는가? 고름을 마시거나 이가 득실거리는 헤어셔츠(hairshirts)*를 입음으로써 육체적 고행을 했던 성 카타리나 스타일의 수도자들은 신체적 깨끗함에 대해서는 염려하지 않았던 것처럼 보이지만 그렇지가 않다. 그들은 그저 우리가 생각하는 것보다 더 추상적이거나 더 영적인 것으로 판단할 수 있는 방식으로 청결을 이해했다. 그들의 방식은 육체와 육체의 욕망, 그리고 허용된 육체적 행동들에 가해진 요구들에 여전히 매우 물질적으로 나타났던 내면의 깨끗함이요, 영적인 순수함이었다. 그들은 우리가 세정한 얼굴과 귀 뒤를 씻음을 의미하

---

* 과거 종교적인 고행을 하면서 참회하는 사람들이 입었던 것으로, 털이 섞인 거친 천으로 만든 셔츠_옮긴이

는 것으로 받아들이는 속담, 즉 "청결은 경건함 다음가는 미덕이다"라는 속담의 진정한 의미를 고수하고 있다고 어떠한 아이러니도 없이 말할 수 있다. 또한 우리는 데이비드 흄이 신체 청결을 하나의 덕으로 간주할 때 그가 우리의 완전한 청결의 테스트를 통과할 무언가를 의미한다고 생각해서는 안 된다.[65] 흄에게 그것은 "우리가 다른 사람에게 호의적으로 되도록 하는" 조건이자 그래서 정말로 상대적인 기준이어야 하는 조건이다. 흄은 하루에 한 번씩 목욕하는 것을 기대하는 것이 아니라 아마도 잘 맞고 적절하게 분칠된 가발을 쓰고 깨끗한 속옷을 입고 얼굴과 손을 깨끗이 하는 것을 기대하고 있었을 것이다.[66]

엘리아스의 이야기는 청결이 확대된 것이 아니라 단지 청결의 스타일과 의미가 변화한 것으로 바꾸어 말할 수 있다. 이전 레짐에서는 육체적 욕망, 주로 섹스에 의해 부과되는 위험요인들이 문제가 되었다. 따라서 청결은 먼저 순결을 의미했으며, 그다음에 다른 악덕들로부터의 자유를 내포하는 것으로 확대되었다. 그 이후의 문명화된 질서 속에서, 육체는 육체가 위반하는 종류의 것들 — 그중 일부만 성적 욕망을 함축한다 — 때문에 욕망의 자리로 여겨지기보다는 위반의 원천으로 여겨진다. 시끄럽고 눈에 거슬리는 방식으로 땀을 흘리는 것, 대변을 보는 것, 침을 뱉는 것, 씹는 것은 매일매일 청결을 시험대에 올려놓는 반면, 순결의 깨끗함은 위험이 더 크고 더 강도가 세기는 하지만 덜 빈번하게 시험대에 올라간다. 문명화된 질서가 순결의 미덕을 필요로 하지 않는 것은 아니었지만,

---

65   *Treatise* III iii. 4, p.611[『인간 본성에 관한 논고 3: 도덕에 관하여』, 221~222쪽]. 같은 문단이 후에 그의 *An Enquiry Concerning the Principles of Morals*, p.104에 거의 그대로 등장한다.

66   청결이 사람의 몸보다 속옷의 상태로 이해되었던 관념에 대해서는 Revel, p.189를 보라.

순결과 청결에 대한 새로운 이해와의 관계를 재정의했다. 청결의 실패는 바람직하지 못함에 의해 처벌되지만, 순결은 불이행에 의해 처벌되었다. 거기에는 미덕이 없었다. 미덕은 바람직함과 결합된 순결함에 있었다. 처녀로 일생을 보내는 것이 아닌 결혼이 고결한 결말이었다.

기독교 레짐과 문명화된 레짐 모두에서 육체는 여전히 청결의 중심에 있었지만, 청결은 분량뿐만 아니라 그 스타일과 질도 변화시켰다.[67] 두 레짐 모두에서 청결은 사람들을 위계 안에서 서열을 매겼다. 기독교 세계에서 낮은 자들은 죄인과 버림받은 자로 칭해졌으며, 문명화된 세계에서 낮은 자들은 농부 또는 졸부 부르주아로 다양하게 불렸다.[68] 문명화

---

67 프랜시스 뉴먼의 청결의 역사와 그 의미의 변화에 대한 논의를 생각해 보라. 그는 정말로 철저하게 문명화 과정의 산물이었기에 고대의 금기들이 19세기 스타일의 공중 보건과 진정으로 관련 있다고 제안할 수 있었다(*Theism* 163: "Cleanliness," vv.14~32).

  권위 있게 모든 그러한 나태함을 죄로 고발하고,
  그리고 위험한 병독을 퍼뜨릴 수 있는 모든 문둥병 환자나 불결한 사람을
  (거룩한 또는 시민적인) 대중 인파로부터 멀리 떠나게 함에 있어서
  고대의 종교는 훌륭한 이유로 판단했다.
  그러나 종교가 그렇게 권위적으로 깨끗함을 촉구했을 때,
  그것은 정의와 진리를 위해 더 이상 권위적일 수 없었다.
  그리고 예식에 대한 열망이 퍼져나갔고, 사람들은 거룩함을 과시했다.
  다양한 외적인 순결에 의해 내면의 사람을 망각하며
  그러면 청결의 계율은 위장되고 오해되었다.
  그리고 한 무리의 남자들은 천상의 가치의 의례적 순결을 찬양했다.
  인위적일수록 더 신성했다. 그리고
  그러한 계율을 무시한 낯선 미덕을 경멸했다.
  또 한 무리의 남자들은 의례적 순결을 매도했다.
  그리고 내면의 거룩함을 허구적인 외면과 혼동하면서
  모든 종교적인 청결의 강제를 비난했다.
  아니, 속된 마음이 소중히 여기는 모든 것을 포기하거나 수치로 여기도록 강요되는
  이 세상의 것들 위로 높여진 진정한 성자를 가리키면서,
  전도(轉倒)된 금욕주의, 많은 이들이 놀랍게도
  더러움과 육체적 태만을 찬양하는 데로 나아갔다.

68 Dumont, pp.60~61을 보라. "순수의 에티켓은 어떤 면에서 — 덜 꼼꼼한 계급이 더 까다로

된 레짐에서 높은 자들은 소란을 피우지 않음, 침착함과 세련된 감각, 세계의 사회적 질서에 관한 기대를 승인함으로써 인정을 획득한다. 중세 기독교 질서에서 겸손의 추구는 사람의 고독과 신이 그를 선택한 것에 관심을 불러일으킬 정도로 요란스러운 소동과 자기 비하로 이어졌다. 그것은 뒤엎고 자극하길 원했고, 당황케 하고 무기력하게 하길 원했으며, 정상적인 사회적 기대를 뒤집기를 원했다.

이런 식으로 이야기를 하는 것은 한 문화에 가용한 순수(그리고 그에 따른 혐오)의[69] 양의 보존을 주장하는 강력한 주장으로서 이해될 수 있다. 또는 한 문화에서의 혐오 수준의 변화가 다른 문화 영역들에 걸쳐 혐오의 분배에서의 변화로 재인식될 수 있다고, 즉 종교적인 것에서 세속적인 것으로, (의례적 금지의 금기 사항에서와 같이) **무엇을** 먹는가에서 (적절한 식사예절을 갖추는 것에서와 같이) **어떻게** 먹는가로의 변화로 재인식될 수 있다고 주장하는 더 약한 주장으로서 이해될 수 있다. 여전히 나는 엘리아스가 큰 문제에서는 대체로 옳다고 생각한다. 혐오의 양은 시간이 지나더라도 변치 않는 것이 아니다.

내가 방금 제시한 보존에 대한 주장이 강한 형태로는 존속할 수 없겠지만, 우리는 혐오 문턱의 수준이 변화하는 것으로 보이는 일부가 청결과 순수에 대한 다른 관념의 결과로서 그리고 청결과 순수 규칙을 다르게 적용한 결과로서 더 잘 이해된다는 사실을 간과해서는 안 된다. 우리

운 이들에 의해 촌스럽다고 여겨지는 ─ 우리가 문화 또는 문명이라고 부르는 것과 일치한다."

69 순수함이 반드시 혐오와 관련되어 있는 것은 아니라는 점을 상기하라. 모든 혐오는 순수의 관념을 제기하지만, 모든 순수함이 혐오에 의해 제재될 필요는 없다. 죄책감, 수치심, 의무감 또한 공격적이지는 않더라도 순수 규칙을 유지할 수 있다.

시대가 종교적 성향이 더 강한 문화에 사로잡혀 있기보다 순수와 청결의 규칙에 더 사로잡혀 있다고 생각하는 것은 우리에게 이상해 보인다. 그러나 혐오는 반드시 상응하는 청결 규칙에 연결되어 있기 때문에 그러해야 한다. 우리는 청결을 너무도 많이 비누와 물의 문제로 만듦으로써 청결을 세속화해 왔다. 하지만 청결에 대해 덜 마법적인 것은 아니다.[70] 우리에게도 청결은 경건함 다음으로 중요하다. 그것은 과학적으로 유효한 위생 규칙이 아니라 등급이 매겨진 순수성의 문제이다. 일반적으로 문명화 과정에 의해 도입된 혐오에 대한 더 높은 민감성은 관료적 합리성에 의해 탈주술화된 세계를 재주술화하는 역할을 한다. 혐오는 우리의 세계를 괴이하고 위험한 마법적인 장소로 만드는 데 도움을 준다. 이는 종교의 방식은 아니지만 그 방식에 충분히 필적할 만하므로 결국 순수 규칙의 위반은 오염과 더럽힘, 그리고 공포, 증오, 혐오의 혼합을 의미하게 된다.[71]

문명화 과정의 본질인 혐오 규칙은 그 규칙의 밀도를 변화시키는 데서 항상 더 많이 금지하고 더 많이 혐오하는 방향으로 변화하는 것은 아니다. 개인과 마찬가지로 사회도 일단 획득된 특정 혐오 규칙의 범위와 대

---

70 받아들여질 수 있게 사적인 방식으로 소변과 대변을 보는 수단이 자율성과 자유의 필수적인 전제 조건이라는 주장도 있어왔다. Waldron, "Homelessness and Freedom," pp. 320~321을 참조하라. 문명화 과정의 상호침투와 자유주의 정치 이론의 부상은 몇몇 이상한 접합과 이접(離接)에 기여한다. 문명화 과정과 함께 최소한의 인간 존엄성의 내용은 사적인 배설 장소를 포함하도록 확장된다. 문명화 과정은 그러한 존엄성이 정치 이론에서 근본적인 중요성을 지니는 바로 그때에 최소한의 존엄성을 부여하는 것을 어렵게 (또는 적어도 더 값비싼 것으로) 만든다.

71 서구 역사는 관료적 합리성이 더 큰 영역을 차지하고 마침내 세계를 탈주술화하는 데 성공한다는 베버의 설명은 우리가 혐오에 대해 구성한 설명에 의해 매우 복잡해지며 심지어 심각하게 약화된다. 전체 문명화 과정은 혐오가 사회 질서의 더 많은 부분에 괴이하고 마법적인 힘, 우리를 오염시키고 역겹게 하는 힘을 불어넣는 것에 의존한다.

상을 수정하고 유보하는 법을 배운다. 예술과 "그렇게 예술이 아닌 것"에서 욕설과 성적인 노골성이 더 많이 받아들여지는 것이 좋은 예이다. 이것들은 심지어 증가하고 있는 성차별주의와 인종차별주의에 대한 도덕적 혐오와 복잡한 사회학적 연관성을 가질 수도 있다. 하지만 그 연관성은 명백하게 하나의 영역에서의 증가가 다른 영역에서의 감소를 요구하는 유압식(hydraulic) 연관성은 아니다. 우리가 일생에 걸쳐서 다소 충격과 저항을 가지고 그토록 많은 혐오 규범의 변이에 적응하도록 배운다는 것은 상당히 놀랍다. 그러나 모든 혐오가 동등하게 극복 가능한 것이 아니다.

　엘리아스의 이야기에서 혐오는 부적절하고 혐오스러운 것으로 보이는 일부 감정을 희생시키면서 증가해야 한다. 혐오는 분노, 분개, 성적이고 육체적인 충동, 그리고 식탐의 표현들과 경쟁했으며, 문명과 억압을 위해 큰 이득을 얻었다. 그러나 일부 사람들은 문명이 충분히 차별적이지 않아서 모든 감정적인 표현, 심지어 긍정적이고 사교적인 감정들의 표현조차도 역겨운 예의 위반으로 만듦으로써 끝나버리지 않을까 두려워했다. 그래서 조지 오웰은 이렇게 말한다. "안전하고 문명화된 생활의 결과 중 하나는 원초적이고 중요한 감정들을 역겨운 것으로 만들어버리는 지나친 민감함이다. 그래서 아량이 비열함처럼 불쾌하게 느껴지고, 감사가 배은망덕처럼 혐오스럽게 느껴지는 게 가능한 것이다."[72] 우리는 이것을 특별히 영국적인 신중함의 대가를 언급하는 내성적인 영국인으로 좁게 읽을 수도 있고, 또는 읽혀지기 바라는 대로 넓게 읽을 수도 있

---

[72] "Looking Back at the Spanish Civil War," *Essays*, p. 196[「스페인내전을 돌이켜본다」, 143쪽].

다. 오웰은 분명히 혐오를 주요 감정들 가운데 포함시키기를 원치 않지만, 엘리아스와 동시대인인 그는 확대된 혐오가 감정 경제에 미치는 효과에 주목한다. 억압은 우리가 바라는 만큼 그렇게 차별적이지 않다.

엘리아스의 이론들에 대한 마지막 한 가지 요점을 살펴보자. 엘리아스에 따르면 문명화 과정은 공적 영역을 희생해서 사적 영역이 확대된 것을 의미한다. 새로운 규범들은 사적 공간을 요구한다. 그 안에서 사람은 다른 이들에게 목격되면 혐오를 유발할 수 있는 것들을 준비하고, 다듬고, 행한다. 그러나 공적 영역과 사적 영역, 이 두 영역은 상호 침투한다. 사적인 것은 문명화된 행동을 생산하기 위한 필수 공간으로서 등장한다. 그것은 눈에 거슬리는 준비가 일어나는, 그리고 일단 일어나면 모든 이 ― 준비 단계에서 일어났던 일들의 이미지들을 자신의 고통스러운 의식으로부터 제거할 수 없는 스위프트와 같은 이들을 제외한 모든 이 ― 에 의해 공개적으로 비가시성이 허용되는 준비 단계의 영역이다. 사적 공간은 문명화된 공적 공간을 가능하게 한다.

반면, 공적인 것은 사적인 것으로 침입한다. 공적 공간에서 행해진 행동들은 사적 공간에서는 멈추기가 더 어려워진다. 일단 입을 닫은 채 먹는 법을 배우면, 우리는 대개 혼자서 야식을 먹을 때도 입을 벌리고 씹지 않는다. 더 격식을 차린 세대의 산물인 나의 아버지는 아직도 주말에 모직 바지를 입는다. 모든 규범이 우리를 그렇게 단단히 사로잡고 있지는 않으며, 우리는 어떤 위반은 사적 장소에서가 아닌 공적 장소에서만 혐오스럽다고 판단하는 반면, 어떤 위반은 두 장소 모두에서 혐오스럽다고 판단할 수 있다. 사적인 것의 안전한 영역을 구성하는 것은 또한 즉시 할 수 있는 관행에 따라 달라질 것이다. 사람들은 정지 신호등일 때 당신 바로 옆에 있는 차 안에서 자신의 코를 태평스럽게 후비겠지만, 컨버터블

안에서나 창문을 내려놓고서 그렇게 하지는 않을 것이다. 어떤 이유에 선지, 차 안에 있다는 사실은 차창이 투명함에도 불구하고 노래하고 혼 잣말하고 코를 후비기에 충분히 사적인 공간을 만드는 작용을 한다. 이 러한 행동들 때문에 유리는 불투명하게 느껴지지만, 우리가 공개된 장소 에 있는 것처럼 홀로 있을 때에도 모니터하는 다른 행동들로 인해 투명 성을 다시 획득할 것이다.

다시 말해서 모든 예절 규범은 정확하게 동일한 힘을 가지고 또는 정확 하게 동일한 방식으로 우리의 의식이나 무의식에 고정되어 있지 않다. 어 떤 규범은 당혹감을 촉발하지만, 다른 규범은 혐오감을 촉발한다. 전자 는 우리가 가벼운 예절의 의미에서 예절의 영역으로 생각하는 것이고,[73] 후자는 도덕적인 것의 영역이나 상상도 못할 것들의 영역, 즉 위반자를 예의 바르지 못할 뿐만 아니라 수치심도 없고 천한 사람으로 만드는 도덕 공간의 영역으로 생각하는 것이다. 이것은 우리를 다음 장의 주제로 인도 하는데, 다음 장에서 나는 지금까지 내 설명의 대부분에 깔려 있는 암묵 적인 주장을 보다 체계적으로 다룰 것이다. 그 주장은 혐오가 도덕적 담 론과 우리의 도덕적 감수성을 구성하는 데 핵심이라는 것이다.

---

73   예절과 도덕의 구분에 대해서는 Harré, "Embarrassment," 그리고 Goffman, *Behavior in Public Places*, p. 209를 참조하라.

제8장

혐오의 도덕적 삶

새뮤얼 존슨(Samuel Johnson)은 ≪램블러(Rambler)≫* 4호에서 허구적인 내레이션에서 악덕을 어떻게 다루어야 하는지에 대해 조언한다.

악덕은 보일 필요가 있기 때문에 항상 혐오를 유발해야 한다. 또한 유쾌함의 은혜도 용기의 존엄성도 마음과 조화되도록 악덕과 그렇게 통합되어서는 안 된다. 악덕이 나타나는 곳마다, 악덕은 혐오를 실천하는 악의로 인한 증오를, 혐오의 전략의 비열함으로 인한 경멸을 일으켜야 한다. 악덕은 부분이나 정신에 의해 지지받고 있지만, 진심으로 혐오를 받는 일은 거의 없을 것이다.[1]

존슨에 따르면, 우리의 도덕적 능력은 특정한 상황에서 증오와 경멸의 충만함에 의해 뒷받침되는, 혐오적 정서와 정념, 주로 혐오와 반감의

---

* 새뮤얼 존슨이 펴냈던 잡지의 이름_옮긴이
[1] *Works* 3: 24.

적절한 활성화에 달려 있다. 존슨과 같은 도덕주의자들은 악덕을 혐오스러운 것으로 정의하는 데까지는 가지 않는다. 왜냐하면 그 유형의 도덕주의자들에 따르면 우리의 혐오 메커니즘은 결코 그렇게까지 민감하지 않기 때문이다. 용서하기에는 우리의 불승인의 의지가 너무 무디다. 또는 우리가 너무 우호적이고 너무 자발적이다. 유쾌함과 같은 성질이나 용기와 같은 미덕과 악덕의 혼합은 있는 그대로의 악덕에 전혀 부끄러움 없이 매혹되는 사람들에게는 말할 것도 없이 당연히 기피되지 않을 것이다. 그러나 사람들에 대한 관용과 존중을 근본적인 미덕으로 여기는 새로운 유형의 도덕주의자는 우리의 혐오 민감성이 낮아져서 차이와 낯섦을 혐오의 원천으로 받아들이는 데 덜 예민해지기를 바랄 수 있다. 그럼에도 불구하고 우리가 청교도이건 아니건 간에 우리는 혐오의 관용어를 통해 가장 기본적인 도덕적 판단 중에 많은 부분을 표현한다. 논쟁은 혐오가 도덕 영역에서 작동하는지 여부에 대한 것이 아니라 혐오의 적절한 범위와 적절한 대상, 그리고 그 영역에서의 신뢰성에 대한 것이다.

정상적인 대화에서 혐오의 관용어를 사용하거나 혐오스러운 것의 개념을 언급하지 않고 도덕적 판단에 대한 목소리를 내는 것이 얼마나 어려운지 생각해 보라. 앞서 언급한 것처럼, 사람과 행위에 대해서 우리는 다음과 같이 말한다. **그는 나를 섬뜩하게 해. 그는 나를 소름끼치게 해. 윽! 토할 것 같아. 넌 역겨워**(불쾌해, 혐오스러워)! 우리는 불쾌하고 끔찍하고 혐오스럽고 역겨운 특성이나 행위에 대해 더 높은 음역에서 말한다. 우리가 진정으로 사악한 것에 대해 그러한 혐오적 판단을 하지 않는다면 존슨은 당연히 쾌락에 대한 이유를 가질 필요가 없다. 그는 악덕이 무엇인지 알고 있었으며, 악덕은 혐오와 맞닥뜨려야 했다.[2] 우리의 담론은 그 질서를 뒤집는 것처럼 보인다. 우리는 무엇이 혐오를 유발하는지 인식하고, 바로 그 이유만으로 혐오를 유발하는 것에 불완전한 도덕적 지위를 부여하는 경향이 있다.[3] 작가들은 도시의 하수구, 강의 악취, 또는 기숙학교의 더러움과 불결함에 대한 상황 묘사를 통해 전체 사회 질서에 반하는 도덕적 판단을 내릴 때, 이러한 혐오의 도덕화 능력에 자주 의지한다. "런던, 그대 죄악의 씨앗이 뿌려진 정원이여, 왕국의 모든 더러운 통로를 빨아들이는 바다여."[4] 존슨이 짜증을 내는 것은 그가 심히 불쾌하게 여기는 것들에 대한 혐오감이 그가 바라는 만큼 쉽게 찾아오지 않기 때문이다. 악덕은 종종 너무 매혹적이다. 실제로 악덕은 사회적이고 도덕적인 질서에 유혹과 위협이 되는 것이 틀림없다. 그러나 나는 그가 너무 많은 것을 요구하고 있는 것은 아닌지 의심스럽다. 왜냐하면 확실히 혐오는 모든 악덕은 아니더라도 일부 악덕을 거스르는 존경할 만한 행위를 하기 때문이다.

혐오의 관용어는 많은 내용을 품고 있어서 도덕적 주장을 표명하는 데

2   존슨은 무엇이 악덕을 구성하는지에 대해 편협한 수도사 같지 않았다. 맨더빌(Mandeville) 처럼 그는 사치의 유익을 옹호했다. 맨더빌과 관련해 존슨에 대해서는 *Life of Johnson*, April 15, 1778, Chapman ed. pp.947~948을 참조하라.

3   나는 여기서 일반적으로 받아들여지지 않는 감정주의적 입장을 옹호하는 것이 아니다. 나는 단지 하나의 사회적 문제로서 도덕적 작업을 하는 경향이 있는 감정들이 그러한 작업을 할 때마다 도덕적 판단을 수반하는 것으로 이해된다는 점에 주목한다. 비록 도덕적 정서가 우리가 도덕적 판단이라고 부르는 것과 적절하게 일치하지 않을지라도, 분석철학자들 외에 어느 누가 그러한 구별을 일관되게 유지할 수 있는지는 명확하지 않다. Gibbard, pp.129~131과 pp.147~150을 보라. 혐오와 같은 도덕적 정서들은 우리로 하여금 우리의 도덕적 판단이 하지 말라고 말하는 것들을 비난하게 할 것이라는 점과 우리의 도덕적 판단은 정반대로 우리에게 거의 혐오를 유발하지 않는 것으로 보이는 것들을 인정하지 말아야 한다고 말할 때가 있다는 점에 주목하라.

4   Nashe, *Christs Teares over Jerusalem* 83r. 다양하게 *Les Miserables, Our Mutual Friend*, 그리고 오웰의 "Such, Such were the Joys"를 상기해 보라.

확실한 장점을 갖고 있다. 그것은 심각함, 전념, 명백함, 현재성, 그리고 현실을 나타낸다. 혐오의 관용어는 도덕적인 것을 흔히 그것이 향하는 경향이 있는 하늘로부터 끌어내리며, 철학자들과 신학자들로부터 그 도덕적인 것을 빼앗아서, 우리에게 최대한도로 되돌려준다. 도덕적 결정, 도덕적 규제, 도덕적 교육, 그리고 도덕 이야기의 일상적인 진실은 선한 것과 옳은 것보다 혐오스러운 것에 대한 언급을 포함할 가능성이 더 많다. 우리의 도덕적 담론은 우리가 선한 것과 아름다운 것보다 나쁜 것과 추한 것을 인식할 때 우리의 판단을 더 확신한다는 것을 시사한다. 그리고 그것은 부분적으로 (우리가 흔히 나쁜 것과 추한 것을 느끼는 수단인) 혐오가 우리의 도덕적 담론에 대해 진실의 모습을 띠고 있기 때문이다. 우리의 도덕적 담론은 낮고 가식도 없다. 따라서 비록 우리는 우리의 도덕적 담론이 우리를 주저하게 만드는 그 담론의 영역으로 모든 것을 끌어들인다는 것을 알지만, 우리는 우리의 도덕적 담론을 신뢰할 만하다고 느낀다. 혐오 관용어는 우리의 몸을 우리의 말 뒤에 감추고 우리의 몸이 우리의 말을 **단순한** 말 이상의 무언가로 만드는 안전장치라고 보증한다.

　나는 이 장에서 세 가지 주요 쟁점을 다루고자 한다. 첫째, 일상적으로 그리고 적절하게 혐오를 유발하는 것으로 보이는 특별한 악덕과 도덕적 실패가 있는가? 그리고 그렇다면 그것은 그러한 악덕들에 대해 무엇을 말하는가? 우리는 어리석음과 위선에 초점을 맞출 것이다. 특별히 위선은 종종 법과 정치 직종에게 다소 혐오스러운 도덕적 기조를 주는 것으로 보이는 필요악과 도덕적 타협 같은 것들에 나타나는 것으로 다루어진다. 둘째 쟁점은 혐오가 도덕적 작업을 하는 메커니즘을 식별하기 위한 시도 가운데로 우리를 포함시킨다. 애덤 스미스를 가이드로 삼아, 우리는 혐오가 간접적으로 그리고 공감적으로 경험될 수 있는 용이성에 초점을 맞출 것이다. 셋째, 우리는 혐오의 도덕적 실패를 도덕적 정서로 다룰 것이다. 혐오는 도덕적 작업에 다소 지나치게 열심인 경향이 있다. 혐오는 우리가 배제하는 것이 더 나은 판단이라고 느끼는 것들을 도덕적 영역 안으로 끌어들이기를 원한다. 여기서의 논의는 특정 사회 질서 속에서 안전하게 무시할 수 있는, 관심 비유발을 유지하는 고프먼의 도덕적 의무에 초점을 맞출 것이다.

혐오스러운 악덕들

어떤 종류의 악덕이 분노보다는 혐오감을 유발하거나 아니면 적어도 격분만큼 혐오감을 유발하는 경향이 있는가? 어떤 경우에 우리는 악덕이라고 명명할 필요가 없다. 우리는 대신 특정한 악덕을 대표하는 변호사나 정치인과 같은 역할이나 직위를 명명한다. 특정한 성격 특성은 혐오를 유발하는 경향이 있다.[5] 흄은 일반적인 비열한 성격을 "혐오스럽고 경멸할 만하다"라고 여긴다. 그는 계속해서 이러한 사람을 더 자세하게 "상관에게는 굽실거리고" "하급자에게는 무례한" 종류로 묘사한다.[6] 바로 윗사람에게는 굴종하고, 아랫사람들에게는 잔인한 종류이다. 주디스 슈클라(Judith Shklar)가 일상의 악덕이라고 불렀던 것 중에서 성격의 결함은 가장 혐오스러운 것 가운데 하나이다. 불행하게도, 그것은 또한 드

---

[5] 악덕(과 미덕)은 종종 성격의 특성인 것처럼 취급된다. 나는 여기서 특성과 악덕은 생략하고 있지만, 그것들의 동의성(同意性)에 대해서는 어떠한 주장도 하고 싶지 않다. 이 문제와 다른 관련된 문제들에 대해서는 Flanagan, pp.280~292를 보라.

[6] *Enquiry*, p.90 n1.

물지 않은 결함의 종류이며, 우리 모두는 그러한 사람들의 존재를 겪거나 우리 자신 안에서 그러한 결함의 증거를 보여준 것에 대해 자기혐오를 경험한 경우가 있다. 물론 천박한 사람도 있지만, 어떤 이들은 지나치게 까다로운 사람을 혐오스럽다고 느낄 수 있다.[7] 아마도 까다로운 사람은 혐오스러운 것을 너무나 열심히 회피하려고 함으로써 혐오스러운 것에 주의를 집중하기 때문일 것이다. 예절을 문명화하는 목적은 혐오스러운 것을 억제하고, 그것을 마음에서 떨쳐버리거나 적어도 공적 공간에서는 잊어버리는 것이다. 이것은 행동들에 대한 세밀한 보정을 요구한다. 까다로운 사람은 우리가 공개적으로 존재하지 않는 것처럼 가장해야 하는 예절이 요구하는 삶의 바로 그러한 측면들에 대해 스스로에게 주의를 환기시킨다.

슈클라와 몽테뉴의 감각에서는 일상의 악덕 가운데 많은 것이 혐오를 유발한다. 잔인함, 배신, 위선, 탐식, 욕망 등이 그러한 악덕이다. 흄은 바보스러움과 공격적인 어리석음이라는 일상의 악덕을 포함시킬 것이다.

> 일과 책과 대화, 이 모든 것에 대해 바보는 완전히 무능하며, 그의 신분으로 인해 가장 거친 고역에 처해진 것을 제외하고는 이 땅 위에서 **쓸모없는** 짐으로 존재한다. … 자연에서 가장 강하고 가장 불변하는 결속인 부모의 애정을 제외하고, 어떠한 연관성도 이러한 속성에서 비롯되는 혐오를

7　까다로운 사람은 혐오스러운 것에 대한 과민성 때문에, 천박한 사람은 혐오스러운 것에 대한 저감수성 때문에 혐오를 유발한다. 하지만 이 둘은 더 세련되게 조율된 감수성이 혐오스러운 것과의 접촉을 회피할 상황에서 혐오스러운 것에 집중함으로써 혐오를 유발하는 능력을 가지고 있다.

뒷받침할 만큼 충분히 강하지 않다. 배반, 배은망덕, 악의, 불신 아래서도 존속할 수 있는 사랑 그 자체는 인식되고 인정될 때 즉시 그것에 의해서 소멸된다. 기형과 노년도 그 정념의 지배에 더 치명적이지 않다.[8]

흄의 혐오는 지루한 친구들과 어울리거나 서툴러서 좋은 대화의 기반을 파괴하는 사람들을 위해 남겨둔 것이다.[9] 그는 바보처럼 혐오스러운 것은 없다고 말한다. 흄은 사람들이 바보라고 생각되는 것보다 불의와 끔찍한 도덕적 실패로 알려지는 것을 더 선호할 것이라고 주장한다. 오직 자연이 정해준 부모의 사랑만이 바보가 유발하는 강력한 혐오를 견뎌낼 수 있다.

나는 제6장에서 흄이 다소 과장하고 있다고 언급했다. 그러나 그는 바보가 만들어내는 사랑과 혐오의 양립불가능성을 극복하기 위해 자기기만, 소망적 사고, 또는 다른 형태의 무지에 의해 얼마나 많은 작업이 이루어져야 하는지 정확하게 파악한다. 어리석음이 낳는 혐오의 종류는 욕망을 파괴한다.[10] 그리고 일반적으로 어리석은 사람이 요구하는 미덕을 무효로 만든다. "아이러니의 방식에 의하지 않고서야 누가 그런 사람을 보고 훌륭한 미덕을 가진 사람이지만 지독한 멍청이라고 말했겠는

---

8   Hume, *Enquiry*, pp.75~76. 나는 나의 주장이 혐오라는 단어의 존재에 의존하기를 원치 않는다. 나는 사용되기는 하지만 배타적이지는 않은 구절들에 주목해 왔다. 그것은 분명 비난이나 반감보다는 더 강한 용어이다. 그러나 맥락에 따라 단순한 불쾌감에서 경멸, 증오, 질색, 반감에 이르기까지 다양한 혐오의 강도를 나타낼 수 있다.

9   어리석음에 대해 몽테뉴와 비교해 보라. "어리석음은 언짢은 소질이다. 그러나 늘 그러하지만, 어리석음을 잘 참거나 견디지 못하고 걸핏하면 화를 내며 끙끙 앓는 것은, 그 어리석음에 못지않은 다른 종류의 폐단이다." "On the Art of Discussion," *Essays*, p.704.

10   멍청한 금발 미녀를 성적 욕망의 대상으로 만드는 여성 혐오는 우리를 에로틱한 삶의 가치가 저하되는 보편적 경향 및 제6장에서 다루었던 혐오와 섹스의 복합적인 상호침투에 더 관여시킨다.

가?"[11] 흄은 어리석음을 우스꽝스럽게 경멸스러운 것보다 더한 것으로 만들고 있다. 흄이 하는 것처럼, 미덕과 개인적인 장점을 유용하거나 호의적인 것으로 정의할 때, 어리석음은 악덕이 되어야 한다. 어떤 이는 어리석음이 다른 악덕과 구별된다고 감지하는데, 왜냐하면 어리석음은 재치와 대화의 문제들에서 매우 정확하게 형성된 취향의 관념에 반하는 위반이기 때문이다. 하지만 흄의 시각에서는 그것이 당연히 도덕적 쟁점이 아니다.

흄의 혐오는 우리에게 과도하다는 인상을 준다.[12] 혐오는 바보(그리고 어쩌면 까다로운 사람)가 불러일으키는 단기간의 짜증, 당황, 좌절에 대한 과장된 약칭인 것으로 보인다. 이것은 연못의 찌끼를 마시는 불쌍한 톰* 이나 고름을 벌컥벌컥 마시는 성 카타리나에 의해 의도된 우리의 혐오 민감성에 대한 직접적인 공격과는 거리가 멀다. 우리는 종종 하찮은 것, 자기표현의 스타일, 또는 그저 "우리의 신경을 끊게 하는" 사소한 행동들에 의해 혐오감을 느끼게 되는 것에 대해 말한다. 어떤 사람들에게는 여기에 남학생 클럽이나 여학생 클럽의 회원들의 일반적인 스타일이 포함될

---

11 *Enquiry*, App. iv, 157. 그의 생각은 『논고(Treatise)』에서 좀 더 온건하게 표현된다. "어떤 사람으로 하여금 세상에서 최선의 의도를 갖도록 하고 또 모든 불의와 폭력에서 가장 멀리 있도록 하면, 그는 재능과 오성을 웬만큼 갖추지 않고는 결코 크게 존경받을 수 없을 것이다"(III.iii.4, p.607『인간 본성에 관한 논고 3: 도덕에 관하여』, 216쪽]). 흄은 『탐구(Enquiry)』 (159)에서 동일한 구절을 부록의 일부로 다시 사용하는 것이 맞다고 보았다. 흄이 혐오스럽다고 느낀 것은 단지 지성의 결여만이 아니다. 그것은 자신의 한계에 대한 자기 지식의 부족과 결합된 어리석음이다. 흄에게서 혐오를 유발하는 사람은 바로 바보, 즉 어리석음을 당신에게 떠넘기는 사람이다. 흄의 덕 이론에 대해서는 Baier, *A Progress of Sentiments*, pp.198~219를 보라.

12 여기서 흄이 보인 동정심 부족은 흄을 가장 찬미하는 해설자 중 하나인 바이어(Baier)를 당황하게 한다. Baier, "Moralism and Cruelty"를 보라.

* 『리어왕』의 등장인물. 글로스터 백작의 유일한 상속자로 서자인 동생 에드먼드의 음모로 쫓겨난다._옮긴이

수도 있고 식료품 가게에서 3달러어치를 구매하면서 수표를 쓰는 식으로 다른 사람들을 염두에 두지 않는 태도가 포함될 수도 있다. 그런 경우에 우리는 혐오의 관용어가 의식적으로 과장하려는 의도를 갖고 비유적으로 사용되고 있다는 것을 느낀다. 일종의 의도된 희극, 모종의 자기 조소(self-mockery)에는 흔히 "극혐 대상"으로 지정되는 그러한 짜증나는 것들을 혐오의 관용어로 흡수하는 것이 수반된다. 이런 것들은 사소한 것으로 특징지어진다. 그것들은 사회적 존재의 많은 부분에 영향을 미치는 통상적인 종류의 경멸을 뒷받침하는 골칫거리와 자극물이다. 이러한 경멸은 우리의 성격을 정의하는 데 도움을 준다. 경멸은 우리의 일상생활의 개인적인 정치를 구성하는 데까지 간다. 그리고 경멸은 상대적이고 순간적인 도덕적 우월성에 대해 상당히 느슨한 주장을 제시한다. 경멸은 의식적으로 아이러니를 사용하는 방식이 아니라면 혐오에 의해 영향 받지 않는다. 바로 혐오의 아이러니는 우리를 경멸의 세계에 정면으로 위치하게 하며, 매우 자주 경멸 자체를 표현하는 아이러니 명부를 채택한다. 조급함과 짜증으로 눈을 굴리는 것, 불승인을 뜻하는 "쯧(tsk)", 일방적인 웃음, 이 모두는 특정한 경멸의 화신(avatars)을 특징짓는 아이러니한 스타일을 포착한다.

그럼에도 불구하고, 이러한 희극적인 순위는 도덕적 질서의 일부이며, 이 순위는 혐오 관용어가 성취한다고 주장하는 바로 그것이다. 우리는 누군가가 무엇인지 판단하고 있으며, 그 판단 때문에 그 또는 그녀에게 도덕적·사회적 질서에서 낮은 위치를 부여하고 있다. 하지만, 흄과 우리가 바보에 대한 우리의 견해를 표명하기 위해 혐오 용어를 사용함에도 불구하고, 우리는 바보에 대해 흄보다 더 너그럽다. 흄은 혐오의 형식으로 강한 비난을 받을 만한 파렴치한과 바보를 거의 구별하지 않는다.

우리들 대부분은 한편으로는 변호사와 정치가 같은 파렴치한과 다른 한편으로는 바보를 구별한다. 전자는 분개, 두려움, 경계심, 혐오, 그리고 증오를 받을 만하며, 후자는 독설에서 너그러운 웃음에 이르기까지 경멸을 받을 만하다.

그러나 인간의 바보스러움과 어리석음은 인간의 파렴치한 짓과 마찬가지로 도덕주의자를 화나게 할 수 있다. 어떤 형태의 어리석음은 잔인하고 흉악한 범죄를 돕는다. 아둔한 야수의 잔인성을 억압받는 사람들이 행하는 카니발적인 축전과 "힘 돋우기"를 가치 있게 평가하려는 포스트모던 학자들의 시도에도 불구하고, 우리는 거만한 바보에 대해 느끼는 경멸과 아둔하고 죄를 범하기 쉬운 야수에 대해 느끼는 반감을 충분히 구별할 수 있다.[13] 카니발 중에 살해된 유대인들, 강간당한 여성들, 불 질러지고 고문당한 동물들로서는, 20세기 말 학자들이 그러한 "진정한 의식," "저항의 장소", 또는 "반헤게모니적 실천"에 감탄할 이유를 찾은 것이 작은 위안이 되었을 것이다. 거만하고 거들먹거리는 자의 어리석음과 라스콜리니코프(Raskolnikov)의 악몽에서 자신의 말을 죽도록 고문하는 술 취한 농부의 비열한 어리석음 사이에는 매우 큰 차이가 있다.

잔인성, 위선, 배신처럼 혐오를 유발하는 상당수의 악덕들도 정치적으로나 사회적으로 제도화된다는 점에 주목하라. 교수형 집행인, 변호사, 정치가를 예로 들어보자. 모두 필요악이라고 불릴 수 있는 자들이다. 교수형 집행인과 변호사 없이는 사법 체계가 그 임무를 수행할 수 없다.

---

13 카니발에 대한 학술적 찬양, 바흐친의 레블레의 정전화(正典化), 조르주 바타이유(Georges Bataille)의 불명확성(obscurity)의 승화가 대표적인 예이다. 이러한 학문적 글쓰기에 대한 좀 더 친근하고 통찰력 있는 비판을 위해서는 Desan을 보라.

공적 질서는 정치가 없이는 대체로 성취할 수 없으며, 유토피아적 환상으로서만 상상할 수 있는 것처럼 보인다. 나는 이런 사람들을 **도덕적 비복**(moral menials)이라고 부른다.[14] 그들은 식량 공급 체계에서는 청소부와 도살업자가 하는 것, 빌딩에서는 벽돌 운반 인부가 하는 것, 다양한 생태계에서는 썩은 고기를 먹는 청소 동물과 밑바닥 동물들이 하는 것과 유사한 기능을 도덕적 질서에서 수행한다.[15] 도덕적 비복들은 도덕적 부패를 다루기 위해 아니면 정치권이 그들에게 요청하는 일을 하기 위해 도덕적으로 더러워져야 한다. 그리고 우리가 이런 종류의 일에 사람들을 끌어들여야 할 필요가 있다는 사실에도 불구하고, 우리는 여전히 그들이 그렇게 끌린 것에 대해 책임을 지게 한다. 어떠한 특정한 개인도 도

---

14   우리는 또한 신을 죽인 사람, 매춘부, 대금업자를 도덕적 비복(婢僕)의 목록에 포함시키고 싶을 수 있지만, 각각은 우리를 너무 멀리까지 몰고 갈 수 있는 특별한 문제를 제기한다. 유대인은 그리스도를 죽인 자일 뿐만 아니라 대금업자로서 필요악을 거래하는 도덕적 비복으로 이중 캐스팅된다. 신을 죽인 자로서 유대인은 기독교를 창시하는 필수적인 기능을 수행하며, 따라서 기독교인의 눈에는 에덴으로부터의 추방을 행운의 추방으로 만든다. 대부업자로서 유대인은 자본 형성을 돕고, 경제가 서서히 멈추는 것을 막는다. 그러나 복잡한 반유대주의 역사는 내가 도덕적 비천함에 대해 언급하고 싶은 짧은 요점과는 거의 관련이 없는 다루기 힘든 어려운 문제들을 제기한다.
      매춘에 대해서 우리는 그것이 악이지만 필요악은 아니라고 생각하게 되었다. 19세기에 매춘은 "품위 있는" 남성에게 자신의 강탈을 한정할 수 있는 부류의 여성을 제공함으로써 결혼을 유지하는 데 필수적이며 제대로 된 여성의 미덕이었다. 이 문제에 관해서, 우리의 청교도주의는 어떤 면에서는 19세기의 다양성보다 더 철저하며, 그것은 아마도 좋은 일일 것이다. 변호사나 정치인과 달리, 매춘부는 혐오만큼이나 연민을 자아낸다. 그들은 여성 혐오와 성차별주의적 전제들이 일반적으로 여성의 도덕적 가능성에 대해 가지는 낮은 기대로부터 혜택을 얻는다. 교수형 집행인은 분명히 도덕적 비복이지만, 군인과 경찰은 대개 그렇게 지정되는 것을 회피하려고 한다는 것에도 주목하라. 그들이 때때로 저지르는 잔혹 행위와 만행은 일반적으로 통상적인 것이라기보다는 터무니없는 것으로 이해되는 반면, 변호사와 정치인의 배신행위는 늘 그렇듯이 업무로 이해된다.
15   도덕 철학자들은 이른바 직업적인 도덕성과 공통의 도덕성의 분기에 의해 제기된 문제들에 매료되어 왔다. 이 주제들이 정치인에게 집중되어 있기는 하지만, Walzer와 Nagel의 뛰어난 공헌을 참조하라. 변호사들에 대해서는 Williams, "Professional Morality and Its Dispositions," p.264를 보라.

덕적 비복이 되도록 강요받지는 않는다. 그들은 도덕적 비복의 혜택에 현혹되어, 이러한 일을 하기로 선택한다. 그러나 그들이 그런 선택을 했다는 것이 혐오를 유발하는 것은 아니다. 그들의 선택은 다른 이유들로 우리를 혐오하게 한 것에 대해 그들을 비난하는 부분적인 정당화로서만 인용될 뿐이다.[16]

도덕적 비천함은 혐오를 생성하는 능력에서 놀랍도록 풍부하다. 그것은 하나 이상의 반감의 근거를 제공한다. 가장 단순한 수준에서 우리의 혐오는 문화가 특정한 비복들, 특히 변호사들과 정치인들에게 얼마나 잘 보상하는지에 대한 부러움과 뒤섞여 있다. 그들은 손쉬운 미덕, 즉 보상에 취약한 미덕의 추악한 망령을 불러낸다. 도덕적 비천함은 사회적 비천함의 보상체계를 뒤집는다. 공중 보건에 누가 가장 크게 기여하는지 분명하지 않지만, 청소부는 의사에 비해 보잘것없는 돈을 번다. 그러나 도덕적 비복은 도덕적 타협을 하는 정도 — 이는 종종 공정한 관찰자나 정의의 추구자에게서 혐오를 불러일으킨다 — 에 정비례해서 좋은 보수를 받는

---

16 경제가 제대로 돌아가려면 3~6%의 실업률이 필요한데도, 자신의 상태를 선택했다는 비난을 받는 실업자를 비교해 보라. 실업자는 필요악으로 보일 수 있지만, 그들이 도덕적 비복으로 여겨지지는 않는다. 실업이 정치인과 변호사처럼 필수적이고 불가피하다고 믿기를 꺼리는 일반적이고 고집스러운 반발심이 있다. 게다가 우리는 실업자의 고용 결핍을, 그 상태가 아무리 도덕적으로 비천하다 할지라도, 하나의 **과업**으로 생각할 수 없다. 우리는 변호사와 정치인이 정말로 필요하다고 믿으며, 그들이 "일을 하고 있다"고 이해할 수 있기 때문에 그들에게 돌리는 비난을 경감한다. 변호사와 정치인은 비록 혐오스럽고 비천할지라도 도덕적 기능을 수행하고 있다. 전문가들은 실업자가 변호사 못지않게 필요한 존재라는 것을 알고 있지만, 실업자들은 그냥 그렇게 아무 일도 없는 자, 도덕적으로 비천한 일도 하지 않는 일이 없는 자로 인식된다. 탐식과 게으름 같은 악덕으로부터 유래할 수 있는 공적 유익이 칭송되지 않았다는 것이 아니라, 그러한 악덕의 칭송이 탐식하고 게으른 자들이 그러한 사치를 누리기 위해 다른 사람들에게 일자리를 제공할 수단을 가질 수 있을 만큼 충분히 부유하다는 사실에 달려 있다는 것이다. 하류층의 실업자들은 아직 자신들의 맨더빌을 찾아야 한다. 악덕이 공적 유익을 부여한다는 관념의 역사에 대해서는 Hirschman, *The Passions and the Interests* [허쉬먼, 『열정과 이해관계』]를 참조하라.

경향이 있다.

미덕의 취약성, 악덕과의 공조, 후하게 보상되는 필요악이라는 전체 관념은 도덕적 비천함을 앞의 장들에서 설명한 혐오스러운 것의 현상학과 연결시킨다. 우리는 우리의 세계가 순수성을 순간적인 것, 취약한 것, 궁극적으로 유지 불가능한 것으로 만든다는 사실에 혐오감을 느낀다. 필요악 및 필요악을 실행하는 도덕적 비복들의 관념은 악덕과 미덕을, 선과 악을, 순수한 것과 오염된 것을 구분하는 경계가 침투할 수 있다는 것을, 더 나쁘게는 필연적으로 침투할 수밖에 없다는 것을 의미하기 때문에 혐오를 유발한다. 혐오스럽게도, 선한 것은 항상 우리를 연루시키는 부적절한 타협과 관계를 맺고 있다. 생명 수프, 끊임없이 들끓는 혼란, 먹고 낳고 썩고 재생하는 끊임없는 흐름의 이미지는 악과 해이해진 도덕이 다른 사람들에게 선하고 확고한 도덕의 가능성을 만들어내는 도덕 영역의 특징들을 재현한다.

우리는 도피할 곳이 없는 상황에 처해 있다. 왜냐하면 도덕적 타협의 필요성이 혐오를 유발한다면, 전혀 타협하지 않는 것도 혐오를 유발하는 또 다른 악덕이기 때문이다. 이것은 잔인함에 눈감고 위선에 굴복해서, 그 자체에도 불구하고 악덕과 타협하는 데 이르게 되는, 청교도주의, 원칙 추구에서 불공정한 엄격함의 악덕이다. 제6장에서 보았듯이 우리를 혐오스러운 것으로부터 보호하기 위해 손에 흙을 묻혀야 하는 혐오는 그 자체로 맡은 역할의 필연적인 결과로, 손에 흙이 묻은 도덕적 비복들에 대한 우리의 반감을 부채질하는 정념이다.

그 정념은 단지 그들의 악이 필요하다는 것이 아니라, 필요악의 관념이 혐오를 유발하는 악덕을 너무나 자주 수반한다는 것이다. 그것은 위선(변호사와 정치인)과 배신(정치인)과 아첨(정치인과 변호사)과 잔인함(교수형 집행인과 정치인)의 일상적 악덕들이다. 분개는 배신과 잔인함의 과업에는 불충분하며, 위선에는 그다지 적합하지 않은 것 같다. 혐오는 이 영역에 특별한 적합성을 갖고 있다. 나는 혐오와 위선의 관계에 대해 몇 가지 간략한 요점을 지적할 것인데, 그 관계는 사회학적이고 심리학적인 문제로서 대단히 복잡한 악덕이다. 그러므로 그 매혹적인 복잡성에 대해서는 그냥 제쳐 놓을 것이다. 나는 위선의 특별한 경우라고 볼 수 있는 배신은 무시하고 잔인함은 차후의 논의로 미뤄놓을 것이다.

위선에 관한 무엇이 위선을 혐오 유발자로서 그렇게 적절한 것으로 만드는가? 위선이 번지르르함, 알랑거리는 접대, 야비한 아첨으로 나타날 때, 그것은 분명히 혐오스러움을 보여준다. 이런 스타일들은 너무 역겨워서, 타자가 가진 허영심과 아첨에 넘어가기 쉬운 성질과 같은 상응하는 악덕의 도움을 받지 않는다면, 그 목적을 얻을 수 있으리라고 믿기 어렵다.[17] 이런 특성과 관행이 혐오를 일으키는 이유는 우리가 그것들을 물질세계에서 혐오스러운 것의 형태를 모방하고 있는 것으로 이해하기 때문이다.[18] 그것들은 주르르 미끄러지고, 살며시 스며들며, 끈적거리고 미끌미끌한 것을 발산한다. 그러한 스타일에는 뻔뻔스러움이 있다. 사람은 그러한 표현의 과도함에 의해, 비굴한 굴종의 명백한 표지에 의해 조롱당하고 있다고 느낀다.[19]

---

17 중고차 판매원은 자신의 스타일이 너무나 불쾌해서 사람들이 그저 벗어나기 위해 거래를 매듭지을 것이라는 사실에 기초해서 처신한다.
18 사르트르의 '끈적거림'에 대한 논의를 다시 보라. 제4장 각주2와 5.
19 누구라도 아첨의 성질을 띠는 찬사가 전혀 없이 상관을 칭찬하는 것이 가능한가? 그는 제삼자들에게만, 그리고 찬사 받는 사람이 듣지 못하는 상황에서만 상관을 칭찬해야 하는가? 아랫사람을 칭찬하는 상관도 찬사를 얻으려고 할 수 있다. 번지르르함이나 거짓된 보여주기

이제 우리의 위선자를 기름기 줄줄 흐르는 육체적으로 역겨운 유라이어 힙(Uriah Heep)*이 아니라 보다 매력적인 누군가로 구체화시켜 보라. 중고차 판매원의 합성섬유를 외견상의 미덕을 미덕 자체와 구별할 수 없게 하는 보다 존경할 만한 복장으로 바꿔보라. 세련된 위선은 미덕의 스타일을 완벽하게 모방한다. 슈클라가 지적하듯이, 훨씬 더 해로운 것은 위선이 진화해서 겉치레로서 진실성의 장식을 가장할 필요 없이 종종 진실성 자체가 된다는 것이다.[20] 계산적인 위선자는 진정으로 자신이 도덕적이라고 믿고 자신이 말하는 의견에 헌신적인 더 새로운 모델에 의해 대체되었다. 많은 곰살궂은 아첨꾼들은 실제로 자신들의 목적이 찬양받을 만하다고 믿는다. 그러한 완벽한 위선은 유라이어 힙처럼 또는 같은 이유로 혐오를 유발하는가? 아니면 혐오는 저속한 위선의 표지에 반응하기만 하는 것인가? 다시 말해서, 우리를 역겹게 하는 것이 위선이라기보다는 비속함과 부적당함인가? 우리의 도덕적 불쾌감, 우리의 도덕적 혐오의 메커니즘은 그렇게 천박한가?[21]

또는 아첨 없이 찬사하기란 언제나 쉬운 일이 아니다.

* 찰스 디킨스(Charles Dickens)의 소설 『데이비드 코퍼필드(David Copperfield)』의 등장인물로 위선과 독기로 가득하고, 자기 자신밖에 모르는 대표적인 악당이다. 약자에게는 악랄하고 강자 앞에서는 굽신거리면서 아부를 떠는 가식적인 인물이다._옮긴이

20 Shklar, *Ordinary Vices*, p.58[슈클라, 『일상의 악덕』, 105쪽]을 참조하라. "순진한 위선자는 자신이 잘못된 것으로 간주하는 행동과 믿음을 숨긴다. 그는 자신의 양심으로 인해 괴로워할 수도 있다. 그런 이유로 그는 다른 사람들의 견책을 모면하기 위해서뿐만 아니라 자신의 유죄를 사면하기 위해서도 속임수를 쓴다. 새로운 위선자는 고상하고 사심 없으며 이타적인 의도가 자신의 모든 행동의 결과라고 간주함으로써, 자신의 양심을 조정할 뿐이다. 그는 자신의 양심에 대한 유일한 교사이다."

21 나는 이러한 질문들을 열어두는 것을 선호하지만, 번지르르한 행동과 저속함의 모든 징후에 수반되는 위선은 지독히 혐오스러운 물질이 혐오를 일으키는 방식으로 혐오를 유발할 것이라는 점을 언급하고 싶다. 겉모습이 혐오스럽지 않거나 스타일이 완전히 매력적인 위선자, 또는 자기기만적인 진실성으로 뒷받침되는 위선을 행하는 위선자는 그럼에도 불구하고 **자신의 결점이 처음으로 발견됨에 따르는** 모든 불쾌한 감각과 결부될 때, 그리고 그것이 배신

어떤 종류의 위선이든 그 위선의 대가는, 특히 진심으로 자기기만적인 위선의 실질적인 대가 중 하나는 위선자가 우리를 속이고 우리를 바보로 만들고 우리가 더 잘 지켜야 한다고 느끼는 원칙들을 조롱하는 것뿐만이 아니다. 위선자들은 우리에게 불신, 냉소, 피해망상과 같은 악덕을 부과한다. 그들은 모든 미덕을 의심하게 한다. 그들은 우리에게 미덕의 외양은 덕이 아니라고 믿게 할 이유를 제공한다. 이 위선자들은 도덕 질서에 기생하고 그들이 뜯어먹는 유기체의 힘을 약화시킨다. 하지만 기생충처럼 그들은 숙주 유기체의 장기간 생존능력과 힘을 필요로 한다. 위선자는 잘못된 방식으로 덕스러운 사람보다 덕이 번성하는 것을 보는 데 더 큰 이해관계를 갖고 있다. 왜냐하면 덕이 높은 사람은 덕을 행하는 사람 가운데 거하든지 악을 행하는 사람 가운데 거하든지 덕의 대의에 전념할 것이지만, 위선자는 덕을 중시하는 대부분의 사람들에게 전적으로 의존하기 때문이다.

심지어 건강한 미덕도 순수한 위선의 실행에 의해 의심을 받게 된다. 결국 위선은 일반적으로 미덕,[22] 바로 그 관념, 상상된 가능성, 그리고 미덕의 매력 덕분에 존재하며, (특히 뒤틀려진 방식으로 청교도적인 옹졸함을 제외하고) 다른 어떠한 악덕도 그러한 주장을 할 수 없다. 그리고 그것은 왜 위선이 혐오스러운지 설명하는 데 도움이 된다. 혐오스러운 것의 영역에 있는 다른 많은 것들과 마찬가지로, 위선은 우리에게 아름다운 것

감과 결부될 때 혐오를 유발할 것이다. 우리는 명백한 계산이나 저속함의 표지들을 회피하는 스타일을 가진 위선자는 더 쉽게 용서할 수 있지만, 또한 그의 존재를 두려워하게 될 수도 있다. 우리는 그의 매력을 거짓으로 재해석할 수도 있다. 그리고 그 매력을 명백한 계산이나 저속함의 모든 장식과 함께 다가왔던 것처럼 구역질나는 것으로 만드는 것으로 끝낼 수도 있다.

22   La Rochefoucauld, *Maximes*, p.218. "위선은 악덕이 미덕에게 드리는 존경이다."

이 추악한 것인지 의문을 갖게 한다. 위선은 우리가 신뢰할 수 있는 확고한 지점이 없도록 경계를 혼란시키며, 가장 좋은 것은 구역질나는 비싼 부작용과 함께 온다는 것을 상기시켜 준다. 단순히 순수할 수 있는 것은 아무것도 없는가? 왜 쾌락은 혐오와 함께 고려해야 하는가? 왜 미덕은 악덕을 가능하게 하는가? 원칙의 실패, 사기만이 우리를 분개하게 할 것이다. 그러나 위선은 다음번에 원칙을 인식하는 것에 대해 또는 배신을 인식하는 것에 대해 불확실하게 만드는 방식으로 원칙을 드러낸다. 위선은 우리에게 덕을 성취하는 어려움에 의해 측정되는 단순히 개인적인 것보다 미덕에 더 큰 대가가 있다는 것을 알도록 강요한다. 미덕은 위선의 사회적인 비용을 부과한다.

위선은 우리로 하여금 최상의 세계는 있을 수 없다는 것을 깨닫게 한다. 미덕은 위선을 낳아야 한다. 그리고 모든 도덕적 비복이 위선자가 되어야 할 필요는 없지만, 도덕적 비복은 우리에게 다음과 같은 사실, 즉 차선의 세계일지라도 여전히 사람들에게 우리 안에 있는 완벽주의자가 부끄럽다고 여길 특정한 역할을 하도록 요청할 필요가 있다는 사실을 상기시켜 준다. 이 모든 결함, 이 모든 타협, 이 모든 불안한 도덕 질서의 불완전성과 오염은 진정으로 혐오를 유발하는 힘을 가지고 있다. 왜냐하면 이 모든 것은 순수한 사람들의 불가피한 오염의 인식을 수반하기 때문이다. 그러나 한 가지 중요한 자격 조건이 유효하다. 위선의 사악함은 위선이 일어나는 도덕적·정치적 질서와 분리되지 않는다. 위선이 곤경에 처하고 거의 소멸된 미덕을 아무리 약하더라도 지탱해 줄 수 있는 장벽을 제공할 정도로 억압적이고 부패하며 정당화할 수 없는 레짐을 상상해 보라. 그러한 레짐이 지닌 명백한 사악함은, 그 레짐이 위선을 혐오스러운 악덕에서 미덕의 마지막 보루로 바꾸는 것이라고 주장하는 것은 솔깃한 일이다. 그러나 그러한 레짐에서의 위선은, 비록 미덕의 대의에 더해진 것이지만, 그럼에도 불구하고 여전히 그 자체로 덕스러운 것은 아니다. 그 위선은 늘 그렇듯이 여전히 비천하게 기능하고 있다.

혐오와 스미스의 공정한 관찰자

나는 이제 방향을 바꾸어, 도덕적 영역에서 혐오가 작동하는 데 대한 더 큰 그림을 그려보기 위해 애덤 스미스를 찾아보고자 한다. 스미스의 『도덕감정론(Theory of Moral Sentiments)』에서 혐오는 공정한 관찰자가 지닌 감정 무기의 일부이다. 이 관찰자는 사회적·도덕적 적절성의 결정 자이며, 스미스의 도식에서 이 결정자는 단지 올바른 행동의 문제일 뿐 만 아니라 적절하게 표현되는 적절한 정념에 의해 동기화되는 올바른 행 동의 문제이기도 하다. 관찰자의 판단은 합리적 평가라기보다는 자신의 동감 능력의 발전을 측정하는 것이다. 공정한 관찰자는 행위자의 감정 을 알고 있으며, 그가 동감에 의해 "그들 안으로 들어갈 수" 있을 때 행위 는 적절하다. 관찰자의 동감 실패는 관찰된 행동의 적절성에 대해 부정 적인 판단을 하게 한다. 그리고 이러한 동감의 실패는 부적절성의 정확 한 본질에 따라 혐오로 끝날 수 있다. 성공적인 사회 행위자들은 자신의 행위에 대해 공정한 관찰자 역할을 해서, 자신들의 정념을 관찰자로 하 여금 당황하게 하거나 혐오하게 하지 않을 정도까지, 즉 동감을 막지 않 을 정도까지 조절한다. 적절성의 위반에 따라 관찰자는 혐오, 경멸, 분 노, 증오, 또는 다른 덜 분명한 불승인의 정념을 느낄 수 있다.[23]

스미스의 공정한 관찰자는 상당히 까다로운 사람이다. 그는 부적절한 행동들을 좋아하지 않는다. 그는 분노가 정당하다는 것을 파악할 수 있을 때까지 분노에 대해 직접적으로 의심한다. 심지어 분노의 정당성을 파악했을 때에도 여전히 그 분노에 대해 미더워하지 않는다. 그는 세련된 감성을 가진 사람이고, 매우 내성적이며, 과도한 격정을 표현하지 않는다(여기서 그는 거의 영국인에 대한 미국인의 관점을 패러디한 것이다). 그는 취향이 있는 사람이며 연민의 정을 느낄 수 있지만 가련한 상황이 자주 펼쳐지지 않기를 바란다. 다른 사람 안에 체화되든 아니면 단순히 사회적인 자기 감시 능력으로서 우리 안에 담지되어 있든 간에, 그 공정한 관찰자는 스미스의 도덕적 세계를 죄책감과 분노의 세계가 아니라 주로 수치, 혐오, 그리고 다른 광범위한 도덕적 감정의 세계로 만든다. 스미스의 도덕적·사회적 질서에서는 경멸할 만한 존재로 보이는 것보다, 스스로 공정한 관찰자들의 혐오적 판단을 유발하는 사람이라고 깨닫게 되는 것보다 더 나쁜 것은 없다. 반대로 관찰자들의 승인을 얻는 것보다 더 좋은 것은 없다.

우리는 다른 사람에게 공정한 관찰자 역할을 하기 때문에 우리는 우리 자신에게 그 역할을 하는 방법을 알고 있다. 그래서 우리는 우리에게 닥칠 수 있는 최악의 상황은 다른 사람들이 어리석고 비열하고 또는 혐오스러울 때 우리가 실제로 그들을 보는 것처럼 우리가 그들에게 보이는 것이라는 점을 알고 있다. 우리가 다른 사람들을 이런 시각에서 볼 때, 다른 사람들이 형편없이 실패하는 것을 관찰하는 불쾌한 느낌을 더 마음에 들게 만들어줄 수 있는 샤덴프로이데(Schadenfreude, 남의 불행에 대해

---

23   스미스는 특정한 적절성의 위반에 따라 여러 가지 다른 형태로 부인(否認)이 경험된다는 것을 분명히 한다. *TMS*, p.325[『도덕감정론』, 627쪽].

갖는 쾌감)가 있을 수 있다.[24] 그러나 그런 어떠한 어두운 쾌감도 우리 자신의 결함에 대한 의식을 수반하지 않는다. 우리가 혐오, 경멸, 또는 조롱의 대상일 때, 우리의 당혹스러움이 불승인자에게 주는 것은 상처가 되는 불승인만이 아니라 우리가 의심하는 작은 기쁨이다. 그리고 우리가 다른 사람들을 시인함으로써 얻는 쾌감은 그 쾌감이 우리의 승인자들에게 질투의 고통을 야기하는 것은 아닌가 하고 생각할 때 강화된다. 그들의 질투는 그들이 시인한 것의 진실성을 나타낸다.

스미스는 우리의 굴욕을 유발하는 관찰자가 항상 공정할 필요는 없다는 것을 알고 있다. 사실 질투와 샤덴프로이데는 사회적 지위와 계급이 그러하듯 항상 공정성을 저해하려고 한다.[25] 공정성의 실패와 함께 혐오는 관찰자에게서 훨씬 더 많이 일어날 가능성이 높아진다. 가난한 사람이 부자에게 어떻게 보이는지 생각해 보라. 가난한 사람은 이중적인 굴욕을 당한다. 가난한 사람은 경멸할 만하기 때문에 비가시적이거나 혐오스럽기 때문에 가시적이다. "행복한 사람들과 자부심을 지닌 사람들은 감히 자신들 앞에 비참한 모습을 드러내고 그 혐오스러운 모습을 보임으로써 자신들의 행복한 평정을 방해하려는 비천한 사람의 후안무치

---

24 실패와 부족함을 바라봄으로써 발생하는 불편함과 그 불편함과 희극, 즐거움, 오락의 밀접한 연관성에 대해서는 *Humiliation*, pp. 134~174와 "I can take a hint"에서의 나의 논의를 참조하라.

25 스미스는 공정성에 대한 이러한 심리학적 방해에 당황한다. "시기의 감정이 없는 경우에는"이라는 구절은 그의 설명에서 거의 후렴구에 가깝다. 그는 또한 다른 사람들의 불안을 우리의 기분전환의 원천으로 삼는 "악의가 있는 인간" 때문에도 다소 당황한다. *TMS* 42, pp. 44~46[『도덕감정론』, 75, 79~80쪽]. 남의 불행에 대해 갖는 쾌감에 대한 나의 생각은 이러한 "악의"는 존경스럽지는 않더라도 다른 사람들의 작은 불행에 관해서는 허용 가능하며, 우리는 타인의 **사소한** 불행이 우리에게 주는 기쁨을 나타내기 위해 남의 불행에 대해 갖는 쾌감이라는 용어를 사용한다는 것이다. 타인의 심각한 불행에 대한 기쁨은 정말로 악의적이고 가증스럽다.

에 놀라움을 느낀다"(*TMS*, p.51[『도덕감정론』, 93쪽]).

정념의 적절성은 정념 표현의 절제 및 예절과 함수관계이므로, 정념을 이끌어내는 조건에 대한 정념의 적절성과 마찬가지로 중요하다. 관찰자는 과도하거나 불충분한 표현에는 동감할 수 없다고 정의되므로 주요 행위자는 관찰자의 동감이 보증되고 이해되는 지점까지 자신의 정념 표현을 조정해야 한다. 그러나 일부 부적절하게 조절된 표현만이 혐오를 불러일으킬 것이다. 다른 표현들은 오히려 연민을 이끌어내거나 또는 다른 사람이 귀엽거나 사랑스럽다고 여기는 데서 나타나는 일종의 애정 어린 경멸을 이끌어낼 것이다.

스미스는 정념을 여러 그룹으로 나누는데, 각 그룹은 동감의 과정에 영향을 미치며 따라서 예절의 형식에 다르게 영향을 미친다. 예를 들어 "육체에서 기원하는" 정념들은 거의 동감을 이끌어내지 못한다.[26] 갈증, 배고픔, 성욕 등의 강한 표현은 "역겹고 불쾌하다." 이는 우리가 굶주린 사람들의 고통에 동감할 수 없다는 것이 아니라 우리가 그들의 배고픔을 느끼지 못한다는 것이다.[27] 스미스의 동감 개념은 연민이나 동정심에 좁게 한정되는 것이 아니라 타인의 일반적인 경험에 대한 상상적인 경험을 포함한다. 그것은 타인이 경험하는 **대로** 또는 타인이 경험해야만 하는

---

26 *TMS*, pp.27~28[『도덕감정론』, 43~44쪽]. 스미스는 정념을 다섯 그룹으로 나눈다. 나는 이를 체계적으로 다룰 공간을 마련하지는 않을 것이며, 스미스가 제기한 점 중에 우리의 주제와 엄밀하게 관련된 몇 가지 요점으로 한정짓고자 한다.

27 우리가 절망적인 배고픔의 고통에 동감하는 방법들 중 하나는 우리의 혐오를 부분적으로 유보하고 심각한 압박 가운데 있는 사람들이 벌레를 먹고 오줌을 마시며 또는 죽은 동료를 먹는 것에 의지했다는 이야기를 들을 때 혐오를 경외심으로 대체하는 것이다. 그러나 우리의 혐오는 완전히 유보되는 것은 아니다. 왜냐하면 그들의 곤경에 대한 우리의 동감은 그들이 오줌을 마시고 벌레나 죽은 동료를 먹기 위해 극복해야 했던 혐오에 대한 우리의 인식에 달려 있기 때문이다. 우리가 동감하는 곤경은 배고픔이 아니라 배고픔 때문에 그러한 것들을 먹어야 한다는 것이다.

대로 경험하는 대리적 감각의 가능성에 대한 것이다. "우리가 다른 사람들에게서 그들의 육체적 욕망이 강렬하게 표현되는 것을 볼 때 속으로 특수한 혐오감을 느끼는 진정한 원인은 우리가 그것에 동감할 수 없기 때문이다." 욕망을 느꼈던 1인칭 행위자도 일단 그 욕망이 충족되면 이전의 욕망은 거의 이해할 수 없다는 것을 발견하게 된다. "그 욕망을 불러일으켰던 대상은 더 이상 유쾌한 것이 될 수 없다."

음식도 그렇고 섹스도 그렇다. "식사를 마치고 나면 우리는 식기를 치우라고 명한다. 그리고 우리는 전에는 가장 강렬하고 격정적이었던 욕망의 대상들을, 만약 이들이 서로 다른 게 아니라 바로 육체에서 기원하는 격정의 대상들이라면, 이와 똑같은 태도로 취급할 것이다"(28[45]). 일단의 우리의 육체적 욕구가 채워지면 우리는 억제되지 않는 이전의 충동을 상기하고 싶지 않다. 그 욕구들은 당황, 수치, 그리고 혐오의 기회를 제공한다. 그리고 공정한 관찰자는 현재의 압도적인 충동이 아니라 다가올 수치 및 혐오와 동감하면서 우리보다 먼저 선수를 친다. 스미스의 관찰은 포르노그래피의 망령이 포르노그래피에 반하는 증거로 제기될 때에도 설득력이 있다. 포르노그래피는 대리 감정이 아니라 일차적인 정념을 불어넣음으로써 작용한다. 전적으로 타인의 신체 감각에 의존하는 그러한 정념들은 우리를 당황하게 하고 혐오하게 하며, 대개 은밀하게 또는 단정하게 억압되어 가장 잘 보존되는 것으로 느껴진다. 그리고 스미스가 시사하는 바와 같이, 은밀하게 보존될 때에도 그러한 성적인 열정의 대상이 또한 우리의 사랑의 대상이 아닐 경우, 그 열정이 일단 충족되고 나면 우리는 이내 그 대상을 없앨 것이다.

혐오는 또한 "비우호적인 정념"에 대한 우리의 반응으로 나타난다. 혐오는 논쟁과 논란을 수반하지만, 또한 정의(正義)를 동기화하고 실행하는 데 필요한 정념 – 분노, 분개, 증오 – 이다. 이 정념들은 그 정념을 일으켰던 상황에 대해 서술해 주지 않는다면, "도리어 혐오감을 불러일으킬" 것이며, 그래서 동감을 막을 것이다. 그 정념들이 자연적으로 불러일으키는 혐오를 극복하기 위해서는 정당화하는 설명이 필요하다(11[8~9]). 스미스의 관찰자는 "지극히 공정하게 격발되어 표출될 때조차" 비우호적인 정념을 염려한다. "이들에게는 여전히 우리로 하여금 혐오감을 느끼게 하는 그 무언가가 존재한다"(36[62]). 그가 말하기를, 이것이 우리가 소란을 피우지 않기 위해 자신의 분노를 억제하고 조절하는 사람의 자기 통제를 존중하는 이유이다. 이러한 비우호적 정념들이 발생하는 상황의 본질을 고려할 때, 그 정념들은 관찰자를 분할된 동감 안에 포함시킨다. 증오와 분노가 적절하게 조절되지 않는다면, 동감은 우리가 이제 그 정념들의 상태를 "곤경"으로 인식하게 되는 이러한 비우호적인 정념들의 목표로 옮겨간다. 따라서 우리는 증오하는 사람의 과도함이 그의 주장에 대한 동감을 저해하는 만큼 증오를 받은 사람들에게 동감하게 된다.

스미스의 이론에서는 동감에 실패한다고 해서 관찰자를 단순히 동감이 차단되어 감정이 제로인 상태로 남겨두지 않는다. 스미스에게 동감의 실패는 부인이며, 부인은 종종 공정한 관찰자가 타인이 존재할 때 동감하지 못함을 느끼는 감정들과 같은 증오, 혐오, 경멸 등의 비우호적인 도덕적 감정과 밀접하게 관련된다. 그러나 관찰자는 예의바른 영혼이며 항상 자신의 부인을 적절하게 조절한다. 그는 자신을 차갑게 냉정하게 만드는 것이 아니라 적절하게 열정적으로 만드는 애초의 공정함 때문에 이것을 할 수 있다. 동감은 냉정하게 작동할 수 없다. 동감은 동감되는 감정으로부터 그 색채를 취하며, 또한 그 자체의 한계에 의해서도 영향을 받는다. 동감될 수 없는 것은 이미 동감을 가로막은 어떤 형태의 혐오

적 반응, 부정적 감정을 촉발했음에 틀림없다. 부적절하다는 판단은 **느껴지는 것이다.**[28]

스미스의 이야기는 명백하게 공정한 관찰자의 혐오를 유발하는 부도덕한 행동들에 탐닉하려는 숨은 욕망으로 그 관찰자를 끌어들이지 않는다. 맥주 광고에서 지나치게 즐거워하는 짐승 같은 인간들이 역겹다고 여기는 사람들은 그들처럼 되고 싶은 욕구를 가지고 있다고 스미스는 주장할 것이다. 스미스의 설명에 따르면, 심지어 관찰자가 지닌 무의식의 가장 어두운 구석진 곳에서라 하더라도 그 짐승 같은 인간들에게는 전혀 매력이 없다. 그렇다면 그들의 감정적 표현 및 그들의 동기부여적 입장에 동감하는 데 실패한 것은 자신을 그런 식으로 보이게 할 수 없다는 명확한 거절이다.

그러나 스미스의 관찰자는 실제로 그렇게 행동하는 자신을 상상하지 않는다면 어떻게 부적절하다는 판단을 내릴 수 있을까? 자신이 그러한 행동을 보았던 것과 같은 방식으로 자신이 보일 것이라는 앎은 그렇게 행동하는 것에 대해 그가 어떠한 환상을 그리든지 간에 그로 하여금 그것을 혐오해서 버리게 만든다. 그래서 동감은 결국 우리가 동조할 수 없는 정념들에 절대적인 문제로서 차단되지는 않는다. 관찰자는 상상적으로 상황을 미리 살피고, 그와 동일한 기준을 가진 다른 사람들이 그를 보듯이 자신을 본다. 그러나 상황을 미리 살피는 것이 위험, 즉 부적절한 정념에 의해 혐오되거나 (또는 심지어 매혹될) 위험이 없는 것은 아니

---

28 동감을 방해하는 감정은 항상 다양한 정도의 강렬함과 위험성을 가진 부정적인 감정일 것이다. 때때로 동감에 실패하는 것은 관찰자의 도덕적 결함 때문이다. 관찰자가 동감해야 하는 기쁨과 동감이 일치하는 데 실패할 때, 그는 "자신의 시기심을 부끄럽게 생각"하게 된다(*TMS*, p.44[『도덕감정론』, 80쪽]).

다. 관찰자가 적절하게 동기부여되고 적절하게 표현되는 행위를 관찰하는 한, 그는 유혹이나 사악한 상상에 시달리지는 않지만, 그는 부적절함을 목격하자마자 자신이 부인하기 위해 착수해야 하는 상상에 의해 손상된다.

스미스는 그러한 부정적인 판단 속에 숨어 있을지도 모르는 유혹이나 억압으로 우리를 데려가지 않는다. 스미스의 관찰자는 자신의 필수적인 공정성에 의해 그리고 자신의 역할이 사적이고 심리적이기보다는 더 적절하게 공개적이고 사회적이라는 사실에 의해 어두운 면을 갖지 않을 수 있다. 공정한 관찰자는 스미스의 도덕을 관찰자의 판단적 시야로부터 숨을 공간이 없는 일종의 파놉티콘에서 공정하든 그렇지 않든 간에 항상 관찰자의 시선 아래 있는 수치 도덕과 유사하게 만든다. 스미스는 동기부여의 도덕을 너무 사회화하기 때문에 상황적인 부적절함과 부적격함은 거의 항상 도덕적으로 비난할 만하다. 그것들은 정당화하거나 변명하는 해명에 대한 요구를 제기한다.[29]

스미스에 따르면, "우호적 정념들" ― 관용, 친절함, 동정심 ― 의 과잉은 비우호적인 정념들과 달리 혐오를 유발하지 않는다. "지나치게 온화한 모친, 지나칠 정도로 자식들이 마음대로 하도록 허용하는 부친, 지나치게 너그럽고 다정다감한 친구"라는 표현은 "일종의 연민의 정으로" 바라보게 될 수 있으며, "그러나 그 연민에는 사랑의 감정이 섞여 있다." 이것은 가장 온화한 것에 대한 반감이며, 관찰자의 반응은 자신이 관찰하고

---

29   고프먼은 이 점에서 스미스를 따른다. 고프먼에게 있어 상호행위적 부적절함은 항상 정당화의 시도나 사과에 의한 해명을 요구한다. 고프먼의 해명은 풍부하기는 하지만 스미스가 공정한 관찰자의 동감을 매개로 해서 제공할 수 있는 아름다움은 결여되어 있다.

있는 너무 관대하고 너무 온화한 부모를 거의 닮고 있다. 그러한 과도하고 관대한 행동이 혐오나 "미움과 반감"을 반드시 유발한다는 것은 그 사람을 "가장 잔인하고 비열한 인간"으로 분류할 것이다(40). 우리가 알고 있듯, 스미스는 자신의 겸손에도 불구하고 그러한 감상적인 장면들에 대해 18세기 "감수성의 인간"의 취향을 가지고 있었다.

어떤 사람은 스미스가 그러한 장면들이 경멸스럽거나 역겹다고 여길 수 있는 사람들에 대해 너무 많이 항변한다고 느낀다. 확실히 긍정적인 감정들을 표현하는 데서의 과잉은 공정한 관찰자에게 혐오감을 일으킬 수 있다.[30] 그러한 혐오는 비우호적 정념들과 마찬가지로 두려움 및 증오와 혼합되어 있는 것이 아니라 보다 유순한 감정들과 혼합되어 있다. 내가 구성해 온 혐오 이론에 따르면, 우호적인 정념들이 지나쳐서 유발되는 혐오는 과잉의 혐오이다. 단것과 풍부한 음식에 대한 매력과 마찬가지로 이러한 감정들에 대한 애초의 견해는 시인을 이끌어내지만, 과잉 탐닉은 혐오를 낳는다.

우리는 악덕과 부적절함을 미워함으로써 어떤 상황에서는 혐오의 충만함 속에서 견뎌야만 하는 불승인의 유형들과 연관된다. 도덕적인 것이 순수와 오염의 문제를 수반하는 한 불승인은 일반적으로 혐오를 수반한

---

30 스미스의 감수성은 사적인 정념, 즉 기쁨과 슬픔의 과도한 표현으로 확대되지는 않는다. "우리는 천박하게 탄식과 눈물과 끊임없는 한탄으로 우리의 동정을 얻기 위해 큰 소리로 통곡하는 사람에게 역겨움을 느낀다"(24[35~36]). 그는 예의 없는 기쁨의 표현에 대해 특별한 분노를 품고 있다. 텔레비전으로 중계되는 챔피언십을 축하하는 라커룸의 모습이나 팬들의 열광을 지켜보는 고통스러운 당혹감을 겪어본 사람이라면 누구나 스미스에게 동감할 것이다. "우리가 함께 즐거워할 수 없는 무절제하고 분별없는 환희에 깡충깡충 뛰고 춤추는 사람은 우리의 경멸과 분개의 대상이 된다"(44[79]). 스미스의 감수성은 관찰된 사람의 과도한 표현이 자기 지시적이지 않은 사랑과 관대함의 이중적 표현을 위해 마련되어 있다.

다.[31] 우리는 대개 혐오가 지배하는 도덕적 레짐을 원시적인 토템과 금기로 생각한다.[32] 그러나 우리가 본 바와 같이, 죄라는 기독교 언어는 흄과 스미스의 도덕 철학이 보다 온건한 형태로 이해했던 것처럼 혐오를 복수와 함께 이해한다. 스코틀랜드 철학자들의 혐오는 기독교 철학자들과는 다르게 근거되어 있다. 제7장에서 논의한 바와 같이, 혐오가 스코틀랜드 철학자들에게 취한 형식은 좋고 나쁜 취향이라는 새로 등장한 개념과 밀접하게 연관되어 있다. 그들의 혐오는 저속함을 도덕적 문제로 만들었고, 마르크스주의자는 그러한 철학들이 부르주아의 사회적 취향을 도덕적 요구로 승화시킴으로써 단지 새로운 계급 기반의 사회 질서를 지지하는 것일 뿐이라고 주장하고 싶어 할지도 모른다. 반대로 조너선 스위프트의 혐오는 여전히 주로 오래된 기독교 금욕주의의 반육체적·반성애적 스타일 안에 있었다. 그러나 그것은 혐오가 성적인 영역을 넘어 다른 육체적 문제들로 확장된 문명화 과정에 의해 부가된 강렬함을 가지고 있었다. 문명화 과정은 또한 가난의 도덕적 가치도 변화시켰다. 초기 기독교 질서에서 가난은 하나의 미덕으로서 또는 적어도 미덕을 가능하게 하는 것으로서 여겨졌다. 새로운 질서의 혐오는 그런 인식을 변화시켰고 가난을 악덕으로 또는 악덕의 주요 가능인자로 만드는 경향이 있었다.[33]

---

31 순수는 확실히 도덕적인 것과 완전히 일치하지는 않는다. 순수는 타협을 인정하지 않는 척하는 반면, 작동하는 도덕은 그러한 가식을 가질 수 없다. 그러나 순수와 도덕은 충분히 공통된 기반을 공유하고 있어서 혐오는 부득이하게 도덕적인 것과 연결되어야 한다.

32 Gibbard, p. 271을 보라.

33 최근의 심리학 연구는 혐오가 광범위한 문화에 걸쳐 흔한 도덕적 주장의 표지라는 것을 보여주었다. 하이트(Haidt)와 그의 동료들은 혐오 낱말들의 의미론적 영역에는 교차 언어적 차이가 있지만, 사회-도덕적 혐오가 영어의 경구가 아니라는 것이 아주 분명하게 나타난다고 관찰한다. Haidt, Rozin, et al.을 보라.

혐오는 단지 좋은 취향에 대한 동기부여자 그 이상이다. 혐오는 타협할 수 없는 도덕적 문제들을 구분 짓는다. 혐오는 우리가 섬뜩하게 됨을 나타내며, 우리가 입에 발린 말 이상을 하고 있다는 사실을 시사한다. 혐오의 존재는 우리가 진정으로 규범에 사로잡혀 있다는 것을 우리에게 알려준다 ― 우리는 위반되고 있는 규범을 목격하거나 상상함으로써 혐오하게 된다 ―. 자신의 혐오를 표현하는 것은 어떤 선호를 표현하거나 단순히 우리 신체의 감각을 드러내는 것 이상의 것을 하는 것이다. 비록 우리가 혐오의 언어를 하나의 말하는 방식으로만 사용할지라도, 우리는 여전히 우리의 혐오 표현에 의해 언급되고 있는 규범들이 우리를 사로잡고 있는 그런 종류여야 한다는 믿음을 가장 단호하게 말하고 있는 것이다.

다시 흄에게 기대어 보자. 흄은 한 사람이 다른 사람을 적이라고 부를 때, 그는 자기애의 언어를 말하고 "그 자신에게 특유하고 자신의 특정한 환경과 상황에서 나오는 감정들을 표현하는 것"으로 이해된다고 언급한다. 그러나 그가 누군가를 사악하고 가증스럽고 저열하다고 부를 때, "그는 다른 언어를 말하며, 자신의 모든 청중이 자신과 동조하기를 기대하는 감정들을 표현한다."[34] 혐오의 언명은 동의를 기대한다. 그것은 그 자체로 반론 없음이라는 관념을 동반하며, 이러한 반론 없음의 일부는 혐오가 특히 감각을 침해함으로써 일어난다는 사실에 의존한다. 혐오는 주장의 가시성, 감지 가능성, 구체성, 순전한 명백성을 요청한다. 혐오는 아마도 다른 어떠한 감정보다도 상호주관성의 문제를 덜 제기할 것이다. 당신이 사랑한다거나 후회한다고 말할 때면 나는 당신이 혐오스럽

---

34 *Enquiry*, pp.110~111.

다고 말할 때 내가 확신하는 것만큼 당신의 내면 상태에 대해 확신하지 못한다. 사랑과 후회의 **느낌**은 혐오의 **느낌**만큼 쉽게 정의될 수 있는 것이 아니다. 당신이 소름끼치거나 더럽혀졌다고 느낄 때, 나는 당신 내면에 무슨 일이 일어나고 있는지 안다. 그래서 혐오는 대부분의 감정보다 더 잘 소통한다.

혐오는 다른 강력한 공유 능력을 지니고 있으며, 도덕적·사회적 공동체의 구축자로서 특별히 유용하며 필수적이다. 혐오는 분명히 우리 집단을 그들 집단으로부터, 순수를 오염으로부터, 위반 가능한 것을 위반 불가능한 것으로부터 분리하는 경계를 정의하고 위치 짓는 것을 도움으로써 이 기능을 수행한다. 혐오는 또한 쉽사리 대리 경험되는 능력의 결과로서 이 기능을 수행한다. 혐오는 분개처럼 우리가 다른 사람에게 행해진 침해를 듣고 볼 때, 마치 우리 자신에게 행해진 것으로 경험하는 무엇이다.[35] 두 감정 모두 종종 피해자의 입장으로 칭해지는 것으로 우리를 몰아가는 듯하다. 이렇게 확장하는 혐오와 분개의 능력은 혐오 또는 분개를 경험하는 피해 당사자에게 의존한다. 우리는 피해자로부터 우리의 혐오를 "포착"하지 않는다. 우리는 스미스가 말한 공정한 관찰자의 역할을 수행하고 타인의 입장에서 경험할 수 있는 것을 경험한다. 즉, 스미스의 도식에서 우리는 피해를 당한 사람이 무엇을 느껴**야 하는지** 우리가 판단하는 것을 경험한다. 혐오와 분개는 공정한 관찰자들의 세계를 같은 감정의 공유자요 예의와 순수의 지킴이인 도덕 공동체로 통합시킨다. 이러한 감정들은 특정한 종류의 위반을 처벌하는 동기를 제공한다.

---

35   홉스는 더 나아가 분개를 "**타인**에게 가해진 큰 해(害)에 대한 '분노'"로 정의한다(*Leviathan* 1.6, 강조는 추가[『리바이어던』, 82쪽]).

나는 사랑이 애석하게도 도덕공동체를 구축할 수 있는 감정만큼 역사적인 성공을 거둘 수 없었던 이유에 대해 사랑이 제3자들의 내면으로 쉽게 들어갈 수 없기 때문이라고 말하고 싶다. 예를 들어, 우리는 모욕당한 누군가를 대신해서 쉽사리 혐오를 느낄 수 있으며 부당한 취급을 받거나 해를 당한 것에 대해 쉽사리 분개를 경험할 수 있다. 그러나 다른 사람이 즐기는 사랑 또는 다른 사람이 고통 받는 질투는 쉽게 느낄 수 없다. 그러한 느낌들은 항상 고유하게 개인적이며, 다소 소통 불가능하다. 우리는 연인들이 느끼는 것을 이해할 수는 있지만, 그들이 느끼는 감정을 **느끼지는** 못한다. 그러나 감사나 사랑이 마땅히 받아야 할 사람에게 주어지지 않는다면, 우리는 부당한 취급을 받은 당사자처럼 그 배은망덕에 대한 분개나 혐오를 쉽게 느끼게 된다. 그래서 인류는 염세적 도덕주의자들이 주장하는 것만큼 성향상 그렇게 저속하지 않을 수도 있다. 오히려 우리는 우리에게 주어진 감정의 구조에 갇혀 있다. 자부심과 마찬가지로 사랑은 단순히 우리가 다른 사람들이 고통스러워하는 것을 볼 때 우리에게 기쁨과 즐거움을 야기할 수 있는 다소 사적인 감정으로 구성되어 있다. 하지만 그 기쁨은 대신할 수 있는 것이 아니다. 그것은 우리가 타인의 입장이라면 그들이 어떨지 상상하는 것처럼 타인의 감정이나 우리의 감정을 상상적으로 재구성하는 것이 아니다.

혐오로 인한 동감적 동일시가 항상 그 자체로 도덕적 질서를 명확히 하는 것은 아니다. 혐오와 잔인함의 악덕 간의 관계를 고려해 보라. 일단 우리가 잔인함이 줄 수 있는 충격으로부터 회복되면, 잔인함은 공정한 관찰자에게 이중적인 혐오를 유발한다.[36] 첫째, 가해자를 두려움과 증오, 가장 강렬한 종류의 혐오와 공포를 가지고 보게 된다. 그리고 나서 두 번째 혐오는 모욕당한 피해자 — 그렇게 학대받은 불명예 속에서 피투성이가 되고 훼손되었거나 도덕적으로 파멸된 — 에게 초점을 맞춘다. 피해자의 고통을 덜어주려는 우리의 연민과 열망은 우리로 하여금 그 곤경에 책임 있는 사람을 증오하도록 강요하는 동일한 감정에 의해 억제된다. 그래서 잔인함은 마비될 정도로 과도한 혐오에 사로잡혀 있는 공정한 관찰자를 손상시킨다. 관찰자는 이제 그러한 악에 직면해서 자신의 부족함을 절실히 느끼게 될 것이다. 가해자에 대한 혐오는 순전히 우리가 도덕적 실패로 인식하는 것에 의해 유발된다. 그러나 피해자에 대한 혐오는 피해로 인해 추해지고 훼손되고 위엄을 잃고 혐오스러워지게 된 결과로서 그에게 도덕적 실패를 귀속시킨다. 피해자가 존엄성의 요구가 대개 유보되는 유아와 어린아이들에게 부여하는 특수한 지위를 가지지 않는 한, 그 피해자는 그렇게 비하됨에 대해 일부 도덕적 책임을 져야 한다. 이것은 혐오가 불가피하게 수치심과 연관된 데 대한 대가의 일부이다. 타인의 수치를 목격하는 것은 우리의 혐오를 유발한다. 그리고 이것이 수치를 주는 것이 그렇게 강력한 제재인 이유이다. 수치는 관찰자의 혐오와 경멸을 내면화한 것이다.

혐오가 잔인함에 직면해서 뒤틀리면, 분개가 그 혐오를 올바른 방향으로 다시 밀어낸다. 혐오가 분개와 동시에 작용할 때면 혐오는 격분이나 공포와 유사한 무언가로 나타날 수 있는 일종의 강력한 분개를 만드는 데 기여한다. 분개는 가해자에 맞서는 행위를 동기화함으로써 혐오가 정의를 위해 돕도록 강요한다. 분개 없이는 혐오도 종종 시선을 거두

---

36 잔인함은 믿을 수 없을 정도로 끔찍해서 우리가 분별할 수 있는 능력을 회복할 때까지 혐오가 미뤄질 수도 있다. 이것은 혐오가 본능적이기는 하지만 여전히 매우 사고의존적이라는 것을 보여준다. 충격은 혐오보다 확실히 더 즉각적이다.

거나 회피하며, 또는 앞 문단에서 묘사된 이중적인 곤경에 처한다. 그러나 격노가 위험한 이유는 격노가 균형감각을 잃고 스미스의 공정한 관찰자를 지나친 혐오로 몰아가기 때문이다. 그러나 무자비한 잔인함은 균형의 규범을 유보하지 않는가? 아니면 무자비한 잔인함은 그 자체로 너무나 불균형해서 결코 완전히 처벌할 수도 또는 완전히 속죄할 수도 없는 것인가? 혐오와 분개의 연합조차도 그 일에 적합하지 않다. 따라서 근절할 수 없는 잔인함의 존재는 우리를 절망과 좌절로 몰아넣으며, 결국 우리를 불행하고 원망스러운 인간 혐오에 빠뜨리겠다고 위협한다.

혐오의 도덕적 실패

우리가 생각해 온 혐오는 위선, 잔인함, 배신, 간사함의 악덕을 거만함, 아첨, 비굴함 등의 모든 형태로 불승인하는 작업을 하는 도덕 감정이다. 혐오는 또한 내가 도덕적 비굴함의 필요악으로 묘사했던 활동들과 덜 중요한 다른 도덕적 문제들 ─ 다른 무엇보다 옹졸함, 까다로움, 천박한 어리석음뿐만 아니라 신체 기형과 같은 예측 가능한 방식으로 위반하는 성격 결함을 생성하는 종류의 문제들 ─ 을 규제한다. 이것들은 **도덕적** 문제가 맞는가? 혐오에는 악덕이 있다. 혐오는 엄청난 포괄성의 도덕 감정이며, 초점의 대상을 향해 단순한 반감을 표하는 것으로 끝나지 않는다. 혐오는 도덕적인 방식으로 그 대상들을 비하한다. 혐오가 잔인함 및 위선과 싸우는 한, 우리는 혐오를 우리의 대의에 끌어들이는 것을 기쁘게 여기지만, 혐오가 거슬리게 짜증스러운 것이나 훼손되고 추한 것과 싸울 때면 혐오는 우리를 다른 방향으로 몰아가는 죄책감과 자비심 같은 다른 도덕 감정들과 충돌할 수도 있다.

"도덕적"이라는 말은 우리가 사용할 때면 무엇을 의미하는지 알고 있다고 생각할지라도 정의하기 쉽지 않은 답답한 용어들 가운데 하나이다. 도덕적인 것은 여러 방식으로, 어떤 것은 다소 좁게, 어떤 것은 상당히 광범위하게 볼 수 있다. 어떤 이들은 도덕적인 것을 미덕을 사랑하고 악덕을 미워하라와 같은 종류의 단순한 진술로 환원시키려고 한다. 다른 이들은 도덕적인 것의 영역을 특정한 도덕적 감정이나 정서로 표현한다.[37] 그래서 어떤 이들은 도덕성을 자비, 존경, 죄책감, 수치, 또는 특별하게 구성된 독립적인 도덕감 등 여러 가지 정서에 집중시킬 수 있다.[38]

예를 들어, 분노와 죄책감을 중심으로 의심할 여지없이 좁은 도덕 이론을 구성하려고 한 앨런 기버드(Allan Gibbard)의 시도를 고려해 보라. "도덕은 한 사람이 비난받을 수 있는 종류의 행위들에 주의한다. 만약 다른 사람이 그를 향해 화를 내는 것이 이해가 된다면 … 만약 그가 자신이 한 일에 대해 스스로 죄책감을 느끼는 것이 이해가 된다면, 그 사람은 행위에 책임이 있다."[39] 죄책감을 근본으로 삼는 것은 도덕적인 것의 영역으로 제한하는 효과를 가진다.[40] 죄책감의 제한성은 죄책감과 자발적인

---

37 물론 도덕적 정서를 직접적으로 포함하지 않는 도덕적인 것을 정의하는 방식들이 있다. 일부 철학자들은 도덕성을 논쟁과 갈등을 해결하기 위한 영역, 즉 권리의 문제로 생각한다. 예를 들어, Philippa Foot, p. 208을 보라.

38 예를 들어 Hutcheson, "An Inquiry Concerning Moral Good and Evil," §§303~309를 보라.

39 Gibbard, p. 293. 기버드의 정식화에 대한 담스와 제이콥슨(D'Arms and Jacobson)의 광범위한 비판을 보라. 그들은 당신이 잘못된 일을 하지 않았다고 생각할 때 또는 당신이 마땅히 다른 사람들의 분노의 대상일 수 없을 때 죄책감을 느끼는 것이 이해가 되는 것은 어떤 상황인가라고 묻는다.

40 약간 강조점이 다른 바이어(Baier)의 유사한 정식화를 비교해 보라. "도덕은 염려가 양심의 가책이나 분개의 형태를 취하는 곳에서, 어떤 해악에 대해 주목하고 염려해야 하는지 선택하는 문화적으로 습득된 기예이다." *Postures of the Mind*, p. 263.

것과의 접합에서 나온다.[41] 죄책감은 우리가 선택하고 의도했던, 그리고 하지 않기로 선택할 힘을 가지고 있었던 (나쁜) 행위들에 대해서는 이해가 된다. 죄책감은 범죄의사(mens rea)라는 관념이 유발하는 모든 제약으로 도덕적인 것에 법적인 색채를 가미한다. 따라서 죄책감은 일반적인 성격 결함보다는 과실 행위(와 특정한 누락)의 처벌에 동의한다. 죄책감은 죗값을 요구하는데, 그중 일부는 단순히 적절한 죄의식을 표현하는 것으로 지불 가능하다. 죗값은 범죄가 야기했던 정당한 분노를 진정시키기에 충분한 양이어야 한다.

기버드는 의도적인 잘못에 대한 제약은 유효하다고 여긴다. 죄책감은 수치심이 그러하듯 그리고 혐오가 그럴 수 있듯 전체 인격의 교정을 요구하는 것이 아니라 부당 행위자의 자발적인 통제하에 있는 행위들의 변화만 요구한다. 기버드에게 수치, 굴욕, 혐오와 같은 다른 명백하게 도덕적인 감정들은 덜 차별적이다.[42] 그러한 감정들은 위반자에게 너무 많은 것을, 종종 성격의 전체적인 변화를 요구한다. 심지어는 피부색, 젠더, 체형, 나이, 건강 상태, 그리고 중요하게 선택의 문제가 아니기 때문에 죄책 도덕이 우리는 정당하게 비난받지 않을 수 있다고 말하는 것들을 요구한다.

그러나 죄책감/분노 메커니즘에 특유하게 의존하는 도덕은 우리가 가하는 모든 비난, 우리가 사람들에게 책임을 지우는 모든 행위와 상태를

---

41 죄책감을 자발적인 것으로 제한하려는 법적이고 도덕적인 철학적 노력에도 불구하고, 우리의 비자발적 행위들에 대해 책임을 느끼는 것은 드문 일이 아니다. 따라서 우리는 누군가와 우연히 부딪쳤을 때 사과하거나 변명할 필요를 느낀다. Williams, *Shame and Necessity*, pp.92~94와 Gibbard, p.297의 논의를 참조하라.

42 Gibbard, p.297을 보라.

해명하지 않는다. 분노는 불승인을 나타내거나 위반한 사람들에 대해 도덕적 주장을 하는 유일한 수단이 아니며 항상 주요한 수단인 것도 아니다. 우리는 혐오, 경멸, 그리고 조롱이 두드러지게 나타나는 더 광범위한 도덕적 영역에 대한 근거를 파악하기 위해 원시적인 수치 문화를 찾아볼 필요가 없다. 우리 자신의 정서와 우리 자신의 사회적 상호작용은 무수한 사례를 제공한다. 어빙 고프먼은 평범한 것, 일상적인 것, 그리고 정상적인 것이 어떻게 사회적 예측 — 우리가 "규범적 기대로, 정당한 요구로" 전환시키는, 즉 우리가 기댈 자격이 된다고 느끼는 원활하게 작동하는 일상을 망치지 않기 위해 다른 사람들에게 제기하는 도덕적 주장으로 전환시키는 — 을 생성하는지 자세하게 묘사했다.[43]

이런 상황에서의 도덕은 죄책감과 양심의 문제가 아니라 우리에 대한 그들의 요구가 대체로 정당하다고 상정하면서 우리를 관찰하는 사람들에게 어떤 인상을 남기느냐의 문제이다. 이러한 도덕은 대체로 수치 도덕이며, 우리의 좋은 평판은 인격을 판단하는 모든 범위의 기준을 통해 역량을 성취하고 유지하는 데 달려 있다. 수치 도덕은 죄책 도덕보다 더 광범위하다. 수치 도덕은 당신이 무엇을 하는지에 대해서뿐만 아니라 당신이 무엇인지에 대해서도 관심을 가진다. 그리고 당신이 무엇을 할 수 없는지에 대해서뿐만 아니라 당신이 무엇을 하지 않는지에 대해서도 관심을 가진다. 그 이상은 비난할 만한 것이 된다. 그리고 그 이상은 비난할 만한 것이 되기 때문에 상관적으로 그 이상은 명예와 자부심의 문

---

43 Goffman, *Stigma*, p.2[고프먼, 『스티그마』, 14쪽]. 나는 이어지는 논의에서 고프먼에 대해 여러 글을 참고하고 있다. *Relations in Public, Interaction Ritual*[상호작용 의례], *Behavior in Public Places, The Presentation of Self in Everyday Life*[자아연출의 사회학]를 보라.

제가 된다. 수치 도덕이 반드시 나쁜 것은 아니다. 혐오로 돌아가기 전에 이 문제들에 대해 짧게 부연 설명하고자 한다.

고프먼의 도식에서 타인 앞에 있음은 행위자들에게 그 상황에 대한 존중, 행위자들이 처하게 되는 만남에 대한 존중을 요구한다. 행위자들은 그러한 상호행위가 원활한 기능을 위해 의존하는 잠정적 합의(working consensus)를 뒤엎지 않으려고 한다. 가장 극단적인 경우가 아니라면 그리고 타인들이 정당한 것으로 이해하는 방식이라면 말이다. 함께 있음(copresence)에 의해 강요되는 아주 최소한의 요구는 사람들의 두려움에 대해 과도한 주장을 하지 않거나 그들의 당황과 혐오를 촉발하지 않는 것이다. 사람은 놀람 또는 과도한 관심의 원인이 되지 않으려 한다. 그것은 거리를 걷거나 버스를 기다리는 것과 같은 일상적인 활동들을 위해 안전하게 관심을 유발하지 않게 행동하는 것을 의미한다. 즐거운 모임에서 누군가가 무릎을 꿇고 다른 사람들에게 기도에 동참해 달라고 요청하지 않는다.[44] 이것은 고프먼의 질서에서 최소한의 도덕적 요구이다. 즉, 다른 사람들이 당신에게 예의 바르게 주목하지 않을 수 있도록 당신도 다른 사람들에게 예의 바르게 무관심하고 잘 처신하는 것이다.

그러나 예의 바르게 주목을 끌지 말아야 하는 이 최소한의 요구가 어떤 사람에게는 충족되기가 매우 어렵다. 아름다운 사람들을 예로 들어보자. 그들은 혐오나 공포에 의해 우리의 관심을 유발하지 않기 때문에 우리는 그들의 관심 비유발성의 결여에 대해 그들을 비난하지 않는다. 그러나 그들은 우리의 몸가짐과 요령에, 예의를 지키려는 우리의 능력에

---

44   이 예는 칸트로부터 가져온 것이며, Taylor, *Pride, Shame, and Guilt*, p.70에서 논의된다.

추가적인 요구를 한다. 이러한 사람들이 당연한 것으로 기대하는 존경의 시선과 추근대는 시선은 종이 한 장 차이이다. 다른 쪽에는 비만인 사람, 장애인, 기형인 사람, 정신질환자, 괴상하게 추한 사람, 범죄자,[45] 넉넉한 "정상인"[46] 범주의 구성원 자격이 없는 사람 등의 낙인찍힌 사람들이 있다. 낙인은 무사 평온한 관심 비유발성에 기여하는 조건들을 붕괴시킨다. 낙인찍힌 사람들은 다양하게 공포, 혐오, 경멸, 당혹감, 염려, 연민, 또는 두려움을 일으킨다. 이러한 감정들은 결과적으로 낙인찍힌 사람들을 적절하게 낙인찍힌 사람으로 확증한다. (이 점에서 고프먼과 나의 프로젝트 모두는 우리가 함께 있음의 도덕을 어떻게 질서 지우는지를 순수하게 묘사하는 것이지, 함께 있음의 도덕을 그러한 방식으로 질서 지어야 한다는 주장은 아니라는 것에 주목하라.)

충분히 이상하게도, 우리가 낙인을 인지하는 더 확실한 표지 중 하나가 그 낙인을 인지한 데 대한 우리의 죄책감이라는 것이 현실로 나타났다. 따라서 낙인찍힌 사람들은 우리로 하여금 그들에게 적절하게 예의 있는 무관심을 주고 있지 못하다고 느끼게 한다. 그것은 우리가 그들 앞에서 무엇을 해야 하는지 결코 확신하지 못하기 때문이다. 우리는 자연스럽게 행동해야 한다고 생각하지만, 낙인찍힌 사람들 앞에서 그것은 무엇을 의미하는가? 눈을 돌리는 것? 도움을 주는 것? 아무 일 없는 체하는

---

45   비록 범죄자는 합법적인 죄책감/분노 체계의 범위 내에서 만들어지지만, 일단 유죄 판결을 받으면 더 까다로운 수치 체계로 들어간다. 그는 복역을 할 수 있지만, 그가 단지 복역하는 것 이상을 기꺼이 하지 않는 한 우리는 그를 여전히 오염된 존재로 여긴다. 우리는 주요한 성격 변화를 기대한다. 죄책감 체계는 아주 작은 단위로 시간을 분할함으로써 사건들을 종결하려고 시도한다. 사람은 문제의 행위 이전에는 너무 멀리 보지 않으려 한다. 일단 속죄를 하면, 그는 처벌 받을 만한 행동을 한 적이 있다는 것을 잊어버리는 것이다. 이것들은 나머지 우리에게는 거의 불가능한 심리적 요구이다.

46   이 용어는 고프먼의 것이다. *Stigma*, p.6[『스티그마』, 18쪽].

것? 낙인찍힌 사람들은 정상인들이 정당하게 요구하는 원활한 사회 질서를 어지럽히는 것으로 느껴진다.

더 가혹한 시대에는 낙인찍힌 사람들이 이끌어내는 감정들에 대해 관찰자 편에서 거의 또는 전혀 죄책감을 느끼지 않을 것이다. 우리 시대에는 죄책감이 있다.[47] 먼저 우리는 조롱하는 것에 대해 죄책감을 느끼는 법을 배운다. 우리가 점점 문명화되면서, 죄책감은 우리가 무의식적으로 조롱하거나 비웃을 수 있다는 끊임없는 두려움과 마주한다. 우리의 죄책감은 낙인찍힌 사람들을 적절하게 대하면서 점점 줄어들어 잠복하게 된다. 우리는 우리의 선행을 사람들에 대한 존경과 같은 고귀한 감정보다 죄책감에 의해 더 동기화된 것으로 비난한다. 아니면 죄책감은 우리가 낙인찍힌 사람들을 정중하게 대할 때 — 그것은 우리가 어떤 수준에서 여전히 의무의 한계를 넘어서는 것으로 느끼는 대접이다 — 우리가 빠져드는 자기만족을 망쳐놓는다. 내가 그 뚱뚱한 X와 점심 먹으러 나가는 것을 보여줄 정도로 충분히 안정된 사람인 것이 놀랍지 않니? 그렇지?

혐오는 아름다움과 추함을 도덕의 문제로 만든다. 그리고 이러한 불

---

47 예를 들어, 신들이 헤파이스토스[Hephaestus, 그리스 신화에 나오는 올림포스 12신 가운데 하나로, 야금술, 금속공예, 수공업, 조각 등을 관장하고 불을 다스리는 신이다. 대장장이 신으로도 불린다. 얼굴이 못생기고 신체장애를 가진 신으로 묘사된다_옮긴이]의 절뚝거림을 얼마나 비웃었는지, 또는 호메로스와 그리스의 군중이 테르시테스[Thersites, 트로이 전쟁에 참가한 그리스 병사로, 추악하고 불구이며 입이 험한 독설가이자 호전적인 인물이다. 호메로스는 『일리아스』에서 그림까지 제시하며 테르시테스의 추한 모습을 묘사했다_옮긴이]의 신체적 기형을 — 그 기형은 그들에게 내면의 도덕적 실패의 징표 그 이상이지만 그 자체로 도덕적 실패이다 — 얼마나 조롱했는지 고려해 보라. *Iliad*, 1.586~600과 2.211~221, 그리고 Lincoln, pp.27~32의 논의를 참조하라. 또한 소크라테스의 추함에 대한 니체의 언급도 참조하라. "출신상 소크라테스는 최하층에 속했다. 소크라테스는 천민이었다. 그가 얼마나 못생겼는지 사람들은 알고 있으며, 직접 확인도 할 수 있다. 그런데 못생긴 외모는 그 자체로서 일종의 이의 제기였고, 그리스인 사이에서는 거의 반박이기도 했다"("The Problem of Socrates," ch.3, *Twilight of the Idols*).

행한 사태에 대한 우리의 당혹감의 일부는 아름다움은 마땅히 윤리나 도덕이 아니라 미학의 주제라고 주장하는 형식을 취한다. 미학적 실패는 도덕적 영역에서의 실패가 초래해야 하는 결과의 심각성을 수반하지 않는다고 이해된다. 도덕적인 것과 분리된 별개의 미학적 영역을 구성하려는 시도는 그 자체로 합리적으로 도덕의 적절한 내용에 대한 도덕적인 주장으로 이해될 수 있다. 그것은 우리가 아름다움과 추함에 도덕적 중요성을 부여하고 일관되게 아름다운 것으로부터 선한 것을 구별하지 못하는 다소 끈덕진 심리적이고 사회적인 경향을 범주화의 결단으로 가두려는 시도이다. 우리는 죄책감의 제재에 의해 지지되는 담론적 수준에서 미적인 것과 도덕적인 것의 구분을 받아들였다. 그러나 우리는 여전히 아름다운 사람이 비열한 사람으로 드러날 때 느끼는 배신감의 의미에서, 또는 양보가 정당한 것으로 판명될 때 추한 사람의 내면의 아름다움에 대해 마침내 인정하는 내켜하지 않음의 의미에서 지속적으로 드러나는 다른 감정들에 사로잡혀 있다.

따라서 우리의 도덕 세계는 그 자체와 상충한다. 그러나 우리의 도덕 세계는 도덕을 부도덕이나 비도덕과 대비시키는 경우는 아니다. 또한 상대주의라는 골칫거리의 사례도 아니다. 다양한 범위와 강도를 가진 여러 다른 도덕적 정서는 도덕 질서에 실질적인 불일치를 야기한다. 기버드는 여기서 내가 앞 단락에서 방금 언급했던 규범을 받아들임과 규범에 사로잡힘 사이를 유용하게 구분한다. 우리가 받아들이는 규범들은 말과 토론, 다양한 담론적 실천에 의해 유지되는 반면, 우리를 사로잡는 규범들은 단순히 우리의 의지를 지배한다.[48] 낙인찍힌 사람들에 관해서 보자면, 우리가 받아들이는 사람에 대한 존중을 지배하는 규범은 우리를 사로잡고 있어서 위반하면 혐오를 유발하는 규범에 의해 전복된다.

"받아들임"과 "사로잡힘" 사이의 차이는 종종 어떤 정서가 그 규범을 지지하는가의 문제가 된다. 규범이 혐오에 의해 뒷받침될 때 우리는 그 규범에 사로잡히는 반면, 죄책감은 우리가 받아들이는 규범을 지키는 데 실패함으로써 촉발될 수 있다. 혐오에 의해 뒷받침되는 규범들의 장악력은 혐오스러운 것이 또한 매혹적이고 흥미를 유발하며 심지어 욕망의 대상이기도 하다는 혐오의 역설을 폭로하는 우리의 기쁨을 중간 현실 (middling reality)이라는 약을 투입함으로써 완화시킨다. 어떤 수준에서는 그럴지도 모르지만, 규범을 어긴다는 생각에 문자 그대로 염증을 느끼는 것만큼 규범의 장악에 경의를 표하는 것은 없다. 사람을 존중하는 규범을 갖는 것을 선호하지 않는, 또는 규범의 담론적 수용을 지지하는 더 약한 도덕적 정서가 아니라 혐오와 동반되는 역설에도 불구하고 혐오에 의해 유지되는 근본적으로 모든 인간의 동등한 가치에 대한 헌신의 규범을 갖는 것을 선호하지 않는 도덕 개혁가는 거의 없을 것이다.

고프먼의 공적 질서는 수치 문화가 요구하는 것과 대략 일치한다.[49] 죄책감과 분노는 여전히 이 질서에서 해야 할 역할을 가지고 있지만, 수치, 조롱, 경멸, 그리고 혐오의 더 큰 질서 안에서 도덕적 검열을 통과함으로써 자신의 품격을 보존해 온 사람들에게 가용한 사치품이기도 하

---

48 Gibbard, pp. 55~82.
49 나의 책 『굴욕(Humiliation)』의 대부분은 명예/수치 도덕과 그 도덕 경제를 지지하는 감정들이 여전히 우리의 사회적 존재의 넓은 범위를 지배한다는 것을 보여주는 데 할애되고 있다. 기버드(Gibbard, p. 136과 그다음)는 오히려 수치심과 죄책감 각각을 그 감정을 유발한 상대의 감정과 짝지음으로써 수치심-죄책감 구분의 어려움을 교묘하게 처리한다. 따라서 수치심은 조롱과 경멸에 대한 반응이며, 죄책감은 분노에 대한 반응이다. 분노와 경멸은 쉽게 구별 가능하기 때문에 수치심/죄책감 구분은 분노와 경멸의 손쉬운 구분 가능성에 기댄다. 수치심/죄책감 구분은 정당하게 가차 없이 비판되어 왔다. 그중에서도 Piers and Singer를 참조하라. 그러나 비판에도 불구하고 수치 문화와 죄책감 문화 사이의 구분은 여전히 개략적인 발견적 가치를 가지고 있다.

다. 그리고 경멸, 조소, 또는 혐오의 이유를 제공하는 것만큼 분노의 이유를 제공하는 데 관심이 있는 사람은 드물다. 누군가를 화나게 하는 것은 일종의 동등성, 심지어는 우월성이 주어지는 것이다. 경멸, 조롱, 또는 혐오의 대상이 되는 것은 상대방에 비해 자신을 비하하는 것이다.

사람은 자기표현을 지배하는 사회적·도덕적 규범들에 대한 존중을 보여줌으로써 예의 바르게 관심을 유발하지 않는 최소한의 품격을 성취한다. 이런 종류의 품격은 성취되어야 하는 것이며, 단순히 인간 영역에 딸려 있는 것이 아니다. 그것은 예절의 규칙들, 즉 사회적이고 미학적인 것을 더 큰 도덕 질서 안으로 포섭하는 규칙들을 따르기로 작정하고 실제로 따른 결과로서 온다. 존경은 개인들에게보다 질서 자체에 표하는 경의이다. 원활한 사회 질서의 첫 번째 조건은 그 사회 질서를 존경하는 것이다. 우리를 힘들게 하는 이런 종류의 도덕적 질서화에는 거슬리는 부분이 있다. 우리가 본 바대로, 기버드는 혐오, 수치, 두려움, 그리고 당혹감 등의 도덕적 정서들이 지닌 차이를 구별하지 않는 것에 대해 염려하면서 문제의 일부를 포착했다. 혐오와 경멸이 대항 정서와 원칙들에 의해 약화되거나 제약되지 않고 우리의 도덕적·사회적 삶을 지배하도록 내버려두는 대가를 예상하기는 쉽다. 우리는 결국 낙인찍힌 사람들을 처벌하게 되는데, 그들은 종종 자신들의 낙인에 대한 사회적 판단을 수치, 자기 비하, 자기혐오, 자기 경멸, 자기증오로 내면화하지만 자신들의 낙인에 대해 죄책감을 느낄 정당한 이유가 없을 수도 있는 사람들이다.[50]

---

50 심지어 실제로 수치 도덕도 특정한 낙인찍힌 사람들이 자신들에게 남겨진 어떤 역할을 기꺼이 취하려고 한다면 제한된 특권을 주면서 받아들여질 수 있도록 허용한다는 점에 주목하라. 시각장애인은 음악가로, 뚱뚱한 사람은 유쾌한 사람으로, 유대인은 의사와 과학자로, 흑인은 운동선수와 연주자로 받아들여지고 존중된다. 그리고 스스로 극복하는 기념비적인 노

우리는 혐오와 경멸이 공정과 정의의 규범, 사람에 대한 자유주의적 존중의 규범을 위반할 수 있다는 것을, 잔인하고 용납되지 않는 레짐을 유지할 수 있다는 것을 두려워한다.

이것이 우리가 어떠한 도덕적 감정에도 그 감정이 유발될 수 있는 모든 상황을 지배할 힘을 부여하지 않고 또한 부여해서도 안 되는 이유이다. 주디스 슈클라의 구절을 고쳐 쓰면, 우리는 혐오나 수치를 우선시할 수는 없지만, 그녀가 제안한 것처럼 만약 우리가 악덕들 중에서 잔인함을 우선시한다면, 우리는 우리의 도덕 체계에서 혐오에 큰 역할을 부여하는 것을 피할 수 없거나 아니면 피하고 싶지 않을지도 모른다.[51] 우리에게 필요한 것은 언제 우리의 혐오와 경멸을 믿어야 하는지를 알 수 있는 방법이다. 그러나 경멸과 혐오는 상당한 결점에도 불구하고 적절한 도덕적 작용을 한다. 더 강하게 말하자면, 경멸과 혐오의 결점들도 도덕적이다. 공식적인 도덕을 그런 방식으로 구성하는 것에 대해 그저 다른 범주가 우리를 불안하게 만들 뿐이다. 경멸, 혐오, 그리고 수치는 우리를 위계 체계 안에서 순위를 매기고 배열한다. 이러한 감정들은 명예를 손상시키고 무례를 범할 뿐만 아니라 명예를 부여하고 존중하는 기초를 제공한다.

혐오와 경멸 같은 도덕적인 감정들이 필요악이라는 견해는 그 감정들을 정당화시키지 못한다. 우리가 그 감정들의 과잉을 억제하면 그런 도덕적 감정들은 많은 유익한 일을 한다. 그리고 우리는 우리가 받아들이는 다른 규범들에 의지해서 그 감정들의 합법성의 범위를 제한하면서 규

력은 존중되지만, 이 모든 전략은 낙인을 만들어내는 질서에 경의를 표한다.
51 Shklar, *Ordinary Vices*, pp.7~44[슈클라, 『일상의 악덕』, 25~83쪽].

칙적으로 그 감정들을 억제한다. 우리는 또한 전체 도덕적 레짐을 도덕적 판단의 결과로 정당하게 취해질 수 있는 행위들을 심하게 제한하는 특정한 정치적·법적 제약에 현명하게 종속시킴으로써 혐오의 날개를 꺾는다. 우리 자신들을 위해 문제를 해결하는 법과 정치에 의해 우리에게 부여된 비공식적으로 규제되는 영역에서도, 우리는 우리가 혐오의 대상인 사람들을 처벌할 수 있는 제재 규정들에 부과된 심각한 제약을 발견한다. 그러므로 공공연한 조롱이나 심지어 덜 악의적인 형태의 회피는 정당화할 수 없거나 심지어 불법적이라고 표시된다. 우리에게는 기형을 조롱하는 올림포스의 신들보다 훨씬 더 예의 바르게 처신함으로써 우리의 자기 만족감을 채색하는 사적인 혐오의 경험과 의심스러운 경멸의 쾌락만이 남겨져 있다.

아마도 우리를 혐오하게 하는 사람들을 비난하는 것에 대한 우리의 불안감에 표하는 가장 큰 경의는 죄책감이 요구하는 제한된 의미에서 낙인찍힌 사람들을 비난할 만한 존재로 만드는 우리의 이야기 구성일 것이다. 제4장에서 다루었듯이, 우리는 위반하려는 의지를 혐오스러운 것의 탓으로 돌린다. 따라서 비만인 사람들은 뚱뚱하지 않기를 원치 않기 때문에 뚱뚱하다. 우리는 심지어 낙인찍힌 사람들에게 우리가 알기로 공식적인 지식의 수준에서 그들이 변화시킬 수 없는 낙인에 대한 부분적인 설명의 책임을 지운다. 만약 우리가 실명에 대해 시각장애인들을 비난할 수 없다면, 우리는 시각장애인들이 비가시적이지 않음에 대해, 특별히 그들의 존재가 우리에게 어떤 요구를 하는 것으로 읽힐 때 관심 비유발 상태를 유지하지 않음에 대해 그들을 비난함으로써 교묘하게 우회한다. 우리는 낙인찍힌 사람들이 마법에 걸려서 키스가 그들을 왕자와 공주로 탈바꿈시키기를 기대한다. 그리고 사악한 주술이 너무 오래 지속될 때 우리는 그들이 마법적인 해독제가 효과가 없기를 원했다고 비난한다.

우리는 역설적으로 죄지은 사람을 병든 사람으로 정의함으로써 그들의 죄를 면하게 해주려고 할 때도 그들의 질병에 대해 병든 사람을 비난한다. 그리고 그것은 결과적으로 그들이 그렇게 감염된 것에 대해 비난받게 할 것이다. 범죄를 범죄의 의도보다 질병의 문제로 만들려는 멍청한 개혁가들은 우리가 단지 누군가가 아프다고 해서 비난을 멈추지 않는다는 것을 깨닫지 못한다.[52] 우리가 생각하기에, 질병은 처벌 가능한 범죄이다. 에이즈는 한센병이 그랬던 것처럼 비난받을 만한 것이다. 심지어 일상적인 질병도 죄의 대가로서는 아닐지라도 자신을 적절하게 돌보는 데 실패한 것으로 비난받을 수 있다.

따라서 우리는 죄책감의 범위를 확장함으로써 수치와 혐오 같은 도덕 감정들의 넓은 범위에 대한 우리의 확신 없는 양심을 달래는 작업을 한다. 기버드의 죄책감/분노 증후군의 더 좁고 더 제한된 도덕성은 일단 자발적인 것의 범주를 무엇을 하는가뿐만 아니라 누구인가 하는 것까지 포함하도록 확장하면 전혀 그렇게 좁지 않은 것으로 드러난다. 그리고 만약 우리가 수치스럽고 혐오스러운 것을 죄책감의 영역에 포함시키는 데 너무나 많은 저항이 있다는 것을 발견할지라도, 우리는 여전히 혐오만을 근거로 처벌하는 데 대해 그렇게까지 꺼리지 않는다. 그리고 우리가 우리를 혐오하게 하는 사람들을 처벌할 때 그 혐오의 근거는 고프먼의 공적 질서에 의해 제공된다. 관심 비유발은 하나의 미덕이며, 주목을 끄는

---

*Erewhon*에서 비난할 만한 질병에 대한 새뮤얼 버틀러(Samuel Butler)의 고전적인 설명을 참조하라.

것은 비난받을 수 있는 악덕이다.

혐오는 너무 무차별적으로 비난한다. 그리고 도덕적인 것의 범주를 혐오와 경쟁하는 정의, 자비, 연민, 공정의 원칙들이 설정하는 범주의 크기보다 더 크게 만든다. 그뿐만 아니라 부정성의 스타일, 우울한 스타일 및 우울하게 만드는 스타일도 가지고 있다. 이러한 스타일들은 우리를 불편하게 만든다. 불같은 분개와 음울하고 냉정한 혐오를 비교해 보라.[53] 앞의 장들에서 제시되었듯이, 혐오는 삶 그 자체에 대해, 특별히 인간의 삶에 대해 매우 양면적이다. 생명 수프, **인간의** 생명 수프가 혐오스러운 것의 핵심에 놓여 있다. 그리고 그것은 혐오를 그 특성상 불가피하게 인간 혐오적인 것으로 만든다. 혐오는 자발적이든 비자발적이든 간에 우리가 누구인가와 우리가 무엇을 하는가로부터 뒷걸음친다. 분개는 복수심에 불타는 격정으로 인해 그렇게 돌이킬 수 없게 인간성을 비난하지 않는다. 일단 복수를 하거나 정의가 이루어지면 세계는 질서로 돌아가며, 그 질서는 생명과 가능성으로 가득 차 있는 활기 있는 것이 될 수 있다. 분개는 삶의 이유를 준다. 혐오는 퇴거의 이유를 준다. 혐오는 도덕적 작업을 하지만 그 과정으로 인해 우리가 오염되었다는 느낌을 남긴다.

혐오는 우리의 순수함에 대한 위험을 인식하는 것이다. 그러나 그것은 그 이상이다. 혐오의 느낌만으로도 우리가 오염을 피하지 못했다는 것을 인정해야 한다. 다시 말해, 혐오의 경험은 그 자체로 분노나 분개의 경험처럼 우리를 정화시키지 않는다. 혐오는 추가적인 정화 작업에 착

---

53 오래된 갈레노스(Galenic)의 유머가 다양한 도덕 감정이 가진 "느낌"의 차이를 어떻게 포착하는지 주목하라.

수할 필요가 있다는 것을 시사한다. 그러므로 혐오는 혐오스러운 상대에 대한 우리의 상대적인 도덕적 우위 가운데에서 우리에게 확실한 기쁨을 주기 위해 도덕적인 작업을 하는 것이 아니다. 혐오가 우월성에 대한 주장이 될 때에도 혐오는 우리 자신의 취약성과 굴종을 인정한다. 그에 비해 경멸의 느낌은 더 깨끗하고 더 즐겁다. 우리는 이것을 혐오의 도덕적 덕목 가운데 하나로 볼 수 있다. 혐오는 우리로 하여금 항상 비난의 대가를 감당하도록 만들기 때문에 순수한 쾌락을 비난하도록 우리를 움직이지 않는다. 혐오는 결코 우리가 깨끗하게 벗어나도록 허용하지 않는다. 혐오는 불순과 악이 전염되고 지속되고 모든 것을 함께 끌어내린다는 절망감을 뒷받침한다.

혐오는 몸을 수반하는 도덕적 문제에 도덕적인 작업을 집중하는 경향이 있다. 섹스는 분명히 혐오의 관심을 끌지만, 또한 사회 질서를 가능한 한 무사평온하게 만들어야 하는 의무에 대해 불충분한 관심을 나타내는 육체적 실패를 유발한다. 혐오는 또한 혐오 관용어들이 매우 잘 들어맞는 악덕들을 불승인하는 주된 감정이다. 여기에는 우선순위의 문제가 있다. 그가 혐오스럽기 때문에 알랑거리고 교활하고 구변 좋은 번지르르한 아첨꾼인 것인가? 아니면 그 행동이 다른 방식으로는 그렇게 적절하게 묘사될 수 없기 때문에 그가 혐오스러운 것인가? 어떤 경우이든, 추함, 냄새남, 끈적끈적함의 관념이 쉽게 적용되는 악덕과 위반 행위들이 있으며, 그렇지 않은 악덕과 위반 행위들도 있다. 위선, 배신, 잔인함은 우리를 혐오스러운 것들의 늪에 빠뜨리며, 다른 어떤 도덕 감정도 우리의 반감을 표현하기에는 부족해 보인다.

도덕적인 영역에서 우리는 이제 사회적·정치적 질서를 향해 고쳐나갈 것이다. 혐오(와 경멸), 지위 구분의 감정들, 그 감정들이 지향되는 낮은 지위에 할당된 감정들은 위계적인 사회에서 중요한 역할을 한다. 반대로 민주주의는 혐오와 경멸 어느 것과도 편안하지 않지만, 그럼에도 불구하고 경멸과의 실용적인 조화를 이룰 수 있었다. 그러나 혐오는 계속해서 계급과 인종과 민족의 구분을 자극하기 때문에 민주주의를 괴롭힌다. 다음 장에서 우리는 경멸의 정치적 해부에 초점을 맞추고, 이를 혐오의 정치적 해부와 구별한다. 혐오의 정치에 대한 상세한 해명은 제10장까지 미뤄둔다.

제9장

상호 경멸과 민주주의

이 장에서 우리는 혐오와 가까운 사촌인 경멸 및 사회 위계와 정치 질서를 생산하고 유지하는 데서의 경멸의 역할에 초점을 맞추기 위해 기어를 바꾼다. 혐오와 경멸은 일부 맥락에서 서로 가깝고 상호 강화하면서도 서로 다른 정치적 결과를 가져오기 때문에, 혐오의 역할과 경멸의 역할을 비교하는 것은 정치 질서에서 혐오의 역할을 이해하는 데 도움이된다. 결국 경멸은 민주주의와 동화될 수 있었다. 사실 경멸은 민주주의를 전복시키기보다는 민주주의를 지원한다. 이를 위해 타인들을 다룰때 상층민들뿐만 아니라 하층민들에게도 보편적으로 무관심의 전략을제공했다. 따라서 경멸은 민주주의에 매우 중요한 사람들에 대한 기본적인 최소한의 존중, 즉 "공존공영(live and let live)"이라는 말로 포착할수 있는 관용의 방식을 승인하게 되었다. 제10장에서 볼 수 있듯이, 혐오는 최소한의 관용의 요구를 파괴하는 훨씬 더 강력한 반민주적인 힘이다. 제9장과 제10장에서 나는 도덕 감정들이 특정한 정치 질서의 스타일을 창조하는 데 얼마나 깊이 연관되어 있는지에 대해 몇 가지 생각을 제공하고자 한다.

경멸과 굴욕, 경멸과 수치는 서로 관련되어 있다. 우리가 우리의 미숙함과 실패를 인정할 만큼 사회적으로 충분히 능숙할 경우 우리를 부끄럽게 만드는 우리 자신의 행위, 우리에게 굴욕감을 주는 자기표현의 스타일은 우리를 향한 다른 사람들의 경멸, 심지어 혐오를 유발하고 정당화하는 행위와 스타일이다. 또는 순서를 바꾸어서, 우리가 경멸받을 만하다는 판단에 우리가 동의한다면, 즉 우리가 경멸이 정당하다고 느낀다면, 우리를 향한 다른 사람의 경멸 또는 혐오는 우리에게 수치나 굴욕을 가져올 것이다. 만약 우리가 경멸 또는 혐오가 정당하지 않다고 느낀다면 분개나 심지어 복수심에 불타는 격분을 일으킬 것이다. 우리의 동의가 항상 정의의 문제로서 충분하다는 것은 아니다. 우리는 우리가 경멸받을 만하다는 판단에 동의하지 않아서 단순히 난폭하게 또는 제멋대로 행동할 수도 있고, 또는 그 판단에 동의해서 그 특정한 사회 질서에서 우리의 운명을 충분히 자율적으로 평가할 수 있는 능력을 우리에게서 박탈하는 부당한 사회 질서의 희생양이 될 수도 있다. 그렇기는 하지만, 경멸은 분명히 사람들의 순위를 매기는 또는 상대적인 순위를 다투는 메커니즘일 수 있으며, 그와 같이 매우 정치적인 의미를 지닌다.

경멸은 감정들과 다양한 사회 질서와의 관계, 그 사회 질서의 정의와의 관계, 그리고 그 사회 질서 안의 면대면 상호작용의 미시정치학과의 관계 등과 관련된 다양한 문제를 제기한다. 나는 여기서 나의 범위를 좁히고자 한다. 내가 추론하고 싶은 것은 내가 상향 경멸이라고 부르는 것, 즉 높은 자에 대해 낮은 자가 가지는 경멸의 본질이다. 그리고 나서 나는 이것이 영웅 사회, 앙시앙 레짐(ancien régime), 그리고 민주주의와 같은 다양한 사회적·정치적 레짐에서 어떻게 나타나는지에 대해 몇 가지 제안을 할 것이다.[1]

어떤 설명에 따르면, 상향 경멸이라는 관념은 정의하기가 불가능하다. 경멸은 어쨌든 "누군가를 또는 무언가를 내려다 봄"이라는 은유에 의해 주로 포착되며, 이 은유는 일방적으로 웃는 사람과 고개를 쳐든 사람의 통상적인 얼굴 표정, 경멸할 만한 사람을 곁눈질로 보는 반쯤 감긴 눈에 신체적으로 구체화되어 있다. 그러나 우리가 보게 되겠지만, 상향 경멸은 고전적인 경멸의 양식과 구별되는 자체로 독특한 양식적 특징을 가지고 있다. 지금은 내가 포착하고자 하는 바가 십대가 어른에 대해, 여성이 남성에 대해, 하인이 주인에 대해, 노동자가 상관에 대해, 유대인이 기독교인에 대해, 흑인이 백인에 대해, 교육받지 못한 사람이 교육받은 사람에 대해 갖는 경멸이라는 것까지만 말해두자. 이것을 모든 상향 경멸이 동일하거나 동일한 조건에 의해 촉발된다는 뜻으로 받아들이지는 말기 바란다. 흑인, 유대인, 여성, 십대, 노동자는 모두 열등한 지위를 공유할 수 있지만, 그들의 열등함이 동일한 방식으로 구성된다는 것을 뜻하지는 않는다. 각자가 겪는 억압은 특정한 고유의 역사와 지역적인 규칙을 갖고 있다. 게다가 어떤 열등한 조건은 쉽게 도피할 수 있고(청소년), 어떤 조건은 덜 그렇다.

이 경쟁적인 경멸의 이야기를 고려해 보라. 나는 얼마 전에 집을 수리

---

1   제임스 스콧(James Scott)은 『지배, 그리고 저항의 예술(Domination and the Arts of Resistance)』에서 그 제목이 시사하듯이 하층민이 상층민에 대해 취하는 저항의 스타일을 다룬다. 하지만 그의 주된 초점은 제도화된 노예제, 불가촉천민, 또는 인종적 지배가 있는 사회들에 있다. 그의 논의는 힘없는 자들의 "은닉 대본"을 자극하는 감정적 힘을 간접적으로 암시하고 있을 뿐이다. 그것은 대개 원한, 분개, 공포가 그 스타일을 나타낸다고 가정한다. 경멸은 드물게만 등장한다(예를 들어, 2, 199[28, 335]). 바움가르트너(Baumgartner)의 "아래로부터의 사회 통제(Social Control from Below)"는 스콧의 요점 가운데 많은 것을 예견한다. 비행기 승무원들의 감정 관리에 소요되는 심리적 비용에 대한 문화기술지인 혹실드(Hochschild)의 『감정노동(The Managed Heart)』을 참조하라. 나는 이 책이 많은 장점에도 불구하고 승무원들이 자신들의 레퍼토리에 가지고 있는 전략적 자원들을 과소평가하고 있다고 생각한다.

하기 위해 한 석공을 고용했다. 그는 용, 바이킹, 그리고 근육질의 만화 주인공 같은 전통적인 종류의 문신을 한 크고 건장한 남자였다. 그는 청바지를 내려 입어서 몸을 구부릴 때 엉덩이의 갈라진 틈이(오, 예절의 시험!) 노출되었다. 그는 육체적 고통을 받는 것이 두려움의 원인이기보다는 육체적 고통을 가함으로써 쾌락을 추구하는 사람의 풍모를 가진 꽤 거칠어 보이는 사람이었다. 내가 배낭을 메고 자전거에 올라타서 그에게 인사를 하고 차고로 페달을 밟았을 때는 이미 그가 며칠 동안 그 일을 하고 있던 때였다. 그 석공은 내 아내에게 "남편이 선생(He a teacher)?"이라고 말했다.[2] 질문을 시작하기 위해 "is"를 빼먹은 것은 그의 말투가 가진 무례함의 일부만을 보여주는 것이었다. 나는 다시 가서 약간의 잡담을 나누고, 그 일에 대해 언급하고 나서, 떠나는 인사를 했다.

그와 나는 각자 상대에 대해 적지 않은 경멸을 가지고 있다. 그러나 우리의 경멸이 완전히 같은 방식으로 구성되지는 않았다. 나에 대한 그의 경멸은 그에 대한 나의 경멸보다 덜 모호하며, 나의 경멸처럼 상충되는 구상과 헌신으로 가득 차 있다. 그에 대한 나의 경멸의 몇 가지 근거를 고려해 보자. 첫째는 문신이었다. 나는 그 문신을 그의 저속함에 대한 의지(또는 적어도 나와 같은 유형을 공격하려는 의지)의 표시로 받아들였다. 그는 그 문신을 부인하지 않았을 뿐만 아니라 자랑스럽게 드러냈다. 문신에 대한 그의 자부심은 나의 경멸을 강화했다. 왜냐하면 그가 만약 부끄러워했다면 나는 그를 대신해서 당혹감을 느꼈을 것이기 때문이다. 아니면 나는 여전히 경멸을 느꼈을 수도 있지만, 그것은 문신이 나에게

---

2 그는 그렇게 함으로써 계급 코드와 계급을 나타내는 구분을 해독하는 능력을 보여주고 있다.

유발했던 혐오 및 반감과 뒤섞인 불신의 느낌이 아니라, 연민과 동정으로부터 거의 구별할 수 없는 온화한 경멸이었을 것이다.

그의 신체적 특징, 고통을 가하는 것에 대한 망각(나의 성장기에는 문신을 새기는 것의 고통스러움에 대한 이야기들에서 문신이 없는 이들이 항상 다루어졌다), 나를 불쾌하게 할 수 있다는 것에 대한 관심이나 심지어 그런 인식의 부족이 두렵지는 않았지만, 나를 조심하게 만들었다. 나는 피해망상이었던 것은 아니지만 그의 스타일에서 모욕을 읽을 수 있었다. 그는 나보다 덩치가 크고 힘이 세고 거칠었다. 남자들 사이에서는 그러한 평가가 중요하다. 나는 그가 기꺼이 나를 모욕하려고 하거나 내가 생각하는 것에 전혀 신경 쓰지 않는 것에 대해 그를 존중할 수도 있었다고 생각한다. 하지만 뻔뻔스러운 저속함은 그 해명에 대해 마음 내키지 않는 존중을 하기도 쉽지 않게 만든다. 그가 내 안에 어떠한 경계심을 생기게 했든지 간에 그에 대한 존경심을 불러일으키지는 않은 듯하다. 그것은 단지 경멸스러울 정도로 유약하고 비참할 정도로 전투적이지 않은 나 자신에 대한 존경의 근거를 훼손했을 뿐이다. 세계 안의 존경심의 총합에 관한 한, 그 전체 만남은 제로섬 이하였다.

문신의 중요성에 대한 나의 견해는 나를 시대에 뒤처지게 한다는 점을 덧붙여야겠다. 이제는 중산층의 젊은이들 남녀 모두 문신을 하기 때문에 문신과 천박함의 관계는 어느 정도 변화를 겪을 것이다. 문신의 계급적 중요성은 최근 중간층이 문신에 끌리는 것에도 불구하고 한동안 지속될 것 같다. 부모에게 충격을 주기 위해 디자인된 문신과 부모와 동일시하기 위해 디자인된 문신의 차이를 구별하는 것은 그다지 어렵지 않다.

그 석공이 몸을 구부렸을 때 그의 엉덩이가 노출되었던 것을 예로 들어보자. 이것은 즐거움과 혐오 모두에 접하고 있는 경멸을 낳았다. 그 즐거움은 자신을 그런 방식으로 표현하기로 선택하는 것을 내가 전혀 상상할 수 없었던 데서, 또는 실제로 선택하지 않았다면 자신의 몸과 겉모습을 그렇게 의식하지 못하는 것에 대한 이해 불가능성에서 비롯되었다. 내 관점에서 그는 광대 같은 천박한 수리공 역할을 하고 있었다. 그는 직조공 보텀(Bottom the Weaver)*이나 컬리, 모, 래리**의 유형이었다. 이것은 경멸의 즐거움이며, 그 즐거움은 경멸, 혐오, 그리고 희극적인 것의 일부 스타일 사이에 존재하는 밀접한 연관성을 드러낸다.

그것은 거기서 멈추지 않았다. 또 다른 날 그와 내 아내는 티셔츠 결투를 벌였는데, 아내의 티셔츠에는 "멸종 위기의 동물들을 구하라"라고 쓰여 있었고, 그의 티셔츠에는 벌거벗은 후부의 양 볼기짝 사이에 사람이 쑤셔 넣어져 있는 만화 그림 아래에 "크랙 킬스(crack kills)"라고 쓰여 있었다. 물론 그의 티셔츠는 외설적인 의미에서 웃기려 했을 뿐만 아니라 엄숙하고 자의식적으로 걱정하는 시민의 심각한 스타일의 가식을 꿰뚫는 것으로도 웃기려 한 것이었다.[3] 기대를 거스르는 결과는 내 아내의 티셔츠가 결국 그의 티셔츠처럼 우스운 것이 된다는 것이다. 다른 사람들이 우리에게 강요하는 그다지 우호적이지 않은 고정관념을 정당화하기 위해 우리 대부분이 살아가는 방식은 이상하다.[4]

---

* 셰익스피어의 희극 『한여름 밤의 꿈』에서 머리가 당나귀로 변한 등장인물 닉 보텀을 뜻한다. 베틀 짜는 직공이어서 보텀 더 위버라고 한다. 잘난 체하고 말이 많아서 바보 같은 실수도 잦고 말이 헛나가기 일쑤인 인물이다._옮긴이

** 20세기 초반 미국의 단편 코미니 영화 시리즈 〈쓰리 스투지스(The Three Stooges)〉에 등장하는 세 명의 캐릭터로, 컬리 하워드(Curly Howard), 모 하워드(Moe Howard) 형제와 래리 파인(Larry Fine)을 말한다._옮긴이

3 짐작건대 우리에게 그의 가장 두드러진 특징이 **그의** 엉덩이 틈이었다는 아이러니를 감안할 때, 그는 자신의 티셔츠가 우리에게 얼마나 웃기는지 몰랐을 것이다.

4 계급, 섹슈얼리티, 그리고 저속함에 대해 잘 다루고 있는 Kipnis, "(Male) Desire and (Female) Disgust"를 참조하라.

그러나 이런 종류의 레블레식 만화의 그로테스크한 작품은 공포를 향해 나아가기도 한다. 이런 불순한 기계공이 괴물로 탈바꿈하는 데는 많은 것이 필요하지 않다. 공포는 겁나는 것일 수도 있고, 또는 역겹고 혐오스러운 것일 수도 있다.[5] 경멸은 경멸할 만한 것이 지닌 두려움에 대항하는 일종의 방어책일 수 있지만, 그것은 또한 혐오와도 밀접한 연관성을 가지고 있다. 나를 즐겁게 했던 그의 스타일의 동일한 측면이 또한 나를 거의 혐오하게 만들었다. 어떤 면에서 그는 오염시키고 있는 존재였다. 오염과 더러움의 관념은 혐오가 경멸의 세계에 가져오는 것의 일부이다.

나는 독자들이 내가 실제로 정치적 헌신의 문제로 받아들일 수 있는 경건성과 일치하는 나의 설명이 실패한 것에 대해 비난하기를 멈추었으면 한다. 나를 비난하기 전에, 당신은 래퍼 아이스티(Ice-T)가 이처럼 명확하게 경멸을 표현한 것에 대해 동일한 비난이라고 간주할 것인가? "대중에 대해 말해줄게. 너 레슬링 본 적 있어? 헐크 호건 뭐 그런 것들, 로프에서 점프하는 녀석들? 그리고 경기장은 항상 꽉 차 있고? 같은 사람들이 투표하는 거야, 이 사람아." 나는 아이스티가 그러한 반민주적인 견해를 옹호하는 데서 민주주의의 승리가 지닌 역설적인 상징을 발견한다. 왜냐하면 한때 하이토리즘(high-Toryism)*의 특권이었던 사람들의 경멸을 이제는 누구나 쉽게 이용할 수 있게 되었기 때문이다.[6]

---

[5] 우리에게 바퀴벌레를, 그다음에는 6피트 바퀴벌레를 상상해 보라고 요청하는 Solomon, *The Passions*, p.292을 보라. 그로테스크에 대해 반드시 인용해야 하는 문헌은 Bakhtin, *Rahelais and His World*[바흐친, 『프랑수아 라블레의 작품과 중세 및 르네상스의 민중문화』]이다.

* 17세기 영국의 토리즘, 즉 왕당보수주의와 맥을 같이했던 오랜 전통주의적인 보수주의. 하이토리즘은 본질적으로 전통적인 위계 사회를 지지하는 신봉건주의이다._옮긴이

아이스티는 내가 이 장에서 짚고자 하는 주요 요점 중 하나를 예견한다. 그러나 그 석공과 나 사이의 문제들에 대해 좀 더 이야기해 볼 필요가 있다. 나의 물리적 힘의 부족, 그와 싸워서 이길 수 없다는 확신, 내가 하는 일의 사회적 가치에 대한 의문, 그를 얕보는 나의 느낌, 동시에 그는 나에 대한 경멸로 전혀 괴로워하지 않는다는 데 대한 깨달음(또는 추측) 때문에, 나는 그에 대해 경멸의 느낌을 가지는 동시에 또한 적지 않은 자기 경멸에 빠져들고 있었다. 비록 우리 둘 다 미국 민주주의와 자유민주주의적 정치·도덕 이론이 등장한 이래 세 번째 세기에 살고 있지만, 그러한 전통들은 단지 나에 대한 그의 경멸을 약화시키는 것이 아니라 그에 대한 나의 경멸을 약화시키는 것처럼 보인다. 정치적, 도덕적, 그리고 사회적 사상의 스타일들은 상향 경멸보다는 하향 경멸을 탈정당화하는 데 더 큰 역할을 했다.

혹자는 민주주의 이론이 상향 경멸을 하인의 방에 감춰둔 척해야만 했던 데서 자유롭게 한 것만으로 끝나지 않는다는 (나중에 다시 다룰) 과감한 추측을 할 수도 있다. 그것은 실제로 그 경멸의 스타일을 바꿔놓는다. 그리고 나아가서 민주적인 사회에서 상향 경멸을 하향 경멸과 구분하는 규정적 표지 중 하나는 하향 경멸이 그 자체의 정당성에 대한 의심 — 이 의심이 죄책감과 수치로 경험되든 단지 우려감으로 경험되든 간에 — 을 동반할 가능성이 더 크다는 것이라고 제안할 수 있다. 이러한 자기 회의의 기색은 하향 경멸자로 하여금 다른 이(이 경우에는 그 석공)가 상대(이 경우에

---

6   John Anderson, "Ice-T's Role Reversal," *Newsday* (March 3, 1991), Pt.II, p.3. 민주주의에 대한 아이스티의 견해는 에드먼드 버크(Edmund Burke)와 같은 보수적인 반민주주의자들의 견해를 되풀이하는 것이다.

는 나)의 경멸 감정에 대해 전혀 불안을 경험하지 않는다는 확고한 의식이 단지 하층 계급에 대해 경멸자가 지닌 경멸 — 하층 계급들은 너무 무감각해서 어떠한 것도 염려하지 않는 것으로 인식된다 — 의 또 다른 표현은 아닌지 의심하게 한다.

그러나 나의 느낌이 의심스러운 정당성을 가지고 있음에도 불구하고, 이것은 나의 경멸을 내가 실제로 경험했던 것보다 덜 확신하게 만드는 것이다. 나는 사실 그가 나와 동등한 가치를 갖고 있으며, 같은 존엄성을 지녔다는 것을 스스로 상기해야 했다. 게다가 그는 자신이 가졌던 기술에 대해, 자신의 일을 제대로 했던 것에 대해 존중받을 만했으며, 나는 실제로 그로 인해 그를 존중했다. 하지만 나는 유능한 석공으로서의 그의 역할과는 무관한 것에 대한 나의 경멸을 떨쳐버릴 수 없다. 그 경멸은 정당화 가능성에 대한 확신이 부족함에도 불구하고 복수심과 함께 거기에 있었다. 내가 겪었던 불편함은 자유주의적인 죄책감(liberal guilt)*이 아니었다. 그것은 그러한 특권에 대한 자격의 정당성을 의심할 때 특권을 받은 것에 대해 느끼는 정서이다. 나의 경멸은 죄책감이나 심지어 자기회의의 기미가 있었던 것이 아니다. 오히려 나의 경멸은 경이감에 의해 채색되어 있었다. 나의 경멸은 뿌리 깊은 나의 일부여서 수많은 해 동안 그와 반대되는 공식 담론으로도 근절할 수 없었다. 그래서 나는 인간 평등, 존엄, 그리고 가치에 대한 고결한 원칙에 부응하는 데 실패했다는 느낌을 갖고는 있지만, 또한 내가 경멸하는 사람들보다 스스로 우월하다고 생각하는 진정한 기쁨을 경험한다.

---

* 자유주의적인 정치적 견해와 연결된 것으로, 자신이 다른 사람들보다 더 풍요롭다는 사실에 대해 느끼는 죄책감을 뜻한다._옮긴이

나의 불안감의 진정한 근원은 내가 의식의 수준에서 받아들이고 경모하는 고귀한 원칙들에 부응하지 못한 것이 아니다. 더 실제적인 문제는 내가 나에 대한 그의 경멸을 알아차리고 그가 나를 이길 것이라고 두려워했던 것이다. 나에게 분명한 것은 그의 경멸이 취했던 형식이 그는 내가 그를 어떻게 생각하든 상관하지 않았다는 것이다(나는 그가 일을 망치기보다는 잘하고 있었다고 생각한다는 것이 작은 예외였다). 그는 나의 경멸에 무관심했고, 나는 그의 경멸에 무관심하지 않았다. 그는 (적어도 의식적인 문제로서) 자신의 경멸에 솔직했다. 만일 그의 경멸에 질투의 기미가 있었다면, 그는 그 질투를 나처럼 호감을 주지 못하는 누군가가 그러한 편안한 삶을 가지는 데 대한 원한으로 재해석했을 것이다.

나는 오히려 나에 대한 그의 경멸의 많은 부분을 구성할 수 있다고 확신한다. 그 이유는 그가 경멸을 너무나 꾸밈없이 나타냈기 때문이기도 하지만, 내가 그러한 유형이 된 것에 대해 느꼈던 바를 상기하면 내가 이런 종류의 경멸을 느끼는 것이 낯설지 않기 때문이기도 하다. 또한 내가 나 자신을 그가 나와 연관시키는 다른 사람들로부터 구별할 수 있다고 생각하고 싶더라도 나는 그가 그러한 구분을 하지 않기를 바라기 때문이기도 하며, 심지어 내가 속한 사람들로부터 나를 구별할 수 있다는 느낌이 결코 망상이 아니라고 확신하지 못하기 때문이기도 하다. 하지만 나는 단순히 나의 자기 경멸을 나에 대한 그의 경멸로 만들어서 투사하고 있는 것은 아닌가? 나는 몇 가지 점만 언급하고 더 이상 이 문제로 헤매고 싶지는 않다. 우리가 이 세계에서 유능하게 기능하려면, 우리는 다른 사람들의 동기와 의도를 합리적으로 잘 파악해야 한다. 우리는 항상 그렇게 하고 있다. 확실히 우리들 중 어떤 이는 다른 사람보다 그 일을 더 잘하며, 그 일을 더 잘하는 사람은 그렇지 못한 사람보다 장기간에 걸쳐 경쟁적 우위를 가지고 있는 것처럼 보인다. 다른 사람의 동기를 파악하는 데 서툰 사람은 쉽게 사기를 당한다. 그들은 또한 더 능숙한 사람보다 불쾌감을 주기 쉽고 그래서 더 적대적인 반응을 이끌어낸다. 그것은 여전히 내가 투사하고 있는지 아닌지에 대해 답해주지 않지만, 내가 그의 동기를 알 가능성이 없는 것은 내가 투사하고 있는지에 대해 알 가능성이 없는 것과 같아 보인다. 우리의 치료 사회는 우리가 우리 자신에 대해 알 가능성보다 면허를 받은 특정 전문가들이 우리에 대해 알 가능성이 더 높다는 암묵적인 가정에 의존하는 것처럼 보인다는 것을 고려해보자.[7]

게다가 이 특별한 상호작용과 관련해 내가 옳은지 아닌지는 그러한 상호작용이 완전한 사회적·심리적 의미를 갖는 것만큼 중요하지 않을 수 있다. 즉, 나의 내적 상태나 그의 내적 상태에 대한 나의 설명에 놀랄 만한 것은 없다. 또한 그 설명에서 불가피한 주관성에 대해 사과할 필요를 느끼지도 않는다. 결국 우리는 어떻게 우리 자신의 내적 상태에 대한 데이터 없이 동기부여에 이를 수 있는가? 그래서 나는 이런 조건들을 토대로 그가 나를 여성화된 남성으로 볼 것이라고 확신한다. 나의 체격, 나의 자전거, 나의 배낭, 나의 직업은 그의 눈에는 나를 경멸할 만한 무언가로 표시한다. 나는 손으로 일하지 않는다. 내가 가질 수 있는 어떤 기술도 의심스럽게도 마술적이고, 실체가 없으며, 결코 검증할 수 없다. 나는 그의 눈에 "선생"이고, 그가 어렸을 때 경멸했던 직업을 지닌 사람 가운데

---

[7] 헵(Hebb)은 일찍이 1946년에 그러한 관찰자들이 전문가가 될 필요는 없지만 그 관찰자의 위치는 환자에게는 가용하지 않은 감정의 주요 행동적·맥락적 측면을 모니터하는 데 자연스러운 이점이 있다는 더 강한 주장을 했다. Hebb, "Emotion in Man and Animal," p.101을 참조하라.

하나이며, 그는 그것에 대해 자신의 판단을 바꿀 어떤 이유도 발견한 적이 없었다.[8]

만약 그가 주의해서 보았다면, 그는 내가 그로 하여금 나를 그와 같은 남자로 생각하도록 애썼다는 것을 경멸스럽게 생각했을지도 모른다. 그는 아마도 내가 아주 조금은 그를 흉내 내고 있다는 것을 알아차렸을 수도 있다. 어떤 수준에서 나의 행동은 18세기 단어가 지닌 의미에서 유능하고 우아한 겸손으로 보일 수도 있었다.[9] 나는 그도 그렇게 할 것이라는 기대감으로 내 스타일을 그의 스타일의 방향으로 바꾼다. 그리고 우리는 각자 상대방에 대한 존중은 아니더라도 만남에 대한 존중으로 서로 양보함으로써 중간을 향해 수렴해야 한다. 하지만 그는 내가 강자의 입장에서 대하고 있지 않았다는 것을, 요컨대 내가 너무 열심히 노력하고 있었다는 것을 알아차릴 수도 있다. 안목 있는 눈으로 볼 때, 나는 다소 품위가 없었다. 여기서 그의 눈에는 민주적인 평등주의에 대한 나의 헌신이 단지 나를 바보로 만들었을 뿐이다. 일종의 진심어린 냉담함으로 그를 대했더라면 더 좋았을 것이다. 그는 의심할 여지없이 그 만남에서 승리했다.

나에 대한 그의 경멸은 그에 대한 나의 경멸과 달리 공포나 혐오와 섞이지 않았을 것 같다. 나는 단지 그에게 생계 수단 외에는 아무 의미 없는 존재였다. 나의 역할은 돈 나오는 일회용 기계였을 뿐, 그 밖에 아무것도

---

8   그가 하는 일의 유형이 나에 대한 그의 경멸의 내용에 어떤 영향을 미칠지 주목하라. 석공으로서 그는 수년간의 훈련 없이는 다른 사람들이 쉽게 습득할 수 없는 기술을 가지고 있다고 자부할 것이다. 그러나 그가 단지 잔디 관리를 하고 있었다면, 그는 내가 그를 고용했다는 바로 그 사실을 나의 도덕적 실패의 표시로 볼 수 있다.

9   아랫사람에게 자애로운 부드러움을 보여주는 것, 당분간 특정한 지위의 특권을 삼가는 것.

아니었다. 그리고 그의 무관심에도 불구하고 문화의 지위 결정이 어느 정도 효과가 없는 것은 아니라는 느낌이 있었다. 나는 통념상 상류층에 속했다. 나는 더 좋은 동네에 살았다. 그의 눈에 비친 나의 여성스러움에도 불구하고, 이것은 내가 그의 세계에서 오염원이기보다 그가 나의 세계에서 더 오염원이게 만들었다. 그의 눈에는 내가 경멸스러울 정도로 우스꽝스러웠지만, 내가 상류층이었다는 사실은 나를 오염시킬 능력이 없는 사람으로 만들었다. 당신 자신과 다른 사람들 사이에 심지어 당신을 경멸하는 사람들에게도 덜 오염이 되는 더 많은 공간, 실제 물리적 공간을 둘 능력이 아니라면, 상류층에서 더 높은 것은 무엇인가? 나의 남자답지 못함이 그에게 혐오를 유발할 수 있다는 것을 분명 상상할 수 있지만, 사실 그것은 그에게 전혀 위협적이지 않았다. 그가 보기에 나는 경멸스러울 정도로 하찮았고 나는 이 사실을 나의 관심 비유발성을 그가 유쾌하게 감지한 데서 알아차릴 수 있었다. 내가 만약 혐오스러웠다면 그는 그렇게 유쾌하지 않았을 것이고 나는 그렇게 하찮지 않았을 것이다.

이러한 완전히 일상적인 상호작용은 많은 문제를 제기하는데, 그중 세 가지만 더 살펴보고자 한다. (1) 일부 다양한 경멸의 내용과 역학, (2) 일반적인 하향 경멸과 구별되는 상향 경멸의 구체적인 특색, (3) 사회적·정치적 배열이 경합하는 경멸 형태들의 도덕 경제에 영향을 미치는 방식이다.

경멸의 요소들

"우리가 어떤 사물을 욕구하지도 미워하지도 않을 경우, 이를 '경멸하고 있다'고 말할 수 있다. 경멸은 사물의 어떤 움직임에 저항해서 마음이 움직이지 않는 상태 또는 순종하지 않는 상태를 말한다." 그래서 『리바이어던(Leviathan)』에서 경멸에 대한 홉스의 설명은 무관심처럼 보인다. 그리고 이러한 정식화는 경멸의 종류로서 상상할 수 없는 것은 아니지만, 경멸에 대한 우리의 핵심 관념과는 거의 일치하지 않는다. 그러나 홉스는 자신이 설명하는 경멸이 하나의 정념이며, 단지 정서의 부재가 아니라는 점을 분명히 한다.[10] 흄의 경멸은 좀 더 친숙해 보인다. 그에게 경멸은 교만과 증오의 혼합이다.[11] 교만은 경멸받는 사람과의 관계에서 필수적인 하향 방향성을 제공하고 우리 자신을 드높인다. 증오는 그 비교와 관련된 타인에 대한 부정적인 판단을 제공한다.

하지만 경멸은 이러한 정식화 어느 것보다도 더 풍부하다. 내가 언급했듯이, 다른 감정들과 결합되지 않은 채 경험되는 감정은 거의 없다. 예를 들어, 굴욕의 순수한 경험을 그에 동반되는 절망이나 분개와 구분하는 것은 쉬운 일이 아니다. 분노와 무관하게 질투를, 좌절과 무관하게 슬픔을 경험하는 것은 어렵다. 경멸은 특별히 우리가 이해하기로 수많은 다른 정념 및 정서와 결합할 수 있는 변화무쌍한 힘이 풍부하다. 우리는 경멸이 정서와 사회적 스타일의 다양한 혼합으로 이루어질 수 있는 복합체라고 인식한다.

가능한 각각의 조합에 대해 풍부하게 설명할 시간을 가지지는 않겠지만, 우리 대부분은 경멸이 멸시와 조롱뿐만 아니라 연민과도 결탁하고[12]

---

10   *Leviathan*, 1.6[『리바이어던』 제1부 제6장]을 참조하라.

11   *Treatise* II.ii.IO, pp.390~393[『논고』]. 흄의 증오감이 항상 우리의 용법과 동일한 강도를 수반하는 것은 아니다. 그 단어는 일반화된 혐오감(aversiveness)을 나타내기 위해 사용될 수 있다.

우쭐함뿐만 아니라 즐거움과도 결탁하는 상상을 하는 데 어려움을 겪지 않을 것이다. 또한 경멸이 거만함과 혐오감과 불쾌감과도 결탁하는 것, 증오와 무관심과 업신여김과 모욕과 무시와 비웃음뿐만 아니라 (반려동물과 심지어 어린아이들에 대한) 사랑과도 결탁하는 것, 다양한 형태의 웃음과 냉소를 유발하는 다수의 정서와도 결탁하는 것, 비꼬는 것과 빈정대는 것과 (다시 반려동물과 심지어 어린아이들에게) 멋대로 하는 것과도 결탁하는 것을 상상하는 데에도 어려움을 겪지 않을 것이다. 이 모든 경험에 공통적인 것은 자신이 어떤 우월성을 갖고 있다고 주장하는 사람과의 관계이며, 그 주장이 경멸의 표현과 동일하다는 주장이다. 경멸은 그 자체로 상대적인 우월성의 주장이다. 이것은 연민에서부터 무시까지, 증오에서부터 사랑까지, 즐거움에서부터 혐오감까지 우리가 경멸에 대해 상정하는 거의 양극단을 설명하는 데 도움이 된다. 이 모든 것은 높은 사람이 낮은 사람에 대해 취할 수 있는 가능한 태도이다.

어떤 특정한 경멸의 사례를 구성하는 동기와 정서가 무엇이든지 간에, 우리는 경멸의 스타일과 의미가 그 경멸이 발생하는 사회적·문화적 배경과 밀접하게 연관되어 있다는 것에 놀라지 말아야 한다. 명백하게 구분된 지위의 경직된 위계나 사회는 경멸을 한 방향으로 향하게 하는 반면 민주적인 문화 또는 거의 평등주의적인 명예 문화가 지닌 경멸은 다른 방식으로 구성되는 경향이 있을 것이다.

홉스의 경멸을 다시 예로 들어보자. 홉스의 경멸은 당신이 지닌 우월

---

12 Hume, *Enquiry*, p.84. "우리 동료들의 불행은 종종 연민을 일으키는데, 그것에는 선한 의지가 강하게 혼합되어 있다. 이 연민의 정서는 교만과 뒤섞여서 일종의 반감인 경멸과 밀접한 관련이 있다."

성과 지위를 결코 의심하지 않는 자기만족의 경멸처럼 보인다. 그것은 아랫사람에 대한 주인의 경멸이고, 소작농에 대한 지주의 경멸이며, 하녀에 대한 마님의 경멸이다. 이 낮은 사람들은 강한 정서를 장점으로 갖고 있지 않다. 이 낮은 사람들은 자신이 주목할 가치가 없다는 것을 알기에 충분할 정도로만 인지된다. 누군가는 자신을 낮추어 이 낮은 사람들을 점잖게 대할 수도 있고, 드문 경우에는 심지어 그들에게 연민을 느낄수도 있다. 하지만 이 낮은 사람들은 대개 비가시적이거나 완전히 그리고 안전하게 관심의 대상이 되지 않는다.[13] 우리는 민주적인 문화에서이러한 자기만족적인 무관심의 경멸이 낯설지 않다. 그러한 경멸은 지위가 고정되고 서열 사이의 이동이 상대적으로 드문 특별한 맥락에서는 민주적 원리에도 불구하고 여전히 만연하다. 이런 종류의 경멸은 비서들에 대한 일부 상사의 태도와 관리 직원에 대한 전문가들의 태도를 특징짓는다.

여기에는 두 개의 자격 조건이 있다. 첫째, 나는 일대일 만남에 대해말하고 있다. 거대한 하층 집단들을 무시하는 데는 비범한 자기만족이필요하다. 그러한 집단들은 무관심의 경멸을 두려움, 공포, 그리고 혐오의 영역으로 옮긴다. 그리고 이것은 이런 종류의 홉스적인 경멸을 가능하게 하는 엄격한 구조에 의존하는 사회가 하층민이 규합할 수 있는 조건을 규제하는 데 철저한 이유이다. 상급자들이 안전하다고 느끼고 자

---

13   토크빌(Tocqueville)은 동정심이 영주와 농노 사이처럼 넓은 계급 분리를 넘어서기에는 무능력하다는 것을 논의한다. *Democracy in America*, II. iii. 1[『아메리카의 민주주의』, 2권 3부 1장]. 그리고 다른 사람들에 대한 도덕적 존중이 대략적인 평등주의에 의존한다는 애덤 스미스의 믿음에 대해서는 *TMS*, p.55[『도덕감정론』, 100쪽]를 보라. Herzog, *Without Foundations*, p.215의 논의를 참조하라.

기만족에 빠질 수 있다면, 우리는 홉스적인 무관심의 경멸을 보게 될 것이다. 그러나 그 집단들이 서로 싸우거나 어떤 이유에서건 상급자들이 안전하게 하급자들에게 무관심할 수 없다면, 우리는 반유대주의, 인종차별주의, 그리고 계급차별주의와 함께 아마도 다른 박자로 행진하는 성차별주의를 특징짓는 다르게 동기부여되고 구성된 경멸을 예상할 수 있을 것이다. 여기에는 무관심이 아니라 경멸을 수반하고 형성하는 반감, 공포, 혐오, 증오, 잔인함이 있다. 둘째, 이런 종류의 홉스적인 경멸인 무관심은 당신이 상대방에 대해 서 있는 위치와 상대방의 관심 비유발성에 상응하는 확신에 대한 정확한 지식에 의존한다. 무지로 인해 언제 경의를 표해야 하는지 이해하지 못하는 시골뜨기는 이 홉스의 방식으로 경멸을 보여주지 않고 있다.[14]

이제 설정을 바꾸어서 거대한 지위 경계들을 가로지르는 위계적 관계들을 확인하거나 수립하는 것이 아니라 한 지위 내에서 존경과 평판을 겨뤄보자. 즉, 기본적으로 평등한 설정을 가정해 보라. 여기서 우리는 다른 스타일의 경멸, 즉 우리가 누군가를 경멸적으로 대할 때 보통 의미하는 바를 볼 것으로 예상할 것이다. 이것은 우리가 남들에게 그들이 실패했다는 것, 그들이 기대에 부합하지 못하고 있다는 것, 그들이 자격에 맞게 수행할 수 있는 것보다 자신들을 위해 더 많은 요구를 하고 있다는 것을 알게 하기 위해 그들을 다루는 방법이다. 이것은 뒤쫓고 있는 적대자에 대해 피의 복수자가 가지는 경멸이고, 능력이 부족한 신하에 대해 매

---

14 그러나 상급자는 하급자가 어떤 상황 아래서 어떤 형식의 존경이 적절한지 인식하지 못하는 것에 대해 비난할 수 있다는 것을 생각해 보라. 하급자의 무지는 자신의 위반에 대한 변명이 아니라 단지 명백한 것에 대한 분별없는 무시를 보여준다. 신속한 매질이 적절한 지시로 여겨질 수 있다.

우 세련된 매너를 가진 신하가 가지는 경멸이며, 책을 출판하지 않는 동료에 대해 교수가 가지는 경멸이다. 이것은 관심을 유발하지 않는 사람들에 대한 경멸이 아니라 우리가 주목하지 않을 사람들 또는 최근에 관심을 쏟기를 멈춘 사람들에 대한 경멸이다. 그것은 홉스의 경멸보다 더 적극적이고 더 의식적으로 취해지는 상호작용 전략의 일부이다. 그것은 바로 다른 사람들이 집단 규범을 지키지 못한 것에 대해 창피를 주거나 굴욕을 주는 것과 상관관계가 있는 경멸이다.

이 적극적인 경멸은 지위를 획득하고 유지하는 과정에서 발생하는 도전과 반격의 체계의 일부이다. 이 경멸은 이미 자리 잡고 있는 서열을 확인하는 것으로 끝나지 않으며, 새로운 서열을 수립하고 공고화하기 위해 실제로 자신의 우월성을 주장하고 상대의 지위를 낮추려고 노력한다. 이런 종류의 경멸의 대상이 되는 것은, 다양한 18세기 도덕주의자와 사회 논평자에 의해 표현되었듯이, 가장 심각한 문제이다. 필딩(Fielding)에 따르면, 그것은 살인보다 더 잔인했다.[15] 그리고 항상 신중했던 체스터필드 경은 자신의 아들에게 그런 경멸은 다른 사람들에게 너무 혐오스러우므로 많은 경우 드러내지 않는 것이 현명하다고 경고한다.

아무리 보잘것없는 모임일지라도 네가 그들 중에 있는 동안에는 부주의로 네가 그들을 그렇게 생각한다는 것을 보여주지 말아라. 오히려 그들의 분위기를 따르고, 그들에 대한 경멸을 드러내는 대신에 그들의 약점에 어느 정도 맞춰주어라. 사람들은 경멸만큼 참지 못하는 것도 없고 용서하지 않는 것도 없단다. 모든 상처는 모욕보다 훨씬 더 빨리 잊히는 법이란다.[16]

---

15   "An Essay on Conversation," pp. 251, 262.

이 사람들은 여러 방향으로부터 ─ 아래로부터는 호의를 얻고자 하는 사람들에 의해, 옆으로부터는 상위 사람들의 호의를 얻기 위해 경쟁하는 사람들에 의해, 그리고 자신들이 이미 획득한 지위를 평가절하하는 바로 아래의 벼락출세자들에 의해 ─ 자신들의 명성과 지위가 위험에 처한 것을 느꼈던 서클 내에서 이동했었다. 그들이 하인들 사이에서는 안전하게 쉴 수 있었더라도, 영리한 체하는 사람들, 젠체하는 사람들, 무례하고 버릇없는 지망생들 사이에서는 안전하게 쉴 수 없었을 것이다.[17]

이 불안한 지위 경쟁의 난리법석 가운데 모두가 이미 성취한 지위를 유지하거나, 지위 성취 여부를 시험하거나, 지위의 획득에 도전하기 위해 경멸을 사용했다. 지위와 경멸의 연관은 매우 밀접해서, 경멸의 규제가 가지는 모든 미묘한 특성을 읽는 데 서투른 사람들이 경멸을 보이는 것만으로도 자신들의 지위를 지킬 것이라는 믿음으로 되는 대로 경멸을 퍼붓는 것을 흔히 보게 된다. 이것은 자신보다 서열이 낮은 품위 있는 사람들에게 부드럽게 자신을 낮추지 못하고 대신 그들을 지독한 경멸로 대하면서 자신의 지위에 대한 불안감을 드러내는 벼락출세자의 "오만한 경멸"이다. 이런 종류의 오만불손한 경멸은 풍속 희극(comedies of manners)*에서 끊임없이 비난받고 있다. 『엠마(Emma)』의 엘튼 부인(Mrs. Elton)**을 많은 사례 중 하나로 꼽을 수 있는 이러한 비열한 바보들은 너무 둔해

---

16 1746년 10월 9일 그의 아들에게 보낸 편지. 이러한 정서는 10여 통의 다른 편지에서 거의 글자 그대로 반복된다. 또한 "잘못은 종종 용서되지만, 경멸은 결코 그렇지 않단다. 우리의 자부심은 경멸을 영원히 기억하거든"(1748년 7월 1일 그의 아들에게).
17 "천성이 외모에 관심이 많은 모든 남자 중에 그런 체하는 것들만큼 우스꽝스럽게 경멸스러운 이들은 없다." London Mag. I.240, 옥스퍼드 영어 사전 s.v. would-be, B. sb에서 인용.
* 특정 집단 사람들의 어리석은 행동을 보여주는 연극이나 영화 또는 책_옮긴이
** 영국의 여성 작가 제인 오스틴의 작품 『엠마』의 등장인물 중 하나로, 교양 있는 척하지만 실은 무식한 속물이고 예의도 없는 인물이다._옮긴이

서 우수함, 서열, 또는 진정한 귀족들의 눈에 자신이 서 있는 위치를 인식하지 못한다. 하지만 그 바보들은 어느 정도까지는 양해 받을 수 있다. 어쨌든 그들은 경멸과 지위가 긴밀하게 연결되어 있다는 일반적인 원칙을 올바르게 인식했었다. 단지 세부사항에 서툴렀을 뿐이다.

경멸이라는 범주 아래에는 전략, 표현, 정서의 복합체가 있다. 다시 말해서, 우리가 합리적으로 자신 있게 말할 수 있는 유일한 것은 특정한 경멸의 정확한 스타일이 무엇이든 간에, 홉스적인 무관심이든 본능적인 증오와 혐오이든 간에, 모든 경우에 확립되고 확인되는 것은 상대적인 사회적·도덕적 가치라는 것이다. 경멸은 위계, 지위, 서열, 그리고 품위를 접합하고 유지하는 감정적 복합체이다. 그리고 차별되는 지위와 서열은 경멸을 유발하는 조건들이다. 그래서 우리가 가지고 있는 것은 경멸이 경멸할 수 있는 능력을 생성하는 구조들을 창조하고 유지하도록 돕는 일종의 피드백 고리이다. 그리고 경멸의 특정한 스타일이 경멸이 일어나는 정확한 사회적·정치적 배열과 밀접하게 연관되어 있을 것이라고 믿을 만한 데에는 충분한 이유가 있다.

*　　*　　*

이 시점에서 혐오와 경멸의 몇 가지 주요한 차이점을 도출해 보자. 혐오와 경멸은 분명 중요한 공통점을 갖고 있지만, 궁극적으로 서로 연관되지 않는 실질적인 영역을 가진 서로 다른 징후이다. 제2장에서 언급한 바와 같이 다윈은 "흔히 증오심이 일어나는 경멸이라고 일컬어지기도 하는 극단적인 경멸은 혐오와 거의 다르지 않다"(253[347])라고 지적한다. 혐오와 거의 다르지 않은 경멸은 메스꺼움, 움츠림, 움찔함 같은 혐오의 빈번한 생리적 표지를 획득하는 경멸이다. 그러한 생리적 표지들이 일반적으로 일상적인 경멸에서는 예상되지 않고 일상적인 혐오에서는 예상된다는 바로 그 이유 때문에, 우리는 대개 혐오를 대부분의 경멸의 사례보다 훨씬 더 본능적인 것으로 생각한다. 혐오는 감각의 은유들과 결부되어 있다. 그렇지 않다면 그것은 혐오가 아니다. 혐오는 자신이 주장하는 판단을 명확하게 표현하기 위해서 나쁜 취향, 악취, 소름끼치는 촉감, 추악한 광경, 신체 분비물과 배설물의 이미지가 필요하다. 대조적으로 경멸은 대개 공간과 서열의 이미지나 다양한 스타일의 조롱과 조소, 내려다보거나 곁눈질, 또는 단지 미소 짓거나 비웃음으로 만족한다.

우리의 얼굴 표정도 고려해 보자. 경멸은 무시와 조롱처럼 종종 얼굴의 한쪽에서 송곳니를 살짝 내보임으로써 표현된다. 이 동일한 표현은 어느 사이엔가 미소로 변형될 수 있다. 다윈이 언급하듯이 그 미소는 "조소이기는 하지만 실제 웃음일 수 있다. 그리고 이는 상대가 매우 하찮아서 단지 재미를 불러일으킬 따름이라는 의미를 함축하고 있다"(254[348]). 우리 모두는 어떤 상황에서 재미가 가식인지 알고 있다. 그것은 탈 없이 경멸할 만한 것이 선을 넘어 위협적이고 혐오스러운 것이 될 때이다. 그런 경우 재미를 내보이는 것은, 혐오를 다루는 한 가지 전략이 바로 그것이 경멸인 척하는 것임을 드러내면서, 불쾌감이 가져올 수 있는 혼란을 감추려고 시도하는 방어 전술이다. 그러나 재미는 가식일 필요가 없다. 재미는 그저 특정한 종류의 경멸이 진정으로 터무니없는 것임을 나타내는 하나의 표시일 수도 있다.

경멸과 혐오의 표정은 종종 서로를 대신할 수 있음에도 불구하고, 우리는 대개 한쪽만 위로 향한 입술, 능글맞은 반쪽 미소를 경멸과 연관시킨다. 반면, 혐오에서는 윗입술이 대칭적으로 수축된다.[18] 반쪽 미소는 단순히 혐오의 경우에는 통용되지 않는 반면(내가 반쪽 미소의 경우는 그저 경멸을 나타내는 것이라고 주장함으로써 혐오의 부정이라고 시사했던 것은 제외한다), 흔히 '윽'이나 '익' 같은 감탄사에 동반되는 것처럼 혀를 내밀고 입을 떡 벌리거나 아랫입술을 바깥쪽으로 내미는 모습은 경멸에 통용되지 않는다. 반쪽 미소이든, 머리를 세로로 기울이거나 돌리는 것이든, 또는 혀 차는 소리 — 영어에서 보통 혀가 "쯔(ts)" 소리를 내기 위해 위치할 때 숨을 안쪽으로 끌어들임으로써 발음되는 "쯧(tsk)"으로 대표되는 — 를 동반하는 조롱의 종류이든, 대부분의 경멸 표현은 그 표현에 일종의 일방향성을 갖고 있다. 무시의 표현으로 고개를 뒤로 젖히고 눈을 아래로 내리깔 때도 눈은 변함없이 수직으로 아래를 보는 것이 아니라 옆을 바라본다.[19] 혐오 표현은 좌우 대칭을 지향하는 경향이 있다.[20]

경멸에 수반되는 반쪽 미소, 빈정대는 무시, 고개 갸우뚱하기는 경멸과 아이러니한 것 사이의 밀접한 연관성을 증명한다. 아이러니와 경멸의 결합이 정확하다고 느끼는 반면, 혐오는 아이러니의 가능성을 없애는 듯하다. 사람은 아이러니할 때 메스꺼워지거나 발작적으로 움찔하지 않는다. 혐오는 공포와 너무 밀접하게 연관되어 있어서 평범한 아이러니에는 관여할 수 없다. 물론 우리 모두는 혐오스러운 것의 영역에 퍼져 있

---

18 르 브룅(Le Brun)의 "Conference sur l'expression des passions"은 양쪽 윗입술의 확장을 묘사함으로써 증오와 경멸을 결합시킨다. 그는 한쪽으로 치우친 미소의 사례를 제공하지 않는다. 다윈은 비웃을 때 한쪽 입술이 올라가는 것을 보여주지만, 한쪽으로 치우친 미소의 사진은 제공하지 않는다(제10장 사진 4). 경멸 표현의 정확한 성격 및 보편성과 관련된 질문은 최근 얼굴 표정이 감정을 주로 정의하는 것이라는 견해를 고수하는 사람들 사이에서 많은 논쟁을 불러일으켰다. Ekman and Friesen, "A New Pan-cultural Facial Expression of Emotion"; Izard and Haynes; 그리고 Ekman과 여러 공저자가 러셀과 벌인 논쟁을 참조하라. 이 관점에 대한 뛰어난 비판으로는 Neu, "A Tear Is an Intellectual Thing"을 참조하라.

19 Darwin, p. 254 뒷면에 있는 사진 V의 여성의 표정을 보라.

20 혐오 표현에 대해서는 Rozin, Lowery, and Ebert를 보라.

는 아이러니들을 생각할 수는 있지만, 많은 경멸 속에 있는 아이러니한 감각의 생생한 현존성과는 다르게, 일반적으로 혐오의 아이러니들은 성찰적으로만 또는 제3의 관찰자들에게만 가용하다. 경멸할 때는 아이러니한 것의 감각을 피하기 어려우며, 혐오할 때는 아이러니한 것을 경험하기 어렵다. 실제로 그토록 많은 경멸의 경험을 구성하는 것이 바로 그 대상을 향한 아이러니한 태도의 가정이다. 경멸의 표현은 종종 그 표명에 대해 일종의 포즈의 분위기를 풍긴다.

그러나 모든 경멸은 그 경멸의 아이러니한 측면을 그렇게 눈에 띄게 연출할 필요가 없다. 경멸은 다른 사람들을 향한 적대감 못지않게 다른 사람들에 대한 예의 바른 대우도 의미한다는 사실을 다시 한번 고려해보라. 이 점에서 경멸은 혐오와 현저하게 대조된다. 당신은 조롱과 무관심만큼이나 자비와 연민을 가지고 다른 사람들로 하여금 그들이 당신보다 아래에 있음을 알게 할 수도 있다. 그리고 보다 호의적인 형태의 경멸은 당신보다 낮은 사람을 정중하게 대한 것에 대한 자축으로 당신을 빛나게 한다. 그러나 혐오에도 불구하고 당신은 당신의 혐오를 유발하는 사람에게 정중하게 대할 수 있지만, 경멸은 그렇지 않다. 반대로 혐오는 다른 사람에 대한 정중한 대우를 알려줄 수 없는 반면, 특정한 유형의 경멸은 다른 사람들에 대한 정중한 대우와 일치할 뿐만 아니라 바로 우리가 예의 바름이라고 부르는 것 및 관대함이라고 여겨지는 것의 형태를 나타내는 것으로도 보인다.

경멸과 혐오는 둘 다 서열과 위계를 유지하는 데 핵심적인 감정이지만, 서로 다른 방식으로 작용한다. 경멸은 매우 세밀하게 분류된 사회적 구분을 나타내는 반면, 혐오는 순수와 불순, 선과 악, 좋은 취향과 나쁜 취향을 구분하는 거대한 문화적·도덕적 범주에서 경계를 표시한다. 경멸은 모든 계급의 사람에게 연관되어 있기 때문에, 우리가 방금 보았던 것처럼 관련된 사람의 상대적인 서열, 서로에 대한 정확한 사회적 관계, 서열이 매겨지는 척도나 특질, 그리고 사회적·정치적 질서의 배경 가정에 따라 많은 다른 스타일을 취할 수 있다. 따라서 경멸은 다른 사람의 완전한 관심 비유발성을 판단하는 홉스적인 무관심의 종류에서부터 우스꽝스러움에 넋을 잃는 것, 다른 사람의 존재로 인해 야기되는 불쾌감을 제거할 수 없는 증오스러운 경멸에 이르기까지 다양할 수 있다. 혐오가 증오스러운 경멸과 겹칠 수 있고 혐오와 구별하기 힘들다면, 혐오는 무관심으로 특징지어지는 경멸과는 아무 상관이 없을 것이다. 혐오스러운 것은 항상 경멸스러운 것과는 다른 방식으로 감각들에 현존한다. 사실 내가 홉스적인 경멸이라고 부른 것의 독특한 표지 중 하나는 경멸스러운 것이 우리의 감각으로 밀고 들어오는 것을 막고 경멸스러운 것을 보이지 않게 해야 하는 힘이다.

상향 경멸

나는 상향하는 경멸의 관념이 단순한 말장난 이상의 것이라고 제안하고 싶다. 그 관념이 전통적으로 하층의 사람이 특정한 비교 기준에서 우월하다는 확신에 바탕을 둔 고전적인 경멸을 경험하는 사례일 필요는 없다. 나는 하급자가 스스로 상급자보다 더 똑똑하고, 육체적으로 더 강하고, 더 도덕적이고, 외모가 더 낫다고 생각할 수 있다는 사실에 이의를 제기하지는 않지만, 하급자가 상급자에 대한 경멸을 경험하기 위해 어떤 면에서 상급자보다 더 우월하다고 스스로 여길 필요는 없다. 하급자는 단지 상급자가 자신이 주장하는 수준보다 더 낮다는 것만 알아차리면 된다.

그러나 낮은 사람이 높은 사람에 대한 자신의 우월성을 인식하는 경우에도, 나는 그의 경멸이 적절하게 **상향** 경멸이 될 다른 느낌과 다른 스타일을 가질 것이라고 주장한다. 우리는 이미 몇몇 차이점을 언급했다. (1) 상향 경멸은 혐오와 결합될 가능성이 적기 때문에 오염으로부터 보호하는 데 대한 관심이 덜하다. (2) 민주적 환경에서 상향 경멸은 엄밀한 의미에서의 경멸과 달리 합법성이 보장된다. 상향 경멸은 하급자가 특별한 속성에 대해 우월성을 주장하도록 허용한다는 사실에도 불구하고 진공상태에서 일어나지 않는다. 아래에 있는 사람들은 다른 사람들의 눈에 자신이 아래에 있는 것으로 보인다는 것을 알고 있으며, 자신이 어떤 의미에서 그 다른 사람들에 의해 경멸을 받고 있다는 것을 알고 있다. 반면, 통상적인 계층 관례에 의해 상위에 있는 사람들은 합법적으로 낮은 사람들에 의해 존경을 받으며 찬사를 받거나 선망된다는 생각에 빠져들 수 있다.

나는 여기서 폭넓게 그림을 그리고 있으며, 한 가지 자격 조건을 추가해야 한다. 어떤 특별한 만남의 실제 미시정치에서 모든 종류의 경쟁 요소들은 상호 지위 조정이 지닌 정확한 스타일을 변화시킬 수 있다. 역할 확산, 다원주의, 그리고 특정한 공적 공간의 중요성을 감안할 때, 전통적으로 낮은 사람들은 특정한 시기에 누구의 경멸이 반동적이며 누구의 경멸이 구성적인지에 대해 자유롭게 겨뤄볼 수 있다. 예를 들어, 그 석공과 내가 노동계급의 술집이 아니라 내 집의 현관에서 만났다는 것이 차이를 만든다. 내 계산으로 상향 경멸은 항상 그 자체의 반응성을 어느 정도 의식한다. 그러한 의식을 멈출 때, 우리는 시골뜨기의 부주의한 무례함을 갖게 되거나 상대적인 서열을 다투는 사람들 사이에 벌어지는 지배력을 위한 공개적인 경쟁을 하게 된다.

예상되는 서열과 순위를 아는 것에는 부작용이 있다. 이것은 상향 경멸이 그것의 범위와 의미를 정의하는 더 큰 권력 관계의 상황에서 일어난다는 것을 의미한다. 종래의 경멸이 위계를 구성한다면, 상향 경멸은 낮은 자들을 위한 어떤 정신적 공간을 만든다. 상향 경멸은 결코 자체의 한계에 대한 감각을 잃지 않는다. 상향 경멸은 그 자체가 부차적이라는 것을, 즉 결코 구성적이지 않으며 항상 반동적인 누군가에게 쏟아지는 경멸에 대한 해결책이라는 것을 알고 있다. 다시 말해서, 내가 고용한 석공에게 내가 아무리 경멸스러울지라도 그가 나를 고용한 것이 아니라 내가 그를 고용했다는 사실은 여전히 유효하다. 육체노동을 할 사람을 고용하는 것은 고용한 사람에게 유리한 상대적인 서열 순위를 구성한다. 그러나 의사, 변호사, 또는 더 멋진 (그리고 수상한) 직업에 종사하는 다른 사람을 고용할 때(우리는 심지어 고용한다고 말하지 않고 관계를 맺다[engages] 또는 관계를 유지하다[retains] 또는 보다[sees]라고 말한다), 더 높은 서열을 차지하는 것은 흔히 고용한 사람이 아니라 바로 고용된 사람이다.

상향 경멸은 또한 적어도 두 가지 더 중요한 면에서 전통적인 경멸과 다르다. 높은 자에 대한 낮은 자의 경멸은 전통적인 경멸과 달리 종종 남의 불행에 대해 갖는 독특한 종류의 쾌감과 결합될 것이다. 정상적인 경멸의 쾌감이 종종 득의, 자기만족, 잘난 체함, 또는 자기 자신의 우월성이나 연민의 감수성 속에 단순하고 덜 비난할 만한 즐거움으로 채색되어 있다면, 상향 경멸의 쾌감은 당신이 경멸하는 상급자가 면목을 잃고 있다는 것을, 요컨대 바보 같아 보인다는 것을 아는 것과 거의 분리할 수 없다.[21]

높은 자에 대해 가지는 경멸의 두 가지 다른 토대를 가정해 보자. 첫째, 낮은 자는 높은 자가 지지하는 가치를 받아들이는 한편 그 가치를 지키는 데 실패한 높은 자의 무능력과 부정행위에 분개한다. 둘째, 낮은 자는 그 가치들 자체가 우스꽝스럽다고 여긴다. 첫째 경우를 예로 들어보자. 높은 지위에 오르는 것은 그에 따르는 리스크가 없는 것이 아니다. 높은 자들은 자신들이 옹호한다고 주장하는 규범들을 유지해야 하거나 그 규범들을 유지하지 못한 것에 대한 경멸과 분개를 겪어야 한다. 풍자, 특히 신랄하고 냉소적인 풍자 속에서 높은 자들의 능력 부족과 부정행위를 경멸하는 완벽한 표현을 찾을 수 있다. 신랄함의 정도는 풍자가가 높은 자들이 공언하지만 지키지는 못하는 가치들을 스스로 수용하는 것과 직접적으로 관련된다. 그렇다면 풍자는, 그것이 낮은 자가 높은 자를 폭로하고 질책하는 것을 포함하는 정도까지에서는, 완전히 힘을 빼앗긴 사람들이 아닌 중간지위 행정관리와 같은 이들의 전문분야이다. 풍자는 실제로 혼란을 정리하고 자신들이 경멸한 자들의 정책을 실행해야만 하는 사람들의 경멸이다.[22]

이제 높은 자의 행동 및 미덕의 기준과 그 기준들을 유지하는 사회

---

21 상향 경멸은 또한 높은 자에 대한 경멸을 증가시키기 위해 (만일 있다면) 낮은 자의 자기증오를 사용할 수 있다. 그러므로 특정한 상향 경멸의 사례에서 낮은 자들의 쾌감은 자신이 경멸하는 상급자가 적어도 어떤 면에서 자신보다 더 낮다는, 즉 낮은 자보다 더 낮다는 앎과 완전히 분리할 수 없다.

22 "풍자란 권력에 대해 마지못해 하는 찬사이긴 하지만, 풍자 대상에서 어떤 불가피성을, 즉 건설적인 대안이 없음을 승인하는 뜻도 담겨 있다." Southern, *The Making of the Middle Ages*, p.154[『중세의 형성』, 194쪽]. 높은 자가 위선자인 만큼 풍자 또한 혐오로 가득하지만, 그 혐오는 높은 자를 사회적으로 오염시키기에는 충분하지 않다. 풍자가는 현재 질서의 원칙들을 받아들이기 때문에 그의 혐오는 제약되어 있어서 질서를 바꾸지는 못한다. 풍자가는 여전히 부패와 무능으로 사회 질서의 합법성을 훼손하는 행동을 하는 높은 자들의 원칙에 대해 경멸을 가지고 유보할 것이다.

제도들을 우습다고 여기는 둘째 유형의 상향 경멸을 예로 들어보자. 이 유형의 상향 경멸은 모두가 웃으며 흥겨워하는 원인이 된다. 이 스타일은 위계적인 사회와 더 명확하게 연관되어 있다(그러나 반드시 그렇지는 않다). 여기서 전략은 더 높은 자들을 정직하지 못한 자들로 그리는 것이 아니라 그들을 광대와 바보로 보는 것이다. 이것이 실정의 축제이다. 이런 상황에서 권력자의 기준과 미덕은 무의미하다. 단지 권력자의 권력만이 중요하다. 신남, 유쾌한 법석, 웃음, 낄낄거림이 잠시 동안 절제된 존경의 형태들을 부인한다. 거만함이 제도화된 권력의 속성인 한, 거기에는 항상 권력에 구멍이 난 것을 보는 기쁨과 즐거움을 위한 통로가 있다.

왕과 영주는 면전에서 자신의 윗사람들을 조소할 수 있도록 허용된 특권 있는 바보와 하층 계급의 어릿광대에 의해서 자신들의 거만함에 구멍이 뚫리는 위험에 대비해 어느 정도 예방조치를 하고 있었다. 당신의 등 뒤에서 웃는 자들을 다루는 한 가지 방법은 당신이 대부분의 위험의 뇌관을 제거하기 전에 그들로 하여금 일정 정도 같은 일상을 수행하도록 만드는 것이다. 또한 특권 있는 바보의 제도는 또한 다음과 같은 것, 즉 상급자들은 어떤 점에서 하급자들이 자기 자신들을 바라보는 방식대로 상급자 자신들을 기꺼이 보려고 하고 또한 그렇게 볼 수 있다는 것을 보여준다 ― 그러한 바라봄이 상급자 자신의 조건대로 이루어지고 상급자 자신의 공간에서 이루어지기만 한다면 말이다 ―. 그러나 손상된 거만함의 모든 장면이 매년 그 거만함을 위해 마련된 기간 동안 일어나거나 어릿광대에게 허용된 특권 아래에서 일어났던 것은 아니다. 요강의 내용물이 곱게 차려입은 부인에게 쏟아질 때마다 또는 영주가 자신의 칼에 걸려 넘어질 때마다 웃을 기회를 만들어낼 사건들이 동시에 발생했던 것이다. 하인이 웃음을 참고 무표정하기가 얼마나 힘들었을지 상상해 보라.

작은 실정의 축제들에는 이런 스타일의 상향 경멸의 이미지가 있다. 이런 스타일의 상향 경멸을 냉소적이고, 무관심하고, 잘난 체하거나 어리벙벙한, 하지만 대체로 멸시하는 통상적인 스타일의 하향 경멸과 대조해 보라. 두 스타일의 경멸은 각각 방어적인 측면을 가질 수 있다는 점도 유의해야 한다. 하향 경멸은 가해하는 가해자의 능력을 부인함으로써 무례함의 가능성에 대해 방어한다. 반면 상향 경멸은 누군가의 존경할 만한 특성을 웃기는 인물로 만듦으로써 자기 존중의 공간을 개척하려고 한다.[23]

높은 자의 가치 및 행동 기준의 경멸이 유쾌한 실정의 축제의 경멸로만 이어질 필요는 없다. 경멸은 속이기 쉬운 가치를 가진 상급자를 대가로 삼아 성공하는 계산된 자기 이익의 결과일 수 있다. 초서의 조달인과 지방행정관의 횡령[24]은 일과 대차대조표에 대한 관심을 경멸할 만한 저열함의 표지로 만들었던 고결한 윤리의 대가였다. 주인들은 하인들이 그러한 도둑질을 저지르고 있다는 것을 모르지 않았다. 그들은 교묘한 하인들이 자신들을 속여 넘기는 희극 문학을 매우 좋아했다. 당신은 거의 틀림없이 하인들에게 속아주어야 했다. 당신이 만약 도둑질을 중지시킬 만큼 충분히 신경을 썼다면, 당신은 비열하고, 도량이 좁고, 소심한

---

23 풍자적이고 도덕화하는 상향 경멸의 스타일은 니체의 가치변형적 레상티망(ressentiment) 과 분명히 유사하지만, 실정의 축제스러운 상향 경멸의 스타일은 확실히 그렇지 않다. *Genealogy of Morals*, 1, 10[『도덕의 계보』, 367~371쪽].

24 도둑질하는 조달인의 재주는 특별히 주목할 만한데, 그 이유는 그는 영국에서 최고의 법률 전문가들을 보유하고 있는 성당의 청지기로서 자신의 주인들을 속일 수 있었기 때문이다. 달리 말해, 그는 강탈자들을 속여서 빼앗았다. 그리고 그 청지기에 대해서는 "주인의 소유를 자신의 것처럼 주인에게 빌려주어 주인을 교활하게 속여 넘겼다"라는 말이 전해지고 있다 (*Canterbury Tales*, A569~588, 612~613[『캔터베리 이야기』, 34~35쪽]).

사람이었을 것이다. 그런 종류의 사회에서 당신의 도덕적 지위와 자존감은 여전히 당신의 하인이나 다른 하위층 사람이 당신에 대해 생각하는 것과는 별 상관이 없었다.

앞서 언급했듯이, 상향 경멸은 반동적이라는 특성을 가지고 있다. 상향 경멸은 위에서 쏟아지는 경멸에 대한 반응으로, 일종의 보복이다. 나는 상향 경멸의 스타일은 상향 경멸이 반응하는 경멸의 스타일에 따라 달라질 수도 있고, 두 경멸이 상호유도와 영향의 원 안에 함께 갇힐 수도 있다고 생각한다. 따라서 다음과 같이 넓게 설명할 수 있다. 홉스의 경멸, 즉 상대방에게 무관심하고 관심을 유발하지도 않는 스타일은 그것이 상향 경멸의 스타일로서 가용해지는 민주주의에 도달할 때까지 경직된 위계 안에서 낮은 자에 대한 높은 자의 경멸을 특징짓는다.

프랑스 혁명 이전의 서구에서 홉스적인 무관심은 대개 낮은 자들에게 경멸의 스타일로 가용하지 않았다. 적어도 높은 자들 사이에 불안과 염려를 야기할 수 있는 형태로는 가용하지 않았다. 그 세계에서 대중적인 상향 경멸의 형태는 실정의 축제 또는 드러난 위선과 발견된 서투름에 대한 음침한 웃음(과 혐오)이었다. 그리고 이런 스타일의 상향 경멸도 귀족들 아래의 다양한 계급 사이에 고르게 분포되어 있지 않았다고 생각한다. 실정의 정치는 귀족들의 사회적 대척점에 있는 사람들을 위한 것이었던 반면, 위선을 폭로하는 잔인한 즐거움은 앞서 지적했듯이 실제로 귀족들을 가까이서 관찰할 기회를 가졌으나 여전히 그들에게서 경멸받았던 상층에 더 가까운 사람들의 스타일이었다.

광범위한 사회적 배열의 유형과 그 배열들을 유지하는 다양한 경멸을 고려해 보자. 영웅적인 세계, 서사시에 묘사된 문화들은 명예 자체의 가치를 의문시하는 종류의 상향 경멸을 너무 많이 묵인할 수는 없다. 위계가 기초하고 있는 가치들이 아랫사람들에게 아무리 우스워 보이더라도 명예를 위태롭게 하는 이는 누구든지 재빨리 진압되고 위계는 유지된다. 사실 테르시테스에게 발언권이 주어져 있지만, 어느 누구도 그가 말하는 내용에 반응하지 않는다. 오디세우스의 인신공격적인 비난은 그 이슈를 처리한 것으로 여겨진다.[25] 아이슬란드 사가에서 테르시테스는 하프라틴다르의 토르켈(Thorkel of Hafratindar)이라는 이름의 가난한 농부의 모습으로 짧게 등장한다. 그는 명예로운 사람들의 다툼이 왠지 재밌다고 생각하기 때문에 영웅에게 목전의 복병을 경고하는 것을 무모하게 거부하고, 대신에 안전한 거리에서 그들이 서로 죽이는 것을 지켜보는 재미를 누리자고 제안한다. 명예의 어리석음에 대한 그의 주장도 인신공격을 제외하고는 다루어지지 않는다. 그는 무례한 유머 감각 때문에 죽임을 당한다.[26]

그러나 영웅 사회는 경멸을 알고 있다. 영웅 사회는 경멸에 의존한다. 경멸은 수치 및 굴욕과 상관관계를 갖고 있다. 경멸은 명예로운 사람이 덜 명예로운 사람에게 보여줄 권리를 갖고 있는 것이다. 그것은 명예를 획득하고 유지하는 주고받기 과정의 일부이다. 경멸이나 수치에 대한 두려움은 명예의 엔진에 연료를 공급하는 것이다. 영웅적 명예 문학은 명예 경쟁의 일부가 되기에는 너무 비열한 사람들의 모습을 우리에게 거의 보여주지 않는다. 테르시테스와 토르켈은 명예 윤리를 경멸하듯이 조롱한 것 때문에 몹시 고통 받는다. 그들의 상향 경멸은 위험하며 허용

---

25   *Iliad*, 2.214~282; Lincoln, pp. 21~34에서 다루는 이 장면에 대한 논의를 보라.
26   *Laxdœla saga*, chs. 49, 52.

할 수 있는 것이 아니다. 윗사람을 비웃을 때에는 바보나 미치광이 같은 특권이 주어지지 않는 한 안전하게 그들의 뒤에서 비웃는 것임을 확인하는 것이 좋다.[27]

싸움에서 일패를 당한 사람들, 즉 모욕을 당했으나 아직 복수를 하지 않은 사람들은 자신들의 적에게 저항할 수 있으며, 실제로 적에 대한 경멸을 보여줄 수 있는 경우도 흔히 있다. 그러나 이것은 상향 경멸이 아니다. 왜냐하면 그것은 대충 대등한 사람들의 집단 내에서, 게임의 선수들 사이에서 치고받는 것이기 때문이다. 진짜 아랫사람들, 즉 하인, 천한 사람, 선수가 못되는 사람의 견해는 사가 문학에서 여성의 견해를 제외하고는 작가들의 관심을 끌지 못한다. 아이슬란드에서 전사인 남성의 아내, 어머니, 그리고 딸의 생각은 중요하며, 그들은 자신의 남자가 실패할 경우 지독한 경멸을 가하는 데 전문가이다. 그들은 수치와 굴욕을 주는 데 능수능란하다. 그러나 이것 역시 상향 경멸은 아니다. 그 여성들은 명예 규범을 소리치는 책임을 맡고 있다. 그들은 명예 윤리를 고수하고 있다.[28]

상향 경멸에 지속적인 관심을 갖기 위해서 우리는 명예 체계의 대략적인 평등주의에서처럼 유동적이지 않은 위계가 필요하다. 우리는 개인들이 상대적인 지위를 놓고 경쟁하는 게임보다는 전체 집단에게 하나의 지위를 할당하는 더 공식적이거나 덜 이동적인 위계가 필요하다. 우리는 또한 위계가 유지된다는 확신에 어떤 불안정성이 필요하다. 프랑스 혁

---

27 테르시테스는 광대를 연기함으로써 그러한 특권을 얻으려고 한다는 점에 주목하라. 그것은 그에게 허락되지 않는다.

28 아이슬란드 사가의 주목할 만한 여성들에 대해 더 알아보고 싶다면 나의 *Bloodtaking and Peacemaking*, pp.212~213과 거기에 인용된 것들을 보라.

명 이전의 한두 세대에서 이 이야기들을 고려한 다음 그에 곧 뒤따른 몇몇 이야기를 고려해 보라.

필딩은 『대화에 대한 에세이(Essay on Conversation)』에서 우리에게 "소크라테스, 플라톤, 아리스토텔레스, 그리고 세 명의 무용 교사 사이의 대화를 상상해 보라"라고 요청한다(267).[29] 가상의 상황을 제기하는 것만으로도 그 문제, 곧 상호 경멸을 암시한다.[30] "언덕의 소피스트들은 철학자들이 그들과 동행하는 것을 좋아하지 않는 만큼 그들도 철학자들과 동행하는 것을 좋아하지 않을 것이다." 그 상황을 해결하기 위해 무엇을 할 수 있을까? 두 개의 과정, 즉 낮은 자를 높이는 것과 높은 자를 낮추는 것이 제안된다. 전자는 불가능하다. 소크라테스는 영혼의 본질에 대해 말하고 플라톤은 덕의 아름다움에 대해 말하고 아리스토텔레스는 신비

---

29 18세기에 걸쳐 무용가는 경멸할 만한 지위의 인물이며, 오로지 미용사만이 전혀 부러워할 것 없는 그 범주에서 무용가를 능가한다. Herzog, "The Trouble with Hairdressers"에서 18세기 말 미용사에 대해 언급한 내용들의 의미를 다룬 재미있는 설명을 보라.

30 또한 필딩은 그의 ≪코벤트 가든 저널(Covent-Garden Journal)≫에서 상호 경멸의 주제에 매료되었다(1752년 8월 29일 토요일 61호). 이 유쾌한 도입부에서 그는 모든 경멸은 경멸받는 자의 동등한 경멸에 의해 대등해진다고 가정한다. "경멸은 적어도 일반적으로는 상호적이다. 상대에게 동시에 경멸당하지 않고 상대방을 경멸하는 사람은 드물다. 이러한 경우에 대한 몇 가지 사례를 보여주려 노력해 보겠다. …
"[극장의] 박석의 패니 랜턴 부인은 그녀 아래쪽에 있는 정직한 전당포 주인의 아내를 쳐다보면서, 동행한 베티 부인에게 극장 바닥 자리에 있는 그 사람을 좀 보라고 말했다. '베티 부인, 봤어요?' 그녀가 말한다. '저 이상하고 가엾은 사람을요. 저런 꼴사나운 괴물이 옷 입은 것 좀 봐요!' 동시에 패니 부인을 지켜보고 있던 그 착한 여자가, 패니 부인의 표정에서 드러날 만큼 경멸적인 웃음에 다소 불쾌감을 느끼면서, 그녀의 친구에게 속삭인다. '패니 랜턴 부인 좀 봐. 저 훌륭한 부인이 풍기는 분위기를 좀 봐. 내 남편이 저 부인의 모든 보석을 금고에 가지고 있어. 하찮은 것이 얼마나 질이 나쁜지!'"
"이 세상에 멋진 미남에게 초라한 학자보다 더 심한 경멸의 대상이 있는가? 그 초라한 학자에게 멋진 미남이 경멸의 대상이 아니라면!"
그럼에도 불구하고 우리는 누가 더 높은지 명확하다면 이러한 상호 경멸이 더 높은 자에게 두려움을 유발하지 않는다는 것에 주목한다. 이들은 누가 누구에게 경의를 표해야 하는지 불분명한 더 복잡한 세계에서 우위를 다투는 사람들이다. 이것들은 분명히 자신을 경멸하는 주인에 대한 보복으로서 주인을 경멸하는 하인의 사례가 아니다.

한 성질에 대해 말한다면, "우리의 무용 교사들"은 어떻게 되어야 하는가? "그들은 놀라움으로 서로를 쳐다보고 … 경멸로 우리의 철학자들을 쳐다보지 않을까?" 철학자들은 서로 이해할 수 있는 주제들로 내려와야 한다. 여기에 높은 자와 낮은 자 사이의 상호 경멸이 상정되는 짧은 장면이 있다. 그러나 그 어조에 주의하라. 무용 교사들은 질서에 위협이 되지 않으며, 단지 흥미로운 대화에만 위협이 된다. 플라톤과 그의 친구들에 대한 무용 교사들의 경멸은 무용 교사들을 우스꽝스럽게 경멸할 만한 존재로 유형화한다. 무용 교사들의 경멸이 철학자들이 신경 써야 하는 전부라면, 철학자들은 진정으로 안전하다.

무용 교사는 어떤 무례한 기계공이 아니다. 특히 무용 교사의 기술은 인정받는 것이 아니기 때문에 경멸할 만하다. 어떤 이데올로기는 땅의 경작자들과 무언가 만드는 사람들에게 마지못해 가치를 부여한다. 그중에 기독교를 포함시킬 수 있겠다. 그러나 무용 교사는 특권층의 허영을 부추기는 낮은 자에 불과하다. 무례한 기계공과 경작자들은 가끔씩 와트 타일러(Wat Tyler)*들과 잭 케이드(Jack Cade)**들을 탄생시키지만, 그 지위로 인해 알랑거리고 아부하는 무용 교사를 두려워하는 사람은 아무도 없다. 무용 교사가 당신의 뒤에서 비웃을 수 있는 유일한 근거는 자신의 춤 실력이다. 그리고 그것은 그가 당신에게 전수하기 위해 지불한 것이다. 그러므로 무용 교사가 당신 아들이 볼품없다고 비웃는다면, 그는

---

* 1381년 잉글랜드에서 발생한 대규모 농민 반란군의 지도자로서 인두세 부과에 항의하는 시위대 무리를 이끌고 캔터베리에서 런던까지 행진했다. 이 농민 반란은 와트 타일러가 국왕 리처드 2세를 면담하는 자리에서 살해당함으로써 일단락되었다._옮긴이
** 1450년 4월과 7월 사이에 영국 남동부에서 일어난 대중 반란의 지도자이다. 반란은 부패, 정부 실정, 왕의 측근과 지역 관리의 권력 남용, 그리고 백년 전쟁에서 영국 군대가 프랑스에 패배한 것 등에 대한 불만에서 촉발되었다._옮긴이

선생으로서 자신의 실력에 대해 의문을 제기하는 것일 뿐이다. 그의 능글맞은 웃음이 하인이나 시종 또는 시녀의 웃음보다 훨씬 더 적절하지 않은 것은 이 때문이다. 만약 낮은 자의 경멸을 가끔씩 당해야 한다면 무용 교사로부터 경멸을 받는 것보다 더 나은 것이 무엇이겠는가?

이 세계에서는 여전히 신사가 지배하고 있다. 신사는 자신의 하인들 앞에서 두각을 나타내려고 조바심을 내지 않는다. 그는 겸손하게 자신만만하고 자비로운 스타일을 채택한다. 그래서 체스터필드 경은 이렇게 말했다. "가장 신분이 낮은 사람들에 관한 예의범절도 있단다. 신사는 자신의 하인에게, 심지어 거리의 거지에게도 예의를 지킨단다. 신사는 그들을 모욕의 대상이 아니라 연민의 대상으로 여기는 거야. 그는 누구에게도 싸늘한 말투로 말하지 않지만, 하인에게는 냉정하게 바로잡아 주고 거지에게는 인간적으로 거절한단다"(1751년 6월 13일 그의 아들에게 쓴 편지). 체스터필드의 신사는 침착하게 자신의 돈을 주머니에 넣어둔다. 따라서 신사의 거절의 **인간성**은 단순히 그가 거지를 때리거나 질책하거나 조롱하는 것을 삼가는 것이어야 한다. 그래야 신사가 보여준 동정심이 거지의 상태를 개선하기 위한 행위로 이어지지 않는다. 표준적인 기대가 모욕과 구타와 질책이기 때문에 아무 행위도 하지 않는 것은 분명하게 진보로 간주된다.

그러나 약 50년 후에 우리는 더 불안한 세계를 만나게 된다. 윌리엄 고드윈(William Godwin)이 관찰한 바에 따르면, "오늘날 영국의 가난한 사람들 가운데에는 윗사람들을 비난할 자유로 스스로를 위로하지 않는 사람이 거의 없다. 신식 신사는 적의가 가득하고 신랄한 빈정거림에 의해 자신의 평온함이 방해받는 것에서 결코 안전할 수 없다. 이러한 성향은 쉽게 고무되어 가장 유익한 목적에 도움이 될 수 있다."[31] 이 위협적이고 공황 상태에 빠진 혁명 이후의 세계에서 우리는 곧 모든 하인, 모든 하급자가 자신을 비웃고 있다고 느끼는 원형적 근대의 편집증 환자가 보여주는 신경질적인 불안감을 관찰하기 시작한다. 우리는 플라톤과 아리스토텔레스를 경멸하는 얄팍한 무용 교사들의 유쾌한 사색에서 벗어나 사회적으로 지위가 낮은 사람과의 모든 만남이 자신의 굴욕일 가능성을 지닌 세계로 나아간다. 민주적 이상은 예전 스타일을 완전히 바꾸지는 못했지만, 확실히 기대와 인식을 바꾸어놓았다. 하향 경멸은 이제 동일한 것으로 되갚는다고 여겨지기 때문에 덜 자기만족적이다. 높은 사람들은 더 이상 홉스적인 무관심의 경멸을 쉽게 유지할 수 없다. 지각없는 바보만이 위협에 무관심하다. 사람들은 무관심한 척할 수 있지만, 이것은 갑자기 인구 밀도가 훨씬 더 높아진 세계에서 드러낸 이미지에 대한 두려움과 마음을 괴롭히는 의심을 감추기 위해 고안된 전략이다. 하인들은 더 이상 비가시적이지 않다.

예를 들어, 윌리엄 해즐릿(William Hazlitt)은 자신을 조롱하고 모욕하는 하인들과 끊임없이 싸우고 있는 자신을 본다. "하인들의 윗사람은 자신을 그 하인들 위에 세우기 위해 최선을 다하고, 하인들은 윗사람을 자신들의 수준으로 끌어내리기 위해 최선을 다한다. 하인들은 작은 막간의 희극, 즉 잡다한 가족 실패에서 비롯되는 일상적이고 가정적이고 편안한 드라마를 만듦으로써 이렇게 하는데, 일반적으로 공급이 풍부하거나 자신들의 머리에서 나온 재료들로 부족한 부분을 보충한다."[32] 친절로 하인들의 조롱을 막아봐야 소용없다. "진정한 친절이나 겸손은 하인들로 하

---

31   Godwin, *Enquiry Concerning Political Justice*, 1.5, p.42.
32   Hazlitt, "On the Knowledge of Character"(1821), p.105.

여금 당신에게 더 반감을 품게 할 뿐이다. 그들은 그런 방식으로 포섭되지 않는다." 상향 경멸의 스타일이 코미디와 드라마의 스타일이라는 점에 다시 주목하라. 그리고 당신의 하인들만 건방지고 기만하는 것은 아니지만, "당신은 술집에서 웨이터와 친밀한 대화를 나눈 후에 당신의 하인이 당신을 도발적인 별명으로 부르는 것을 우연히 듣게 된다"(107).

이것은 한때 보이지 않던 것이 이제는 무시무시하게 자신의 근육을 과시하는 세계이다. 비록 그들 대부분이 여전히 모든 존경심을 온전하게 유지하고 모든 정중함을 지키고 있음에도 불구하고, 존중의 위반은 세계가 뒤엎어지는 전조가 되어 가장 작은 교환에서도 더 이상 아무런 자기만족이 있을 수 없다. 해즐릿은 체면을 세우기 위한 전략을 찾아내려고 애쓴다. 그는 겸손, 인간애는 효과가 없다고 말한다. 낮은 자들은 단순히 당신을 더 경멸할 것이다(여기서는 구체적으로 하인들에 대해 쓰는 것이 아니라 우둔하고 낮은 사람들에 대해 쓰고 있다).

세상의 모든 겸손은 약함과 어리석음으로 통하기만 할 것이다. 그들은 그러한 것을 전혀 짐작도 못할 것이다. 그들은 항상 힘껏 앞으로 나아간다. 그리고 그들은 당신이 사람들이 말하는 것처럼 그러한 뛰어난 재능을 가지고 있다면 당신도 그렇게 할 것이라고 주장한다. 그러므로 당신은 뛰어난 사람을 곧바로 우습게 보고 — 괴롭히고, 위협하고, 침소봉대하면서 — 그들에게 거만하게 구는 것이 낫다. 당신은 이런 방법으로 외적인 존경이나 일반적인 예의를 강요할 수 있다. 그러나 관용과 선한 마음으로는 아무것도 얻을 수 없으며 공공연한 모욕이나 무언의 경멸만 받을 것이다.[33]

---

33   Hazlitt, "On the Disadvantages of Intellectual Superiority"(1821), p.188.

해즐릿은 절망하고 어찌할 바를 모른다. 그는 여전히 허세가 실행 가능한 굴욕 회피 전략이라고 상정할 수 있는 서열과 순위의 세계로 충분하다. 아니면 우리는 그를 새로운 근대 질서의 주요 특징이 정확하게 굴욕의 필연성인, 즉 당신이 당신보다 못하다고 칭하는 사람들에게 경멸스러워 보이는 필연성인 최초의 도스토옙스키의 지하생활자로 볼 수 있다. 이런 종류의 세계에서 사실상 얻기 힘든 자존감을 보존할 유일하게 안전한 전략은 역설적으로 굴욕을 추구하는 것이다.[34] 잘난 척하고, 뽐내고, 허세를 부리고, 당신의 사회적 하급자를 질책하라. 왜냐하면 그렇게 하지 않으면 당신이 자신의 우월함에 대해 겸연쩍어하는 것 때문에 그들은 당신을 훨씬 더 경멸스럽다고 여길 것이기 때문이다.

상향 경멸을 겪는 것, 자기혐오를 느끼는 것, 당신 자신보다 못하다고 믿는 사람들에게 우스워 보이는 것, 이것이 근대성 그 자체이다. 귀족다운 겸손이 선호되는 것일 때 당신의 "민주적인 겸손"의 시도 때문에 당신은 존경받는 대신 경멸된다. 우리는 석공과 나에게는 아직 도달하지 못했지만, 매우 가까이에 와 있다. 해즐릿에게 주목하라. 그리고 석공에 대한 나의 설명이, 니체와는 대조적으로, 자의식이 높은 자에 대한 낮은 자의 분노와 함수관계라기보다는 낮은 자의 조롱에 대한 높은 자의 두려움과 함수관계임을 시사한다는 것에도 주목하라.

우리는 지금 큰 변화의 한복판에 있다. 그러나 과연 무엇이 변했는가? 낮은 자들이 덜 공손한가? 아니면 예전과 같은 건방짐, 저속한 익살, 교

---

34 나는 『굴욕』에서 굴욕 회피 전략에 대해 길게 논의한다. 일반적인 관찰에 따르면 허세에는 굴욕의 위험이 있다. 하지만 어떤 종류의 허세도 결코 완전히 피할 수 없는 사회 세계는 매우 비통하다. 그래서 굴욕을 추구하는 도스토옙스키의 지하생활자가 절망적인 전략을 수립한 것은 자신의 방식대로 굴욕을 느끼기 위해서이다.

활함이 한때 안전하게 주목받지 않았던 곳에서 이제는 눈에 띄는가? 다시 말해서 종들에게보다 주인들에게 변화가 더 많은가? 건방진 하인들과 속이는 청지기들은 언제나 있었다. 둘 다 자신의 상관들에게 그 상관들을 즐겁게 하는 희극의 전형적인 인물을 제공했다. 나는 해즐릿이 자신의 아랫사람들이 이전에는 감히 그러지 못했을 곳에서, 문자 그대로 면전에서, 비웃고 있다는 것을 관찰한 것이 아니라 그와 같은 유형들이 뻔뻔함과 파렴치함에 대해 강박적으로 신경을 쓴다는 것을 관찰한다고 여긴다. 상관들은 자신이 한때 무시할 수 있었던 것을 보고 공황 상태에 빠진다. 상관들은 심지어 자신이 부재할 때 비웃음 당하는 것을 상상한다. 상관들은 이제 자신이 아랫사람들에게 어떻게 보일지 적극적으로 염려하며, 뻔뻔함에 대처하는 이전의 전략들 ─ 매질, 채찍질, 또는 모욕을 알아차리는 것을 거만하게 거부하기 등과 같은 ─ 을 더 이상 그렇게 쉽게 이용할 수 없는 것을 두려워한다. 새로워 보이는 것은 바로 이러한 염려와 두려움이다. 100년 전 스위프트는 자신의 하인들이 자신을 비웃는 것을 상상할 수 있고 사실 하인들이 그렇게 한다는 것을 알고 있다. 하지만 그 어조는 절박한 절망의 어조가 아니다. 그것은 하인들이 자신의 상관들의 배변에 히죽히죽 웃고, 상관들의 엉덩방아에 크게 웃으며, 부정행위와 무능력으로 자신들의 주인의 재산을 낭비하는 슬랩스틱 코미디이다. 그 두려움은 혁명에 대한 것이 아니라 파산에 대한 것이다. 주인은 자신의 종들의 뻔뻔함에도 불구하고 여전히 주인이다.[35]

해즐릿은 계급과 지위에 대한 전제들이 새로이 질서화되는 초기에 글

---

35   Swift, *Directions to Servants*[스위프트, 『하인들에게 주는 지침』]를 보라.

을 쓰고 있다. 그가 느끼기에 모든 것이 변하고 있다. 그러나 사람들은 해즐릿이 플라우투스* 이후 계속해서 있었던 낮은 사람들의 통상적인 건방짐이나 뻔뻔함과는 다른 스타일의 무언가를 이해하고 있는 것은 아닌지 궁금해 한다.[36] 새로운 민주적 질서는 경멸의 진정한 반전을 허용한다. 이제 홉스적인 경멸에 빠질 수 있는 이는 하층민들이다. 하층민들은 자신들의 상관을 무관심으로 대할 수 있다. 식당 종업원은 당신이 그 또는 그녀에게 관심을 가지는 것보다 당신에게 덜 관심을 가진다. 이것을 조달인과 지방행정관의 경멸이 하층민들의 주인의 신뢰를 계획적으로 악용하기 위한 기초를 마련하기 위해서 하층민들의 주인에 대한 세심한 주의와 관심에 의존하고 주인을 기쁘게 하는 것에 의존한 것과 비교해 보라. 하지만 또한 하층민들은 자신을 아는 것보다 주인을 더 잘 아는 것에 의존했으며, 주인에게 완전히 없어서는 안 될 존재가 되는 것에 의존했다. 이 교활한 수완가들은 결코 긴장을 늦출 수 없었다. 하층민들은 자신의 주인에게 무관심할 수 있는 때가 없었다. 현대의 하급자들은 일부 상황에서는 아첨할 필요가 있을 수 있으나 이러한 상황은 매우 제한적이다. 대부분의 경우 하급자들은 상관하지 않는다. 그리고 그들은 동료들 사이에서 존중받기 위해 경쟁하는 것과 같은 걱정해야 할 더 중요한 것

---

* 티투스 마키우스 플라우투스(Titus Maccius Plautus)는 기원전 로마 시대의 희극 작가이다. 날카로운 풍자로 일반 평민들을 대변해서 귀족을 조롱의 대상으로 삼았다._옮긴이

36 만수에투도(mansuetudo, 온순함과 절제)의 미덕은 10, 11세기 거룩한 궁중 주교들의 성인 전기에서 하인의 고약함을 분노하지 않고 견디게 했던 이야기들로 증명되어 있었다. Jaeger, pp.37~40에서의 논의를 보라. 키케로는 아이악스(Ajax)와 오디세우스의 차이를 지적하는데, 오디세우스는 자제할 수 있었기 때문에 필요할 때 노예들과 하녀들의 모욕을 견딜 수 있었다. De officiis, 1.113[『키케로의 의무론』, 허승일 옮김(파주: 서광사, 1989), 86쪽]. 그러나 『일리아스』에 나오는 테르시테스의 에피소드는 낮은 자들의 뻔뻔함을 꾸짖는 것이 이익이 될 때는 자제하지 않았다는 것을 보여준다.

이 있는 자신들만의 공간을 가지고 있다.

토크빌은 낯선 사람을 대하는 영국인과 미국인의 관습을 대조하는 또다른 이야기를 들려준다. 그는 왜 외국에서 만나는 미국인들은 서로 인사하지만 영국인들은 그러지 않는지 묻는다.[37] 짧게 답하자면, 영국인들은 자신들의 계급이 보장되는 것에 대해 극도로 신경을 쓰기 때문에 독특한 거리낌이 있다는 것이다. 토크빌에 따르면, 영국에서는 출생 귀족주의를 보장하는 것이 금전 귀족주의를 보장하는 것으로 바뀌었으며, "그 직접적인 결과가 바로 모든 시민 사이에 겉으로는 드러나지 않는 어떤 갈등과 적대감이 싹튼다는 사실이다. … 영국인들 사이에는 아직도 귀족주의에 대한 자부심이 대단한 반면 귀족계급의 테두리는 아주 모호해졌다. 이런 까닭에 사람들은 누구나 자신의 친숙한 관계가 뒤집히지나 않을까 매일같이 걱정하며 지낸다." 반대로

출생에 따른 특권이 전혀 존재하지 않고 부자라고 해서 어떤 특별한 권리를 누리지도 못하는 미국에서는 서로 일면식도 없는 사람들이 흔쾌히 한 장소에 모이며, 어떤 이득도 부담도 없이 자유롭게 자신들의 생각을 교환한다. 이들은 우연히 만나면 굳이 사귀려고 달려들지 않지만 절대로 서로 피하지도 않는다. 이들의 만남은 아주 자연스럽고 솔직하며 개방적이다. 이들은 상대방에게 원하는 것도 우려하는 것도 거의 없으며, 자신의 사회적 지위를 내보이려 하지 않는 만큼 감추려 하지도 않는다.

37　*Democracy in America*, II. iii. 2[『아메리카의 민주주의』, 2권 3부 2장].

이 모든 자연스러운 솔직한 개방이 일어나기 전에 상대방에게 정말로 그러한 자유로운 교제를 할 자격이 있다는 판단이 선행되어야 할 것 같다.[38] 개방성은 누구에게 정확하게 그러한 자격이 있는지에 대한 결정에 선행하는 것이 아니다. 개방성은 개방성 자체가 동등한 자를 상대하고 있다는 확인을 따른다. 토크빌은 사과와 오렌지를 비교하고 있는 것이다. 그는 상대하고 있는 사람이 자신과 동등한 사람인지 아직 판단하지 못한 영국인을 이미 그러한 판단을 내린 미국인과 비교하는 것이다.[39] 영국인은 정확한 계급을 확신할 수 없는 사람을 경계한다. 미국인에게 그 문제는 이미 해결되어 있었다. 왜냐하면 그가 자주 다니는 장소는 그와 동류인 사람들이 자주 다니는 장소일 것이기 때문이다.

나는 과장해서 말하고 있다. 유럽과 비교할 때, 심지어 영국의 많은 자유와 비교할 때 확실히 다양한 범위의 남자에게는 미국에 대해 좀 더 개방적인 무언가가 있었다. 영국인은 미국인보다 훨씬 더 세밀한 차이로 계급을 구분했다. 그러나 이런 형태의 존경이 영국의 계급과 지위 사이의 관계보다 공식화된 관습에 덜 얽매여 있다 하더라도, 나는 이 자연스

---

38 미국에서 상향 경멸이 얼마나 성행하는지 언급하면서, 베버는 나의 주장과 더 잘 맞는 더 냉랭한 그림을 그린다. "1900년대 초기만 해도 앵글로 미국의 노동자들은, 왜 당신들은 흔히 매수되기 쉬운 정당인에게 통치를 위임하느냐고 묻는 나의 질문에 대해 대답하기를, '우리의 거대한 나라'는 비록 수백만 달러가 절취·강탈·횡령된다고 하더라도 여전히 충분한 벌이가 남아 있을 만한 기회를 제공하기 때문이며, 이러한 '전문가들'은 '우리'(노동자)가 '경멸'하는 일종의 카스트인 반면에, 독일식의 전문 관료는 '노동자를 경멸'할 일종의 카스트가 될 것이기 때문이라고 했다." *The Theory of Social and Economic Organization*, pp.391~392.
39 영국인들이 외국에서 서로에 대해 극도로 과민한 것은 그들이 방문한 나라의 원주민들과 대조적으로 그들의 지위가 고정되어 있었기 때문이다. 그것은 미국인들의 경우와는 반대였다. 유럽 국가들의 원주민들 사이에서 자신들의 지위에 대한 미국인들의 염려는 그들로 하여금 서로 끌어안게 만들었다. 실제로 본국에서는 그 사람이 존경할 만한지 먼저 알지 못한 상태에서는 전혀 그렇게 하지 않았을 것이다.

럽고 솔직한 미국인들이 누구는 인정받는 사람이고 누구는 아닌지, 누구는 복종되어야 하고 누구는 아닌지, 누구는 존경받아야 하고 누구는 아닌지를 자신들 사이에서 재빨리 결정할 것이라고 상상한다. 미국인이 자신과 동등한 존재로 인정하는 사람들의 계급은 영국인의 계급보다 더 폭넓게 구성되었지만, 그럼에도 불구하고 다소 날카롭게 경계가 정해졌으며, 그 경계는 예전처럼 경멸과 굴욕과 혐오에 의해 유지되었다.

1852년 한 젊은 뉴요커가 집에 있는 여동생에게 자신의 캐리비안 여행에 대해 썼던 편지에서 가져온 다음의 발췌문을 좀 더 생각해 보자.

> 여기 흑인은 백인과 다름없어. … 흑인들은 악수를 하려고 손을 내미는 데 주저하지 않아. 우리의 여자 세탁부는 선실 소파에 앉아서 그 배가 마치 자기 것인 양 대담하게 큰 소리로 말을 해. 뉴욕의 여자 세탁부는, 백인 여자세탁부도 마찬가지로, 입을 열지도 않았을 것이고, 앉을 생각도 하지 않았을 거야. 그녀는 우리 안티구아 출신의 여자 세탁부처럼 악수를 청하지도 않았을 거야. 난 악수를 받아들이는 것을 정중하게 거절했지만 말이야. 영국인들은 미국에서 자기들이 평등이라고 부르는 것에 반대하는 이야기를 많이 해. 영국인들은 우리나라를 여행하면서 돈을 낸 사람이라면 누구나 탈 수 있었던 것이 가장 불쾌한 부분이라고 해. 그들이 우리의 평등에 대해 불쾌하게 여긴다면, 나는 그들의 평등이 역겹다고 생각해. 왜냐하면 우리의 하인들은 우리에게 악수를 청하지 않을 것이기 때문이야. 그건 안티구아에서는 흔히 일어나는 일이지.[40]

---

40   뉴욕 주 용커스(Yonkers) 출신인 젊은 배의 사무장 토머스 더들리(Thomas C. Dudley)가 1852년 6월 16일 자신의 여동생에게 보낸 편지. 앤 아버(Ann Arbor) 클레멘츠(Clements)

이 놀랍도록 풍부한 구절에 대해 두 가지 요점을 지적하고 싶다. 하나는 평등이 모든 종류의 규모와 형태로 실행된다는 점이다. 그리고 젊은 여행자의 편지에서 볼 수 있는 것처럼 미국적인 규모와 형태는 인종과 젠더만 가진 것이 아니라 계급과 지위를 위한 풍부한 공간도 여전히 가졌다. 하지만 추측하기로 평등주의적인 서부 개척지의 백인 남성들 사이에서도 그러할지는 의심스럽다.[41] 영국식 평등과 미국식 평등이 있으며, 각 스타일은 다른 스타일에 충격을 주고 미국인들과 영국인들 사이에 경쟁하는 경멸과 혐오의 근거를 제공하는 것으로 보인다. 그리고 이러한 평등들을 끔찍하게 만드는 것은 무엇인가? 사람들의 뻔뻔스러움은 분명히 열등하게 여겨진다. 거대 계급 이론이 어려운 시기에 약화될지라도 두 평등은 계급이 유지되기를 원한다. 영국인들은 미국의 일반 운송사들이 유급 승객들의 등급을 구분하지 않는다는 사실을 싫어하는 반면, 미국인들은 영국인들이 하인들에게 자신의 사회적 상관과 악수할 생각을 할 정도로 친밀함을 허용하는 것을 혐오스럽게 여긴다(우리의 여행자가 개척지의 식민지 스타일을 특별히 영국적인 스타일로 착각하고 있는 것은 아닌지 의심스럽다). 토크빌이 제기하는 논쟁점에도 불구하고 어떤 종류의 벼락출세주의(upstartism)는 영국인들만큼이나 미국인들에게도 속이 뒤집어지는 일이다. 그런데 우리의 젊은 여행자가 어떻게 해서 여자 세탁부의 손을 **정중하게** 거절하는 것이 가능하다고 생각했는지 의아하다. 아마도 그는 거지에 대한 체스터필드의 태도처럼 매질, 폭행, 얼굴에 침

도서관 더들리 컬렉션.
41 토크빌은 미국에도 계급을 구성하는, 심지어 새로운 귀족주의를 만드는 세력이 있음을 의식하고 있다. 예를 들어 *Democracy in America*, II. ii. 20[『아메리카의 민주주의』, 2권 2부 10장] 참조.

뱉기가 표준인 끔찍하게 낮은 기준점을 가지고 있을 것이다.

두 번째 요점은 위로부터 쏟아지는 경멸과 싸우기 위해 상향 경멸을 해방시킨 민주주의에 대한 어떠한 주장도 내가 여기서 제공하고 있는 훨씬 더 미묘하고 상세한 이야기를 동반해야 한다는 것을 편지를 쓴 더들리 씨가 보여준다는 것이다. 명백히 이 두 상반된 경멸은 다양한 시간과 장소에서 다양한 균형을 이루었다. 뉴욕의 여자 세탁부는 여전히 더들리 씨의 마음에 존경을 표하고 있었다. 그러나 정말로 그럴까? 그녀는 기껏해야 지겨운 사람이고 최악의 경우 골칫거리이면서도 도덕군자인 척하는 이 자신만만한 젊은이에게 완전히 무관심한 것일 수 있다. 그리고 안티구아에 있는 흑인 여자 세탁부는 어떠한가? 왜 그녀가 너무 멍청해서 젊은 미국 남자에 대한 존경심의 부족이 가져올 결과를 이해하지 못한다고 더들리 씨처럼 가정하는가? 그녀는 더들리 씨에게 우스꽝스러운 경멸을 보다 노골적으로 과다하게 노출시키고, 그를 우쭐대는 바보로 만들면서, 틀림없이 그를 속이고 있는 것일 것이다. 더들리 씨가 그녀를 무시할 수 있었던 것 같지는 않다. 정반대이다. 더들리 씨는 그녀가 그녀 자신에 대해 집으로 보내는 편지를 쓸 만한 가치가 있다고 생각했다.

더들리 씨와 안티구아의 여자 세탁부는 상호 경멸의 싸움을 벌이고 있다. 그들은 지위와 존경심을 놓고 싸우고 있다.[42] 다윈과 티에라 델 푸에

---

42 더들리가 여자 세탁부와 벌인 싸움이 경멸을 겨루는 것이라면, 더들리의 싸움은 영국인에 대한 미국인의 싸움처럼 더들리로 하여금 영국식 평등을 역겨워한다고 말하게 한다. "영국인들이 우리의 평등을 불쾌하게 여긴다면, 나는 영국인들의 평등이 역겹다고 생각해." 더들리는 영국인들에게 반감에 관한 한 자신이 상대보다 더할 수 있다는 것을 보여주고 있다. 영국인들의 반감이 온건하다면, 더들리의 반감은 강렬할 것이며, 수사적이고 전략적으로 혐오에 호소하기보다는 강렬함을 보여주는 것이 얼마나 낫겠는가. 영국인들의 평등은 경멸스럽기보다는 혐오스럽다. 그것은 혐오가 더 큰 힘을 지니기 때문만이 아니다(이 상황에서는 확실치 않다). 더들리가 "역겹다"라는 단어를 선택한 것은 이 방어적인 미국인이 영국인의 힘

고의 원주민은 내가 제1장에서 묘사했듯이 상호 경멸의 싸움을 벌이고 있었다. 그들을 갈라놓았던 쟁점은 주로 순수와 오염에 관한 것이었다. 그러나 그 상호작용들은 중요한 공통점을 갖고 있다. 둘 다 상대하고 있는 백인 외부자에 대해 말한다. 그리고 피부색이 더 어두운 원주민들과의 상호작용에 대해 말하는 것으로 나아갔다. 그리고 둘 다 백인의 눈에는 용납할 수 없는 접촉이 무엇인지와 관련된다. 더들리와 여자 세탁부의 싸움은 평등의 정치, 노예화한 사람의 닮은꼴을 만나는 노예 출신 또는 노예들의 딸이라는 배경에서 일어난다. 흑인 여성은 뻔뻔스러움으로 인식되는 것을 즐기고 있는 것으로 보인다 ― 그녀는 자신이 그렇게 인식되는 것을 틀림없이 알고 있다 ―. 하지만 더들리의 관점에서 보면 그녀는 자기 분수를 잊어버렸다. 그녀는 그를 "기억하는" ― 서비스와 계급의 세계에서 그 단어가 갖고 있던 의미에서 ― 것이 더 나았을 것이다. 이 둘은 완전히 낯선 사람들이 아니다. 각각은 상대방이 특정한 역할을 하는 사회 세계에 살고 있다.

다윈과 원주민 사이의 상호작용은 흥미로운 복잡성에도 불구하고 더들리의 여자 세탁부와의 상호작용보다 사회적 문제로서 훨씬 더 단순하다. 다윈과 원주민은 서로 완전히 낯선 사람으로서 자신들의 상호작용에 복잡성을 더하는 역사를 별로 갖고 있지 않다(아무튼 그러한 것은 해명이 이야기되는 방식으로부터 추론 가능하다). 그 안티구아의 경우에 못지않게 여기서 고개를 처들고 있는 식민주의를 보는 것이 유행을 따르는 것

에 대해 일종의 존경심을 여전히 깊이 느끼고 있기 때문이다. 영국인들은 하찮은 존재가 아니기 때문에 더들리에게 경멸스럽지도 않다. 혐오스러운 것은 경멸스러운 것만큼 결코 쉽게 무시할 수 없다.

이겠지만, 다윈이 말한 "원주민"과의 상호작용은 역사와 거시 정치적 관심사들이 더 부재하다는 인상을 준다. 그것은 다름 아닌 타자성, 즉 낯선 차이와 그것이 어떻게 경험되는가 하는 단순한 사실에 대한 것이고, 순수의 경계 반대편에 놓여 있는 것에 대한 것이다. 그것은 이미 정교한 규제 강령에 배태되어 있는 사회적 상호작용을 규제하는 것에 대해 그다지 염려하지 않는다.

*　*　*

나는 나의 폭넓은 주장을 다시 한 번 언급함으로써 결론을 내리고자 한다. 민주주의는 경멸의 조건을 파괴하지 않는다. 평등이라는 언어에도 불구하고 우리는 여전히 위계를 확립하는 신분, 계급, 그리고 지위를 인식한다. 다시 말해서 우리는 여전히 많은 경멸의 사례를 상향으로 또는 관습적으로 하향으로 문제없이 표시할 수 있다. 어떤 경멸은 확실히 영웅 사회에서 거의 대등한 사람들 사이의 경멸의 스타일에서처럼 경쟁적인 지배권 주장을 나타내는 반면, 다른 경멸은 상대적으로 쉽게 엄격한 위계적 사회에서 발견될 수 있는 경멸의 스타일들을 보여준다. 민주주의는 고하간에 경멸의 근거를 파괴하기는커녕, 낮은 자들로 하여금 자신들이 이미 다른 질서에서 갖고 있었던 상향 경멸의 스타일들을 추가할 수 있게 할 뿐이다.

만약 상향 경멸의 지배적인 형태가 실정의 축제에 의해서이든 상관의 위선과 무능력의 풍자적 폭로에 의해서이든 대개 상관을 우스꽝스럽게 보이게 하는 경멸이었고 여전히 그러하다면, 역할 확산, 역할 분화, 그리고 민주적 전제들과 함께 단순히 무관심해지는 것이 가능해졌다. 즉, 상관이 관심을 유발하지도 않고 상관이 그리 중요하지도 않은 충분한 자신의 공간을 찾는 것도 가능해졌다. 낮은 자들은 단지 자신들의 상관에게 관심을 두지 않는 홉스적인 경멸을 사용할 수 있으며, 바로 이것은 상관에게 불안감을 불러일으키는 데 큰 역할을 한다. 왜냐하면 상관은 그 또는 그녀가 완전히 관심을 유발하지 않을 수 있다는 것을 헤아릴 수 없기 때문이다.

그리고 그러한 무관심에 반대할 수 있는 어떤 전략이 있는가? 그 무관심을 무시하는 것? 그것은 단순히 당신의 꾸며진 무관심과 그의 무관심이 싸우고 있는 것이다. 매질은 더 이상 허용될 수 없으며, 해고와 비고용은 심각하게 제한된다. 높은 자들 일부는 19세기 브룩 농장(Brook Farm)* 스타일이나 20세기에 『급진적 멋내기와 관료들 위협주기(Radical Chic & Mau-Mauing the Flak Catchers)』에서 톰 울프(Tom Wolfe)가 패러디했던 유형의 평등주의적 실험에 빠질 수도 있다. 그러나 이러한 실험들은 속물주의와 경쟁적인 경멸의 근거를 파괴하기보다는 악화시키는 것 같았다.[43] 경멸의 상호성은 다원적 민주주의가 의미하는 것의 대부분일 수도 있다. 민주주의가 한 일은 이전에는 상층만이 이용 가능했던 경멸의 일부를 낮은 자들에게도 무장시켜 준 것이다. 모든 사람은 이제 민주

---

* 정식 명칭은 브룩 농장 농업교육연구소(The Brook Farm Institute of Agriculture and Education)로, 미국 메사추세츠 주 웨스트 록스버리(West Roxbury)에서 1841년부터 1847년까지 존속했던 뉴잉글랜드 초월주의자들의 공산주의적 공동체이다. 이 연구소는 프랑스의 공상적 사회주의자 샤를 푸리에(Charles Fourier)의 이상을 도입해 공동체 생활을 하면서 협동조합 생산을 하고 그 생산에 제공한 노동과 자본의 양에 따라 분배하는 안정된 생활을 하는 것을 이상으로 삼았다. 나다니엘 호손의 소설 『블라이드데일 로맨스』는 브룩 농장에서의 경험담을 배경으로 한 것이다._옮긴이

43 특별히 브룩 농장 실험에서 계급 간 혼합에 수반되었던 심리적 고통을 심오하게 다룬 호손의 『블라이드데일 로맨스(The Blithedale Romance)』를 보라.

주의가 자신과 똑같이 취급하는 경멸할 만한 다른 모든 사람의 투표권과 비교해서 가치 절하되었던 자신의 투표권에 대해 생각할 자격이 있다. 이것은 적지 않은 성취이다. 그것은 민주주의를 구질서와 다르게 만드는 것의 상당한 부분을 차지한다.

제10장

오웰의 냄새 감각

　앞 장에서 나는 경멸의 두 가지 주요 유형을 구분했다. 하나는 공식적인 사회 질서와 순위를 만들고 유지하는 전통적인 유형으로, 높은 사람이 낮은 사람에 대해 가지는 경멸이다. 다른 하나는 낮은 사람이 높은 사람에 대해 느끼는 상향 경멸이다. 나는 상향 경멸과 민주적 이상의 일반적인 내면화 사이의 역사적 연관성을 가정했는데, 그것은 어떤 의미에서 민주주의가 높은 사람에 대한 경멸을 정당화하고 높은 사람이 낮은 사람에 대한 경멸을 표현할 특권을 어느 정도 실추시킴으로써 가능했다. 달리 말하면, 민주화가 특정 감정들의 적절성에 변화를 수반했다는 주장이었다. 적절한 경멸의 지형이 바뀌고 있었다. 높은 사람들은 여전히 낮은 사람들에 대해 경멸감을 느꼈지만, 그들은 이제 그렇게 느끼는 것에 대해 사소한 죄책감, 불안, 또는 자기 의심에 시달려야 했다. 우리는 주로 우리의 관심을 계급 문제에 한정했고, 18세기 후반과 19세기 초에 본격적으로 시작된 감정 경제의 핵심적인 변화를 찾아냈다. 그 변화는 해즐릿, 토크빌, 고드윈과 같은 저술가들이 증언했던 것인데, 그들은 모두 이전에는 경멸의 대상이기만 했던 이들에게 경멸을 표현할 권리를 확장하는 혁명적인 결과를 인식했다. 계급과 지위는 먼저 공격받은 범주들이었고, 그 과정은 억제될 수 없었다.

같은 과정이 인종, 민족, 젠더, 신체적·정신적 장애, 성적 지향에 기반한 위계들과 새로운 정체성의 정치가 낳은 다른 집단들 모두를 포함하는 것으로 확장되었다. 각각의 경우에서, 그 움직임은 겨우 간신히 동등한 권리를 위한 것이고, 싸움은 감정 경제의 변화를 위한 것이다. 첫째 단계로서 그 싸움이 요구하는 바는, 높은 사람들은 더 이상 추정적으로 홉스식의 경멸, 즉 경멸할 만한 것을 비가시화하는 경멸, 완전한 무관심의 자신만만하고 자기만족적인 경멸에 빠져들 권리가 없다는 것이다. 존경의 획득이라는 측면에서 흔히 표현되지만, 낮은 사람들의 싸움은 더 현실적으로 자신들이 겪어야 하는 경멸의 종류를 바꾸려는 것이다. 나는 낮은 사람들이 존중받기를 요구할 수 있다고 생각한다. 그것은 보통 이런 종류의 해방 운동에서 하나의 후렴구이다. 그러나 당신을 쳐다보지도 않는 형태로 경멸하는 사람들로부터 존경을 얻는다는 것은 먼저 그들의 관심을 받는다는 것을 의미한다. 그리고 관심은 존경을 불러올 필요가 전혀 없지만, 혐오나 더 심한 형태의 경멸은 존경을 필요로 할 가능성이 있다. 존중받아야 한다는 요구 자체가 종종 경멸을 받는다. 존경은 대개 요구에 따라오는 것이 아니다. 반드시 쟁취해야 하는 것이다.[1]

---

1   나는 여기서 존경을 마치 그것이 무엇인지 명백하다는 듯이 구변 좋게 다루고 있다. 존경에 대해 적절하게 기술하려면 이 책만큼 긴 책을 필요로 할 것이다. 아마도 자유주의 정치질서의 초석인 사람들에 대한 최소한의 존경을 쟁취할 필요도 없고, 경멸과의 어떤 의미 있는 균형 속에 존재할 필요도 없을 것이다. 그것은 인간이라는 영역에 딸려 있는 것이기 때문에 승인이나 자부심의 근거를 제공하지 않는다. 노직(Nozick, p.243)이 지적하듯이, "이봐, 난 정말 대단한 사람이야. 난 (다른 손가락을) 마주 보게 할 수 있는 엄지손가락이 있어"라고 말하는 것이 얼마나 우스꽝스러운지 상상해 보라. 인간으로서 타인에 대한 존경을 갖는다는 것은 실로 빈약한 개념이다. 그러나 존경에 대한 일반적인 요구는 또한 대개 존경 이상의 무언

두려운 것은 세상이 뒤집히더라도 높은 자들은 낮은 자들을 강탈자와 벼락부자로 보기를, 저속하고 경멸할 만한 자로 보기를 멈추지 않을 것이라는 점이다. 거친 평등을 달성하기 위한 더 나은 전략은 경멸 그 자체는 아니더라도 높은 자들의 경멸이 가지는 자기 만족감의 기초를 파괴하는 것일 수도 있다. 높은 자들에게 자신들의 경멸이 자신들을 향한 낮은 자들의 경멸로 되돌아온다는 것을 알게 해야 한다. 싸움은 높은 자들이 낮은 자들 앞에서 조각한 경멸할 만한 인물상을 인식하게 하는 것이다. 현실적인 목표 또는 어쩌면 그저 의도하지 않은 결과는 공개적으로 받아들일 수 있는 경멸의 표현에 대한 접근을 평등하게 함으로써 민주주의의 조건을 창조하는 것이다. 어떤 경우에도 존경을 이끌어내는 것보다 경멸을 보이는 것이 훨씬 쉽다.

경멸의 목록에서 이러한 변화가 발생하는 메커니즘은 단지 낮은 사람들이 채택한 배열의 문제가 아니다. 낮은 사람들의 작업은 종종 낮은 사람들의 이익을 증진시키려는, 심지어 낮은 사람들이 희생자라는 것을 깨닫지 못하거나 그 사실을 은폐해 왔더라도 사실상 낮은 사람들이 희생자라고 가르치려는 상류층 출신 배반자들에 의해 이루어진다. 그 배반자 자신의 자기 경멸, 수치, 그리고 자기혐오는 낮은 사람들이 언제나 높은 사람들의 어리석음을 관찰함으로써 갖게 되었던 경멸을 추가할 수 있는 새로운 경멸 모델을 제공한다. 메커니즘이 어떻게 뒤섞이든지 간에, 높은 사람들은 낮은 사람들이 자신을 바라보는 (또는 바라보지 않는) 방식을 의심하게 되고, 앞 장에서 낮은 사람들이 자신을 겨냥하고 있다고 믿었

가를, 곧 뛰어남과 지위를 포함하는 무언가를 요구하는 것이다. 존경의 내용을 체계적으로 설명하려는 최근의 시도로는 Gibbard, pp. 264~269를 보라.

던 조롱에 대한 해즐릿의 두려움에서 보았듯이 실제로 낮은 사람들은 높은 사람들의 최악의 불안을 확인하기 시작한다.

일단 높은 자들이 자신들도 자신들만의 특권이라고 느꼈던 것과 똑같은 유형의 경멸의 대상임을 알게 되면, 우리는 다른 감정 영역뿐만 아니라 다른 정치 영역도 갖게 된다. 높은 자들의 고요하고 안전한 경멸은 자선을 베풀거나 낮은 자들과 어우러지기 위한 다양한 시도 속에서 경멸 자체를 지워 없애려는 더 불안한 경멸로 바뀌거나, 정반대 방향을 택해서 혐오와 통하고 노골적으로 싫어하고 적대적인 더 본능적인 경멸을 채택한다. 낮은 자의 경멸의 형태도 바뀐다. 한때는 주인의 등 뒤에서 그리고 특별히 허가된 실정의 축제에서 은밀한 웃음으로만 표현할 수 있었던 그 경멸은 이제 높은 자들이 더 이상 자신 있게 발휘할 수 없는 스타일을 채택할 수도 있다. 굽실거림이 포학함으로 변한다기보다는 높은 계급이 낮은 자들에게 점점 더 빈번하게 무관심해진다. 그것이 낮은 자들에게 특별한 관심이 없는 이유이다. 이것은 민주주의와 다원주의에 대한 다소 침울한 견해로, 다양한 스타일을 가진 경쟁적인 경멸들의 격자이다. 하지만 분명하게 인식할 수 있는, 아마도 심지어 필수적인 사람에 대해 최소한의 기본적인 존경을 갖기 위한 출발점이기도 하다. 결국 이러한 경멸의 평등은 나쁜 것이 아니다. 내가 보기에 민주주의(좋은 것)는 경멸의 평등에 달려 있다. 경멸의 평등은 실제로 작동하는 평등이 의미해야 하는 것의 (필수적인?) 일부이다.

상층 계급의 관습적인 경멸이 그 근거를 잃어갈 때, 그리고 하층 계급이 더 이상 비가시적이거나 안전하게 무관심의 대상이 될 때, 그들이 오히려 거슬리는 근심과 불안의 원천이 될 때, 그러면 내가 방금 시사한 바대로 경멸은 다른 형태로 재구성된다. 더 이상 자기만족적인 무관심이

가능하지 않은 경멸은 전율, 혐염(嫌厭), 공포, 증오, 그리고 혐오로 나아
간다. 앞 장에서 나의 석공과 조우한 것을 상기해 보라. 거기서 나는 지
배적인 위계의 관습과 메커니즘에 의해 결정되는 낮은 자들이 자신들의
눈에 보이는 높은 자들의 모든 위선과 비열함 때문에 높은 자들과는 다
른 방식으로 오염시키고 있다는 것에 주목했다. 낮은 자들은 더럽히고
있기 때문에 혐오를 유발할 뿐만 아니라 자신들의 우스꽝스러움으로 인
식되는 것에 대한 연민이나 즐거움의 기미가 있을 수 있는 더 가벼운 형
태의 경멸도 유발한다. 경멸스러운 것은 위험이 되지 않을 때 우스꽝스
럽거나 비가시적이다. 경멸스러운 것은 위협이 될 때 혐오스럽다. 그 위
협은 인식되기만 하면 된다. 어떤 독립적인 척도에 의해 반드시 실재할
필요는 없다. 예를 들어, 유대인들은 존재 자체만으로도 그들의 권력,
수, 또는 위치와 관계없이 기독교인들에 의해 위협적인 존재로 여겨졌
다. 그리고 유사하게 남성이 여성을 더 위협적인 것, 더 기이한 것, 덜 공
식적인 권력을 가진 것으로 인식하는 경우도 가능하다.

　나는 사회적·정치적 위계를 유지하는 데서 혐오가 수행하는 역할을
좀 더 면밀히 검토하고자 한다. 이 주제는 조지 오웰이 집착했던 것으로,
그의『위건 부두로 가는 길(The Road to Wigan Pier)』의 중심 테마를 형성
했다. 오웰은 자신과 사소한 유사점 이상을 공유하는 사람인 해즐릿 이
래로 영어로 쓴 작가 가운데 최고의 수필가라고 마땅히 불릴 자격이 있
다. 스위프트, 해즐릿과 함께, 오웰은 "투지와 결벽의 기묘한 조합"[2]임을
증명하고 있으며, 이러한 특성은 그들을 내가 이 책에서 제기해 온 많은

2　George Steiner, *New Yorker,* March 1969. Meyers, p.366에 다시 실림.

주장의 적합한 권위자로 만들었다.

바로 이 무미건조한 오웰은 섹스와 섹슈얼리티, 사디즘과 마조히즘, 포르노그래피와 범죄에 대한 방종한 작가도 아니며, 주네(Genet)나 바타유(Bataille)와 같은 이도 아니다. 그는 20세기의 진정한 혐오의 시인이다. 오웰의 혐오에는 꾸밈이나 가식이 거의 없다. 싸구려 흥분이나 니체의 뽐냄도 없다. 스위프트와 같이 그는 추악함과 나쁜 냄새에 대해 끊임없이 괴로워했다. 이 두 까다로운 영혼 모두에게 혐오는 아마도 선택의 도덕 감정으로서 분노보다 중대했을 것이다. 그러나 스위프트와 달리, 오웰은 초-초과민증에 굴복하기 전에 혐오에 맞서 싸웠으며, 따라서 부랑자들 사이에서 한 명의 부랑자로 살았다. 그는 『위건 부두로 가는 길』을 위한 자료를 모을 때 (얼마 안 가서) 지독히도 불결한 천엽 가게 겸 하숙집인 브루커의 집에서 하숙했다. 오웰은 그러한 환경에서 잠을 자고 식사를 할 정도로 충분히 결벽을 극복했지만, 혐오의 이미지는 그의 의식에 지워지지 않을 정도로 각인되었다. 그 이상으로 그 이미지들은 오웰의 의식을 형성했다. 혐오는 오웰의 사회적·도덕적 세계의 많은 부분을 구성했다. 리처드 호가트(Richard Hoggart)의 말에 따르면, 혐오는 "오웰이 결코 상실한 적이 없는, 부분적으로(온전히는 아니다. 그는 선천적으로 지나치게 결벽했다) 사회적으로 습득한" 자질이었다. "그는 복잡한 경험들을 통해 자신의 길을 냄새 맡으며 나아갈 수 있었다."[3]

『위건 부두로 가는 길』은 1930년대 중반 일반적인 경제 붕괴의 참화 속에서 산업적인 북부 내륙의 노동계급이 지녔던 조건을 연구한 것이었

3   Hoggart, "George Orwell and 'The Road to Wigan Pier,'" pp.73~74.

다. 이 책은 그의 출판인인 빅터 골란츠(Victor Gollancz)로부터 의뢰를 받은 것이었는데, 오웰은 자신도 창립자 중 한 사람이었던 좌파독서클럽(the Left Book Club)을 위해 그 책을 출판하기로 약속했다. 골란츠가 받은 것은 자신이 의뢰한 것이 아니었다. 그래서 골란츠는 그 책과 거리를 두면서 독서클럽 회원들에게는 그들이 읽게 될 것에 대해 경고하는 서문을 썼다. 회원들이 읽게 된 것은 두 개의 부로 구성된 에세이였다. 1부는 별난 점들에도 불구하고 저자의 보고와 대체로 일치하는 노동 조건에 대한 기술이었다. 그러나 2부는 혐오와 혐오의 계급 간의 관계에 대한 길고 개인적인 에세이였다.

오웰에게 혐오는 사회주의의 성공에 걸림돌이었다. 더 특별하게, 문제는 오웰이 지닌 것과 같은 감수성이 노동계급의 역겨움을 어떻게 극복하느냐 하는 것뿐만 아니라 그가 수염 기른 과일주스 애호가, 나체주의자, 샌들 애용자, 자연치유 사기꾼, 평화주의자, 페미니스트, 음식에 대해 별난 사람이라고 특징지은 사회주의의 대의에 이끌린 중간 계급 유형의 불쾌함 또한 어떻게 극복할 수 있느냐 하는 것이었다.[4] 음식에 대해 별난 사람은 채식주의자, 곧 "송장 같은 삶을 5년 더 연장하려는 바람에서 스스로를 인간 사회와 단절시키려 하는 사람"이다(175[234]). 기억하라. 오웰은 민주사회주의라는 다소 모호한 개념에 **찬성**하고 있지, 반대하지 않는다. 하지만 문제는 실제 사람들 및 그들의 감각과 감수성에 대한 공격이 더 고상한 이상을 방해한다는 것이다.

오웰은 당신이 사회주의를 선호하기 전에 "계급이라는 지독히도 까다

---

[4] 주목할 만한 것은 1830년대의 그 목록이 어떻게 1860년대까지 변화 없이, 그리고 1890년대까지 거의 수정되지 않은 채 지나갔는가 하는 점이다.

로운 문제에 대해 확고한 태도를 정해야 한다"라고 말한다(121[163]). 동사 '정하다(take up)'는 즉시 거부되는 낙관주의를 시사한다. 한 사람은 특정 계급의 구성원으로서 자신에게 주입되었던 거의 그 태도를 '정한다'는 것이 드러난다. 분명해지겠지만, 그의 주장은 중간 계급과 상위 계급을 겨냥하고 있다. 계급 문제에 대한 태도로 사회주의를 포용하는 것이 거의 불가능해지는 계급은 더 높은 계급이다. 노동계급의 태도는 사회주의에 이끌리는 중간 계급 유형들, 즉 과일 주스 애호가들과 샌들 애용자들의 역겨움이 자신들을 몰아내지 않는 한, 그 태도가 문제가 될 정도로까지는 간섭하지 않을 것이다.

'평민'에 대한 상류층의 태도는 "상대를 조롱하는 우월감을 보이는 동시에 이따금 엄청난 증오를 퍼붓는"(124[168]) 것이다. 오웰은 이러한 태도가 하층계급과 중간계급 사이의 경계에서 최전선을 차지하고 있는 중간 계급의 한 부분*에서 상류층으로까지 흘러들어갔다고 가정한다. 여기서 계급을 구분하는 것은 돈의 문제가 아니라 태도와 예의의 문제였다. 궁지에 몰린 이 중간 계급 사람들은 겉치레를 하고 "얼굴은 투박하고 악센트는 역겹고 거동은 상스러운" 하층민들 사이에 가라앉지 않는 데만 몰두하고 있었다. 노동계급 아이들이 "다섯씩 열씩 떼를 지어" 당신을 공격한 것을 고려할 때 그 증오는 때때로 정당화되었다. 그러나 그들이 당신을 때린 것은 아니었다. "또 하나 그보다 더 심각한 어려움이 있다." 그리고 다음과 같이 이어진다.

---

* 상위 중산층으로 주로 군대나 공직 또는 전문직과 관련 있는 계층이다. 몰락해 가는 계층이라서 경제적으로는 취약하지만 특권적 의식은 여전히 갖고 있어 체면을 유지하려 한다. 오웰은 이들이 노동계급과 오히려 친밀해서 하층민에 대해 조롱하는 우월감을 갖고 있었다고 생각한다._옮긴이

서양에서는 계급 차별 문제의 진짜 비밀과 맞닥뜨린다. 그것은 부르주아로 자란 유럽인이 자칭 공산주의자라 할지라도 몹시 애쓰지 않는 한 노동자를 동등한 사람으로 여길 수 없는 진짜 이유이기도 하다. 그것은 요즘에는 차마 발설하진 못하지만 내가 어릴 때만 해도 꽤 자유롭게 쓰곤 하던 섬뜩한 말 한 마디로 요약된다. **아랫것들은 냄새가 나**(127[172]).

수식어구를 '서양'으로 제한하는 것은 신경질적인 학자의 소심한 수식 스타일로 만들어진 것이 아니다. 오웰의 산문은 애매함을 피한다. 그는 확실히 사람들의 냄새는 동양에서보다 서양에서 더 심하다는 뜻으로 말한 것이다.[5] 오웰이 5년을 함께 보낸 버마인들은 "신체적으로 역겹지" 않았다는 것을 우리는 나중에 알게 된다. 버마인들은 독특한 냄새를 가지고 있었지만, 그 냄새는 그를 역겹게 하지 않았다. 오웰은 아시아인들은 유럽인들에게서 다소 시체 냄새가 난다고 믿고 있다고 보고하지만, 그러한 믿음이 초래할 수 있는 상대화하는 결론은 내리지 않는다. 왜냐하면 그는 아시아인들이 자신보다 이 문제들에 대해 더 까다로울 수 있다고 생각하기 때문이다(141~142[192~193]).

명백하게 밝힌 더 끔찍한 점은 '우리의' 노동자 계급에서는 제국의 막노동꾼들에게서보다 더 나쁜 냄새가 난다는 것이다. 그래서 사회주의자보다 반제국주의자가 되는 것이 훨씬 쉽다. 그리고 사실『위건 부두로 가는 길』의 2부는 버마에서 제국주의의 악에 가담했던 죄책감에 대한

---

5   나는 이 문제에 대해 오웰을 확인도 부인도 하고 싶지 않다. 하지만 많은 아시아인(및 아메리칸 인디언)은 흑인이나 백인보다 겨드랑이와 생식기 땀 냄새의 주요 원인인 아포크린(apocrine) 땀샘이 없거나 더 적은 경향이 있다. Overfield, p. 15를 보라.

속죄 행위로서 오웰이 사회주의로 행보하게 된 것에 대한 설명이다. 그의 속죄의 많은 부분은 어떤 면에서는 시에나의 카타리나와 다르지 않게 고행하는 방법으로, 자신의 지나친 결벽을 사용해서 혐오를 견디도록 자신을 강요하는 형태를 취했다.[6] 그러나 일단 죄책감이 진정되자, 냄새는 남았고 그의 결벽은 극복되기보다 활성화되어 다시 나타났다.

중요한 것은 냄새는 "넘을 수 없는 장벽"이라는 것이다. "어떤 호감도 혐오감도 **몸**으로 느끼는 것만큼 근본적일 수는 없다. 인종적 혐오, 종교적 적개심, 교육이나 기질이나 지성의 차이, 심지어 도덕률의 차이도 극복할 수 있다. 하지만 신체적인 반감은 극복 불능이다. 살인자나 남색자(男色者)에겐 호감을 느낄 수 있다. 하지만 입 냄새가 지독한(상습적으로 그렇다는 뜻이다) 사람에겐 호감을 가질 수가 없다." 노동계급이 "무식하고, 게으르고, 술꾼이고, 상스럽고, 거짓말쟁이"라고 믿도록 양육되는 것은 중요하지 않다. "그들이 더러운 존재라고 믿도록 교육받는다면 그것은 대단히 해로운 일이다"(128[172~173]).

오웰은 처음에는 노동계급의 악취가 중간계급의 **믿음**이라고 말하는 것을 조심스러워하지만, 이내 그것은 자신이 가지고 있는 믿음이며 정당화되지 않을 수 있다는 것이 분명해진다.[7] 결국 제정신인 사람들은 대개 자신이 사실이 아니라고 **알고 있는** 믿음을 계속 유지할 수 없다. "그렇다면 '하층민'은 정말 고약한 냄새가 날까? 물론 대체로 그들이 상류층보다 깨끗하지 않은 건 사실이다. … 노동계급을 너무 이상시하는 사람들이

---

6   오웰은 자신이 제국에 복무한 것에 대한 죄책감을 해소하기 위해 부랑자 행세를 하고 자발적으로 극빈자를 가장했다는 점을 분명히 한다. *The Road to Wigan Pier*, pp.148~150[『위건 부두로 가는 길』, 200~203쪽].
7   Patai, *The Orwell Mystique*, pp.81~82를 보라.

노동계급의 특징을 무조건 찬미해서 불결함도 장점인 양 하는 것은 딱한 일이다." 그러나 하층민들의 냄새는 그들의 잘못이 아니다. 그들은 선택에 의해서가 아니라 필연에 의해서 더러운 것이다. "실제로는 욕실을 쓸 수 있는 사람이라면 보통 욕실을 쓰려고 한다"(130[175~176]).

오웰의 표적은 비단 노동자 계급만이 아니다. 오웰의 표적은 중간계급의 습관을 갖고 있지 않다는 이유로 자신들을 이상화하는 자기혐오적인 부르주아들이다. "나는 부르주아 사회주의자들도 많이 알고 있고, 그런 사람들이 자기 계급을 비판하는 장광설을 들어본 적도 여러 번 있다. 하지만 프롤레타리아의 식탁 예절을 익힌 경우는 단 한 번도 본 적이 없다. 도대체 왜 그럴까? 모든 미덕은 프롤레타리아에게 있다고 생각하는 사람이 왜 아직도 수프를 소리 내지 않고 마시려고 용을 쓰는 것일까? 이유는 속으로는 프롤레타리아의 몸가짐을 역겨워한다는 것밖에 없다"(136[183~184]).

아무도 풍자의 힘을 피하지 못한다. 노동계급의 매너는 프롤레타리아를 지지하는 중간계급 사회주의자들로부터 역겨운 위선자들을 만들어낼 정도로 혐오스럽다. 중간계급의 자기혐오는 후루룩 소리 내어 들이키는 수프에 대한 반감을 극복하지 못한다는 데서 드러난다. 그리고 만약 오웰이 자신의 혐오를 인정함으로써, 그리고 부랑자로 사는 것으로 적어도 그 혐오를 극복하려고 시도함으로써 위선으로부터 자신을 변명할지라도, 그는 여전히 격론에서 벗어나기 위해서는 스스로 까다로운 사람인 체해야 한다. 이 구절은 오웰과 중간계급 일반에 대한 문명화 과정의 영향력이 지닌 실제 강도(强度)를 증언하고 있다. 식탁 예절은 이제 궤도에서 죽어 있는 정치 운동들을 멈추게 하기에 충분하다. 문명화 과정은 중간계급을 사로잡았고, 그들을 현재의 모습으로 만들었다. 그리나 통탄할 사실은 그 과정이 넘을 수 없는 장벽, 곧 프롤레타리아들이 천박함을 포기하기를 거부하는 장벽에 부딪혔다는 것이다.

여기에 진정한 좌절감이 표현되고 있다. 오웰은 만약 노동 계층이 스스로를 문명화한다면, 귀족계급이 부르주아 계급의 문명화에 반발했던 방식과는 대조적으로, 자신들에게 여전히 충격을 가할 과녁을 제공할 것이라고 제안한다. 그는 이렇게 말하는 듯하다. 일단 당신이 후루룩 소리를 내지 않고 먹고, 규칙적으로 씻고, h 발음하기를 배운다면, 나는 당신으로부터 다시 거리를 두기 위해서 더 이상 예의범절을 다듬지 않을 것이다. 그러나 만약 구별이 지어진다면, 중간계급이 지닌 예절의 방향으로 — 그 반대 방향이 아니라 — 이동하는 노동계급에 의해서만 구별 지어질 것이 분명하다. 오웰은 집을 잘 정돈하고 목욕하고 후루룩 먹지 않는 것보다 후루룩 먹고 목욕하지 않고 집을 잘 정돈하지 않는 것이 더 선호될 것이라고는 상상할 수 없다.

그리고 오웰의 말이 옳다. 상대주의는 사회주의와 마찬가지로, 후루룩 들이킨 수프를 극복할 수 없다. 부르주아 예절을 익히는 노동계급 가정은 동료 프롤레타리아로부터 멸시를 받기 쉽지만, 새로운 습관 자체가 혐오를 유발할 것 같지는 않다. 혐오를 유발한다면 그것은 먹는 방식이 아니라 젠체하는 태도 때문이다. 그러나 중간계급들 사이에서는 입을 벌린 채 후루룩대면서 수프를 들이키는 것이 혐오감을 불러일으킬 것이다. 우리가 식별했던 규칙이 여전히 지배하고 있다. 상류층은 하류층이 상류층에게 하는 방식으로 하류층에게 오염을 일으키는 위협이 되지 않는다. 이것을 그렇게 만드는 데에는 두 가지 작동 메커니즘이 있다. 하나는 단순히 상류층을 오염을 일으키지 않는 것으로, 하류층을 오염을 일으키는 것으로 정의하는 사회적으로 우연적인 메커니즘이고, 다른 하나는 어떤 것이 다른 것보다 혐오를 유발할 확률이 뚜렷하게 낮은 더 본질적인 메커니즘이다. 조용히 먹는 사람이 시끄럽게 먹는 사람보다 덜 혐오스러운 것처럼, 단순히 냄새가 없는 사람은 냄새나는 사람보다 혐오를 유발할 가능성이 적다.

『위건 부두로 가는 길』 2부에서 노동계급의 냄새와 발음되지 않는 h, 그리고 후루룩 들이킨 수프는 오웰이 중간계급 사회주의자들의 평등주의적인 가면을 비웃는 데 기여하기 위해 등장한다. 1부에서는 그러한 격렬하고 완전히 중재되지 않은 혐오가 없다. 노동계급의 불결함에 관해 중간계급이 지닌 신념의 정당성에 대해 표현된 2부의 모든 의심은 1부의 브루커의 집에서 이미 오래 전에 해결되었다. 오웰은 역겨운 불결함을 묘사하는 데 있어 대가이다. 『파리와 런던의 밑바닥 생활(Down and Out in Paris and London)』에서 파리의 대형 호텔의 음식 준비에 대한 그의 설명이나 「즐겁고도 즐거웠던 시절(Such, Such were the Joys)」에서 예비 학교의 쉰내 나는 더러움과 음산함에 대한 그의 설명은 기억 속에 인상을 남길 것이다. 하지만 브루커의 집만큼 지워지지 않는 것은 없었다. 오웰은 위건에 있는 동안 다른 세 명의 하숙인과 "족제비 우리처럼 냄새 나는" 비좁은 침실을 공유하며 그곳에 머물렀다. 거실의 어떤 것도 청소된 적이 없었다. 오웰은 식탁에서 "아침에 있던 부스러기가 점심을 거쳐 저녁까지 식탁의 어느 자리로 오르내리는지를 보는 일에 점점 익숙해졌다"(7[14]). 브루커 부부는 바퀴벌레가 득실거리는 양, 검은 천엽, 곧 "회색의 솜털 같은 것"을 팔았다. 현실은 때때로 현실 자체를 풍자하는 방법을 가지고 있다. 브루커 부부가 천엽에 끌렸던 것을 달리 어떤 방법으로 설명할 수 있을까? 오웰은 영국의 하부 장관(腸管)의 생지옥으로 내려갔다. 위건 부두로 가는 길은 창자를 표상하는 브루커 씨의 천엽 가게를 지나가야만 한다.

브루커 씨는 심술궂은 사람이었으며 "놀랍도록 지저분한" 사람이었다. 브루커 부인은 아팠기 때문에 브루커 씨가 음식을 준비하는 책임을 지고 있었다. "손이 늘 지저분한 사람이 다 그렇듯 무얼 만질 때면 묘하게 오래 만지작거리는 버릇이 있었다"(8[14~15]). 브루커 씨는 굳이 하숙인의 빵을 직접 자르고 버터를 얇게 발라 자신의 더러운 엄지손가락 자국이 찍힌 채로 그들에게 넘겨주려고 했다(15[24]). 이것은 평범하게 더러운 엄지손가락이 아니었다. "가득 찬 요강 단지를 엄지손가락이 잠기도록 들고 있는"(12[20]) 브루커 씨를 마주치는 것은 흔한 일이었다. 반면에 브루커 부인은 "비만과 자기 연민의 둔덕"에서 빈둥거리면서 아무도 가게에 오지 않는다고 끝없이 불평하곤 했다. 오웰은 그들이 가게 진열창에 축 처져 있는 작년에 죽은 청파리들이 장사에 도움이 되지 않는다는 것을 이해할 리 없었다는 것에 실망했다. 브루커 부인은 끊임없이 먹었고, 담요나 신문지 조각으로 입을 닦았다가 구겨서 바닥에 던지곤 했다. 자세한 이야기들은 쌓여가고, 오웰은 브루커 부부 집에서 내놓는 여러 차례의 식사로 우리를 초대하고 나서야 우리를 빠져나오게 해준다.[8]

---

[8] 브루커 부부에 대한 오웰의 논의와 『블라이드데일 로맨스』에서 사일러스 포스터에 대한 호손의 논의를 비교해 보자. 호손의 내레이터는 시골뜨기 포스터가 보인 식사예절에 대해 역겨움을 감추지 못한다. 포스터가 입을 닦지 않았음에도 불구하고 그에게서 고귀한 것을 찾아내려고 애써야 했던 것처럼, 혐오는 포스터를 자신과 대등한 존재로 받아들이려는 필사적인 노력을 뚫고서 기어이 드러난다. "부리부리한 사일러스 포스터는 그러는 동안 내내 저녁 식사를 했다. 그러고 나서 차를 따라 벌컥벌컥 들이켰는데, 차 특유의 맛을 음미하기보다는 마치 쓴 박하즙을 마시는 것 같았다. 그는 나이프의 평평한 면 위에 살짝 구운 토스트를 조각내어 올려놓다가 반쪽을 테이블보 위로 떨어뜨렸다. 그다음에 칼로 햄을 조각냈고 버터 접시를 엉망으로 만들었다. 이런 행동으로 미루어보건대, 그는 아무래도 교양 있는 기독교인이기보다는 무식한 야만인 같았다. 사일러스 포스터는 마침내 음식을 다 먹고 난 후 큰 물통의 물을 마시는 것으로 식사의 대미를 장식하고 우리의 현안 문제에 대해 자신의

오웰은 아침 식사 때 식탁 밑에 가득 찬 요강단지를 발견한 날 마침내 떠난다.

우리는 혐오가 혐오에 수반되는 도덕적 함의를 피할 수 없다고 느끼게 된다. 제8장에서 보았듯이, 혐오는 일반적으로 자신이 손대는 것을 도덕화한다. 브루커 부부에 대한 단순한 묘사만으로도 주로 그들을 비난할 뿐만 아니라 부분적으로 그들을 만들어낸 세계도 비난하게 된다. 그것은 브루커 부부에 대한 혐오를 피할 수 없게 한다. 표면상의 더러움의 표시는 부패하고 혐오스러운 영혼을 정확하게 반영하는 것으로 읽힌다.

> 결국 브루커 부인의 자기 연민뿐인 이야기는 … 신문지 조각으로 입을 닦는 그녀의 버릇보다 내 비위를 더 거슬렀다. 그렇다고 브루커 부부 같은 사람들은 역겨우니 잊어버리면 그만이라고 해봤자 부질없는 짓이다. 그들 같은 사람들은 얼마든지 있으며, 그들 역시 근대 세계 특유의 부산물인 것이다. … 그런 것들이 존재한다는 사실을 잊지 않기 위해서는, 이따금 그런 곳들을 찾아가 냄새를 맡아볼 의무 같은 게 있다(냄새를 맡는 게 특히 중요하다). 가서 너무 오래 머무르지는 않는 게 좋겠지만 말이다(17[26~27]).

어느 누가 브루커 부부가 적어도 동정할 만한 존재로 스스로 변화될 것을 요구하지 않은 채 그들과 함께하길 원하겠는가? 측은하다는 것은

의견을 피력했다. 그는 식사를 마치고 수건으로 입을 닦지도 않은 채 거침없이 말했는데, 그래도 그의 입에서 흘러나온 말은 그의 체면을 살려주었다(658[42]). 브룩 농장 실험에서 다른 계급과의 혼합이 보여준 속물주의와 다른 불안들에 대해서는 Packer, pp. 466~470을 보라. 그러나 사일러스 포스터의 천박함은 도시 프롤레타리아들의 천박함보다 확실히 덜 위협적이다.

경멸의 영역은 아닐지라도 혐오의 영역은 벗어났다는 신호라는 것을 우리는 알고 있다. 브루커 부부는 경멸할 가치가 없기 때문에, 측은해할 가치도 없다.[9]

오웰은 중간계급 사회주의자들을 바꾸려고 시도하면서 노동계급이 어쩔 수 없이 불결해졌으며 그렇지 않았다면 깨끗할 것이라고 상정할 수 있겠다. 하지만 브루커 부부는 오웰에게서 그러한 위로가 되는 생각을 박탈한다. 그들과 같은 너무나 많은 사람이 더러움의 의지를 가지고 있다. "이런 사람들의 집이 지저분한 건 때로는 그들 자신의 잘못이다. … 당신이 [가난할지라도] 거실에 비우지 않은 요강단지를 방치할 **필요**는 없다"(60[81]). 그러나 오웰은 여전히 노동계급 사이에서 구별할 능력을 가지고 있다. 그는 여전히 그러한 불결함이 그들 자신의 존엄의 가능성을 위해 치러야 하는 비용 때문에 그들이 고통 받고 있다는 것을 암시하는 많은 사람에 대한 진정한 연민을 불러일으킬 수 있다. 이로 인해 그는 그들이 수치로 존엄을 다시 획득한다는 가슴 뭉클한 설명을 구성할 수 있다.

하지만 그러한 설명을 하기 위해 오웰은 여전히 자신의 냄새 감각을 극복해야 한다. 그래서 가난한 사람들의 절망에 대해 그가 가지는 가장 감동적인 이미지가 다행히도 위건을 떠나는 기차의 창문을 통해 그가 목격하는 장면이라는 것은 놀랄 일이 아니다. 그것은 "모진 추위 속에, 슬럼가 뒤뜰의 미끌미끌한 돌바닥에 꿇어앉아 더러운 배수관을 꼬챙이로 찌르고" 있는, "내가 익히 본 적 없는 어둡고 절망적인 표정"을 짓고

---

9 "경멸할 가치도 없는(beneath contempt)"이라는 표현은 보통 그렇게 묘사된 대상을 혐오의 영역으로 격하시킨다는 것에 주목하라.

있는, 가혹한 가난의 삶에 의해 어린 시절이 파괴된, 젊은 여인의 얼굴이다. 사이에 유리창이 있고 오웰이 그 사건들을 관찰하는 위치가 멀어짐에 따라 연민이 가능해지고 혐오는 방지된다. 그래서 그는 냄새를 맡을 필요도 없고 그녀의 비탄의 소리를 훼손할 h 없는 억양을 들을 필요도 없다. 동정심은 중간 거리에서 가장 잘 나온다. 너무 가까우면 낭만화는 현실의 더 추악한 면에 의해 좌절된다. 너무 멀면 사람의 관심을 끌지 못한다.

비평가들은 일반적으로 계급에 대한 오웰의 논의가 순진하며 천박하기까지 하다고 일축했다.[10] 그들은 틀렸다. 내 관점에서 볼 때, 오웰은 계급, 지위, 또는 사회적 위계에 대한 설명에 그 설명을 지탱하는 열정과 정서에 대한 설명이 동반되지 않는다면 정말로 빈약할 수밖에 없다는 것을 인정하는 애덤 스미스의 전통 안에 있다. 설명에서 바꾸고 공격하려는 오웰의 소망을 제거해 보라. 남는 것은 계급 위계를 생성하고 유지하는 감정들 – 특히 혐오 – 의 연결에 대한 진지한 묵상이다. 혐오가 모든 지위 배열에 필수적인 것은 아닐 수 있지만, 그것은 우리의 가장 일반적인 사회 질서화에서 끈덕진 특징으로 나타난다. 혐오는 계급, 카스트, 인종, 종교, 그리고 젠더에서 중요하다. 기독교인, 백인, 상층 계급, 그리고 남성들은 모두 수세기 동안 종종 강박적으로 유대인, 비백인, 노동자, 그리고 여성의 냄새에 대해 불평해 왔다.[11] 예를 들어, 15세기의 수사 펠릭스 파브리(Felix Fabri)는 예루살렘으로의 순례길에서 왜 사라센인들이 자신

---

10   Rai, *Orwell and the Politics of Despair*, p.68과 Wollheim, "Orwell Reconsidered"를 보라. *Culture and Society*, p.288에서 레이먼드 윌리엄스는 덜 혹독하다.

11   위계에 따라 냄새는 서로 다른 연관성과 의미를 가지지만, 여기에서의 폭넓은 주장은 지역적 차이에도 불구하고 적용된다.

들의 공중목욕탕에 기독교인들이 입장하도록 허용했는지 궁금해 한다. 그가 우리에게 말해주는 이유는

사라센인들은 어떤 끔찍한 악취를 내뿜는데, 그 때문에 그들은 다양한 종류의 지속적인 목욕법을 사용하며, 우리는 악취가 없기 때문에 우리가 그들과 함께 목욕하는 것을 개의치 않는다는 것이다. 그들은 이러한 사치를 훨씬 더 악취가 심한 유대인에게까지 확대하지는 않는다. 그러나 사라센인들은 자신들의 목욕탕에서 우리를 보는 것을 기뻐한다. 왜냐하면 마치 나환자가 건강한 사람이 자신과 어울릴 때 자신이 멸시를 당하지 않기 때문에 기뻐하듯, 그리고 그 건강한 사람으로 인해 자신도 더 건강해질 수 있기를 바라기 때문에 기뻐하듯, 냄새나는 사라센인도 악취가 나지 않는 사람과 함께 있는 것을 기뻐한다.[12]

사라센인, 유대인, 그리고 한센병자는 모두 오염되어 있으므로 악취가 나는 것이 틀림없다. 악취는 판별 가능하며, 주어진 위험의 수준에 정확하게 일치한다. 따라서 유대인과 한센병자는 사라센인보다 더 오염이 심한 반면, 기독교인들은 이러한 맥락에서 냄새가 나지 않는다. 이것은 우리를 위해 선상에서 서로에게 요강을 던진 동료들의 이야기를 간직하고 있었던 것과 동일한 사람이다(제7장을 보라). 그러한 배경에서 새로운 질서가 생겨나고, 추정컨대 우리의 순례자는 기독교인이긴 하지만 배에 탄 사람들 가운데 일부는 다른 사람들보다 냄새가 더 심하다는 것을 알

---

12   Fabri, pp. 439~440.

아차릴 것이다.[13] "우리에게는 악취가 없다"라는 것은 개별 기독교인이 냄새가 나지 않는다는 주장이 아니라, 단지 그의 종교 덕택에 기독교인은 냄새가 나지 않는다는 주장일 뿐이다. 부정되고 있는 것은 집단 악취의 존재일 뿐, 그 이상은 아니다. 그리고 물론 그가 통합된 기독교 사회 정치 레짐에서 기독교인으로 남아 있는 한 그는 옳다. 파브리는 사라센인들의 확증에 기대었던 자신의 믿음을 확고하게 유지한다. 그러므로 사라센인들은 자신들이 냄새가 난다는 것을 알기 때문에 자신들이 지배 집단인 지역에서도 목욕을 한다. 이것의 논리는 참으로 이상하다는 생각이 든다. 왜냐하면 그 주장은 기독교인들은 냄새가 나지 않기 때문에 목욕을 하지 않는다기보다는 목욕을 하지 않기 때문에 깨끗하고 냄새가 나지 않아야 한다는 의구심이 들게 하기 때문이다.

이러한 종류의 집단 악취는 집단 멤버십에 딸려 있다.[14] 그리고 그 집단으로부터 거리를 두거나 특별한 지위를 채택할 수 있는 한, 그의 악취는 비례적으로 줄어든다. 앞서 언급한 바와 같이, 유대인들의 악취는 침례로 씻길 수 있었고, 여성의 악취는 순결로 씻길 수 있었다. 하류층의 악취를 믿는 것은 상류층만이 아니다. 하류층 스스로 그 사실을 믿거나, 자신은 냄새를 맡을 수 없을지라도 다른 사람들은 맡을 수 있는 것이 아닌가 하고 생각한다. 자신의 가족이 학비 전액을 지불할 방법이 없었던 오웰은 예비 학교의 장학생으로 세력 서열의 가장 낮은 지위를 차지하고

---

13   Braunstein, pp.613~615를 보라.
14   *Pseudodoxia Epidemica*, IV. 10, p.174에서 유대인은 냄새가 난다는 주장에 대한 토머스 브라운(Thomas Browne)의 공격을 보라. "이제 이 주장을 제기하거나 퍼뜨린 근거는 유대인에 대한 기독교인의 불쾌한 혐오일 수 있다. 그 사실의 악랄함 위에 유대인들을 혐오스럽게 만들었으며 모든 사람의 콧구멍에서 냄새가 나게 했다. 실제 관행과 은유적 표현은 후에 문자적으로 구성되었다. 그러나 그것은 거짓된 추론이다."

있었을 때, 자신에게서 냄새가 난다고 믿었다.

나는 돈도 없고, 몸도 약하고, 못생기고, 인기도 없고, 만성 기침에 시달리고, 겁도 많고, 냄새를 풍기는 사람이었다. 순전히 내 생각만은 아니었다는 점을 밝혀두어야 할 것이다. 나는 매력 없는 아이였다. 설사 그전에는 그렇지 않았다고 해도 크로스게이트가 곧 나를 그렇게 만들었다. 그러나 아이가 생각하는 자신의 단점은 사실 여부에 크게 영향을 받지 않는다. 예를 들어 "냄새를 풍긴다"라고 생각했지만, 이는 일반적인 가능성일 뿐이었다. 기분 나쁜 사람들은 냄새를 풍긴다고 악명이 높았기 때문에 나역시 그럴 거라고 생각했던 것이다.[15]

하층 계급의 남자들이 콜로뉴(colognes)와 면도 후 로션을 많이 사용하는 것이 이러한 믿음을 반영하는 것인지 궁금하다. 좋은 냄새가 나면 나쁜 냄새가 날 수 없다는 게 그들의 믿음이지만, 사실 이것은 냄새와 계급의 관계를 지배하는 코드를 잘못 읽은 것이다. 진정한 규칙은 냄새가 나지 않으면 나쁜 냄새도 나지 않는다는 것이다. 그래서 아니나 다를까 애프터셰이브는 악취가 나기 시작한다.[16] 좋은 냄새는 가면으로, 즉 감추어야 할 무언가를 꾸며 가리는 것으로 의심되는 의혹의 원인일 수 있다.[17] 우리는 우리의 악취를 발견하기 위해 우리 자신의 후각을 신뢰할 수는 없다. 우리는 우리 자신에게 익숙해져 있으며, 우리가 아무리 까다롭더라

---

15 "Such, Such were the Joys," pp. 37~38[「즐겁고도 즐거웠던 시절」, 381쪽].
16 Montaigne, "Of Smells," *Essays*, p. 228을 보라.
17 냄새 요법을 통해 이 모든 것을 바꾸려는 뉴에이지 운동에 대해서는 옹호자인 Klein의 "Get a Whiff of This"를 보라.

도 다른 사람에게 어떠한 냄새가 나는지 분별할 수 있는 우리의 능력을 신뢰할 수 없다는 것을 너무나 잘 알고 있다. 그래서 높은 사람들에게 어떻게 보이는지에 대해 충분히 신경을 쓰는 낮은 사람들은 자신의 감각을 불신하게 되고, 자신이 냄새가 난다는 '일반적인 가능성'을 인정하게 된다. 사람의 아름다움과 사람의 사회적·도덕적 지위처럼, 사람의 냄새는 여러 가지 방식으로 타자가 창조한 것인 듯하다.

나는 "여러 가지 방식으로"라고 말했다. 어떤 냄새는 자연 선택된 혐오스러움을 갖고 있다. 그 냄새들은 본질적으로 불쾌하다. 스컹크는 다양한 종에게 객관적으로 불쾌하고 익숙해지기 어렵고 대개 맥락과 무관하게 그 힘을 유지하는 사향을 가짐으로써 진화적인 이점을 얻었다. 그러나 우리의 감각은 — 심지어 후각도 — 조종할 수 있고, 우리의 믿음에 의해 현저하게 영향을 받는다. 여러 나쁜 냄새는 그 출처에 대한 지식이 숨겨질 때 합리적으로 받아들여진다. 향이 강한 치즈에서 나온다고 여겨지는 냄새는 대변이나 악취 나는 발에서 나온다고 생각되는 똑같은 냄새보다 훨씬 더 견딜 만하다. 흔히 단지 하층민이 아닌 것이 아름다움이듯이, 아마도 값싼 향수의 표식은 누가 그 향수를 사용하고 있는가 하는 것이다. 그러므로 하류층이 마르고 영양이 부족할 때는 비만이 아름다웠으며, 가난한 사람들이 뚱뚱해졌을 때는 날씬함의 심미적 특성이 징후를 바꾸었다. 유대인, 흑인, 노동자는 원칙의 문제로서 냄새가 났다. 그들이 실제로 냄새가 났든 그렇지 않은 간에, 악취는 그들에게 귀속되었으며, 짐작건대 암시와 희망적 사고가 악취를 그렇게 만들었다. 이 하류층은 부인할 수 없는 혐오와 반감을 불러일으켰으며, 그래서 그들은 냄새가 나야 했다.

이러한 믿음은 특정 환경에서는 악취를 일시 중지시키는 놀랍게도 풍부한 맥락 의존적인 규칙들에 의해 지배되었다. 백인 아이를 간호하고 음식을 조리하는 유대인 의사와 흑인 여성은 친밀한 접촉이 허용되었을 때도 (또는 접촉이 허용되었기 때문에) 오염시키는 것으로 여겨지지 않았다. 악취는 중지되어 있다가 시간이 정상적으로 돌아가지 않을 조짐을 보일 때, 일반적으로 하급자가 구별되지 않는 군중으로 여겨질 때, 또는 하급자가 명백히 복종이나 열등함을 인정하지 않는 방식으로 행동할 때에만 풍겨졌다. 오염시키는 힘이 지닌 사회 구조적 본질에 대한 이러한 지식은 메리 더글러스 이전에 얻을 수 있었다. 그래서 1909년에 애틀랜틱의 한 필자는 다음과 같이 언급한다.

> 어떤 흑인도 풀먼식 호화침대차를 타고 주경계선을 넘어 여행하거나 백인들이 주로 이용하는 호텔에 손님으로 들어갈 수 없다. 하지만 흑인 간호사와 시종들은 가장 검은 사람도 모든 일류 호텔에서 음식과 거처를 제공받으며, 풀먼식 호화침대차에서도 혐오나 놀람을 유발하지 않는다. … 백인 아기를 품에 안고 있는 흑인 간호사, 백인 병약자를 돌보는 흑인 시종은 눈에 띄게 열등하다는 꼬리표를 달고 있다.[18]

하류층의 악취는 하류층이 상류층에서 발생시키는 불안감과 직접적인 관련이 있는 것 같다. 제자리에서 벗어나면 냄새가 나고, 안전하게 제자리에서 있으면 냄새가 나지 않는다.

오웰은 사람의 공식적인 냄새가 그에게서 나는 냄새의 '진실'과 무관

---

18   Ewing, "The Heart of the Race Problem," p.395.

하게 계급 제도에서 가장 하위에 있음과 함수관계였다는 것을 충분히 잘 알고 있다. 그것이 결국 그가 크로스게이트에서 "냄새가 났다"는 것을 아는 이유였다. 하지만 이러한 앎은 두 가지 이유로 오웰에게 작은 위안을 가져다주었다. 단지 냄새가 사회적으로 구성될 수 있다고 해서 거기에 냄새가 없다는 것을 의미하지는 않는다. 비록 상류층에 의해 그 상황으로 내몰려 냄새가 조작되었다 할지라도 냄새는 사라지지 않았다. 냄새를 발생시킨 구조가 있는 한 냄새도 여전히 거기에 있었다. 게다가 노동계급은 상층 계급이 지닌 믿음이나 바람과는 무관하게 실제로 냄새가 날 수도 있다. 프롤레타리아들은 실제로 악취를 풍김으로써 모든 문제를 상대주의의 위협으로부터 구원했을 수도 있다. 오웰은 그러한 경우라고 의심했고, 자신이 어쨌든 악취를 하류층에 귀속시키는 믿음에 사로잡혀 있다는 것을 알면서도 어떻게든 그것을 확인하려고 했다. 그래서 브루커 부부와 하숙한 경험은 혐오스러운 것의 이상적인 형태, 곧 순수한 것을 제공한다. 우리는 오웰이 몇몇 실직 광부 사이에 완벽하게 괜찮았던 숙소를 남겨두고 천엽 가게에 머물렀다는 것을 알게 된다.[19] 그는 브루커 부부를 찾아 나섰던 것이다. 그들은 더 나은 이야기를 만들고 다소 간직했던 어떤 믿음을 유지할 수 있게 해줄 듯했다. 오웰의 코는 브루커 부부가 스컹크와 같았다는 것을 알고 있었는데, 그것은 단순히 오염과 순수의 격자에서 그들의 구조적 위치에 의해 그렇게 만들어진 것만은 아니었다.

---

19 Rai, p.68에 인용된 버나드 크릭과 그의 정보원의 설명을 보라. 늙은 광부들의 한 리더는 크릭에게 "우리는 그에게 완벽하게 깨끗하고 괜찮은 하숙집을 찾아주었습니다. 대부분의 사람들은 일을 하지 않을 때 청소할 시간이 더 많았고, 그것을 자랑스럽게 여겼어요. 그는 얼마 후에 아무 이유도 없이 그들을 떠나서 그 지저분한 곳으로 갔습니다"라고 말했다.

오웰이 진정으로 옹호하는 관심을 가진 바로 그 사람들 가운데 많은 이가 어떤 깊은 수준에서 그를 역겹게 만들 때, 오웰이 계급 문제에 대해 비관적인 태도를 보인 것은 당연하다. 오웰은 한 집단이 그 집단에 동조하는 사람들조차 객관적으로 불쾌하게 할 수 있는 방식으로 살기를 고집하는 한 언제나 계급이 있을 것이라고 느낀다. 무계급, 사회주의적 평등은 이런 종류의 사회적 혐오의 조건들을 제거하는 데 달려 있어야 한다. 브루커 부부와 같은 사람들이 문명화되고 깨끗해지지 않는 한, 혐오에 의해 고착된 계급들은 혐오에 의해 즉시 복구될 것이다. 희망을 가질 만한 한 가지 작은 이유가 거기에 있다. 스컹크와 달리 브루커 부부는 사향이 필요 없다. 그들은 사향을 버리는 법을 배울 수 있고, 사향을 버리는 것이 그들에게 이익이 된다.

이 모든 것에는 지혜가 있다. 『위건 부두로 가는 길』을 보면 절반은 부정할 수 없는 속물근성을 극복하려는 시도이고, 절반은 속물근성 극복에 실패한 데 대한 고백이다. 버마로의 여정을 시작하기 이전에 오웰은 자신이 "속물인 동시에 혁명주의자"였으며, "시간의 절반은 자본주의 체제를 비난하는 데 쓰고, 그 나머지는 버스 차장의 무례함에 분통을 터뜨리느라 허비"했다는 것을 공개적으로 인정한다(140~141[189~191]). 그러나 오웰은 혐오에 맞닥뜨려서, 결국 자신의 속물근성에 전념하는 것은 아닐지라도, 다시 중간계급의 취향과 태도가 지닌 미덕들에 전념하는 처지에 처하게 된다. 그 미덕들이 바로 그의 존재이기 때문에 어쨌든 그는 그 미덕들을 벗어날 수 없다. 그 미덕들은 그의 정체성을 구성하고 있는 것이다.

내가 계급 차별을 없애기 바란다고 말하는 것은 쉬운 일이다. 하지만 내가 생각하고 행하는 거의 모든 것은 계급 차별의 산물이다. 나의 모든 관념 — 선악에 대한 관념, 유쾌와 불쾌에 대한 관념, 경박과 경건에 대한 관념, 미추에 대한 관념 — 은 어쩔 수 없이 '중산층'의 관념이다. 책과 음식과 옷에 대한 나의 취향, 명예에 대한 나의 감각, 나의 염치, 나의 식사 예절, 나의 어투, 나의 억양, 심지어 나의 독특한 몸동작도 전부 특정한 훈육의 산물이며, 사회 위계의 윗부분에 있는 특정한 지위의 산물이다. … 계급적 특권의 울타리 밖으로 나가기 위해서는 은밀한 속물근성뿐만 아니라 대부분의 취향과 편견도 억눌러야 한다. 나를 철저히 변화시켜야 하며, 결국엔 같은 사람인 줄 모를 정도로 달라져야 한다(161[217]).

자신을 그렇게 변화시키는 것은 오웰이 기꺼이 하려고 한 것 또는 그가 하려고 하더라도 할 수 있었던 것을 넘어선다. 그는 전형적인 대립적 스타일로 계급 차별을 맹렬히 비난하더라도 계급 차별이 정말 없어지기를 바라는 사람은 아주 드물다고 언급한다. "모든 혁명적 소신이 갖는 힘의 일부는 아무것도 변하지 않을 것이라는 은밀한 확신에서 비롯된다"(158[212]). 과일주스를 마시는 중간계급 사회주의자들은 노동계급을 낭만화할 때에만 계급 없는 사회를 바랄 수 있다. "이를테면 토요일 밤에 술 취한 생선 운반인과 싸우도록 내버려둬 보라. 그러면 그들은 가장 평범한 중산층 속물근성을 대번에 드러낼 수 있다"(163[220]). 오웰은 술 취한 생선 운반인을 혐오하는 중간계급 사회주의자를 비난할 수는 없다. 그가 비난할 만하다고 여기는 것은 중간계급 가치의 진정한 미덕 — 정중함, 프라이버시, 신체의 청결, 예절, 민주주의, 그리고 거스르지 않는 예절과 같은 — 에 반하는 그런 천박한 행동에 장점이 있을 수 있다고 가장하는 위선이다. 이러한 미덕들은 결코 평범한 역사적 성취가 아니다.

일단 우리가 충격을 주고 선정적으로 표현하려는 오웰의 욕구가 지닌 영향 및 식탁 예절, 청결, 그리고 점잖은 자제력과 같은 것에 대한 그의 중간계급적 헌신이 지닌 영향을 무시하더라도, 여전히 여러 강력한 사회 이론적 요점들이 남아 있다. 여러 면에서 부르디외를 예견할 수 있는 것 외에도, 오웰은 바로 사회 규범이 우리를 지배하는 방식이 차이를 낳는다는 것을 이해한다. 그 지배력을 강화하는 것이 혐오라는 것은, 혐오가 증오, 두려움, 연민, 걱정, 의무감일 때와는 다른, 또는 심지어 그 작업을 하는 더 가벼운 형태의 경멸일 때와는 다른 문제들을 제기한다. 하류층 사람들은 그저 우스꽝스럽기보다는 불쾌하고, 비가시적이기보다는 혐오스럽다는 것이 문제이다.

　오웰의 입장은 혐오가 우리를 더 확고하게 지배하고 있으며, 대부분의 다른 정념들보다 우리의 자아를 정의하는 데 더 기본적이라는 것이다. 우리의 핵심인 우리의 영혼은 혐오의 장벽에 둘러싸여 있으며, 사람은 사랑에 빠지거나 총구에 겨누어지지 않는 한 혐오를 포기하지 않는다. 사실 그 주장은 정체성의 핵심이나 본질은 정체성을 방어하기 위해 촉발되는 정념의 결과로서만 알려질 수 있다는 것인 듯하다. 혐오의 지속성, 혐오의 의지에 대한 상대적인 반응성의 결여는 사회적·도덕적 영역에 걸쳐 우리의 핵심 성격의 연속성을 유지하는 역할로 잘 어울린다. 우리의 지속적인 자아는 다른 어떤 정념만큼이나 혐오에 의해서도 정의된다. 혐오는 우리의 많은 취향, 우리의 성적 성향, 그리고 우리의 친구 선택을 규정한다. 혐오는 바로 우리 정체성의 핵심에 거대한 도덕적 세계를 정착시켜서 몸과 영혼을 솔기 없게 결합시키고, 그럼으로써 우리의 인격에 되돌릴 수 없는 연속성을 부여한다.

　나는 다소 과장하고 있다. 불필요한 것들과 사소한 것들을 다루는 혐오도 있다. 그러나 그 과장은 경멸이 어떻게 지위를 유지하는지와 혐오가 어떻게 지위를 유지하는지 사이의 난해한 차이를 포착하는 데 도움을 준다. 나는 앞서 경멸은 그 경멸에 근절할 수 없는 아이러니를 가지고 있고, 걱정, 보살핌, 연민, 사랑 또는 친절의 근거를 파괴하지 않으며, 정말로 종종 그러한 것들에 필수적이라고 주장했다. 반대로 혐오는 계급 구조에서 낮은 쪽에 덜 자비롭다. 혐오는 걱정, 보살핌, 연민, 그리고 사랑을 막는 작용을 한다. 여기에 바로 이 가까운 사촌들 간의 결정적인 차이가 있다. 경멸은 위협받는 것을 부정하거나 위협이 존재하지 않는 척함으로써 작동한다. 반면 혐오는 필수적으로 위험과 위협의 존재를 인정한다. 혐오는 그래서 어울리지 않는 반응으로 이어질 수 있다. 혐오는 종종 혐오스러운 위협의 근원을 제거하거나 심지어 근절시키려 한다. 그러나 뿌리 뽑으려는 욕망에는 양면성이 있다. 우리가 증오하는 사람들처럼, 우리를 혐오하는 사람들은 우리가 누구인지, 그리고 우리가 누구와 연결되어 있는지를 정의한다. 바람 부는 방향대로, 우리도 그들이 필요하다.

나는 경멸의 가능성이 정치 집단들 사이에 상당히 균등하게 분포되어 있는 한, 즉 멸시하는 스타일의 상향적인 경멸이 하층에게도 가용한 한, 경멸은 민주주의에 해롭기는커녕 결국에는 민주주의 프로젝트를 크게 지원하는 것 같다고 주장해 왔다. 혐오는 완전히 다른 문제이다. 혐오는 공평한 분배를 인정하지 않으며, 평등사상에 반하는 작용을 한다. 혐오는 순수하고 불순한 그림을 그린다. 그리고 혐오가 그러한 선들을 넘어서 이루는 타협은 죄악, 욕망, 또는 도착(倒錯)과 같은 위반의 방식을 통해서이다. 혐오에 의해 유지되는 위계는 자비로울 수 없다. 하층민들은 오염시키기 때문에 그들은 위험이 된다. 남이야 어떻게 살든 원하는 대로 살자는 정책은 적절하지 않다. "남이야 어떻게 살든"을 보라. 그것은 다원주의적 민주주의의 근본 원칙이 아닌가? 그것은 공평하게 분배된 순수한 경멸의 정서를 체현하고 있지 않은가? 그러나 문제는 민주주의가 계급 경계를 넘어 경멸의 공평한 분배를 보장하는 작용을 했을 뿐만 아니라 한때 자비로웠던 상층 계급의 자기만족적 경멸이나 무관심을 더 악의에 차고 깊이 본능적인 혐오로 변화시키는 조건들을 만들어냈다는 것이다.

혐오가 사회적 위계를 유지할 때, 혐오의 움직임은 어떤 신체적인 핵심 혐오에서 좀 더 은유화된 도덕적·사회적 영역을 향해 밖으로 지향하지 않는다. 이 혐오는 도덕적·사회적 영역에서 시작되어, 냄새, 비굴함, 추악함 속에서 스스로를 구체화하는 방향으로 나아간다. 그러나 일단 하위 질서에 대한 혐오가 그들의 냄새에 대한 인식으로 끝나고 나면, 뚜렷하게 성적이고 때로는 젠더화된 종속 스타일로 전환시키려는 유혹이 생긴다. 이것은 다양한 방식으로 저절로 해결될 수 있다. 오웰은 여성을 냄새로부터 면제해 줌으로써 오히려 정상적인 것에서 어긋난다. 그는 오로지 노동자 계급 남자들의 냄새만 불평한다.[20] 사실 그가 하층 남자들을 여성화된 것으로 인식하는 만큼 그들의 냄새는 뚜렷이 개선된다. 그러므로 오웰에게 옷을 입힌 버마인 남성 하인의 손길은 영국 남성 하인이 그랬던 것만큼 그를 역겹게 하지 않았다. "버마인 하인을 대하는 나의 느낌은 여성을 대하는 느낌과 비슷했다." 그리고 그는 버마인에게서 독특한 냄새가 나지만 자신에게는 결코 역겨운 냄새가 아니었다는 것을 인정한다(142[192~193]).

---

20 Patai, pp.80~86을 보라.

브루커 부인을 제외하면, 영국 노동자 계급의 여성들이 역겨운 그들의 남자들보다 훨씬 더 낫다는 것을 기억하라. 오웰이 정중하게 안전한 거리를 유지하기 위해 주의를 기울이기 때문에 노동자 계급 여성은 연민과 배려의 대상이 될 수 있다. 악취 나는 노동자들은 전혀 여성과 같은 냄새가 나지 않는다. 그들의 냄새는 특유하게 불순하고 특유하게 남성적이다. 그것은 생리와 성교의 악취가 아니라 땀과 흙과 배설물의 악취이다. 오웰은 섹스가 노동계급 남성의 여성화를 가정하는 방식이 아니라 상류층 여성에 대한 그들의 매우 남성적인 꿍꿍이를 가정하는 방식으로 계급 위계에 관련되어 있다고 인식한다. 섹스는 궁극적으로 하층 계급 사람들의 중간계급적 갈망과 동경을 깨뜨리는 것이다. 오웰은 디킨스가 고결하고 신분이 낮은 페고티(Pegotty) 가족을 진정으로 존경할 수 있지만, 그것은 그들이 동류와 결혼한다는 것을 조건으로 삼고 있다고 언급한다. 하급자들이 목표를 너무 높게 잡으면 소설가의 "계급 문제에 대한 진짜 감정"이 나온다. "h를 빼뜨리는 남자와 [유라이어 힙] 침대에 있는 '순수한' 아그네스에 대한 생각은 정말로 디킨스를 역겹게 한다."[21]

예속은 다른 형태를 취하며, 상층민이 인지하는 하층민으로부터 발산하는 냄새는 특정한 계층적 배열에 대한 사회 문화적 기반에 따라 다른 역할을 할 수 있다. 점점 더 빈번하게 의지하게 되는 통상적인 환원주의적 움직임은 성적이고 젠더적인 위계가 모든 계층적 배열에 대한 기본 모델을 제공하도록 하는 것이다. 이 설명에 따르면, 정의(定義)상 예속된다는 것은 여성화된다는 것이다. 하층민들이 냄새를 풍기기 시작해야

21　"Charles Dickens," pp. 76, 78.

한다는 것은 여성들을 성과 섹슈얼리티의 악취로 만드는 고질적인 여성 혐오적 구성물과 일치할 것이다. 젠더 모델은 다른 모델들보다 특정 유형의 위계를 설명하는 데 더 좋다. 젠더 모델은 계급과 몇몇 형태의 인종 증오보다는 반유대주의에 더 잘 들어맞는다. 유대인은 남자로서가 아니라 여성의 방식에서 위협적이다. 유대인의 전설적인 성적 기량과 탐욕스러운 성적 욕망은 그가 회복을 위해 통상적으로 지체하지 않고 지속적으로 성교를 할 수 있다는 의미에서 그를 남성화하는 것이 아니라 여성화하는 작용을 한다. '유대인의 악취(foetor judaicus)'는 부분적으로는 더러운 탐욕과 배설물의 냄새였지만, 또한 부분적으로는 유대인, 할례, 그리고 여성에 대한 기독교인 남성의 두려움이 수렴해서 유지되는 믿음이었던 생리혈의 냄새였다.[22]

지금까지는 순조롭다. 그러나 노동자 그리고 아마도 흑인 남성의 여성화는 조금이라도 발견되려면 다소 다르게 나타나야 한다. 혹자는 오히려 노동자와 흑인에 대해 수상쩍은 것은 그들의 위협적인 남성성의 스타일, 즉 땀과 배설물, 비천함과 노역의 냄새라고 생각한다. 이 남자들은 예속되어도 거의 여성화되기 어렵다. 사실 그들의 매너와 냄새는 그들 위에 있는 남성들의 여성화를 드러낸다. 문명화되고 지배적인 남성들이 남성 노동자를 종속시키기 위해 사용하는 모델은 그를 여성처럼 만드는 것 ― 문명화된 남성을 아버지만큼이나 어머니로도 변모시키는 조처인 ― 이 아니라 아이처럼 만드는 것이다. 곤란한 것은, 젠더 게임은 원하는 어떤 결과도 나올 수 있게 플레이될 수 있다는 것이다.

---

22 제7장에서 다룬 유대인 남성들이 생리를 했다는 믿음을 상기해 보라.

유대인의 냄새는 문명화 과정과 육체적인 문제에 대한 혐오의 낮은 문턱에 거의 영향을 미치지 않았다. 기독교인들이 포크와 손수건을 사용하기 전에, 좋은 취향과 나쁜 취향이 통용되기 전에 유대인들은 기독교인들에게 냄새를 풍겼다. 그러나 정중함과 세련된 취향의 진보는 농민들의 거칠지만 견딜 만한 냄새를 혼잡한 도시 공간의 악취에서 자기 몫 이상의 냄새를 감당하는 도시 노동자의 보다 위험한 냄새로 바꾸는 데 다소 기여했다. 그러나 결국 나쁜 매너와 천박함을 희극의 원천으로뿐만 아니라 신분이 높은 사람들에게 공포와 위협의 원천으로도 만든 것은 민주주의 원칙의 등장이었다. 그때가 바로 노동계급이 불결한 냄새로든 콜로뉴 냄새로든 냄새를 엄청나게 풍기기 시작하던 때였다.

참고문헌

Adelman, Janet. *Suffocating Mothers: Fantasies of Maternal Origin in Shakespeare's Plays, Hamlet to the Tempest.* New York: Routledge, 1992.

Allport, Gordon W. *Becoming: Basic Considerations for a Psychology of Personality.* New Haven: Yale University Press, 1955.

Andersson, Theodore. *The Problem of Icelandic Saga Origins.* New Haven: Yale University Press, 1964.

Andersson, Theodore, and William Ian Miller. *Law and Literature in Medieval Iceland.* Stanford: Stanford University Press, 1989.

Angyal, Andras. "Disgust and Related Aversions." *Journal of Abnormal and Social Psychology* 36 (1941): 393~412.

Ariès, Philippe. *The Hour of Our Death.* Trans. Helen Weaver. New York: Knopf, 1981[필립 아리에스, 『죽음 앞의 인간』, 고선일 옮김(서울: 새물결, 2004)].

Aristotle. *The "Art" of Rhetoric.* Trans. John Henry Freese. Loeb Classical Library, no. 193, 1926. Cambridge, Mass.: Harvard University Press, 1982.

Astington, John H. "'Fault' in Shakespeare." *Shakespeare Quarterly* 36 (1985): 330~334.

Baier, Annette C. "Moralism and Cruelty: Reflections on Hume and Kant." *Ethics* 103 (1993): 436~457.

_____. *Postures of the Mind: Essays on Mind and Morals.* Minneapolis: University of Minnesota Press, 1985.

_____. *A Progress of Sentiments: Reflections on Hume's Treatise.* Cambridge, Mass.: Harvard University Press, 1991.

Bakhtin, Mikhail. *Rabelais and His World.* 1965. Trans. Helene Iswolsky. Bloomington: Indiana University Press, 1984[미하일 바흐친, 『프랑수아 라블레의 작품과 중세 및 르네상스의 민중문화』, 이덕형·최건영 옮김(서울: 아카넷, 2001)].

Barber, Malcolm. "Lepers, Jews, and Moslems: The plot to Overthrow Christendom in 1321." *History* 66 (1981): 1~17.

Bartlett, Robert. "Symbolic Meanings of Hair in the Middle Ages." *Transactions of the Royal Historical Society,* 6th ser., 4 (1994): 43~60.

Baudelaire, Charles. *Petits Poëmes en Prose.* Ed. Robert Kopp. Paris: José Corti, 1969[샤를 피에르 보들레르, 『파리의 우울』, 윤영애 옮김(서울: 민음사, 2008)].

Baumgartner, M. P. "Social Control from Below." In *Toward a General Theory of Social Control,* 2 vols. Ed. Donald Black. New York: Academic Press, 1984, 1: 303~345.

Bell, Rudolf M. *Holy Anorexia.* Chicago: University of Chicago Press, 1985.

Benton, John F., ed. *Self and Society in Medieval France: The Memoirs of Abbot Guibert of Nogent* (1064?-C.1125). Trans. C. C. Swinton Bland. New York: Harper and Row, 1970.

Bersani, Leo. "Is the Rectum a Grave?" *October* 43 (1987): 197~222.

Boswell, James. *Life of Johnson.* Ed. R. W. Chapman, rev. J. D. Fleeman. Oxford: Oxford University Press, 1970.

Bourdieu, Pierre. *Distinction: A Social Critique of the Judgment of Taste.* Trans. Richard Nice. Cambridge, Mass.: Harvard University Press, 1984[피에르 부르디외, 『구별짓기: 문화와 취향의 사회학』, 최종철 옮김(서울: 새물결, 1995)].

Bourke, John G. *Scatologic Rites of All Nations.* Washington, 1891[존 그레고리 버크, 『신성한 똥』, 성귀수 옮김(서울: 까치, 2002)].

Braunstein, Philippe. "Toward Intimacy: The Fourteenth Century and Fifteenth Century." *A History of Private Life,* vol. 2: *Revelations of the Medieval World.* Ed. Philippe Ariès and Georges Duby. Cambridge, Mass.: Harvard University Press, 1988, 535~630.

Brown, Norman O. *Life Against Death: The Psychoanalytical Meaning of History.* Middletown, Conn.: Wesleyan University Press, 1959.

Brown, Peter. *The Body and Society: Men, Women, and Sexual Renunciation in Early Christianity.* New York: Columbia University Press, 1988.

Browne, Thomas. *Pseudodoxia Epidemica; or, Enquiries into very many received tenents and commonly presumed truths.* 3rd ed. London, 1658.

Burns, E. Jane. "This Prick which Is Not One: How Women Talk Back in Old French Fabliaux." In *Feminist Approaches to the Body in Medieval Literature.* Ed. Linda Lomperis and Sarah Stanbury. Philadelphia: University of Pennsylvania Press, 1993, 188~212.

Burton, Robert. *The Anatomy of Melancholy.* 1624. Ed. Floyd Dell and Paul Jordan Smith. New York: Tudor, 1938.

Bynum, Caroline Walker. "The Body of Christ in the Later Middle Ages: A Reply to Leo Steinberg." In *Fragmentation and Redemption: Essays on Gender and the Human Body in Medieval Religion.* New York: Zone Books, 1992, 79~117.

_____. *Holy Feast and Holy Fast: The Religious Significance of Food to Medieval Women.* Berkeley: University of California Press, 1987.

_____. "Jesus as Mother and Abbot as Mother: Some Themes in Twelfth-Century Cistercian Writing." In *Jesus as Mother: Studies in the Spirituality of the High Middle Ages.* Berkeley: University of California Press, 1982, 110~169.

_____. *The Resurrection of the Body in Western Christianity,* 200~1336. New York: Columbia University Press, 1995.

Carroll, Noel. *The Philosophy of Horror or Paradoxes of the Heart*. New York: Routledge, 1990.

Chaucer, Geoffrey. *The Works of Geoffrey Chaucer*. 2nd ed. Ed. F. N. Robinson. Boston: Houghton Mifflin, 1957.

Chesterfield. *Lord Chesterfield: Letters*. Ed. David Roberts. Oxford: Oxford University Press, 1992.

Chevalier-Skolnikoff, Suzanne. "Facial Expression of Emotion in Nonhuman Primates." In *Darwin and Facial Expression: A Century of Research in Review*. Ed. Paul Ekman. New York: Academic Press, 1973, 11~90.

Clover, Carol J. *Men, Women, and Chain Saws: Gender in the Modern Horror Film*. Princeton: Princeton University Press, 1992.

_____. "Regardless of Sex: Men, Women, and Power in Early Northern Europe." *Speculum* 68 (1993): 363~388.

Collins, Randall. "Three Faces of Cruelty: Towards a Comparative Sociology of Violence." *Theory and Society* I (1974): 415~440.

Congreve, William, trans. *Ovid's Art of Love*. Book III. London, 1709.

Cooper, Samuel. *A Dictionary of Practical Surgery*. 6th London ed. New York, 1830.

D'Andrade, Roy. "A Folk Model of the Mind." In *Cultural Models in Language and Thought*. Ed. Dorothy Holland and Naomi Quinn. Cambridge: Cambridge University Press, 1987, 112~148.

_____. "Some Propositions about the Relations between Culture and Human Cognition." In *Cultural Psychology: Essays on Comparative Human Development*. Ed. James W. Stigler, Richard A. Shweder, and Gilbert Herdt. Cambridge: Cambridge University Press, 1990, 65~129.

D'Arms, Justin, and Daniel Jacobson. "Expressivism, Morality, and the Emotions." *Ethics* 104 (1994): 739~763.

Darwin, Charles. *The Expression of the Emotions in Man and Animals*. 1872. Chicago: University of Chicago Press, 1965[찰스 다윈, 『인간과 동물의 감정 표현』, 김성한 옮김(서울: 사이언스북스, 2020)].

Davey, Graham C. L. "Characteristics of Individuals with Fear of Spiders." *Anxiety Research* 4 (1992): 299~314.

Desan, Suzanne. "Crowds, Community, and Ritual in the Work of E. P. Thompson and Natalie Davis." In *The New Cultural History*. Ed. Lynn Hunt. Berkeley: University of California Press, 1989, 47~71.

de Sousa, Ronald. *The Rationality of Emotion*. Cambridge, Mass.: MIT Press, 1987.

Douglas, Mary. *Purity and Danger: An Analysis of the Concepts of Pollution and Taboo*. London: Routledge and Kegan Paul, 1966[메리 더글러스, 『순수와 위험』,

유제분·이훈상 옮김(서울: 현대미학사, 1997)].

Duclos, Sandra E., James D. Laird, Eric Schneider, and Melissa Sexter. "Emotion-Specific Effects of Facial Expressions and Postures on Emotional Experience." *Journal of Personality and Social Psychology* 57 (1989): 100~108.

Dumont, Louis. *Homo Hierarchicus: The Caste System and Its Implications.* Trans. Mark Sainsbury. 1966. Chicago: University of Chicago Press, 1970.

Dworkin, Andrea. *Intercourse.* New York: Free Press, 1987.

Egils saga Skalla-Grímssonar, ed. Sigurður Nordal. Íslenzk Fornrit, vol. 2. Reykjavík: Hið Íslenzka Fornritafélag, 1933.

Ekman, Paul. "An Argument for Basic Emotions." *Cognition and Emotion* 6 (1992): 169~200.

Ekman, Paul, and Wallace V. Friesen. "A New Pan-cultural Facial Expression of Emotion." *Motivation and Emotion* 10 (1986): 159~168.

Ekman, Paul, Maureen O'Sullivan, and David Matsumoto. "Confusions about Context in the Judgment of Facial Expression: A Reply to 'The Contempt Expression and the Relativity Thesis.'" *Motivation and Emotion* 15 (1991): 169~176.

_____. "Contradictions in the Study of Contempt: What's It All About? Reply to Russell." *Motivation and Emotion* 15 (1991): 293~296.

Elias, Norbert. *The History of Manners.* Trans. Edmund Jephcott. Vol. I of *The Civilizing Process.* 1939. New York: Urizen, 1978[노르베르트 엘리아스, 『문명화 과정 I』, 박미애 옮김(파주: 한길사, 1996)].

_____. *Power and Civility.* Trans. Edmund Jephcott. Vol. 2 of The Civilizing Process. 1939. New York: Pantheon, 1982[노르베르트 엘리아스, 『문명화 과정 II』, 박미애 옮김(파주: 한길사, 1999)].

Eliot, T. S. *Complete Poems and Plays,* 1909~1950. New York: Harcourt, Brace, 1952.

Ellsworth, Phoebe C. "Some Implications of Cognitive Appraisal Theories of Emotion." *International Review of Studies on Emotion* I (1991): 143~161.

Elster, Jon. *Sour Grapes: Studies in the Subversion of Rationality.* Cambridge: Cambridge University Press, 1983.

Engen, Trygg. *Odor Sensation and Memory.* New York: Praeger, 1991.

_____. *The Perception of Odors.* New York: Academic Press, 1982.

_____. "Remembering Odors and Their Names." *American Scientist* 75 (1987): 497~503·

Evans-Pritchard, E. E. *The Nuer: A Description of the Modes of Livelihood and Political Institutions of a Nilotic People.* Oxford: Oxford University Press, 1940[E. E. 에반스 프리차드, 『누어인』, 권이구·강지현 옮김(서울: 탐구당, 1988)].

Eve, Raymond A., and Donald G. Renslow. "An Exploratory Analysis of Private Sexual Behaviors among College Students: Some Implications for a Theory of Class Differences in Sexual Behavior." *Social Behavior and Personality* 8 (1980): 97~105.

Ewing, Quincy. "The Heart of the Race Problem." *Atlantic Monthly* 103 (1908): 389~397·

Fabri, Felix. *The Book of Wanderings of Brother Felix Fabri.* c. 1484. Trans. Aubrey Stewart. In Palestine Pilgrims' Text Society, vols. VII-X. London, 1893~1897.

Ferguson, Margaret W. "*Hamlet:* Letters and Spirits." In *Shakespeare and the Question of Theory.* Ed. Patricia Parker and Geoffrey Hartman. New York: Methuen, 1985, 292~309.

Fielding, Henry. *The Covent-Garden Journal and A Plan of the Universal Register-Office.* 1752. Ed. Bertrand A. Goldgar. Middletown, Conn.: Wesleyan University Press, 1988.

_____. "An Essay on Conversation." 1743. In *Miscellaneous Writings,* vol. I, 243~277. *The Complete Works of Henry Fielding.* Ed. William E. Henley. New York: Croscup and Sterling, 1902, 243~277.

Flanagan, Owen. *Varieties of Moral Personality: Ethics and Psychological Realism.* Cambridge, Mass.: Harvard University Press, 1991.

Flandrin, Jean-Louis. "Distinction through Taste." In *A History of Private Life,* vol. 3: *Passions of the Renaissance.* Ed. Roger Chartier. Cambridge, Mass.: Harvard University Press, 1989, 265~307.

Foot, Philippa. "Utilitarianism and the Virtues." *Mind* 94 (1985): 196~209.

Fradenburg, Louise O. "Criticism, Anti-semitism, and the Prioress's Tale." *Exemplaria* 1 (1989): 69~115.

Freud, Sigmund. "The Antithetical Meaning of Primal Words." 1911. In *The Standard Edition of the Complete Psychological Works of Sigmund Freud.* Ed. James Strachey. London: Hogarth Press, 1953~1974[hereafter *S.E.*]. 24 vols. II, 155~161.

_____. "Character and Anal Erotism." 1908. *S.E.* 9, 169~175[지그문트 프로이트, 「성격과 항문 성애」, 『성욕에 관한 세 편의 에세이』, 김정일 옮김(서울: 열린책들, 2003), 187~195쪽].

_____. *Civilization and Its Discontents.* 1930. *S.E.* 21, 59~145[지그문트 프로이트, 『문명 속의 불만』, 김석희 옮김(파주: 열린책들, 2003)].

_____. *The Complete Letters of Sigmund Freud to Wilhelm Fliess, 1887~1904.* Ed. and trans. Jeffrey M. Masson. Cambridge, Mass.: Harvard University Press, 1985[지그문트 프로이트, 『정신분석의 탄생』, 임진수 옮김(서울: 열린책들, 2005)].

_____. "Fetishism." 1927. *S.E.* 21, 149~157[지그문트 프로이트, 「절편음란증」, 『성

욕에 관한 세 편의 에세이』, 김정일 옮김(서울: 열린책들, 2003), 317~326쪽].

_____. "History of an Infantile Neurosis." 1918. *S.E.* 17, 3~123[지그문트 프로이트, 「늑대인간: 유아기 신경증에 관하여」, 『늑대인간』, 김명희 옮김(서울: 열린책들, 2003), 195~341쪽].

_____. "Medusa's Head." 1922. *S.E.* 18, 273~274.

_____. "The Most Prevalent Forms of Degradation in Erotic Life." In *Collected Papers*. Ed. Joan Riviere and J. Strachey. 1912. The International Psycho-Analytical Library 4. London, 1924~50, 203~216[지그문트 프로이트, 「사랑의 영역에서 일어나는 가치 저하의 보편적 경향에 관하여: 사랑의 심리2」, 『성욕에 관한 세 편의 에세이』, 김정일 옮김(서울: 열린책들, 2003), 219~236쪽].

_____. "Mourning and Melancholia." 1915. *S.E.* 14, 239~258[지그문트 프로이트, 「슬픔과 우울증」, 『정신분석학의 근본 개념』, 윤희기·박찬부 옮김(서울: 열린책들, 2003), 239~265쪽].

_____. "Notes Upon a Case of Obsessional Neurosis." 1909. *S.E.* 10, 153~318[지그문트 프로이트, 「쥐 인간: 강박 신경증에 관하여」, 『늑대인간』, 김명희 옮김(서울: 열린책들, 2003), 7~102쪽].

_____. "Some Psychical Consequences of the Anatomical Distinction between the Sexes." 1925. *S.E.* 19, 243~258[지그문트 프로이트, 「성의 해부학적 차이에 따른 심리적 결과」, 『성욕에 관한 세 편의 에세이』, 김정일 옮김(서울: 열린책들, 2003), 301~315쪽].

_____. *Three Essays on the Theory of Sexuality.* 1905. *S.E.* 7, 125~245[지그문트 프로이트, 「성욕에 관한 세 편의 에세이」, 『성욕에 관한 세 편의 에세이』, 김정일 옮김(서울: 열린책들, 2003), 19~149쪽].

_____. "The Uncanny." 1919. *S.E.* 17, 218~256[지그문트 프로이트, 「두려운 낯섦」, 『예술, 문학, 정신분석』, 정장진 옮김(서울: 열린책들, 2003), 399~452쪽].

_____. "The Unconscious." 1915. *S.E.* 14, 161~215[지그문트 프로이트, 「무의식에 관하여」, 『정신분석학의 근본 개념』, 윤희기·박찬부 옮김(서울: 열린책들, 2003), 155~214쪽].

Frijda, Nico H. *The Emotions.* Cambridge: Cambridge University Press, 1986.

Gade, Kari Ellen. "Einarr Þambarskelfir's Last Shot." *Scandinavian Studies* 67 (1995): 153~162.

_____. "Homosexuality and Rape of Males in Old Norse Law and Literature." *Scandinavian Studies* 58 (1986): 124~141.

_____. "Penile Puns: Personal Names and Phallic Symbols in Skaldic Poetry." In *Essays in Medieval Studies: Proceedings of the Illinois Medieval Association.* Ed. John B. Friedman and Patricia Hollahan. Urbana: University of Illinois Press, 1989, 57~67.

Galatzer-Levy, Robert M., and Mayer Gruber. "What an Affect Means: A

Quasi-Experiment about Disgust." *Annual of Psychoanalysis* 20 (1992): 69~92.

Gerald of Wales (Geraldus Cambrensis). *Gemma Ecclesiastica.* Ed. J. S. Brewer. Opera 2. Rerum Britannicarum Medii Aevi Scriptores (Rolls Series), vol. 21. London, 1862. (Trans. John J. Hagen, *Gemma Ecclesiastica.* Davis Medieval Texts and Studies, vol. 2. Leiden: Brill, 1979).

Gibbard, Allan. *Wise Choices, Apt Feelings: A Theory of Normatiye Judgment.* Cambridge, Mass.: Harvard University Press, 1990.

Gilman, Sander L. *Sexuality: An Illustrated History.* New York: John Wiley, 1989.

Gilmore, David D., ed. *Honor and Shame and the Unity of the Mediterranean.* A special publication of the American Anthropological Association, no. 22. Washington, 1987.

Godwin, William. *Enquiry Concerning Political Justice.* 2 vols. London, 1793. Rpt. Woodstock Books, 1992.

Goffman, Erving. *Behavior in Public Places: Notes on the Social Organization of Gatherings.* New York: Free Press, 1963.

_____. *Interaction Ritual: Essays in Face-to-face Behavior.* Chicago: Aldine, 1967 [어빙 고프먼, 『상호작용 의례』, 진수미 옮김(파주: 아카넷, 2013)].

_____. *The Presentation of Self in Everyday Life.* Garden City, N.Y.: Doubleday, 1959[어빙 고프먼, 『자아 연출의 사회학』, 진수미 옮김(서울: 현암사, 2016)].

_____. *Relations in Public.* New York: Basic Books, 1971.

_____. *Stigma: Notes on the Management of Spoiled Identity.* New York: Simon and Schuster, 1963[어빙 고프먼, 『스티그마』, 윤선길·정기현 옮김(오산: 한신대학 교출판부, 2009)].

Gordon, Robert M. *The Structure of Emotions.* Cambridge: Cambridge University Press, 1987.

Greenblatt, Stephen J. "Filthy Rites." In *Learning to Curse: Essays in Early Modern Culture.* New York: Routledge, 1990, 59~79.

Gross, James J., and Robert W. Levenson. "Emotional Suppression: Physiology, Self-report, and Expressive Behavior." *Journal of Personality and Social Psychology* 64 (1993): 970~986.

Guibert de Nogent: Historie de sa vie (1053~1124). Ed. Georges Bourgin. Paris: Alphonse Picard, 1907.

Haidt, Jonathan, Clark McCauley, and Paul Rozin. "Individual Differences in Sensitivity to Disgust: A Scale Sampling Seven Domains of Disgust Elicitors." *Personality and Individual Differences* 16 (1994): 701~713.

Haidt, Jonathan, Paul Rozin, Clark McCauley, and Sumio Imada. "Body, Psyche, and Culture: The Relationship between Disgust and Morality." In *The Cultural Construction of Social Cognition.* Ed. G. Misra. New York: Sage, forthcoming.

Hallpike, C. R. "Social Hair." *Man* 4 (1969): 256~264.

Hankins, John E. "Hamlet's 'God Kissing Carrion': A Theory of the Generation of Life." *PMLA* 64 (1949): 507~516.

Harré, Rom. "Embarrassment: A Conceptual Analysis." In *Shyness and Embarrassment*. Ed. W. Ray Crozier. Cambridge: Cambridge University Press, 1990, 181~204.

Harré, Rom, and Robert Finlay-Jones. "Emotion Talk across Times." In *The Social Construction of Emotions*. Ed. Rom Harre. Oxford: Basil Blackwell, 1986, 220~233.

Hawthorne, Nathaniel. *The Blithedale Romance*. 1852. New York: Library of America, 1983, 629~848[나다니엘 호손, 『블라이드데일 로맨스』, 김지원·한혜경 옮김(서울: 문학과지성사, 2006)].

Hazlitt, William. *William Hazlitt: Selected Writings*. Ed. Ronald Blythe. Harmondsworth: Penguin, 1970.

Hebb, Donald O. "Emotion in Man and Animal: An Analysis of the Intuitive Processes of Recognition." *Psychological Review* 53 (1946): 88~106.

Hellman, Robert, and Rickard O'Gorman, ed. and trans. *Fahliaux, Rihald Tales from the Old French*. New York: Thomas Y. Crowell, 1966.

Herdt, Gilbert. "Sambia Nosebleeding Rites and Male Proximity to Women." In *Cultural Psychology: Essays on Comparative Human Development*. Ed. James W. Stigler, Richard A. Shweder, and Gilbert Herdt. Cambridge: Cambridge University Press, 1990, 366~400.

Herzog, Don. *Without Foundations: Justification in Political Theory*. Ithaca: Cornell University Press, 1985.

──────. "The Trouble with Hairdressers." *Representations* 53 (1996): 21~43.

Hirschman, Albert O. *The Passions and the Interests: Political Arguments for Capitalism before Its Triumph*. Princeton: Princeton University Press, 1977[앨버트 허쉬먼, 『열정과 이해관계: 고전적 자본주의 옹호론』, 김승현 옮김(서울: 나남출판, 1994)].

Hochschild, Arlie Russell. *The Managed Heart: Commercialization of Human Feeling*. Berkeley: University of California Press, 1983[앨리 러셀 혹실드, 『감정노동: 노동은 우리의 감정을 어떻게 상품으로 만드는가』, 이가람 옮김(서울: 이매진)].

Hoggart, Richard. "George Orwell and 'The Road to Wigan Pier'." *Critical Quarterly* 7 (1965): 72~85.

Horkheimer, Max, and Theodor W. Adorno. *Dialectic of Enlightenment*. Trans. John Cumming. 1944. New York: Continuum, 1994[M. 호르크하이머·테오도어 W. 아도르노, 『계몽의 변증법』, 김유동 옮김(서울: 문학과지성사, 2001)].

Hume, David. *An Enquiry Concerning the Principles of Morals*. 1751. La Salle, 111.: Open Court, 1966. Rpt. from 1777 ed.

_____. *The Natural History of Religion*. 1757. In *David Hume: On Religion*. Ed. Richard Wollheim. Cleveland: Meridian, 1963, 31~98[데이비드 흄, 『종교의 자연사』, 이태하 옮김(서울: 아카넷, 2004)].

_____. *A Treatise of Human Nature*. 1739~1740. Ed. L. A. Selby-Bigge; 2nd ed. P. H. Nidditch. Oxford: Clarendon, 1975[데이비드 흄, 『인간 본성에 관한 논고』, 이준호 옮김(파주: 서광사, 1994, 1996, 2008)].

Hutcheon, Linda. *A Theory of Parody: The Teachings of Twentieth-Century Art Forms*. New York: Methuen, 1985.

Hutcheson, Frances. "An Inquiry Concerning Moral Good and Evil." 1725. In *British Moralists 1650~1800*. Ed. D. D. Raphael. Oxford: Clarendon Press, 1969, 261~299.

Ignatieff, Michael. "The Seductiveness of Moral Disgust." *Social Research* 62 (1995): 77~97.

Irigaray, Luce. *This Sex Which Is Not One*. Ithaca: Cornell University Press, 1985[루스 이리가레, 『하나이지 않은 성』, 이은민 옮김(서울: 동문선, 2000)].

Itard, Jean. *The Wild Boy of Aveyron*. 1801. In Lucien Malson, *Wolf Children and the Problem of Human Nature*. New York: New Left Books, 1972.

Izard, Carroll E. "Emotion-Cognition Relationships and Human Development." In *Emotions, Cognition, and Behavior*. Ed. Carroll E. Izard, Jerome Kagan, and Robert B. Zajonc. Cambridge: Cambridge University Press, 1984, 17~37.

_____. *Human Emotions*. New York: Plenum, 1977.

_____. *The Face of Emotion*. New York: Appleton-Century-Crofts, 1971.

Izard, Carroll E., and O. Maurice Haynes. "On the Form and Universality of the Contempt Expression: A Challenge to Ekman and Friesen's Claim of Discovery." *Motivation and Emotion* 12 (1988): 1~16.

Jaeger, C. Stephen. *The Origins of Courtliness: Civilizing Trends and the Formation of Courtly Ideals, 939~1210*. Philadelphia: University of Pennsylvania Press, 1985.

James, William. *Principles of Psychology*. 3 vols. Cambridge, Mass.: Harvard University Press, 1981[윌리엄 제임스, 『심리학의 원리』, 정양은 옮김(파주: 아카넷, 2005)].

Johnson, Allen, Orna Johnson, and Michael Baksh. "The Colors of Emotions in Machiguenga." *American Anthropologist* 88 (1986): 674~681.

Johnson, Samuel. *The Rambler*. 1750~1752. Ed. Walter Jackson Bate and Albrecht B. Strauss. In *Works of Samuel Johnson*, vol. 3. New Haven: Yale University Press, 1963.

Johnson-Laird, P. N., and Keith Oatley. "Basic Emotions, Rationality, and Folk Theory." *Cognition and Emotion* 6 (1992): 201~223.

_____. "The Language of Emotions: An Analysis of a Semantic Field." *Cognition and Emotion* 3 (1989): 81~123.

Kagan, Jerome. "The Idea of Emotion in Human Development." In *Emotions, Cognition, and Behavior.* Ed. Carroll E. Izard, Jerome Kagan, and Robert B. Zajonc. Cambridge: Cambridge University Press, 1984, 38~72.

Kahane, Claire. "Freud's Sublimation: Disgust, Desire and the Female Body." *American Imago* 49 (1992): 411~425.

Kamir, Orit. *Stalking: History, Culture and Law.* SJD dissertation. University of Michigan Law School, 1995.

Kant, Immanuel. *Critique of Judgment.* 1790. Trans. Werner S. Pluhar. Indianapolis: Hackett, 1987[임마누엘 칸트, 『판단력 비판』, 이석윤 옮김(서울: 박영사, 2017)].

Kipnis, Laura. "(Male) Desire and (Female) Disgust: Reading *Hustler.*" In *Cultural Studies.* Ed. L. Grossberg et al. New York: Routledge, 1992, 373~391.

Klein, Richard. "Get a Whiff of This: Breaking the Smell Barrier." *The New Republic* 212 (1995): 18ff.

Knapp, Peter H. "Purging and Curbing: An Inquiry into Disgust, Satiety and Shame." *Journal of Nervous and Mental Disease* 144 (1967): 514~534.

Kristeva, Julia. *Powers of Horror: An Essay on Abjection.* Trans. Leon S. Roudiez. New York: Columbia University Press, 1982[줄리아 크리스테바, 『공포의 권력』, 서민원 옮김(서울: 동문선, 2001)]

Kundera, Milan. *The Unbearable Lightness of Being.* New York: Harper and Row, 1984[밀란 쿤데라, 『참을 수 없는 존재의 가벼움』, 이재룡 옮김(서울: 민음사, 2018)].

Laqueur, Thomas. *Making Sex: Body and Gender from the Greeks to Freud.* Cambridge, Mass.: Harvard University Press, 1990.

La Rochefoucauld. *Maximes.* 1659. Ed. Jacques Truchet. Paris: Flammarion, 1977.

Laxdœla saga, ed. Einar Ól. Sveinsson. Íslenzk Fornrit, vol. 5. Reykjavík: Hið Íslenzka Fornritafélag, 1934.

Leach, Edmund R. "Anthropological Aspects of Language: Animal Categories and Verbal Abuse." In *New Directions in the Study of Language.* Ed. Eric H. Lenneberg. Cambridge, Mass.: MIT Press, 1964, 23~63.

_____. "Magical Hair." *Journal of the Royal Anthropological Institute of Great Britain and Ireland* 88 (1958): 147~164.

Le Brun, Charles. "Conférence sur l'expression des passions." 1668. Rpt. in *Nouvelle revue de psychanalyse* 21 (1980): 96~109.

Levenson, Robert W., Paul Ekman, and Wallace V. Friesen. "Voluntary Facial

Action Generates Emotion-specific Autonomic Nervous System Activity." *Psychophysiology* 27 (1990): 363~384.

Lincoln, Bruce. *Authority: Construction and Corrosion.* Chicago: University of Chicago Press, 1994.

Little, Lester K. *Religious Poverty and the Profit Economy in Medieval Europe.* Ithaca: Cornell University Press, 1978.

Lutz, Catherine, and Geoffrey M. White. "The Anthropology of Emotions." *Annual Review of Anthropology* 15 (1986): 405~436.

Lyons, William. *Emotions.* Cambridge: Cambridge University Press, 1980.

Mandeville, Bernard. *The Fable of the Bees: or Private Vices, Publick Benefits. 1732,* 6th ed. Ed. F. B. Kaye. 2 vols. Oxford: Clarendon Press, 1924. Rpt. Liberty Press, 1988[버나드 맨더빌, 『꿀벌의 우화: 개인의 악덕, 사회의 이익』, 최윤재 옮김 (서울: 문예출판사, 2010)].

Marvell, Andrew. *The Poems of Andrew Marvell.* Ed. Hugh MacDonald. London: Routledge and Kegan Paul, 1952.

Matchett, George, and Graham C. L. Davey. "A Test of a Disease-Avoidance Model of Animal Phobias." *Behaviour Research and Therapy* 29 (1991): 91~94.

McDougall, William. *An Introduction to Social Psychology.* Boston: Luce, 1921.

McNeill, John T., and Helena M. Gamer, trans. *Medieval Handbooks of Penance.* New York: Columbia University Press, 1938.

Meulengracht Sørensen, Preben. *The Unmanly Man: Concepts of Sexual Defamation in Early Northern Society.* Trans. Joan Turville-Petre. Odense: Odense University Press, 1983.

Meyers, Jeffrey, ed. *George Orwell: The Critical Heritage.* London: Routledge and Kegan Paul, 1975.

Middle English Dictionary. Ed. Hans Kurath and Sherman M. Kuhn. Ann Arbor: University of Michigan Press, 1952.

Miller, Susan B. "Disgust: Conceptualization, Development and Dynamics." *International Review of Psychoanalysis* 13 (1986): 295~307.

_____. "Disgust Reactions: Their Determinants and Manifestations in Treatment." *Contemporary Psychoanalysis* 29 (1993): 711~735.

Miller, William Ian. *Bloodtaking and Peacemaking: Feud, Law, and Society in Saga Iceland.* Chicago: University of Chicago Press, 1990.

_____. "Clint Eastwood and Equity." In *In Law in the Domains of Culture.* Ed. Austin Sarat and Thomas Kearns. Ann Arbor: University of Michigan Press, 1997·

_____. "Deep Inner Lives, Individualism, and People of Honour." *History of Political Thought* 16 (1995): 190~207.

_____. *Humiliation: And Other Essays on Honor, Social Discomfort, and Violence.* Ithaca: Cornell University Press, 1993.

_____. "'I can take a hint': Social Ineptitude, Embarrassment, and *The King of Comedy.*" *Michigan Quarterly Review* 33 (1994): 322~344.

Milton, John. *John Milton: Complete Poems and Major Prose.* Ed. Merritt Y. Hughes. New York: Odyssey Press, 1957.

Montaigne, Michel de. *The Complete Essays of Montaigne.* Trans. Donald M. Frame. Stanford: Stanford University Press, 1958[몽테뉴, 『수상록』, 손우성 옮김 (서울: 동서문화사, 2007)].

Moore, R. I. *The Formation of a Persecuting Society: Power and Deviance in Western Europe, 950~1250.* Oxford: Basil Blackwell, 1987.

Nagel, Thomas. "Ruthlessness in Public Life." In *Mortal Questions.* Cambridge: Cambridge University Press, 1979, 75~90.

Nashe, Thomas. *Christs Teares over Jerusalem.* London, 1593.

Nemeroff, Carol, and Paul Rozin. "'You are what you eat': Applying the Demand-Free 'Impressions' Technique to an Unacknowledged Belief." *Ethos* 17 (1989): 50~69·

Neu, Jerome. "'A Tear Is an Intellectual Thing.'" *Representations* 19 (1987): 35~61.

Newman, Francis W. *Hebrew Theism.* 1858, 2nd ed. London, 1874.

Nietzsche, Frederich. *On the Genealogy of Morals.* 1887. Trans. Walter Kaufmann and R. J. Hollingdale. New York: Vintage, 1967[프리드리히 니체, 『니체전집 15: 바그너의 경우·우상의 황혼·안티크리스트·이 사람을 보라·디오니소스 송가·니체 대 바그너』, 백승영 옮김(서울: 책세상, 2002)].

_____. *Twilight of the Idols.* 1889. In *The Portable Nietzsche.* Ed. and trans. Walter Kaufmann. New York: Viking, 1954, 463~563.

Nozick, Robert. *Anarchy, State, and Utopia.* New York: Basic Books, 1974[로버트 노직, 『아나키에서 유토피아로: 자유주의국가의 철학적 기초』, 남경희 옮김(서울: 문학과지성사, 1997)].

Ortony, Andrew, and Terence J. Turner. "What's Basic about Basic Emotions?" *Psychological Review* 97 (1990): 315~331.

Orwell, George. "Charles Dickens." 1939. In *George Orwell: A Collection of Essays.* San Diego: Harcourt Brace, 1981, 48~104.

_____. *Down and Out in Paris and London.* 1933. New York: Harcourt Brace, 1950.

_____. "Inside the Whale." 1940. In *George Orwell: A Collection of Essays.* San Diego: Harcourt Brace, 1981, 210~252[조지 오웰, 「고래 뱃속에서」, 『모든 예술은 프로파간다다』, 하윤숙 옮김(서울: 이론과실천, 2013)].

_____. "Looking Back at the Spanish Civil War." 1943. In *George Orwell: A*

Collection of Essays. San Diego: Harcourt Brace, 1981, 188~210[조지 오웰, 「스페인내전을 돌이켜본다」, 『나는 왜 쓰는가』, 이한중 옮김(서울: 한겨레출판, 2010), 133~162쪽].

_____. "Politics vs. Literature: An Examination of *Gulliver's Travels.*" 1946. In *Collected Essays, Journalism and Letters of George Orwell.* Ed. Sonia Orwell and Ian Angus. London: Seeker and Warburg, 1968. Vol. 4, 205~223[조지 오웰, 「정치 대 문학: 『걸리버 여행기』에 대하여」, 『나는 왜 쓰는가』, 이한중 옮김(서울: 한겨레출판, 2010), 301~329쪽].

_____. *The Road to Wigan Pier.* 1937. New York: Harcourt, Brace, 1958[조지 오웰, 『위건부두로 가는 길』, 이한중 옮김(서울: 한겨레출판, 2010)].

_____. "Such, Such were the Joys." 1947. In *George Orwell: A Collection of Essays.* San Diego: Harcourt Brace, 1981, 1~47[조지 오웰. 「즐겁고도 즐거웠던 시절」, 『조지 오웰 산문선』, 허진 옮김(파주: 열린책들, 2020), 331~395쪽].

Overfield, Theresa. *Biologic Variation in Health and Illness: Race, Age, and Sex Differences.* Menlo Park, Calif.: Addison-Wesley. 1985.

Ovid. *The Art of Love and other Poems.* Trans. J. H. Mozley. Loeb Classical Library, vol. 232. Cambridge, Mass.: Harvard University Press, 1929.

Packer, Barbara L. *The Transcendentalists.* In *The Cambridge History of American Literature,* vol. 2, 1820~1865. Ed. Sacvan Bercovitch. Cambridge: Cambridge University Press, 1995, 329~604.

Parmenides. Trans. F. M. Cornford. In *The Collected Dialogues of Plato.* Ed. Edith Hamilton and Huntington Cairns. New York: Pantheon, 1961, 920~956.

Patai, Daphne. *The Orwell Mystique: A Study in Male Ideology.* Amherst: University of Massachusetts Press, 1984.

Payer, Pierre J. *The Bridling of Desire: Views of Sex in the Later Middle Ages.* Toronto: University of Toronto Press, 1993.

Peristiany, J. G., ed. *Honour and Shame: The Values of Mediterranean Society.* Chicago: University of Chicago Press, 1966.

Piers, Gerhart, and Milton B. Singer. *Shame and Guilt: A Psychoanalytic and Cultural Study.* 1953; New York: Norton, 1971.

Plutchik, Robert. *The Emotions: Facts, Theories, and a New Model.* New York: Random House, 1962.

_____. *Emotion: A Psychoevolutionary Synthesis.* New York: Harper and Row, 1980.

Pope, Alexander. *The Iliad of Homer.* London, 1715.

Rai, Alok. *Orwell and the Politics of Despair.* Cambridge: Cambridge University Press, 1988.

Ranum, Orest. "The Refuges of Intimacy." In *A History of Private Life,* vol. 3:

Passions of the Renaissance. Ed. Roger Chartier. Cambridge, Mass.: Harvard University Press, 1989, 207~263.

Raymundus de Vineis. *The Life of Sainct Catharine of Siena*. English trans. John Fen, 1609. London: Scholar Press, 1978.

Revel, Jacques. "The Uses of Civility." In *A History of Private Life,* vol. 3: *Passions of the Renaissance*. Ed. Roger Chartier. Cambridge, Mass.: Harvard University Press, 1989, 167~205.

Richards, Jeffrey. *Sex, Dissidence and Damnation: Minority Groups in the Middle Ages*. London: Routledge, 1991.

Rindisbacher, Hans J. *The Smell of Books: A Cultural-Historical Study of Olfactory Perception in Literature*. Ann Arbor: University of Michigan Press, 1992.

Rose, Jacqueline. "Sexuality in the Reading of Shakespeare: *Hamlet* and *Measure for Measure*." In *Alternative Shakespeares*. Ed. John Drakakis. New York: Methuen, 1985, 95~118, 229~231.

Rose, Phyllis. *Parallel Lives: Five Victorian Marriages*. New York: Knopf, 1983.

Rousseau, Jean-Jacques. *The Confessions*. 1781. Trans. J. M. Cohen. Harmondsworth: Penguin, 1953[장 자크 루소, 『고백 1』, 박아르마 옮김(서울: 책세상, 2015)].

Rousselle, Aline. *Porneia: On Desire and the Body in Antiquity*. Trans. Felicia Pheasant. Oxford: Basil Blackwell, 1988.

Rozin, Paul. "'Taste-Smell Confusions' and the Duality of the Olfactory Sense." *Perception and Psychophysics* 31 (1982): 397~401.

Rozin, Paul, and April E. Fallon. "A Perspective on Disgust." *Psychological Review* 94 (1987): 23~41.

Rozin, Paul, April E. Fallon, and MaryLynn Augustoni-Ziskind. "The Child's Conception of Food: Development of Categories of Rejected and Accepted Substances." *Journal of Nutrition Education* 18 (1986): 75~81.

Rozin, Paul, Jonathan Haidt, and Clark R. McCauley. "Disgust." In *Handbook of Emotions*. Ed. Michael Lewis and Jeannette M. Haviland. New York: Guilford, 1993, 575~594.

Rozin, Paul, Larry Hammer, Harriet Oster, Talia Horowitz, and Veronica Marmora. "The child's Conception of Food: Differentiation of Categories of Rejected Substances in the 1.4 to 5 Year Age Range." *Appetite* 7 (1986): 141~151.

Rozin, Paul, Laura Lowery, and Rhonda Ebert. "Varieties of Disgust Faces and the Structure of Disgust." *journal of Personality and Social Psychology* 66 (1994): 870~881.

Rozin, Paul, Linda Millman, and Carol Nemeroff. "Operation of the Laws of Sympathetic Magic in Disgust and Other Domains." *Journal of Personality and Social Psychology* 50 (1986): 703~712.

Rozin, Paul, and Carol Nemeroff. "The Laws of Sympathetic Magic: A Psychological Analysis of Similarity and Contagion." In *Cultural Psychology: Essays on Comparative Human Development*. Ed. James W. Stigler, Richard A. Shweder, and Gilbert Herdt. Cambridge: Cambridge University Press, 1990, 205~232.

Russell, James A. "The Contempt Expression and the Relativity Thesis." *Motivation and Emotion* 15 (1991): 149~168.

_____. "Negative Results on a Reported Facial Expression of Contempt." *Motivation and Emotion* 15 (1991): 281~291.

_____. "Rejoinder to Ekman, O'Sullivan, and Matsumoto." *Motivation and Emotion* 15 (1991): 177~184.

Sartre, J.-P. *Being and Nothingness*. 1943. Trans. Hazel E. Barnes. New York: Washington Square, 1992[사르트르, 『존재와 무』, 정소성 옮김(서울: 동서문화사, 1994)].

_____. *La nausée*. Paris. Gallimard, 1938.

Scarry, Elaine. *The Body in Pain: The Making and Unmaking of the World*. New York: Oxford University Press, 1985[일레인 스캐리, 『고통 받는 몸: 세계를 창조하기와 파괴하기』, 메이 옮김(파주: 오월의봄, 2018)].

Schelling, Thomas C. *The Strategy of Conflict*. Cambridge, Mass.: Harvard University Press, 1960[토머스 셸링, 『갈등의 전략』, 이경남 옮김(서울: 한국경제신문, 2013)].

Scott, James C. *Domination and the Arts of Resistance*. New Haven: Yale University Press, 1990[제임스 C. 스콧, 『지배, 그리고 저항의 예술: 은닉 대본』, 전상인 옮김(서울: 후마니타스, 2020)].

Shakespeare. *The Complete Works*. Ed. Alfred Harbage et al. Baltimore: Penguin, 1969.

Shklar, Judith. *Ordinary Vices*. Cambridge, Mass.: Harvard University Press, 1984[주디스 슈클라, 『일상의 악덕』, 사공일 옮김(파주: 나남, 2011)].

Shweder, Richard A. "Menstrual Pollution, Soul Loss, and the Comparative Study of Emotions." In *Thinking through Cultures: Expeditions in Cultural Psychology*. Ed. Richard A. Shweder. Cambridge, Mass.: Harvard University Press, 1991, 241~ 265.

Shweder, Richard A., Manamohan Mahapatra, and Joan G. Miller. "Culture and Moral Development." In *Cultural Psychology: Essays on Comparative Human Development*. Ed. James W. Stigler, Richard A. Shweder, and Gilbert Herdt. Cambridge: Cambridge University Press, 1990, 130~204.

Silverman, Kaja. *The Acoustic Mirror: The Female Voice in Psychoanalysis and Cinema*. Bloomington: Indiana University Press, 1988.

Sinanoglou, Leah. "The Christ Child as Sacrifice: A Medieval Tradition and the Corpus Christi Plays." *Speculum* 48 (1973): 491~509.

Smith, Adam. *The Theory of Moral Sentiments*. 1759. Ed. D. D. Raphael and A. L. Macfie. Oxford: Clarendon Press, 1976[아담 스미스, 『도덕감정론』, 박세일 옮김 (서울: 비봉출판사, 2009)].

Smith, Craig, and Phoebe C. Ellsworth. "Patterns of Cognitive Appraisal in Emotion." *Journal of Personality and Social Psychology* 48 (1985): 813~838.

Solomon, Robert C. *The Passions: The Myth and Nature of Human Emotion*. 1976. Notre Dame, Ind.: University of Notre Dame Press, 1983.

_____. "The Philosophy of Horror, or, Why Did Godzilla Cross the Road?" In Solomon, *Entertaining Ideas*. Buffalo: Prometheus Books, 1992, 119~130 .

Southern, R. W., ed. and trans. *The Life of St. Anselm, Archbishop of Canterbury by Eadmer*. London: Thomas Nelson, 1962.

_____. *The Making of the Middle Ages*. New Haven: Yale University Press, 1953[리처드 윌리엄 서딘, 『중세의 형성』, 이길상 옮김(서울: 현대지성사, 1999)].

Spacks, Patricia Ann Meyer. *Boredom: The Literary History of a State of Mind*. Chicago: University of Chicago Press, 1995.

Stallybrass, Peter, and Allon White. *The Politics and Poetics of Transgression*. Ithaca: Cornell University Press, 1986.

Sterne, Laurence. *Tristram Shandy*. Ed. James A. Work. Indianapolis: Odyssey Press, 1940[로렌스 스턴, 『트리스트럼 샌디』, 홍경숙 옮김(서울: 문학과지성사, 2001)].

Strack, Fritz, Leonard L. Martin, and Sabine Stepper. "Inhibiting and Facilitating Conditions of the Human Smile." *Journal of Personality and Social Psychology* 54 (1988): 768~777.

Swan, Jim. "Mater and Nannie: Freud's Two Mothers and the Discovery of the Oedipus Complex." *American Imago* 31 (1974): 1~64.

Swift, Jonathan. *Directions to Servants*. 1745. Ed. Herbert Davis. Oxford: Basil Blackwell, 1959[조너선 스위프트, 『하인들에게 주는 지침』, 류경희 옮김(고양: 평사리, 2006)].

_____. *Gulliver's Travels*. 1726. Ed. Martin Price. Indianapolis: Bobbs-Merrill, 1963[조너선 스위프트, 『걸리버 여행기』, 강미경 옮김(고양: 느낌이 있는 책, 2011)].

Swift: Poetical Works. Ed. Herbert Davis. London: Oxford University Press, 1967[조너선 스위프트. 「숙녀의 화장실」, 김귀화 엮고 옮김(서울: 시몬, 1992)].

Tambiah, S. J. "Animals Are Good to Think and Good to Prohibit." *Ethnology* 8 (1969): 423~459.

Taussig, Michael. "Culture of Terror-Space of Death: Roger Casement's Putumayo Report and the Explanation of Torture." *Comparative Studies in Society and*

History 26 (1984): 467~497.

Taylor, Gabriele. *Pride, Shame, and Guilt: Emotions of Self-Assessment.* Oxford: Clarendon Press, 1985.

Taylor, Shelley E., and Jonathan Brown. "Illusion and Well-Being: A Social Psychological Perspective on Mental Health." *Psychological Bulletin* 103 (1988): 193~210.

Templer, Donald I., Frank L. King, Robert K. Brooner, and Mark D. Corgiat. "Assessment of Body Elimination Attitude." *Journal of Clinical Psychology 40* (1984): 754~759·

Thoits, Peggy A. "The Sociology of Emotions." *Annual Review of Sociology* 15 (1989): 317~342.

Thomas Aquinas. *Summa Theologiœ.* Blackfriars ed. New York: McGraw-Hill, 1964.

Tocqueville, Alexis de. *Democracy in America.* Trans. George Lawrence; ed. J. P. Mayer. Garden City, N.Y.: Anchor, 1969[알렉시 드 토크빌, 『아메리카의 민주주의』, 이용재 옮김(파주: 아카넷, 2018)].

Tomkins, Sylvan S. *Affect, Imagery, Consciousness,* vol. 2: *The Negative Affects.* New York: Springer, 1963.

_____. "Affect Theory." In *Emotion in the Human Face.* Ed. Paul Ekman. 2nd ed. Studies in Emotion and Social Interaction. Cambridge: Cambridge University Press, 1984, 353~381.

Tourneur, Cyril. *The Revenger's Tragedy.* 1607. In *John Webster and Cyril Tourneur.* New York: Hill and Wang, 1956[토머스 미들턴, 『복수자의 비극』, 오수진 옮김(서울: 지만지드라마, 2020)].

Turner, Terence J., and Andrew Ortony. "Basic Emotions: Can Conflicting Criteria Converge?" *Psychological Review* 99 (1992): 566~571.

van Krieken, Robert. "Violence, Self-discipline and Modernity: Beyond the 'Civilizing Process.'" *Sociological Review* 37 (1989): 193~218.

Vlastos, Gregory. "Justice and Equality." In *Theories of Rights.* Ed. Jeremy Waldron. Oxford: Oxford University Press, 1984, 41~76.

Waldron, Jeremy. "Homelessness and the Issue of Freedom." *UCLA Law Review 39* (1991): 295~324.

Walzer, Michael. "Political Action: The Problem of Dirty Hands." *Philosophy and Public Affairs* 2 (1973): 160~180.

Ware, Jacqueline, Kamud Jain, Ian Burgess, and Graham C. L. Davey. "Disease Avoidance Model: Factor Analysis of Common Animal Fears." *Behaviour Research and Therapy* 32 (1994): 57~63.

Webb, Katie, and Graham C. L. Davey. "Disgust Sensitivity and Fear of Animals:

Effect of Exposure to Violent or Revulsive Material." *Anxiety, Stress, and Coping* 5 (1992): 329~335.

Weber, Max. *The Theory of Social and Economic Organization.* Trans. A. M. Henderson and Talcott Parsons. New York: Free Press, 1947.

Webster, John. *The Duchess of Malfi.* 1623. *In John Webster and Cyril Tourneur.* New York: Hill and Wang, 1956[존 웹스터, 『말피 공작부인』, 강석주·임성균 옮김(파주: 한국학술정보, 2006)].

Wierzbicka, Anna. "Human Emotions: Universal or Culture-Specific." *American Anthropologist* 88 (1986): 584~594.

_____. "The Semantics of Interjection." *Journal of Pragmatics* 18 (1992): 159~192.

Williams, Bernard. *Ethics and the Limits of Philosophy.* Cambridge, Mass.: Harvard University Press, 1985.

_____. "Professional Morality and Its Dispositions." In *The Good Lawyer: Lawyers' Roles and Lawyers' Ethics.* Ed. David Luban. Totowa, N.J.: Rowman and Allanheld, 1983, 259~269.

_____. *Shame and Necessity.* Berkeley: University of California Press, 1993.

Williams, Raymond. *Culture and Society,* 1780~1950. New York: Harper and Row, 1958.

Wilmot, John. *The Complete Poems of John Wilmot, Earl of Rochester.* Ed. David M. Vieth. New Haven: Yale University Press, 1968.

Wollheim, Richard. "Orwell Reconsidered." *Partisan Review* 27 (1960): 82~97.

Wollstonecraft, Mary. *A Vindication of the Rights of Woman.* 1792. Harmondsworth: Penguin, 1975[메리 울스턴크래프트, 『여권의 옹호』, 손영미 옮김(고양: 연암서가, 2014)].

Wurmser, Leon. *The Mask of Shame.* Baltimore: Johns Hopkins University Press, 1981.

찾아보기

책 제목

 '혐오 사회'라는 표현은 이제 결코 낯설지 않다. 여성 혐오, 동성애 혐오, 노인 혐오, 기독교 혐오, 이슬람 혐오, 인종 혐오 등 '혐오'는 우리 사회를 가리키는 핵심어가 되었다. 우리 사회가 어떻게 이토록 혐오와 증오, 차별과 갈등의 감정으로 가득 찬 사회가 되었을까? 인터넷과 뉴미디어의 발달은 조작적인 문화적 행위를 조장하면서 혐오의 양상을 확산시키고 있다. 심지어 '혐오 비즈니스'라는 자극적이고 폭력적인 산업을 양산하고 있기도 하다. 일베충, 틀딱충, 한남충, 맘충, 급식충, 똥꼬충, 난민충, 수시충, 진지충, 설명충… 어떤 말에든지 벌레를 뜻하는 '충(蟲)'만 붙이면 아주 손쉬운 혐오 표현이 되며, 이러한 혐오 표현의 사용은 일상화되었다.

 하지만 다른 한편에서는 불안감 및 위기감과 함께 무언가 해야 한다는, 아니 공개적으로 혐오에 맞서야 한다는 에토스가 발현되고 있기도 하다. 우리는 이것을 혐오를 넘어 공감하는 사회의 희망을 품을 수 있는 단초로 삼아야 한다. 혐오 이론가로 유명한 마사 누스바움(Martha Nussbaum)의 『타인에 대한 연민: 혐오의 시대를 우아하게 건너는 방법(The Monarchy of Fear: A Philosopher Looks at Our Political Crisis)』의 부제가 시사하는 것처럼, 우리가 이미 혐오의 시대에 살고 있다면 이 시대는 빨리 건너가야 하는 잠정적인 시대이기를 바란다. 하지만 혐오의 시대를 건너기 위해서는 반드시 혐오와 마주해야 할 것이다. 혐오의 시대는 우회해서 건널 수 있는 것으로 보이지 않는다. 그런데 혐오를 정면으로 마주할 경우, 이 혐오의 시대를 '우아하게' 건너기란 쉽지 않을 것이다. 왜냐하면 혐오의 세계는 때로는 아름답고 매혹적일 수 있지만, 더럽고 악취 나는 세계요, 끈적끈적하고 들러붙고 축축한 것의 세계이기 때문이다.

『혐오의 해부(The Anatomy of Disgust)』는 '혐오의 시대, 인문학의 대응' 아젠다 연구를 수행하고 있는 숙명여자대학교 인문학연구소 인문한국플러스(HK+) 사업단의 학술연구총서 시리즈 가운데 세 번째 책으로 출판되는 번역서이다. 이 책을 쓴 윌리엄 이언 밀러(William Ian Miller)는 1984년부터 미시간 대학교 로스쿨의 교수를 역임했으며, 2008년부터는 성 앤드루스 대학교(University of St. Andrews)의 역사학 명예교수로 학생들을 가르치기도 했다. 『혐오의 해부』뿐 아니라 그가 쓴 다른 책들의 제목도 우리가 로스쿨 교수에게서 흔히 기대하는 것과는 사뭇 다르다. 『굴욕(Humiliation)』(1993), 『용기의 신비(The Mystery of Courage)』(2000), 역할, 정체성, 그리고 진정성을 꾸미는 데 따르는 불안을 다룬 『허세 부리기(Faking It)』(2003), 동해(同害) 복수법을 다룬 『눈에는 눈(Eye for an Eye)』(2006), 아이슬란드의 이야기들을 해석한 『아우든과 북극곰(Audun and the Polar Bear: Luck, Law, and Largesse in a Medieval Tale of Risky Business)』(2008), 노화와 쇠퇴를 다룬 『잃어가는 것들(Losing It)』(2011). 사실 그는 북유럽의 영웅담인 사가(Saga)의 전문가이기도 하다. 그래서 그는 사가에 대한 책을 두 권 더 쓰기도 했다. 『혐오의 해부』는 1997년 출판되어 미국출판협회에서 인류학·사회학 분야의 최고의 책으로 선정된 바 있다.

밀러는 그동안 우리나라에는 잘 알려지지 않았다. 하지만 "우리는 지금 혐오의 시대에 살고 있다"라는 명제가 점점 당연하게 여겨지면서, 그의 책 『혐오의 해부』는 혐오 연구자들 사이에서 자주 인용되는 기본서가 되었다. 물론 혐오 연구의 기본서라는 사실만으로도 번역해서 출판할 만한 가치가 충분하다. 하지만, 이 책을 먼저 읽은 이라면 누구나 느끼겠지만, 섬세한 해부학 기술로 미시적인 혐오의 세계로 독자들을 끌어들이는 밀러의 글 솜씨는 번역의 필요성을 제고하기에 충분했다.

분명 번역할 만한 가치가 있는 책이고 그 필요성 또한 지대했지만, 이책을 번역하는 작업은 정말 쉽지 않았다. 밀러의 문체가 화려하고 촘촘하기 때문이기도 했지만, 이 책이 철학, 사회학, 인류학, 신학, 심리학, 정신분석학, 문학에 이르는 학문적 넓이를 지니고 있고 중세에서부터 근대에 이르기까지 천년에 걸친 서구 역사를 아우르고 있기 때문이기도 했다. 이러한 원천에서 길어 올린 지적 깊이는 혐오라는 주제의 복잡성에 충분히 상응했다. 내가 이 책을 옮기는 데 그리 큰 오류를 범하지 않았다면, 독자들은 밀러의 학문적 넓이와 지적 깊이를 직접 체험할 수 있을 것이다.

밀러는 이 책에서 우리 인간들이 삶에서 부딪치고 또한 내뿜는 온갖 불쾌하고 역겨운 것들에 대해 섬세하게 논의한다. 사실 아무리 아름다운 존재라 할지라도 해부하고 난 뒤의 모습은 그리 아름다울 수 없다. 따라서 감각 현상학의 기법으로 배설물과 분비물에 대해 생생하게 묘사한 부분은 독자들에게 책을 읽는 경험 자체를 혐오스럽게 만들 수도 있다. 그가 특별히 주목하듯, 혐오가 우리 삶에서 가지는 양가적인 의미 ─ 아름다움은 더럽고 더러움은 아름답다 ─ 는 독자들을 불편하게 만들 수도 있다. 또한 인간 사회에는 경계 규칙을 강화하고 금지하고 오염을 막기 위한 '도덕적 감정'으로서 혐오가 필요하다는 밀러의 기능주의적 설명에 선뜻 동의할 수 없는 독자도 있을 것이다. 그러나 혐오가 도덕적 감정이라는 점은 혐오라는 주제에 대한 논의가 왜 필요하고 중요한지 선명하게 시사한다. 혐오는 도덕성, 자기 증오, 편견, 수치, 명예, 경멸, 의무와 밀접하게 관련된다. 따라서 혐오는 서로 예의를 지키고 존중하는 사회를 위한 기획에서 반드시 고려해야 하는 인간의 감정이다.

마지막으로 이 책이 나오기까지 섬세하게 애써준 한울엠플러스 편집부의 신순남 팀장에게 감사의 마음을 전한다. 번역이 어려웠던 만큼 교정하고 편집하는 일도 어려웠을 것이다. 신 팀장은 이 책의 내용이 흥미로웠다고 말해주었다. 독자들도 혐오라는 불쾌한 주제를 다룬 책이지만 재미있게 읽어주기를 바란다.

2022년 초여름
하홍규

지은이

윌리엄 이언 밀러(William Ian Miller)

1984년부터 미시간 대학교 법학대학의 Thomas G. Long 교수를 역임하고 있으며, 2008년부터는 성 앤드루스 대학교의 역사학 명예교수이기도 하다. 예일 대학교에서 영어학과 법학으로 박사학위를 받았으며, 북유럽 아이슬란드의 영웅담인 사가(Saga)의 전문가이다. 복수심을 비롯해 다양한 감정에 대해 폭넓게 저술해 왔다. 주요 저서로는 *Humiliation*(1993), *The Mystery of Courage*(2000), *Faking It*(2003), *Eye for an Eye*(2006), *Audun and the Polar Bear: Luck, Law, and Largesse in a Medieval Tale of Risky Business*(2008), *Losing It*(2011) 등이 있다.

옮긴이

하홍규

연세대학교 사회학과에서 학사 및 석사학위를 받고, 미국 보스턴 대학교 사회학과에서 박사학위를 받았다. 현재 숙명여자대학교 인문학연구소 HK 연구교수로 일하고 있다. 사회이론과 종교사회학이 주 전공 분야이며, 현재 문화사회학, 감정사회학을 바탕으로 혐오 연구에 전념하고 있다. 주요 저서로『피터 버거』(2019),『감정의 세계, 정치』(2018, 공저),『공간에 대한 사회인문학적 이해』(2017, 공저),『현대사회학 이론: 패러다임적 구도와 전환』(2013, 공저) 등이 있으며, 주요 논문으로「냄새와 혐오」(2021),「탈사회적 사회의 종교: 자기만의 신, 신으로서의 개인」(2021),「종교 갈등과 감정 정치」(2021) 등이 있다. 주요 역서로『사회과학의 방법론: 사회적 설명의 다양성』(2021),『종교와 테러리즘』(2020),『모바일 장의 발자취』(2019),『실재의 사회적 구성』(2014)이 있다.

한울아카데미 2383
숙명여자대학교 인문학연구소 HK+사업단 학술연구총서 03

혐오의 해부

지은이 ǀ 윌리엄 이언 밀러   옮긴이 ǀ 하홍규
펴낸이 ǀ 김종수   펴낸곳 ǀ 한울엠플러스(주)   편집 ǀ 신순남
초판 1쇄 인쇄 ǀ 2022년 6월 15일   초판 1쇄 발행 ǀ 2022년 6월 30일

주소 ǀ 10881 경기도 파주시 광인사길 153 한울시소빌딩 3층   전화 ǀ 031-955-0655
팩스 ǀ 031-955-0656   홈페이지 ǀ www.hanulmplus.kr   등록번호 ǀ 제406-2015-000143호

Printed in Korea.
ISBN 978-89-460-7383-8 93330(양장)
      978-89-460-8194-9 93330(무선)

※ 이 저서는 2020년 대한민국 교육부와 한국연구재단의 지원을 받아 수행된 연구임
(NRF-2020S1A6A3A03063902)